2011年教育部人文社会科学研究青年基金项目
（编号：11YJC751083）

清代禁毁小说坊刻研究

王颖 著

河南大学出版社
HENAN UNIVERSITY PRESS

图书在版编目（CIP）数据

清代禁毁小说坊刻研究 / 王颖著． -- 郑州：河南大学出版社，2014.4
ISBN 978-7-5649-1498-1

Ⅰ．①清… Ⅱ．①王… Ⅲ．①禁书－古典小说－小说研究－中国－清代 Ⅳ．① I207.41

中国版本图书馆 CIP 数据核字（2014）第 085252 号

责任编辑	靳开川
责任校对	巩永波
装帧设计	高枫叶

出　版	河南大学出版社
	地址：郑州市郑东新区商务外环中华大厦 2401 号　邮编：450046
	电话：0371-86059763
	网址：http://www.hupress.com
排　版	豫书房
印　刷	河南省瑞光印务股份有限公司
版　次	2015 年 8 月第 1 版
印　次	2015 年 8 月第 1 次印刷
开　本	710mm×1000mm 1/16
印　张	24.25
字　数	348 千字
定　价	49.00 元

（本书如有印装质量问题，请与河南大学出版社营销部联系调换）

目 录

前　言 ··· 1

第一章　整肃异端与查禁小说 ··· 1
　　一、思想的统一 ··· 3
　　二、通俗小说的影响 ·· 7
　　三、清初小说禁令 ·· 12
　　四、清初通俗小说坊刻 ··· 16

第二章　乾隆年间的小说禁毁活动 ·· 22
　　一、乾隆初期查禁小说 ··· 22
　　二、纂修《四库全书》与小说禁毁 ···························· 25
　　三、乾隆朝的禁毁小说书目 ······································ 31

第三章　通俗小说的刊刻成本与书价 ···································· 40
　　一、清代物价与小说书价 ··· 40
　　二、坊刻小说的成本和工价 ······································ 52
　　三、坊刻小说的利润 ·· 60
　　四、晚清刊刻技术的提高 ··· 65

1

第四章　清代禁毁小说的传播 …… 72

一、文人群体：小说传播的中坚力量 …… 75
二、相生相克：小说禁毁与小说传播 …… 82
三、禁毁小说的传播手段 …… 87

第五章　清代书坊与禁毁小说刊刻 …… 98

一、清代小说书坊数量与地域分布 …… 99
二、本衙藏板 …… 112
三、坊间联合刻书 …… 118
四、清代坊刻的衰落 …… 126

第六章　清中期以后通俗文艺的泛滥 …… 132

一、乾隆文治推动通俗文艺发展 …… 132
二、儒学世俗化与小说发达 …… 139
三、通俗手段的儒学教化 …… 144
四、社会文化生态的市井化 …… 150

第七章　社会文化生态：邪教活动与小说禁毁 …… 156

一、圣谕宗教化 …… 158
二、民间宗教信仰的发达 …… 163
三、晚清秘密结社的发展 …… 174
四、秘密结社与禁毁小说 …… 181

第八章　晚清小说审查与教化政策的失败 …………… 187
　　一、查禁秘密宗教与禁毁小说相结合 …………… 187
　　二、官方查禁与民间教化相结合 …………… 195
　　三、审查与教化的失败 …………… 200

附　录　清代禁毁小说书目及坊刻版本叙录 …………… 209
　　一、草莽英雄：反叛谋逆类 …………… 213
　　二、明清易代：民族矛盾类 …………… 227
　　三、宗教内容：邪教秘术类 …………… 242
　　四、秘史野史：淫秽色情类 …………… 253
　　五、私定终身：才子佳人类 …………… 287
　　六、离经叛道：荒诞无稽类 …………… 323
　　七、文言小说禁书 …………… 339
　　八、禁毁小说存目 …………… 355

参考文献 …………… 363

后　记 …………… 369

前　言

中国禁书的历史并非始于清代，禁毁通俗文艺的各类法令于元明时期便已出现，小说查禁亦在其中。目前学界研究中国古代通俗小说，通常倾向于将明清小说纳入同一范畴进行讨论，往往将"明清通俗小说"作为一个恒常固定的概念。然而，对于小说禁毁而言，明代与清代是两个完全不同的历史阶段，两个朝廷出于完全不同的政治目的，颁布了不同的政策法令，以至于产生的效果和影响也不尽相同。因此，当我们将清代禁毁小说作为研究课题，就不得不考虑清代历史时段的特殊性，以及它所带来的各种有别于明代的民族主义和阶级问题。

从明代中后期的商品经济发展来看，具有资本主义萌芽的自由市场经济同封建专制国家的行政干预已经产生了巨大矛盾，而明代工商业者和市民阶层为消除此种矛盾做出了不懈的努力，同时中央政府也以不断宽容退让的方式为明代经济的资本化提供了必要的保障。大规模的商品生产集散地陆续出现，棉纺织业最初在江南发展，"海上官民军灶垦田几二百万亩，大半种棉，当不止百万亩"，[1]"富商巨贾，操重资而来市者，白银动以数万计，多或数十万两，少亦以万计"，[2]随后河南成为商品棉花的交易中心，"中州沃壤，半植木棉，乃棉花尽归商贩"。[3]丝织业通过改善织机和工艺技术，生产专业化程度大大提高，苏州集市出售多种织机，如绫机、绢机、

---

[1]（明）徐光启：《农政全书》卷三十五，同治十三年山东书局刻本。
[2]（清）叶梦珠：《阅世编》卷七，中华书局2007年版，第179页。
[3]（清）俞森：《荒政丛书》卷八《钟忠惠公赈豫纪略》，民国商务印书馆刊。

罗机、纱机、绸机等，[1]仅山西潞安府一地丝织业，最盛时织机达九千多张，至明末战乱尚存织机二千多张。[2]陶瓷业除景德镇拥有上万家制瓷作坊外，浙江处州、福建德化、河南禹州、北直隶曲阳、南直隶宜兴等地的陶瓷业也各具特色，异常发达。造纸印刷业遍布福建、江西、浙江、河南、四川等地，万历年间仅江西石塘镇"纸厂槽户不下三十余槽，各槽帮工不下一二千人"，[3]江南印刷业的发达致使城乡出现大批刻字工人，刻字工价"以一版两叶平均计算，每叶合工赀壹钱伍分有奇，其价廉甚"，[4]工价低廉也促进了各类出版物的大量刊行发售。晚明与海外各国通商频繁，白银成为主要货币之后，不但扩大了中国商品的出口外销，同时也利于市场金融的活跃和资本积累，以隶属于松江府的上海县为例，短短数年便崛起，"游贾之仰给于邑中者，无虑数十万人"，[5]俨然成为繁华的商业都市。

明末清初学者顾炎武在《天下郡国利病书》和《肇域志》中记载晚明商品经济的发展趋势和对外贸易的繁盛：

　　（苏州）居民大半工技，金阊一带，比户贸易，负郭则牙侩辏集，……吴民不置田亩，而居货招商，阛阓之间，望如绣锦。（洞庭之民）并商游江南北，以通齐、楚、燕、豫。[6]

　　（杭州）城中米珠取于湖，薪桂取于严，本地止以商贾为业，人无担石之储。[7]

---

[1] 蔡美彪等：《中国通史》第8册，人民出版社1993年版，第366页。
[2] 《潞安府志》卷八，清刊本。
[3] 《上饶县志》卷十，清刊本。
[4] 叶德辉：《书林清话》卷七，中华书局1957年版，第186页。
[5] （明）陆楫：《记录汇编·蒹葭堂杂著摘抄》，民国二十七年（1938年）上海商务印书馆涵芬楼影印明万历刻本。
[6] （明）顾炎武：《天下郡国利病书》第5册《苏下》，商务印书馆《四部丛刊》三编本，第11页。
[7] （明）顾炎武：《肇域志》浙江二，见《续修四库全书》第588册，上海古籍出版社2002年版，第817页。

（徽州）小民多执技艺，或贩负就食他郡者，常十九。……徽人多商贾，盖其势然也。……商贾虽余货，多不置田业。[1]

　　（河南）武安最多商贾，厢房村虚，罔不居货。[2]

　　（山西）大同商旅辐辏，货物踊贵，亦以藩府有世禄之供，将士袭常饩之养。虽曰穷边绝徼，殆与内郡富庶无异。[3]

　　（福建）市舶之与商舶，其说稍异。市舶者，诸夷船泊吾近地，与内地兵互为市，若广之濠镜、澳门然。商舶则土著，民酾钱，造舟，装土产，径往东西洋而去，与海岛诸夷相贸易。[4]

　　商品经济的大规模发展必然带来与之相适应的各类科技文化的大繁荣，刺激了科学发现向技术发明的转化。自然科学知识与学术研究有了全新的发展：明代万历六年李时珍完成旷世药书《本草纲目》，万历年间朱载堉《律历融通》《算学新说》《律吕精义》等科学著作问世，万历三十五年徐光启翻译《几何原本》，此后又有《浑盖通宪图说》《圜容较义》《泰西水法》《同文算指》《天学初函》等科学著作出现，崇祯元年徐光启编成《农政全书》，崇祯十年宋应星《天工开物》完成，等等。同时社会思想活跃，文艺发展也呈现多元化，自王阳明心学泛滥，到李贽倡导"童心说"，再到汤显祖等人身体力行实践"至情论"，不但从思想理论上启蒙引导民众关注"人性本真和私欲"，同时也鼓舞了市民阶层的参政热情，提升了广大市民进一

---

[1]（明）顾炎武：《天下郡国利病书》第9册《凤宁徽》，商务印书馆《四部丛刊》三编本，第75～76页。

[2]（明）顾炎武：《天下郡国利病书》第13册《河南》，商务印书馆《四部丛刊》三编本，第69页。

[3]（明）顾炎武：《肇域志》山西二，《续修四库全书》第590册，上海古籍出版社2002年版，第512页。

[4]（明）顾炎武：《天下郡国利病书》第16册《福建》，商务印书馆《四部丛刊》三编本，第99页。

步为自我意识争取合法权利的理性精神。万历二十九年，苏州发生以纺织工为主体的市民抗议活动，征讨苏杭织造兼管税务的太监孙隆对纺织业的横征暴敛。此后又有东林党人组织市民进行反对矿监的斗争，天启六年，苏州等地万余市民示威游行，要求阉党释放东林党人。晚明甚至出现了民间自由媒体《邸报》等，内容涉及政治、经济、教育、军事以及重大突发事件的报道和时事评论，民间热衷于讨论政治问题，故而结党结社之风盛行。

明万历以后，民情世风开放侈靡，男女风月情爱坦荡无忌。明代中后期刊刻的家居必备工具书籍《万宝全书》专设"风月机关""春闺要妙""嫖家真窍"等门类，展现了晚明社会庶民百姓对两性关系毫不避讳的客观事实。"风月机关"教人风月场所的智巧才艺："男女虽异，爱欲则同。男贪女美，女慕男贤……具如寻常识见，皆由绳准之中；设若奇巧机关，便出筌蹄之外。若不运筹，定遭设网……初耽花柳，最要老成；久历风尘，岂宜熟念。"[1]"春闺要妙"更罗列四十一帖春药方剂及炮制方法，五花八门，包罗万象，足可见晚明社会市民风尚已到如此开放程度，完全脱离了传统封建社会恪守礼教的文化氛围。

如此看来，明代商品经济的资本积累趋势极有可能爆发资本主义革命运动，然而这场初始萌芽状态的资本运动被满洲清兵入关的血腥征服截断。一方面，战争对汉族地区的先进生产力进行了毁灭性的破坏，同时几乎彻底摧残了曾经异常繁荣的江南经济市场，并导致劳动力和手工业者数量的急剧减少。另一方面，满清从东北荒蛮之地带来了极为落后的生产力和奴隶制度，在经济制度和社会发展步伐上无法适应明代商品经济的发展，因此，清代统治者只能通过最简单粗暴的办法对主要资本萌芽进行强制性扼杀与镇压。

满洲女真各部早期以血缘关系建立了原始部落，《清太祖武皇帝实录》卷二载："凡遇行师出猎，不论人之多寡，依族寨而行。满洲人出猎开围之际，各出箭一支，十人中立一总领，属九人而行，各

---

[1]《万宝全书》卷十《风月门》，明万历刻本。

照方向，不许错乱。此总领呼为牛录厄真。"[1]此后一直到明万历年间，女真诸部落才缓慢发展为奴隶占有制，各部出现了贵族、奴隶主、平民和奴隶。奴隶被当做牲畜进行买卖或赠送他人，没有任何权利和人身自由。当女真各部进入奴隶社会发展阶段时，明万历年间商品经济正不断发展，明朝汉族民众改变了封建传统保守的农耕生活方式，纷纷涌入繁华城市从事工商业生产销售活动，商人的地位大大提高，市民经济文化生活日益丰富发达。

因此，对于满清八旗的部落制度而言，入主中原意味着从奴隶社会迅速跨越到了封建社会，而满洲的奴隶制度建立尚不足百年，奴隶占有制发展得极不充分，因而从奴隶制度飞跃到封建制度便显得极为仓促。相比之下，中原汉民族经历了千年奴隶社会，成熟发展到封建社会，又历经千年进入了封建社会末期，出现资本主义萌芽。因此，满清八旗诸部入主中原，对其而言，从经济到政治都可谓是一场巨大的进步和革新。而对于已经走到了封建末期的晚明汉族民众而言，这一次改朝换代不仅使中国面临着异族统治，而且更致命的问题是，满清正在人为地将中国商业经济意识倒退到封建初期的水平。

清初的统治者和民众都要面对一个严峻的课题，即经过战乱之后，如何解决落后疲软的社会经济与遗民发达的思想文化之间的矛盾。虽然清初几位帝王都极力保持明代各项政治制度和科举选官的办法，使得明清易代在表面上维持了一种政治文化的继承性和延续性。然而实际上，清朝统治者对各种政策的建立始终持保守谨慎的态度，并有严重的崇古复古倾向。清初的端正理学，清中叶的汉学大兴，都体现了清代统治者对封建文化的倡导和陶醉。而对于汉民族的商品经济与文化，满清统治者采取了压制的态度，并通过诸种暴力手段对其进行了严重破坏与割裂。明代士农工商各阶层遗民不得不痛苦地面对一个现实，他们怀念故国往日繁荣奢华的生活方式，心理和生理上都无法适应倒退到封建社会初期落后保守的农耕状态。因而，对于多数明代遗民而言，明清易代不仅仅是无奈的"亡

---

[1]《清太祖武皇帝实录》，康熙朝重修本。

国",而是充满绝望的"亡天下"。这一矛盾无法彻底解决,导致清初读书人的放浪形骸和不合作状态,而清朝政治由始至终都受到民间帮会"反清复明"口号的威胁。

纵观清代历史,满清统治者在勤政爱民方面仿佛都强于明代,但以满族八旗为主的统治阶级却始终对自身文化不够自信,对明代遗留下来的文化多元性感觉难以控制。因此清廷往往会通过简单粗暴的镇压钳制的方法处理复杂的文化问题,并以仇视提防的心态对待汉族人们,统治者稍不如意便对汉族百姓进行血腥残杀。早在满清尚未入关之前,努尔哈赤曾处死大批不愿为奴的汉民:

> 我占领辽东后,没有杀害你们。没动住的房、耕的田,没有侵占你家的任何东西,加以收养。就是那样收养,也不顺从。古河的人杀死我派去的人,叛变了。马家寨的人杀死我派去的使者,叛变了。镇江的人逮捕我任命的佟游击,送给明朝,叛变了。长岛的人逮捕我派去的,送到广宁。双山的人定约,带那边的兵来,杀了我们的人。……不念我收养之恩,仍与明朝一方合伙,所以杀了有罪恶的人。[1]

此后皇太极即位,仿明制设立内三院大学士,建立六部和都察院,又订立科举考试制度,极力模仿学习汉族文化,其原因并非仰慕明朝文化,而是"务使去因循之习,渐就中国之制。必如此,庶日后得了蛮子地方,不至手忙脚乱"[2]。而皇太极登基时颁布《议定会典》,会典的一些内容把满族风习制度强制推行于汉人,如汉人官民男女穿戴,俱照满人式样。满洲奴隶制的发展决定了八旗官兵在战争中以掳掠人畜财物为主,如1643年清军自山东退兵,路经京畿地区,"破三府十八州六十七县,掳掠人口三十六万九千人,牲

---

[1] 中国第一历史档案馆编:《满文老档》(太祖朝)卷六六,中华书局1990年影印本。
[2] 罗振玉:《天聪朝臣工奏议》卷中,民国东方学会刊本。

畜三十二万一千头。自天津至涿鹿，沿途运载财物的车驼绵延三百里"[1]。直至满清攻占明王朝的领土，通过大规模镇压各地参与反清斗争的汉族百姓，封建地主制度逐步建立起来。

对比明清历史便会发现，两朝统治政策的重要差异之一，就在于明代采取开放式发展，而清代采取收缩式发展，并在入主中原后强力扼杀了明王朝曾经的大国气象。明代以儒学思想取士但不限制士人思想的发展，允许社会各层次思想文化的百家争鸣，因而明代思想家讲学授徒盛极一时。明代重视工商业发展，开放海外贸易交流，引入异域宗教，鼓励科技和手工业发展，晚明时期的党社文社也异常发达，文人清谈盛行，言论相对自由。而清代统治则以文化压制和经济收缩为政策根本，利用汉族传统儒学文化钳制汉族人的思想发展，同时禁止工商业的发展，关闭海关通商，禁止海外贸易，多次严禁天主教，压制科技手工。大规模发动文字狱，禁止言论自由和党社，鼓吹发展汉学，将文人的聪明才智限制在训诂考证、文字校订之中。显然，明清两代在对待生产力发展和文化进步的态度上存在矛盾和差异，这些导致了两个王朝推行不同的统治政策，也反映了明代和清代统治者的不同心态和视野。

故而，在这种生产力差异所导致的文化矛盾的背景之下，清廷对小说等通俗文艺的禁毁政策便更加耐人寻味。明代初期为整肃民风，曾经查禁过几本文言传奇小说，如《剪灯新话》，明末统治者为应付匪众造反，曾查禁过《水浒传》。但对于明代大量通俗小说来说，这种零星特例的禁毁根本不值一提。晚明通俗小说的发达在文化层面上意味着人性本欲的觉醒，而在经济层面上则是市场商品经济的必然发展。市民阶层的发展，商人带动商品市场逐步繁荣完善，市场上对通俗小说有极大的需求，商人和文人便对这类文化需求做出反应，及时满足市场，这就在客观上促进了通俗小说的繁荣。因此，当从文化和经济的角度看待清统治者大规模禁毁小说的问题，就会发现所谓的"毁淫词以教民心"根本就是一个冠冕堂皇的借口。从

---

[1] 蔡美彪等：《中国通史》第9册，人民出版社1993年版，第91页。

根本上来说，清统治者要禁毁的不是"淫词艳曲"，而是"淫词艳曲"背后繁荣的商品市场，以及活跃的思想文化和娱乐方式。

对于明朝灭亡的原因，清朝统治者和学者们都曾经有过反思，认为其缘由有二：第一，心学所倡导的人性复苏和启蒙思想造成人欲泛滥，最终导致亡国；第二，传统农业经济的逐渐衰落，商品经济的飞速发展造成奢靡享乐的社会风气，人心不古导致亡国。不管这两种原因是不是直接引发了明王朝的崩溃，清朝统治者都很清楚，市场与文化的膨胀发展最终必然改变人的思想，而思想上的动荡足以毁灭一个王朝的统治。这样一来，控制士民的思想便成为清代统治政策的重中之重。

因此，研究清代小说禁毁和禁毁小说坊刻的方方面面，可以从一个与商业经济相关的侧面展示清代小说出版的总体状况，并通过研究禁毁小说的出版刊刻进一步探讨清代文治政策以及社会生态文化的特点。本研究将清代禁毁小说按照时代发展和政治策略的变化，进行详细分类并归纳，对清代禁毁小说在刊刻及传播方面的特色进行详尽分析，结合清代文化政策规范等因素，考查禁毁小说出版传播的现象以及商业运作过程。同时，从独特的角度探讨清代统治阶层对"违碍"小说的政治态度，通过研究清廷的文治手段，总结对"违碍"小说的各类处理方式的得失。

本研究尽可能全面搜集清代关于禁毁小说的各类史料，包括相关的清代法令、律例、典章、奏折、谕旨、文书、文人笔记、书目清单等。对以往学者发掘的史料进行补充整理，在此基础上对清代禁毁小说及其各类版本进行整理，编写出较为详尽的清代禁毁小说总目和版本提要。

本研究分为清初、清中期、清末三个时期的小说禁毁状况，讨论小说禁令的时代特征以及禁毁特点和手段。区分文言小说和白话小说的禁黜特点，对政治上违碍作品、淫词作品、特殊禁毁作品及版本等进行辨析论述。

本研究讨论清代禁毁小说的范围并进行分类：政治性禁毁小说，包括被清廷禁毁的明朝政治小说，纂修《四库全书》期间的禁毁小说，因邪教运动或帮会起义而禁毁的小说，以及一切违碍清朝政治文化的小说。有碍风教的淫词小说，包括由小说改编为戏曲、鼓词、子弟书等曲艺形式的篇目。各种野史类、荒诞不经类、笑话滑稽类小说，包括一些列入禁毁小说书目，实则并非小说的各类书籍。着重研究这些小说的禁黜原因，各类禁毁小说的数量和规模，各种政治事件和邪教运动与小说禁黜之间的关系等。

本研究探讨小说禁毁的政治现象与民生经济发展的关系。小说的出版刊刻、租赁抄写等涉及民间商业的发展，牵系着社会稳定。而禁毁小说的刊刻既有政治风险和成本风险，又有巨大的经济利益诱惑。清代禁毁小说大多有刻本流传至今，这些小说的书目变迁，出版刊刻成本，价格和利润，抄写刊刻规模，以及商业发展与书坊经营的关系等，都在研究的范围之内。

本研究列举清代禁毁小说的各类版本，以及诸种传播流布方式，包括禁毁小说的改头换面、分解刊刻、书名变更、小说传抄、借阅租赁，禁毁小说版本的特色，禁毁小说传播的影响因素，禁毁小说的流通渠道等。

另外，本研究对于"坊刻"的界定，也尽量采取从宽不从严的态度，凡清代官府刻书以外的都归于"坊刻"之列。本研究除了主要探讨民间书坊刊刻之外，同时涉及私人家刻小说，以及晚清时期的地方书局刊刻，在研究坊刻版本的过程中，也部分涉及小说抄本等。

第一章　整肃异端与查禁小说

清代是针对小说发出禁令最多的朝代。中国小说虽然成熟较晚，然而在唐代已经出现大规模虚构性的传奇小说作品，宋元时期白话通俗小说出现繁荣的趋势，并在明清两代达到顶峰。从唐初至明末的一千余年之中，各朝统治者推行的文治政策都对小说持宽容态度。明代正统七年查禁《剪灯新话》的禁令[1]、明万历三十年严禁以小说俚语入奏议[2]，但这些禁令都有其政治背景，并非针对小说或者文人思想，而在晚明政权岌岌可危的崇祯时期严禁《水浒传》，则完全因为各地匪寇占山聚义、谋反违逆的缘故。除去这几次与小说有关的禁令，在小说发展的一千多年中，截至晚明，并没出现过朝廷发动大规模的禁毁小说的政治事件，也从未以官方立场列出应禁毁的小说书目。

然而清朝建立其政权之后，从清初至清末，几乎每一代帝王都颁布过与小说有关的禁令，并在晚清形成了禁毁小说运动的高潮。清廷多次颁布应禁毁的违碍小说书目，禁毁理由也各种各样，因淫词艳情之故，因反清违逆之故，因荒诞无稽之故，因讽刺诽谤之故……但不管出于何种理由和原因，都无法掩饰清廷对民众私人生

---

[1]（清）顾炎武：《日知录集释》余卷四"禁小说"，岳麓书社1996年版，第1225页。
[2]《明神宗显皇帝实录》卷三百七十九："万历三十年十二月己未，礼部题……臣等以为皆宜禁，如作字必依正韵，不得间写古字，用语必出经史，不得引用子书，及杂以小说俚语。"

活和思想领域严加干涉控制的目的。

事实上，小说在中国古代作为子部支流和文学末流，常为传统士大夫所不屑，只具有"街谈巷议，不足为道"的地位，班固《汉书·艺文志》诸子略中并收儒、道、阴阳、法、名、墨、纵横、杂、农、小说十家，其中"小说家者流，盖出于稗官。街谈巷语，道听途说者之所造也。孔子曰：'虽小道，必有可观者焉，致远恐泥，是以君子弗为也。'然亦弗灭也。闾里小知者之所及，亦使缀而不忘。如或一言可采，此亦刍荛狂夫之议也"[1]。因而在传统读书人眼中，小说的文化价值和社会价值几乎可以忽略不计，完全是一种娱乐消遣的"稗官之流"，属于私人生活空间的范畴，也是民间生活形态发展自然产生的现象。小说与口耳相传的故事传说一样，均为市井民间层面的消遣物，即便是子部著录的文言小说，在浩瀚的传统文化遗产中，也都被历代文人认为是微不足道的杂谈杂录。而清朝各代统治者偏偏针对小说屡下禁令，不能不说是一种奇特的政治现象。这些小说禁令体现了清统治者对民间私人生活领域的干预，包括控制个人思想和娱乐，从更深的层面显现出清统治者的文治政策，即肃清异端、树立准则、监控生活、打击逆反，完全将私人文化空间纳入到政治范畴中，并在文化治理的高度上对通俗文艺进行严格审核。

因此，分析清代的小说禁毁，不能单从文学发展的角度探讨，也不能单单考虑道德教化层面的问题，实际上，清代禁毁小说由始至终都与政治相关，小说禁令无法脱离政治现象而单独存在。从这一基本立场出发，清代的小说作家、小说读者、小说刊刻、小说传播等也都必然离不开文化治理和政治监管。

清代前期针对小说的禁令并非是狭义上的小说禁毁或者文学钳制，它围绕着清廷政权的合法建立，展开了近百年的对思想异端的清肃，并在雍正年间达到高潮。从维护清初政权统治的角度来看，纯粹的针对文学内容的小说禁令是不存在的，单纯在男女伦理道德

---

[1]（汉）班固：《汉书·艺文志》，见《二十五史》影印百衲本，浙江古籍出版社1998年版，第406页。

方面违背传统教化的文学性小说，尚不足以引起清初统治者的关注和重视。即便是四海升平的康熙盛世年间，清廷对小说发出的禁令也往往与整肃异端邪说相关，并对包含反清思想和传播邪教等违逆内容的小说严加处理。整个清代前期，针对小说的政策尚未广泛涉及教化民风的层面。因而，清初统治者颁发诰令禁止所谓的"淫词小说"，实质上是一个泛称，并非特指赤裸裸描写男女欢爱的色情小说，而一切有违碍内容的异端小说作品都可以归入"淫词"当中，加以禁止。

一、思想的统一

满清入关初期，统治者所面临的政治难题和统治障碍，主要是民族主义的冲突对抗，以及紧张的政治军事局面。一方面，这种矛盾与对抗产生于传统汉族士大夫无法接受少数民族的野蛮统治，另一方面，满清入主中原之后，严重破坏了明代以来的经济模式和体制，推行闭关锁国政策，其封建崇古主义扼杀了商品经济的发展，使汉族文化的创新萌芽遭受摧折，并造成了历史进程的倒退。除了民族主义的矛盾冲突以外，其他的社会问题和民风习俗教化不足以构成威胁因素，因而尚未成为清初统治者迫切关注的重点。

汉族百姓对满族统治者的顽固抵抗，迫使清政府不得不采取怀柔与强硬双管齐下的政治手段，并以满洲八旗的军事实力进行干预。满族各部落在入关之前并没有稳固的政治制度传统，八旗部落之间的关系也并未形成严密的政治体制和管理体系。满清采用奴隶制度的治国方法，显然不适用于幅员辽阔且经济发达的汉民族国家，因此，清统治者入关建国只能借鉴汉族传统的政治制度。从中国历史朝代的发展来看，自秦代以后，由汉族文化传统建国，并以汉族士大夫为统治集团的强盛帝国为数不多，在汉朝、宋朝、明朝三个朝代中，汉朝因内乱而前后延续为西东汉，宋朝因外患而先后立朝为北南宋，只有明代一朝由始至终都是统一集权的王朝，以277年的完整地域统治而成为中国历史上第一汉族文化王朝。满清统治者若想采用汉族传统政治制度，需在汉朝、宋朝、明朝三者之中采纳其一，而宋朝向来崇文抑武，积弱受敌，不符合崇尚武力的满清统治要求。汉朝与明朝在根本制度上极为相似，均是采用亲族分封制度与中央集权相结合的政治手段，而明代废除丞相制度，设立大学士，更加强化了帝王集权，有助于政权的集中和统一。

因此，清初统治者在政治制度上基本全盘接受明代体制，并推行满族和汉族官员并行管理的政策，实际上是分化转换了汉朝和明朝的亲族分封制度，采取一种更利于满清统治的政治手段。亲族分封制度是将统治者的亲族子弟分封天下，前提是王朝的统治者与百姓之间不存在激烈的民族矛盾，亲王藩王在地方上配合行政管理，能够监视督导当地的官民生活，及时镇压少数反叛分子，有利于巩固江山社稷。然而满清统治者却无法正常吸纳汉族传统的分封制度，不能将八旗子弟分封天下：第一，满族入关统治与汉族百姓之间存在严重的民族矛盾和冲突，满族分封制度若在全国范围内推行，只会引发汉族民众更多地反感和抵抗；第二，满族八旗部落不是同一姓氏，部落关系也较亲族更为松散，若分封天下则难以凝聚团结，而且八旗子弟人数较少，亲兵力量有限，无法分散到全国各地掌控行政局面，而且很容易被汉族复辟势力分化消解，各个击破；第三，满清建国之初，大多数八旗子弟尚未掌握汉族文化，尤其不熟悉汉族的礼仪风俗和语言文字等，文化上的障碍也无法采用分封制度；第四，满洲势力的根基在东北地区，满族由游牧狩猎民族进入中原，其都城和主要活动范围也都在北方，在统治根基未能稳固之前，不可能舍弃北方而分封天下，尤其是江南的汉族文化实力发达，江南文人对传统汉族文化的顽固坚守超出了清初统治者的预料。这些不利因素都意味着满清八旗分封不切实际。

因而，清初采用明代中央集权的政治制度，并让满汉官员同朝效力，同时分封汉族诸王以安抚收买军事力量，在云南广东福建设立三藩，封平西王吴三桂、平南王尚可喜、靖南王耿精忠，以汉族藩王镇压汉族反叛势力，一举覆灭南明朝廷。这也是政治上试图消解和降低民族主义情绪的必要手段，将满汉民族矛盾适当转化为汉族官民的内部矛盾。清初的政治手段也算高明，"清之开国，不能谓于国民先有何种功德。本以女真崛兴东北，难言政治知识。顾其族为善接受他人知识之灵敏者，其知识能随势力而进，迨其入关抚治中国，为帝王之程度，亦不在历朝明盛诸帝之下"[1]。然而政治制度的推行并非一帆风顺，民间的叛乱与汉族士大夫的消极抵抗自清初建国起始终存在，清朝统治者必然要在政治措施上结合思想文化的控制。满清虽来自关外，但统治者意识到儒家传统文化对汉族士民的重要，因而在思想文化的体制建立上，仍支持程朱理学为官方哲学，并在传统儒家学说的掩护下进一步加强中央集权，借用儒家思想来凸显皇权威信的合理性和正确性。

清初也采用明代科举制度，并加强了选官制度的正统思想控制，严厉排斥各类异端进入文化领域和统治阶层。如此一来，全社会思想的同一性便在根本上击毁了明代以来多元化的心学思潮，将士人的思想和信仰高度统一在四书五经的传统儒学当中。因此，从表面上看，清朝实施了明代的政治制度，而实际上是以汉朝独尊儒术的手段对臣民进行思想控制，扼杀一切"非圣"的思想和言论，把圣贤以外的思潮都划归为"异端"。汉族士人阶层在晚明已经出现了启蒙主义思想，追求个体心灵的超越和自由，有保守主义，有创新主义，有西学主义，有宗教主义，各种思想分立和争辩十分激烈，形成丰富多彩的思想取向。这些分化发展的思想在清初儒学秩序一统之下被强行压制消解，严重造成了士民思想文化的分裂。文人士大夫逐渐丧失了表达独立思想的有效空间，在思想言论上被迫回归官方轨迹，若有任何离经叛道的行径都会遭受残酷的查禁和文字狱，而在私人生活上也必须遵行满清统治者倡导的质朴俭约，一改汉族士大夫惯有的奢靡放纵。公共生活和私人生活都被统治者严格监控，这必然会造成心理上的分裂，并借助其他控制松弛的表达方式进行发泄，其中包括了通俗文学和民间宗教。

---

[1] 孟森：《清史讲义》，中华书局2006年版，第117页。

在晚明心学泛滥之余，儒道释三教合一的趋势已成定局。如明代的宫廷皇族始终对生命永恒充满兴趣，迷恋于道教修仙，沉溺于修炼和药物的试验。这种信仰由宫廷出发，获得很多上层士人的哲学理论支持，流传于民间形成风靡一时的原始宗教力量。而晚明一些钻研于世界智慧的士人则沉迷于佛教哲学，吸收了佛教思想资源中超越世界的理论和观念，在士人阶层中取得广泛的认同和参与。因此，从民间大众到士人阶层，佛道信仰的力量在清初不可小觑，成为对抗儒学正统的顽固势力，这也是清代统治者必须要面对并且需要解决的问题。

随着儒学思想一统规模的形成，士民无法在严控的社会空间中表达独立思想，因而这种社会生活与思想诉求的分裂产生了三个后果：第一，致力于官场仕途的文人士大夫多将精力才智投入到考据训诂的汉学研究，兴起了汉学风潮和乾嘉学派；第二，一些下层文人以及普通民众多将兴趣转向被统治者忽视的通俗文艺和民间宗教，进一步丰富了通俗文艺的样式，扩大了通俗文艺的传播范围和影响力，并与民间信仰和娱乐相结合，最终在民间形成庞大的通俗社会生态力量；第三，民间宗教成为吸引民众的巨大精神力量，与市井风气相结合，造成了奢靡浮华的社会风气，寺庙赛会祭祀，男女冶游聚众，邪教发展兴盛。这些后果由同一原因引起，表面上看来都无碍于政权统治，但实质上最终成为清朝灭亡的两大潜在因素。康熙帝曾感慨世风日下："朕观今时之人，不敢本务实，轻浮奢侈者甚多，汉人为甚。今满官田舍俱在畿辅之地，人皆知之。汉官或有自称道学，粉饰名节而本乡房舍几至半城者有之，或多置田园者有之，且群会宴集，流于邪僻嬉戏，若不禁止，则渐至于放纵，或身为大臣沉湎于色、形于颜面者，实非人类矣，著严行禁止。"[1] 汉学的兴起钳制了士大夫的自由思想，除灭了传统文人的耿介和刚胆，培养了一大批奴性文人和百姓。而通俗文艺和民间宗教的结合泛滥，则从社会治安、民风习俗、人心道德、伦常教化等方面摧毁了健康的

---

[1]《清圣祖仁皇帝圣训》卷二十五，台北文海出版社1965年影印版。

社会根基。故而到了晚清时代,官场腐败堕落,谋逆此起彼伏,社会风气败坏。

二、通俗小说的影响

顺治、康熙、雍正三朝,统治者的主要政治力量放在树立正统、清肃异端的政策上。这些政策共分为两大范畴,一是与社会生活息息相关的儒学正统思想的确立,从思想文化上建立全民的大一统制度,包括颁布《圣谕十六条》《训饬士子文》等;二是与民族主义矛盾相关的政治手段,包括平定叛乱、削三藩、取台湾、文字狱等措施。清初的小说禁令都与这两大范畴有莫大的关系,这说明清初对小说的查禁存在明显的政治因素,是为了确立满清统治的正统性和合理性。此时的小说禁令不具备朝廷针对文学发展而进行干预的独立意义,也没有开列具体的查禁小说的书目清单,往往将查禁小说的法令与其他政令混合颁布,并且不以查禁小说为主。从清初众多的小说禁令来看,这一时期统治者的主要目标是清肃不合乎政权统治的异端思想,只要是"非圣"言论和著作都要查禁,因此也囊括了一部分小说作品,所谓的小说禁令正是在这样的大背景之下颁布的。

小说自古以来便具有街谈巷语、道听途说的特点,其本身并不是政治的附庸,小说中涉及当朝政治问题的也比较少见。清初流行的小说多为明代以前创作的作品,包括四大奇书《三国演义》《水浒传》《西游记》《金瓶梅》,以及各种描写市井生活的话本和文人传奇等。对于这些小说,只要不是明显触及当朝政治问题,清廷便不会刻意为难。清初文字狱以庄氏明史案、吕留良案、曾静案等最为著名,文人士大夫也多有因诗文获罪抄家者,但涉及小说创作的作者即便牵涉文字狱,也都从轻发落。可见,清初朝廷查禁"淫词小说",主要针对异端思想,以谋乱反叛、抵抗清朝统治为眼中钉。

满清未入关之前,天聪九年四月,上谕文馆诸臣禁止翻译野史,强调以正统治国,凡是离经背道或荒诞不经的言论书籍都要严禁翻译,唯恐影响满族八旗民风,况且满洲民众向来淳良质朴,将汉族文辞虚浮的野史文章翻译为满文，会令百姓信以为真，引发异端思想。

> 上谕文馆诸臣曰："朕观汉文史书，殊多饰词，虽全览无益也。今宜于辽、宋、元、金四史内，择其勤于求治而国祚昌隆，或所行悖道而统绪废坠，与其用兵行师之方略，以及佐理之忠良，乱国之奸佞，有关紧要者，择实汇译成书，用备观览。至汉文通鉴之外，野史所载，如交战几合，逞施法术之语，皆系妄诞。此等书籍，传至国中，恐无知之人，信以为真，当停其翻译。"[1]

谕旨中明确规定选择翻译的范围，强调要在史书中挑出"有关紧要者"，"汇译成书"，这些都是统治者认为益于民心正道的内容，准其翻译，而那些野史异闻"皆系妄诞"，不利于民风教化，因此不得翻译传入满洲。可见，清初文化思想控制极为严密，对文化传播内容进行选择性的筛查。但由于满清八旗子弟文化水平低下，无法在短时间内领略汉文经典中过于高深的文化内容，因此统治者也允许翻译一部分通俗书籍作品，如《三国演义》等小说，因小说内容新奇跌宕，易于吸引读者，通过阅读小说向八旗子弟普及汉文和汉族文化，不失为一项明智有效的策略。

昭梿《啸亭杂录》曾载："崇德初，文皇帝患国人不识汉字，罔知治体，乃命达文成公海翻译国语、四书及三国志各一部，颁赐耆旧，以为临政规范。及定鼎后，设翻书房于太和门西廊下，拣择旗员中谙习清文者充之……有户曹郎中和素者，翻译绝精，其翻《西厢记》《金瓶梅》诸书，疏节字句，咸中綮肯，人皆争诵焉。"[2]说明当时翻译的各类通俗小说极受八旗子弟欢迎。清代俞正燮《癸巳存稿》卷九《演义小说》有载："顺治七年正月，颁行清字《三国演

---

[1]（清）王嵩儒：《掌固零拾》卷一《译书》，民国二十五年修绠堂书店版。
[2]（清）昭梿：《啸亭续录》卷一《翻书房》，中华书局1980年版，第397页。

义》，此如明时文渊阁书有《黄氏女书》也。《黄氏女书》为念佛，《三国演义》为关圣，一时人心所向，不以书之真伪论。"[1]《清代文献迈古录》载："侯以马申从军，不识汉文，超勇公取缮清字《三国演义》授之，遂为名将。（罗贯中《三国演义》，崇德四年，大学士达海、范文程等以清字译之，顺治七年告成。国初，满洲诸将不识汉文者多得力于此书）"[2]满清八旗的武将通过阅读《三国演义》译本而成为一代名将，足见通俗小说对八旗子弟的影响之大。通过翻译通俗小说来掌握汉族文化确实带来明显的效果，清魏源《武圣记》卷十三《武事余记》载：

> 太宗崇德四年，命达海译《通鉴》《六韬》《孟子》《三国志》《大乘经》，未竣而卒。顺治十年，译《三国演义》告成，大学士范文程等赏鞍马银币。又闻颇勒登保，初以侍卫从超勇公海蓝察帐下，每战辄陷阵，海公曰："尔将材可造，须略识古兵法。"以翻清《三国演义》授之，卒为经略，荡平三省"教匪"。是国朝满洲武将不识汉文者，类多得力于此。且罗贯中大半引申于陈寿，非尽凿空；故朝廷开局，译为官书，以资教胄。……是故郢书可以治燕；里谣巷谚，可入乐府；不龟手之药，宋人以洴澼絖，而楚臣得之，以济三军，而兼城拓地。[3]

清初借助翻译《三国演义》普及汉文化，其原因之一，《三国演义》是通俗小说作品，具有情节戏剧性和娱乐性，内容多涉及战争武力智勇等，更能吸引尚武的满洲八旗子弟，通过熟读小说了解汉文化，接触汉族封建传统礼义习俗，知己知彼才利于入关统治汉民族的天下。原因之二是《三国演义》全书宣扬封建忠义观，以正

---

[1]（清）俞正燮：《癸巳存稿》，光绪十年刻本。
[2]（清）赵祖铭：《清代文献迈古录》，大众文艺出版社2003年版，第209页。
[3]（清）魏源：《武圣记》卷十三，清刊本。

统忠君报国的儒家思想为主要导向，塑造明君贤臣的人物形象，利于对民众的教化。其中以关羽形象最为典型，完全作为忠义君子贤臣的化身，将传统儒家思想的完美境界淋漓尽致地表现出来，关羽不仅是战场上的英雄豪杰，也是朝堂中的梗骨之臣，国之中流砥柱，百姓的模范榜样，因此特别受到清统治者的推举，"本朝未入关之先，以翻译《三国演义》为兵略，故其崇拜关羽，其后有托为关神显灵卫驾之说，屡加封号，庙祀遂遍天下"[1]。原因之三是《三国演义》根据三国历史编写演绎而成，"七分为实，三分为虚"，情节跌宕起伏但不荒诞离奇，是极具代表性的正统通俗小说，思想内容不背离正道，无淫秽野逸和过分夸诞的情节描写。

然而，满清政府仅以《三国演义》等有限几部通俗小说教化子弟，同时严防八旗子弟受汉族文化奢靡之风影响，不允许翻译情爱、荒诞等内容的文艺作品，"近有不肖之徒，并不翻译正传，反将《水浒》《西厢记》等小说翻译，使人阅看，诱以为恶。……似此秽恶之书，非惟无益，而满洲等习俗之偷，皆由于此。如愚民之惑于邪教，亲近匪人者，概由看此恶书所致，于满洲旧习，所关甚重，不可不严行禁止。"[2]这种谨慎的心态造成清代满汉之间设防甚重。统治者对满汉民族进行区别对待，是出于一种不自信的心理，即便入关称帝，但未从心理上与汉族传统文化达成一致，也未认同汉族百姓为子民，满清统治者的防范之心从五花八门的文字狱和教化手段足以看出。孟森《清史讲义》道："受汉族之奉养，以消磨其特长，又欲自别异于汉族。既已无能，而又显非族类，轻视与仇视交并，一旦覆之，无可留恋，此为清亡之实状。"[3]以这种严防汉族百姓的心态治理国家，必然成为满清统治者在政治上的一大缺陷。

顺治九年题准："坊间书贾，止许刊行理学政治有益文业诸书，其他琐语淫词，及一切滥刻窗艺社稿，通行严禁。违者从重究治"。[4]

---

[1]（清）王崇儒：《掌固零拾》卷一《译书》，民国二十五年修绠堂书店版。
[2]《清实录·高宗实录》，中华书局1985年影印本。
[3] 孟森：《清史讲义》，中华书局2006年版，第117页。
[4]（清）魏晋锡等：《学政全书》卷七《书坊禁例》，清乾隆年间礼部刻本。

这一次针对坊间的禁令较为严厉，民间书坊在明代中期以后发展较快，主要依靠刊刻通俗小说戏曲、科举参考书籍、民间日用书籍等牟取利润。顺治九年的禁令所指的"琐语淫词"便包括一切通俗小说戏曲以及常用民间书籍，而"窗艺社稿"则是各类科举应试资料选本，这些都在清政府严禁的范围之内，这等于截断了民间书坊的生意和利润来源。清政府只许坊间刊刻"理学政治有益文业诸书"，而这些书籍不是民间畅销书，成本既高，也无丰厚的利润，通常是官府刻书或藏书家刻书，与坊间刻书关系甚远。由顺治九年的禁令可以看出，清初统治者对于所征服统治的汉族民众的日常生活并不了解，试图以政治的手段强势干预经济和商业生活，势必会引发逆反效果，禁令无法严格遵行，只能不了了之。长此以往，凡是朝廷颁布相关禁令，最终都演变为一纸空文，政府的威信力和约束力自然不断降低。

顺治九年的禁令并没有收到预期的效果，禁令的具体执行也都是敷衍了事，坊间的淫词小说仍旧大行其道，有增无减。到了顺治十七年，发生了《无声戏二集》一案，这是当时一桩极具代表的政治性案件，此书作者为李渔，刊刻此书的张缙彦时任浙江布政使，曾为崇祯四年进士，在晚明官至兵部尚书，明清易代时张缙彦先投降李自成，曾在安徽华阳山抗清，他在《无声戏二集》序末自署"掌华阳兵"即暗指此事。清兵入关后，张缙彦降清，据《贰臣传》记载张缙彦事：

> 缙彦仕明为尚书，闯贼至京，开门纳款，犹曰事在前朝，已邀上恩赦宥。乃自归诚后，仍不知洗心涤虑，官浙江时，编刊《无声戏二集》，自称"不死英雄"，有"吊死在朝房，为隔壁人救活"云云，冀以假死涂饰其献城之罪，又以不死神奇其未死之身。臣未闻有身为大臣拥戴逆贼，盗窃宗社之英雄，且当日抗贼殉难者有人，阖门俱死者有人，岂以未有隔壁人救活逊彼英雄？虽病狂丧心，亦不敢出此等语，缙彦乃笔之于书，欲使乱臣贼子相慕效乎？[1]

---

[1]（清）国史馆辑：《贰臣传》，菊花书屋刻本。

《清实录》载御史萧震弹劾张缙彦："为缙彦者，正当洗心革面，以图报称，乃守藩浙江，刻有《无声戏二集》一书，诡称为不死英雄，以煽惑人心。"[1]《无声戏二集》因张缙彦事件受到牵连，因而当时被查禁，这也是一起通俗小说与政治扯上关系的特殊事件。朝廷处理结果是张缙彦被迁往宁古塔，《无声戏二集》遭禁毁，但小说作者李渔并没有被"从重究治"，几乎没受到过多的影响，依旧创作出版小说，此后刊刻了《无声戏》《无声戏合集》《无声戏合选》等。张缙彦被查办时，李渔又将已经出版的《无声戏合集》更名为《连城璧》，此书得以继续在市场上流通。可见顺治朝廷禁毁《无声戏二集》并非针对小说内容，而是关注由小说引发的政治事件。

三、清初小说禁令

康熙二年清廷颁布禁书令："嗣后如有私刻琐语淫词、有乖风化者，内而科道，外而督抚，访实何书系何人编造，指名题参，交与该部议罪。"[2]此次的禁令不再针对"窗艺社稿"，而重点转向"琐语淫词"和"有乖风化"者。总体来说，这一次禁令延续了顺治年间的基本政策，当时正值朝廷上层权力交接和相互制衡，康熙帝幼年登基，朝中辅政大臣矛盾不断，朝野上下闹出了轰轰烈烈的"庄氏明史案"，被牵连进去的有七百多家，千人被杀，刻工、刷匠、书贾、藏书者均被处死，文字狱十分严酷。而且这一时期告密频繁、人心惶惶。康熙三年，丁耀亢《续金瓶梅》被告发语涉不当，丁耀亢一度后悔自己"多言取祸，一笔而绝"（丁耀亢《自述年谱以代挽歌》）[3]，但他最终得朋友救助而得赦免。《续金瓶梅》遭禁并非完全因为书中涉及明清易代的旧史，更主要的原因是"背谬妄语，颠倒失伦"。刘廷玑《在园杂志》卷三载："《金瓶梅》亦有续书，每回首载《太上

---

[1]《清实录·圣祖实录》，中华书局1985年影印本。
[2]（清）魏晋锡等：《学政全书》卷七《书坊禁例》，清乾隆年间礼部刻本。
[3]（清）丁耀亢：《丁耀亢全集》，中州古籍出版社1999年版。

感应篇》，道学不成道学，稗官不成稗官，且多背谬妄语，颠倒失伦，大伤风化；况有前本奇书压卷，而妄思续之，亦不自揣之甚矣。"[1] 可见清廷无法容忍《续金瓶梅》"背谬妄语"的异端思想，进行严查处理，但对比"庄氏明史案"和"《续金瓶梅》案"也可以看出，稗官小说毕竟不同于政治，清初整肃背谬异端事件与处理民族矛盾所引发的政治事件相较，朝廷更为重视后者，其严惩手段极其残酷，甚至连刻工都不放过。而对于稗官小说和小说作家，只要不是有心涉及政治，在惩处上不及政治事件严厉。这一点也说明，顺治年间至康熙初年，统治者尚未将通俗小说与政权统治挂钩，对二者也进行了区别对待。

康熙二十二年，清朝收复台湾，完成了军事政治上的统一，清朝从此步入盛世时期。[2] 此时的社会文化思想比较开放自由，通俗小说的创作和出版刊刻都达到一个新的繁荣阶段。而江南地区经过多年的休养生息，经济日益发达，民风也逐渐趋于奢靡浮华，康熙二十四年，江宁巡抚汤斌针对吴地奢侈游乐之风颁发《严禁私刻淫邪小说戏文告谕》，并于次年向康熙帝奏疏，申请在全国查禁淫祠，并禁毁淫词小说，其奏疏《毁淫祠以正人心疏》曰：

> 风涉淫靡，黠者藉以为利，而愚者堕其术中，争相仿效，无所底止，如妇女好为冶游之习，靓妆艳服，联袂僧院，或群聚寺观，裸身燃臂亏体诲淫。至于敛钱聚会迎神赛社，一幡之直数百金，刻造马吊纸牌，编造淫词艳曲，流传天下，坏人心术。[3]

随着奢靡风气的泛滥，民间诲淫之风大盛，往往男女杂聚寺院庙宇，"靓妆艳服，联袂僧院，或群聚寺观，裸身燃臂亏体诲淫"，

---

[1]（清）刘廷玑：《在园杂志》卷三，中华书局2005年版，第125页。
[2] 张岂之：《中国历史》（元明清卷），高等教育出版社2002年版，第255页。
[3]（清）汤斌：《汤子遗书》卷二《毁淫祠以正人心疏》，乾隆树德堂刊本。

民间宗教的崇拜祭祀活动愈演愈烈，造成社会民俗的进一步败坏。康熙二十六年，刑科给事中刘楷上疏：

> 为正学昌隆已久，旧刻匪习宜除，请严杜根株，以仰佐王道之观成事。臣窃思学术人心，教育之首务也。我皇上天纵生知，躬亲讨论，阐孔孟之正脉，接尧舜之心传，重经史以劝士，颁十六谕以劝民，海内蒸蒸然，莫不观感而兴起矣。昔孟轲云："杨墨之道不息，孔子之道不著。"自皇上严诛邪教，异端屏息，但淫词小说，犹流布坊间：有从前曾禁而公然复行者，有刻于禁后而诞妄殊甚者。臣见一二书肆刊单出货小说，上列一百五十余种，多不经之语，诲淫之书，贩买于一二小店如此，其余尚不知几何。此书转相传染，士子务华者，明知必无其事，佥谓语尚风流，愚夫鲜识者，妄拟实有其徒，未免情流荡佚，其小者甘效倾险之辈，其甚者渐肆狂悖之词，真学术人心之大蠹也。……臣请敕部通行五城直省，责令学臣并地方官，一切淫词小说，……立毁旧板，永绝根株。即儒门著作，嗣后惟仰宗我皇上圣学，实能阐发孔孟程朱之正理者，方许刊刻，不许私立名目，各逞己说，贻误后人。违者并作何严禁，庶学术端，人心正，移风易俗，亘古为昭矣。[1]

邪教发展与淫词艳曲的传播密切相关，因此刘楷上疏主要针对坊间的淫词小说，其严禁小说的思路遵照顺治年间针对坊刻的禁令，并强调"即儒门著作，嗣后惟仰宗我皇上圣学，实能阐发孔孟程朱之正理者，方许刊刻，不许私立名目，各逞己说，贻误后人"，有严禁异端邪说之意。康熙二十六年九卿议覆刑科给事中刘楷条奏，请禁止淫词小说，应如所请，康熙帝曰："淫词小说，人所乐观，实能败坏风俗，蛊惑人心。朕见乐观小说者，多不成材，是不惟无益

---

[1]（清）琴川居士编：《皇清奏议》卷二十二，清都城国史馆琴川居士刻本。

而且有害。至于僧道邪教，素悖礼法，其惑世诬民尤甚。愚人遇方术之士，闻其虚诞之言，辄以为有道，敬之如神，殊甚嗤笑。俱宜严行禁止。"[1] 康熙帝赞成查禁淫词小说，但更强调严惩"惑世诬民"的"僧道邪教"，特别关注淫词小说与邪教虚诞之间的关系，可见此时清朝统治者对于管理查禁小说的政策进一步明确。于是康熙二十六年三月谕：

> 书肆淫词小说，刊刻出卖共一百五十余种，其中有假僧道为名，或刻语录方书，或称祖师降乩，此等邪教惑民，固应严行禁止。至私行撰著淫词等书，鄙俗浅陋，易坏人心，亦应一体查禁，毁其刻板。如违禁不遵，内而科道五城御史，外而督抚，令府州县官，严行稽查题参，该部从重治罪。但除该管官员外，亦不许旁人讦告，以致奸徒扰害良民。[2]

其中特别指出淫词小说与"邪教惑民"有关，"应严行禁止"，书坊中刊刻售卖的一百五十多种淫词小说中，有一些"假僧道为名"，"鄙俗浅陋"，蛊惑人心。统治者认为必有奸徒利用书肆淫词小说惑乱民众，因而"令府州县官，严行稽查题参"，但不允许任意诬告，以防"奸徒扰害良民"。这一禁令已然将淫词小说与邪教惑民相联系，并成为日后朝廷禁毁小说的主要理由之一。

清廷对于通俗小说的态度并非过度紧张，从明代中期以来至清代，通俗小说以一种令统治者惊诧的速度广泛传播并流行起来，凡有读书识字能力的，无论士农工商，男女老少，几乎未有不阅读小说者。李渔评《肉蒲团》曰："这部小说惹看极矣。吾之书成之后，普天之下无一人不买，无一人不读，所不买不读者惟道学先生耳。然而真道学先生未有不买不读者，独有一种假道学，要以方正欺人，不敢买去读耳。抑又有说：彼虽不敢自买，未必不倩人代买读之。

---

[1]《清实录·圣祖仁皇帝实录》卷一二九，中华书局1985年影印本。
[2]（清）魏晋锡：《学政全书》卷七《书坊禁例》，清乾隆年间礼部刻本。

虽不敢明读，未必不背人私读耳。"[1]李渔所言虽然夸张，但也从侧面证明了通俗小说的畅销流行，尤其是所谓的淫词小说，体现市民百姓阶层的审美趣味，在清代拥有大量的读者群。

　　清统治者担心的正是这些"无知小民"被淫词小说所引诱，不自觉地参与到邪教迷信传播当中，被一些别有用心的匪徒利用。故而康熙四十年下谕："凡鸣锣击鼓，聚众烧香，男女混杂等弊，并扶鸾书符，招摇夤缘之辈，及淫词小说等书，俱责令五城司坊官，永行严禁。"[2]此谕令特别针对邪教与淫词小说。康熙四十八年御史张莲上疏："民间设立香会，千百成群，男女混杂，又或出卖淫词小说及各种秘药，引诱愚民，请敕地方官严行禁止。"[3]在康熙朝中期以后，民间不轨之徒设立邪教事件频发，并以淫词小说引诱民众，严重危害到社会安定，因此御史张莲的上疏符合康熙朝的查禁重点。此上疏颇得康熙帝心意，因而谕令各地方官："扶鸾书符招摇夤缘之辈，及淫词小说等书，均应如御史张莲条奏，永行严禁。嗣后如有仍前擅行者，该地方官即行拿究，治以违禁之罪。若该地方官不实心查拿，在京或经该部查出，外省或经督抚查出，将该管官员指名题参，一并治罪。"[4]至此，清廷对于小说的禁令已经明确为与蛊惑风俗相关，重点查拿香会引诱愚民之事。

四、清初通俗小说坊刻

　　民间邪教借淫词小说蛊惑民众，其引诱对象主要是愚民百姓，到了康熙末年，读书人也逐渐受到影响，并有文人参与编刻淫词小说，如康熙五十一年前后刊刻的《浓情快史》，康熙年间刊刻的《春灯闹奇遇艳史》《闹花丛快史》《五凤吟》《肉蒲团》等，又有康熙年间出版的由文人进行评点的《第一奇书金瓶梅》等。这种文化现象

[1]《肉蒲团》第一回评语，同治年间刊本。
[2]（清）延熙等：《台规》卷二五，光绪十八年刻本。
[3]《清实录·圣祖仁皇帝实录》卷二三八，中华书局1985年影印本。
[4]（清）孙丹书：《定例成案合钞》，《续增礼部礼制》，康熙年间刻本。

使得朝廷开始重视对文人思想的管制。康熙五十三年谕：

> 朕惟治天下，以人心风俗为本。欲正人心，厚风俗，必崇尚经学而严绝非圣之书，此不易之理也。近见坊间多卖小说淫词，荒唐俚鄙，殊非正理，不但诱惑愚民，即缙绅士子未免游目而蛊心焉。所关于风俗者非细，应即通行严禁。其书作何销毁，市卖者作何问罪，著九卿詹事科道会议具奏。寻议凡坊肆市卖一应小说淫词，在内交与八旗都统、都察院、顺天府，在外交与督抚，转行所属文武官弁，严查禁绝，将板与书，一并尽行销毁。如仍行造作刻印者，系官革职，军民杖一百，流三千里。市卖者杖一百，徒三年。该管官不行查出者，初次罚俸六个月，二次罚俸一年，三次降一级调用。[1]

谕旨的重点是"严绝非圣之书"，主要为了防止缙绅士子"游目而蛊心"。此时正是戴名世《南山集》案发之时，戴名世是清廷翰林院编修，本人并无反清复明之意，他在《南山集》中提到的崇祯真假太子之事，正是康熙圣谕中所言"荒唐俚鄙，殊非正理，不但诱惑愚民，即缙绅士子未免游目而蛊心焉"。戴名世于康熙五十二年被处以死刑，因"所关于风俗者非细，应即通行严禁"。由此看来，此圣谕不仅仅针对泛滥的"淫词小说"，更主要是为了约束文人士子的思想。康熙末年针对"缙绅士子"行为的管制为雍正乾隆朝的文化治理奠定了一个基础，此后清廷的文化钳制重点由控制愚民百姓逐渐转向士子文人，既要防止邪教煽动愚民，也要严查淫词蛊惑士子。礼部仪制颁布天下，文化措施的目标从此也更为明确：

> 礼部为钦奉上谕事，会议得，切惟我皇上御极以来，无日不以正人心厚风俗为务，《圣谕十六条》及御制《训饬士子文》，各省朔望宣谕，伏蒙睿载，较五经诸史之讹谬，阐

---

[1]《清实录·圣祖仁皇帝实录》卷二五八，中华书局1985年影印本。

杏坛紫阳之心传，业已久道化成，人崇正学矣。今犹恐小说淫词，煽惑愚民，蛊诱士子，特颁谕旨，严行禁绝，此诚皇上正人心厚风俗之至意，应遵旨通行严禁。凡坊肆市卖一应小说淫词，在内交与八旗都统、都察院、顺天府，在外交与督抚等，转行所属文武各官，严查禁绝，将板与书一并严行烧毁。嗣后如有违禁，仍有私行造卖刷印者，系官革职，军民杖一百，流三千里。卖者杖一百，徒三年，买者杖一百，看者杖一百。若该管官不行查出，一次者罚俸六个月，二次者罚俸一年，三次者降一级调用，仍不准借端讹诈。俟命下之日，通行晓谕，一体遵行可也。奉旨依议。[1]

康熙年间的严查小说的禁令一直延续到雍正时期，此时淫词小说已经泛滥无度，雍正即位第二年，下令查禁小说："凡坊肆市卖一应淫词小说，在内交与都察院等衙门，转行所属官弁严禁，务搜板书尽行销毁，有仍行造作刻印者，系官革职，军民杖一百，流三千里，市卖者杖一百，徒三年，买看者杖一百。该管官弁，不行查出，按次数分别议处，仍不许藉端出首讹诈。"[2] 雍正朝的政治重点是消除文人异端，整饬吏治，遵从儒家正统思想，针对曾静案颁行了《大义觉迷录》，"清一代尊孔之事，莫虔于雍正一朝。后惟末学欲以孔圣救亡复有过量之崇敬，则又非世宗时规模矣"。[3] 雍正朝对于小说的查禁政策也与清肃异端思想相关，并配合《圣谕广训》颁行天下。

清初顺、康、雍三朝的坊刻小说多为前代作品，据《中国古代小说总目》[4]《小说书坊录》[5]《清代前期通俗小说刊刻考论》[6]和《中

---

[1]（清）孙丹书：《定例成案合钞·续增礼部仪制》，康熙年间刻本。
[2]（清）延熙等：《台规》卷二五，清光绪十八年刻本。
[3] 孟森：《清史讲义》，中华书局2006年版，第302页。
[4] 石昌渝：《中国古代小说总目》（白话卷、文言卷），山西教育出版社2004年版。
[5] 王清原，牟仁隆，韩锡铎：《小说书坊录》，北京图书馆出版社2002年版。
[6] 文革红：《清代前期通俗小说刊刻考论》，江西人民出版社2008年版。

国通俗小说书目（外二种）》[1]等，现存可确定为顺、康、雍三朝坊刻的小说主要有[2]：

顺治朝坊刻小说：

《古本绣像三国志》六十卷，嵩山书屋，顺治元年刻。《三国演义》十九卷，翠筠山房，顺治元年刻。《第一才子书古本三国志》六十卷，贯华堂，顺治年间刻。《第一才子书》一百二十回，京都文兴堂，顺治年间刻。《新世鸿勋》二十二回，载道堂，顺治八年刻。《天雨花》三十回，善成堂，顺治八年刻。《绣像定鼎奇闻》二十二回，庆云楼，顺治八年刻。《评论出像水浒传》七十五卷，醉耕堂，顺治十四年刻。《评论出像水浒》七十五卷，同志堂，顺治十四年刻。《觉世名言》十二卷，广顺堂，顺治十五年。《觉世名言》，宏道堂，顺治年间刻。《无声戏合选》十二回，三近堂，顺治年间刻。《闪电窗》，酌玄亭，顺治年间刻。

康熙朝坊刻小说：

《玉娇梨平山冷燕合刻》，梅园，康熙四十四年刻。《前后七国志》八卷，啸花轩，康熙五年刻。《前后七国演义》，致和堂，康熙十八年刻。《情梦柝》二十回，啸花轩，康熙年间刻。《贯华堂评论金云翘传》四卷，啸花轩，康熙年间刻。《吕祖全传》一卷，汪氏，康熙元年刻。《忠义水浒传》一百卷，石渠阁，康熙五年刻。《水浒后传》八卷，遗经堂，康熙五年刻。《第九才子书斩鬼传》十回，同文堂，康熙五年刻。《第九才子书斩鬼传》四卷，仁寿堂，康熙五十九年刻。《精编通俗全像梁武帝西来演义》十卷，永庆堂，康熙十二年刻。《新镌陈眉公批点出像南宋志传》，致和堂，康熙十七年刻。《增订精忠演义说岳全传》二十卷，金氏余庆堂，康熙二十三年刻。《第一奇书金瓶梅》一百回，皋鹤堂，康熙三十四年刻。《新刻钟伯敬先生批评封神演义》十九卷，四雪草堂，康熙三十四年刻。《重订通俗隋唐演

---

[1] 孙楷第：《中国通俗小说书目》（外二种），中华书局2012年版。

[2] 现存清初坊刻小说有一百余种，但大多数无法确定具体刊刻时间，也没有明确的书坊名号，只能大概推断为清初，刊刻时期和刊刻书坊不明确的坊刻小说暂且不进行举例。

义》二十卷，四雪草堂，康熙三十四年刻。《四雪草堂重订通俗隋唐演义》二十卷，文盛堂，康熙三十四年刻。《四雪草堂重订通俗隋唐演义》二十卷，文锦堂，康熙三十四年刻。《封神演义》二十卷，清籁阁，康熙三十四年刻。《封神演义》二十卷，善成堂，康熙三十四年刻。《西游真诠》一百回，崇德书院，康熙三十五年刻。《西游真诠》一百回，翠筠山房，康熙年间刻。《说唐平鬼全传》四卷，聚锦堂，康熙五十九年刻。《新刻逸田叟女仙外史大奇书》一百回，钓璜轩，康熙年间刻。《草木春秋演义》三十二回，最乐堂，康熙年间刻。《新刻国色天香》十卷，敬业堂，康熙年间刻。《李卓吾先生批评三国志》一百二十回，绿荫堂，康熙年间刻。《春灯闹奇遇艳史》十二回，紫宙轩，康熙年间刻。《南北两宋志传》二十卷，经国堂，康熙年间刻。《新刊全像列国志传》八卷，四川杨氏，康熙年间刻。《残唐五代史演义传》八卷，文锦堂，康熙年间刻。《照世杯》四卷，酌玄亭，康熙年间刻。《巫山艳史》六卷，啸花轩，康熙年间刻。《浓情快史》三十回，聚古堂，康熙年间刻。

雍正朝坊刻小说：

《巧联珠》十五回，五彩堂，雍正元年刻。《绣像第五才子书水浒传》七十五卷，芥子园，雍正三年刻。《第五才子书水浒传》七十五卷，芥子园，雍正十二年刻。《二刻醒世恒言》二十四回，蒂斋主人，雍正四年刻。《三国演义》，致远堂，雍正七年刻。《三国演义》，启盛堂，雍正七年刻。《天花藏合刻七才子书》，崇德堂，雍正八年刻。《天花藏七才子书》，退思堂，雍正八年刻。《第五才子书水浒传》七十五卷，纬文堂，雍正十二年刻。《官板大字全像批评三国志》一百二十回，启盛堂，雍正十二年刻。《官板大字全像批评三国志》一百二十回，郁文堂，雍正十二年刻。

清初顺、康、雍三朝的坊刻小说看似版本繁复，但实际上仅有几十余种书目，多为历史演义和才子佳人小说。康熙中期"书肆淫词小说，刊刻出卖共一百五十余种"[1]，而流传至今的清初小说总共

---

[1]（清）魏晋锡：《学政全书》卷七《书坊禁例》，清乾隆年间礼部刻本。

也不过一百余种，可见大量坊刻小说版本早已失传，当时流行的"书肆淫词小说"有相当一部分至今已看不到版本。清初坊刻通俗小说失传的原因与禁书令有关，也受当时的社会环境或战争影响，使坊刻条件每况愈下，"康熙初私人刻书有禁，汤斌抚吴，禁止刊卖淫词、小说、戏曲。又由于兵灾，外省刊书甚少。王士禛云：'四川因为兵灾，城廓邱墟，都无刊书之事'"。[1] 清初江南各地私人书坊编刻小说传奇，获利丰厚，当时绣像镂版，坊刻穷工极巧，并以淫逸荒诞的小说内容吸引读者，这引起江南各地方官的查禁。汤斌抚吴时期为此发出告谕："若仍前编刻淫词、小说、戏曲，坏乱人心，伤败风俗者，许人据实出首，将书板立行焚毁，其编者、刊者、卖者一并重责，枷号通衢。仍追原工价，勒限另刻古书一部，完日发落。"[2] 地方官对淫词小说的查禁显然比国家禁令更有力量，江南各地的坊刻小说在严令之下无法得到长足发展，因而到了雍正年间，通俗小说的坊刻一度衰落。

---

[1] 张秀民：《中国印刷史》，浙江古籍出版社2006年版，第389页。
[2] 《苏州府志》卷三《风俗》，清刊本。

第二章　乾隆年间的小说禁毁活动

乾隆一朝对于文人政治思想的监控更加严密，只要有碍满清统治的思想言论，不论是诗文还是小说，一律彻底查禁，这在纂修《四库全书》的文化建构时期表现得极为明显，也就是说，与清初相比，乾隆朝并没有出台更多的小说禁令，查禁小说只是作为政治文化清查中的一个环节而已。乾隆朝的小说禁令多与政治文化事件相配合，涉及的小说范围较广，由于小说被囊括在文化钳制的范围内，因此小说禁令的执行力和约束力也就更强。

一、乾隆初期查禁小说

乾隆三年正式颁令查禁小说：

> 盖淫词秽说，最为风俗人心之害，例禁綦严。但地方官奉行不力，致向存旧刻销毁不尽，甚至收买各种，叠架盈箱，列诸市肆，租赁与人观看。若不严行禁绝，不但旧板仍然刷印，且新板接踵刊行，实非拔本塞源之道。应再通行直省督抚，转饬该地方官，凡民间一应淫词小说，除造作刻印，"定例"已严，均照旧遵行外，其有收存旧本，限文到三月，悉令销毁。如过期不行销毁者，照"买看例"治罪。其有开铺租赁者，照"市卖例"治罪。该管官员任其收存租赁，明知故纵者，照"禁止邪教不能察缉例"，降二级调用。[1]

---

[1]（清）魏晋锡等：《学政全书》卷七《书坊禁例》，清乾隆年间礼部刻本。

第二章　乾隆年间的小说禁毁活动

乾隆初期便将淫词小说的查禁与严禁邪教等同，凡各地方官整治不力，照"禁止邪教不能察缉例"，已然提升到政治问题的高度。雍正朝对文人思想的严苛控制已经在文学领域产生影响，通俗小说的创作和刊刻比康熙时期大量减少。乾隆三年的小说禁令一经颁布，对于通俗小说的刊刻而言更是雪上加霜。自乾隆三年以后，市场上通俗小说的刊刻数量大为减少，小说刊刻的种类也变得较为单一，小说类型集中在唐前历史演义和才子佳人，数量和书目十分有限。

乾隆三年，《说唐后传》五十五回，（姑苏）绿慎堂；乾隆五年，《东周列国志》二十三卷一百零八回，步月山房；《东周列国志》五十四卷，经袖堂；《玉娇梨平山冷燕合刻》五卷，本衙藏板；乾隆九年，《济公传》十二回，（吴门）仁寿堂；乾隆十年，《人中画》四卷，植桂楼；《今古奇观》十一卷，植桂楼；乾隆十二年，《平山冷燕》，文益堂；乾隆十三年，《玉娇梨平山冷燕合刻》，文益堂；乾隆十四年，《新说西游记》一百回，其有堂；《金石缘》二十四回，文光堂；乾隆十五年，《绣像女才子书》十二卷，大德堂；《西游证道书》二十卷一百回，九如堂；《西湖佳话》十六卷，（金阊）绿荫堂；乾隆十六年，《西湖佳话》十六卷，翰海楼；《西湖佳话古今遗迹》十六卷，会敬堂；《西湖佳话古今遗迹》十六卷，文翰楼。

乾隆初期的通俗小说刊刻主要以历史演义和才子佳人为主，而且历史演义回避明史和宋金战争，以及各类涉及谋逆造反的历史故事。才子佳人也避免艳情野史和离经叛道，清初尚有坊刻《浓情快史》一类的艳情小说，但乾隆初年的坊刻小说完全中规中矩，在题材和内容上显得比较单调保守。乾隆十七年以后，这种现象更为明显，坊刻通俗小说在表面上规模逐渐扩大，但实际上刊刻种类变得更为单一，主要以东周和唐代演义小说为主：

乾隆十七年，《东周列国志》二十三卷一百零八回，宏道堂；《东周列国志》二十三卷一百零八回，聚锦堂；《东周列国志》二十三卷一百零八回，义合斋；《东周列国志》二十三卷一百零八回，（金阊）书业堂；《东周列国志》二十三卷一百零八回，大文堂；《东周列国志》二十三卷一百零八回，敬书堂；《东周列国全志》二十三卷一百零八回，（江南省城）敦化堂；《肖像东周列国全志》二十三卷一百零八回，文发堂；《绣像东周列国志》二十三卷一百零八回，经纶堂；《四大奇书第一种三国演义》六十卷一百二十回，书业堂；《金批第一才子书》六十卷，（姑苏）怀颖堂。

乾隆十八年，《异说反唐演义全传》十卷一百回，右文堂；《异说反唐演义全传》十卷一百回，崇德堂；《异说反唐演义全传》十卷一百回，三和堂；《异说反唐演义全传》，远景斋；《反唐女娲镜全传》，三和堂；《海游记》二卷三十回，（金陵）文元堂；《女才子书》十二卷，大德堂。

乾隆时期的文化钳制日益严厉，而乾隆皇帝个人对才子佳人之类的文学作品十分反感，因而民间书坊为避免文祸，只能从历史演义中挖掘刊刻潜力，《东周列国志》《三国演义》《异说反唐演义全传》等寥寥几种作品多次重刻，其他的书目民间书坊不敢轻易染指。然而乾隆十八年谕：

> 满洲习俗纯朴，忠义禀乎天性，原不识所谓书籍，自我朝一统以来，始学汉文。皇祖圣祖仁皇帝欲俾不识汉文之人，令其通晓古事，于品行有益，曾将《五经》及《四子》《通鉴》等书，翻译刊行。近有不肖之徒，并不翻译正传，反将《水浒》《西厢记》等小说翻译，使人阅看，诱以为恶。……似此秽恶之书，非惟无益，而满洲等习俗之偷，皆由于此。如愚民之惑于邪教，亲近匪人者，概由看此恶书所致，于满洲旧习，所关甚重，不可不严行禁止。[1]

此谕严禁《水浒传》和《西厢记》等所谓"诲淫诲盗"之书，特别指出"满洲习俗纯朴，忠义禀乎天性"，将此类书籍翻译为满文，必定败坏满洲八旗子弟的淳朴本性，有害无益。又认为"诲淫诲盗"之书易蛊惑人心入邪，"愚民之惑于邪教，亲近匪人者，概由看此恶书所致"，因而必须严禁。乾隆十九年，福建道监察御史胡定上奏，专门针对查禁《水浒传》一书：

---

[1]《清实录·高宗纯皇帝实录》十八年七月下，中华书局1985年影印本。

盗言宜申饬也。阅坊刻《水浒传》，以凶猛为好汉，以悖逆为奇能，跳梁漏网，惩创蔑如，乃恶薄轻狂曾经正法之金圣叹妄加赞美。梨园子弟，更演为戏剧。市井无赖见之，辄慕好汉之名，启效尤之志，爰以聚党逞凶为美事，则《水浒》实为教诱犯法之书也。[1]

《水浒传》在此时的影响已经不仅仅是民间流行的诲盗小说，而且多有文人追捧，如金圣叹之流的"妄加赞美"，更有梨园改编为戏曲演出，如《宝剑记》《义侠记》《祝家庄》《生辰纲》等，在民间百姓和文人群体中都影响极大，引诱市井民众逞凶犯法。乾隆十八年、十九年这两次针对《水浒传》的禁令绝非空穴来风，在这段时间中，各地屡屡出现奸匪蛊惑民众滋事谋反的事件，借迷信邪教散布语录以蛊惑大众。仅两年间就发生了伪撰《孙嘉淦奏稿》案、江南马朝柱谋逆案、福建何李"齐天大圣"谋逆案、"空子教"谋逆案、西洋邪教煽惑案、福建蔡荣祖谋逆案、广东纠众结盟抢掠村庄案、山东王尽性捏造歌词蛊惑民众案、福建"铁尺会"谋逆案、邢台邪教编造歌词诓骗案、云南何圣烈散札召人谋逆案、浙江"罗教"流传案，等等。这些邪教谋逆案有借助小说、歌词、语录等手段肇事的，也有受淫词小说荒诞悖逆内容影响的，在这种情形下，朝廷开始留意严查小说，尤其是《水浒传》一类宣扬造反英雄的作品。受到《水浒传》的牵连，历史演义《异说反唐演义全传》也以造反传奇为情节主线，如此谋逆内容的小说也成为敏感作品，书坊能够刊刻的小说书目就更加稀少单一。

二、纂修《四库全书》与小说禁毁

乾隆初期的两次小说禁令确实起到了一定的震慑作用，到乾隆二十年以后，小说的出版刊刻数量急剧减少，此后坊刻经过十多年

---

[1]（清）魏晋锡等：《学政全书》卷七《书坊禁例》，清乾隆年间礼部刻本。

的低迷，至乾隆三十二年后才缓慢复苏，但随着乾嘉学派风气的逐步形成，坊刻小说势头已尽，清朝通俗小说在内容和题材上已无多大创新，并在保守的汉学风气影响下走向衰落。到了乾隆三十七年，朝廷开设四库馆，大兴文化建设运动，乾隆帝搜罗天下书籍，意图纂修史上最大的丛书《四库全书》。在清廷编纂《四库全书》的十几年中，编书活动变相成为禁书运动，全国所征书籍凡是涉及违碍内容的均要查禁销毁，小说在其间也受到一定程度的影响。整个乾隆中期最大的文化活动莫过于纂修《四库全书》，这期间文字狱迭出，销毁书籍雕板无数，民间书坊刊刻如履薄冰，坊刻小说因此受到限制。到了乾隆朝后期，坊刻小说的繁荣程度已远不及清初，小说类型也变得极为畸形。

乾隆中期的纂修《四库全书》活动不但引发大量文字狱，而且在很大程度上促成了汉学的繁荣，四库馆文人将大量精力投入到辑佚研究古籍当中，这种学术风气影响了朝野上下，均以汉学为学术主流。从清初到乾隆年间，清朝统治者多次组织辑佚编纂书籍，如康熙时期编辑《古今图书集成》等四十九种文献书籍，其中包括《康熙字典》《明史》《大清会典》《佩文韵府》《渊鉴类函》《骈字类编》《子史精华》《历代诗余》《全唐诗》等著名典籍。乾隆年间开设的四库馆吸收了众多汉学家，最终导致学术界出现了"乾嘉学派"。几十年的时间里，文人们沉溺于文献古籍，致力于目录、版本、校勘、辨伪、辑佚、考据等汉学领域，学者均以考据功力为学问。

乾嘉学派的汉学研究倾向，严重抑制了通俗小说的创新发展。汉学从本质上讲求考证与真实，与小说的虚构创作精神完全相悖。"乾嘉是一个注重实学考据的时代，以想象和虚构为特征的小说是在被轻视和被排斥之列，小说的风气因而为之一变。"[1]乾嘉时期的学术风气造成小说创作缺乏灵感、虚构和想象力等，通俗小说也沾染了重考证、重真实、重证据的风气，严重影响了小说的艺术性。乾

---

[1] 石昌渝：《中国古代小说总目》（白话卷），山西教育出版社2004年版，第25页。

嘉以后的小说创作逐渐衰落，多以荒诞情节拼凑空洞无物的故事，内容涉及神魔狭义色情等，因而多在晚清遭到禁毁。

如嘉庆初期的小说《蟫史》，作者屠绅。《蟫史》的情节内容本类似于"神魔小说"，又有"世情小说"的影子，但作者没有借助白话的形式，反将其写成长篇文言小说，兼有章回小说和文言史书两种体例，因此《蟫史》的内容情节虽然通俗，但行文"古涩艳异，晦其义旨"。屠绅"特缘勉造硬语，力拟古书，成诘屈之文，遂得掩凡近之意"，导致其小说"虽华艳而乏天趣，徒奇崛而无深意也"[1]，这些特点不能不说是汉学兴盛的流弊。《蟫史》大量描写神魔妖异和猥亵场景，又荒诞不经，影射时事，震钧《天咫偶闻》卷三评价道："世行《蟫史》一书，不著姓名。以荒唐之辞，肆诋诽之说。详其命意，似指三省教匪之役。当时将相，任意毁刺，且有上及乘舆处。……然则此书泄怨之作，胡足存乎？"[2] 这部小说影射邪教匪徒叛乱，在同治七年四月被丁日昌列为禁毁书目。

又如《野叟曝言》，作者夏敬渠，乾隆四十四年前后成书，此小说凡例道："叙事说理，谈经论史，教孝劝忠，运筹决策，艺之兵诗医算，情之喜怒哀惧，讲道学，辟邪说，描春情，纵谐谑。"[3] 鲁迅《中国小说史略》评价此书是"以小说为庋学问之具"，"与明人之神魔及才子佳人小说，面目似异，根柢实同，惟以异端易魔，以圣人易才子而已。意既夸诞，文复无味，殊不足以称艺文，但欲知当时理学家之心理，则于中颇可考见"。[4] 书中多有涉及淫秽描写和猥亵夸诞之处，以及一些污秽皇宫妃嫔的匪夷所思而且荒谬怪诞的情节，此书于道光十八年被《计毁淫书目单》录为淫书。

又如《绿野仙踪》，成书于乾隆二十七年，作者李百川，最初以抄本流传，至道光十年刊行。此书融合神魔、武侠、世情小说为一体，

---

[1] 鲁迅：《中国小说史略》，上海古籍出版社1998年版，第178页。
[2] （清）震钧：《天咫偶闻》，清光绪三十三年甘棠转舍刊本。
[3] （清）夏敬渠：《野叟曝言》，中华书局2004年版。
[4] 鲁迅：《中国小说史略》，上海古籍出版社1998年版，第173～174页。

是乾隆年间特有的小说现象。书中过多描述神魔怪诞，情节拼凑痕迹明显，很多内容荒谬不堪。主人公访道成仙，度人济世，涉及宣扬清代民间宗教，为清廷统治者所忌讳。书中又描写清中期官场黑暗，吏制腐败等现实生活情节，并有部分淫秽色情描写，故同治七年四月丁日昌禁毁书目将其列入其中。

乾嘉学派的学术风气阻碍了通俗小说的创新，因而在清代后期出现了大量小说续书，这些续书从思想内容到情节描写远逊于原书，多依靠荒诞色情等内容吸引读者，因而大部分续书在晚清被列入禁毁书目。通俗小说续书大多产生于清代后期，一方面是由于受到汉学和辑佚纂修之风的影响，另一方面也说明乾嘉以后的通俗小说创作已经穷途末路。如《隔帘花影》一书在乾隆后期极为流行，原书为丁耀亢《续金瓶梅》，由于《续金瓶梅》在清初遭禁，因而有书坊删去其中十六回有关金人入侵宋朝的内容，重新易名《隔帘花影》坊刻而成。为了避免受到《续金瓶梅》的牵连，《隔帘花影》还更改了小说人物的姓名，删去敏感的政治内容描写。书中前序特别强调，"揆之福善祸淫之理彰明较著，则是书也，不独深合于六经之旨，且有关于世道人心者不小"[1]。然而《隔帘花影》中包含大量露骨的色情描写，又涉及"女同性恋"情节，因此在道光十八年《计毁淫书目单》录为淫书，道光二十四年浙江官员开列《应禁各种书目》，同治七年四月丁日昌禁毁书目中，《隔帘花影》也都榜上有名，终是逃不过被查禁的命运。

此外嘉庆时期出现了近二十部与《红楼梦》相关的续书和仿书，这些小说大多数在晚清与《红楼梦》一起遭到禁毁，如《续红楼梦》《后红楼梦》《补红楼梦》《红楼复梦》《绮楼重梦》《增补红楼》等。嘉庆朝尚有小说《龙图刚峰公案合编》，是以明代《海刚峰先生居官公案传》和《龙图公案》两部小说为雏形，在晚清编写为《龙图公案》，于同治七年被丁日昌列入禁毁书目。又有《绿牡丹》一部小说，又题《续反唐传》，即为《异说反唐全传》的续编，《绿牡丹》和《异

---

[1]（清）四桥居士：《隔帘花影》序，清刊本。

说反唐》都是晚清的禁毁书目。又如《清风闸》由说书评话改编而成，在晚清被列入禁毁书目。又如《双凤奇缘》，采戏曲、野史及民间传说拼凑而成，也是晚清重点禁毁小说之一。又有游戏主人撰《笑林广记》，为清代市俗笑话大全，也在晚清被列为禁毁小说。乾嘉时期续写编撰的小说在晚清多被列为禁毁小说，其中一个原因即是这些小说不是虚构创作的，而是文人编辑改写拼凑前人的作品，或者采集民间传说、市井故事改编而成，小说格调俚俗，内容怪诞，离经叛道。另一个原因是受到乾嘉学派的考证实录影响，小说内容仿佛真实记录时事一般，多涉及当朝时事或风俗，有影射当下之嫌，故而在晚清整肃民风的理由之下遭到禁毁。

另外，清廷纂修《四库全书》过程中征书法令的实施，也间接造成通俗小说的泛滥发达，且小说品味逐渐趋于俚俗。乾隆三十七年，清廷颁布征书谕旨，规定了纂修征书的范围和标准：

（一）历代流传旧书，有阐明性学治法、关系世道人心者，自当首先购觅。

（二）发挥传注，考覆典章，旁暨九流百家之言，有裨实用者，亦应备为甄择。

（三）历代名人，洎本朝士林宿望，向有诗文专集，及近时沉潜经史、原本风雅，……亦各有成编，并非剿说、卮言可比，均应概行查明。

（四）除坊肆所售举业时文，及民间无用之族谱、尺牍、屏幛、寿言等类。

（五）其人本无实学，不过嫁名驰骛，编刻酬唱诗文，琐屑无当者，均毋庸采取。[1]

朝廷征书的重点是历代流传旧书和"本朝士林宿望""近时沉潜

---

[1] 中国第一历史档案馆编：《纂修四库全书档案》，上海古籍出版社1997年版，第1页。

经史"的书籍，全部是文言写成的诗文、史传、经籍、学术著作等，通俗小说戏曲当然不在征书之类，也无法进入《四库全书》的编纂当中。因此，天下"有用"之书几乎无一遗漏地被征集入库，民间所剩之书，均是"坊肆所售举业时文，及民间无用之族谱、尺牍、屏幛、寿言等类"，以及"嫁名驰骛，编刻酬唱诗文，琐屑无当"等书，还有就是大量的民间坊刻通俗文艺作品。

事实上，"有用"的书籍被征集之后，其中一部分被列为禁毁书籍，全然销毁或抽毁，其他的书籍收录《四库全书》当中，当征收的原本并未如当初承诺的那样归还本家，而是堆放在宫禁之中，年头久远之后不知所踪。也就是说，历代有用之书都归于朝廷，在销毁之外只合为七部《四库全书》，遗留在民间的经典书籍版本数量较少，绝非普通文人能见到的。纂修四库的文化举措从根本上是要钳制天下文人的思想，《四库全书》仅有七部，对文人开放的书籍仅有江南三部，但这也仅是名义上的开放阅读。地方官员将《四库全书》视为珍宝，放置于书阁当中保护起来，普通文人根本无法研读阁中书籍。

加之科举应试的刺激，大多数的文人读书只为科举做官，不求发展思想学术，只需读一些坊刻的四书五经注解和制艺刻稿便可应试。而参与编纂书籍的四库馆文人终日投身于字词考据、版本辩证、音韵训诂等事，风气一开，朝野纷纷效仿，文人们为汉学大兴的"高深学问"倾倒不已，乾嘉学派气候已成。这样一来，纂修《四库全书》在钳制文人思想上的确产生了绝佳的效果，但客观上必然造成社会精英文化水平的下降，大众文化逐渐成为主流，市民娱乐文化也随之崛起。

纂修《四库全书》期间禁书较多，但坊间各种长篇白话小说，如神魔、侠义、才子佳人以及各类话本戏曲作品，均不在禁毁书目之列，这样的文化环境使得《红楼梦》《儒林外史》等优秀通俗小说得以创作流传，在民间书坊的推波助澜之下，大量通俗小说抄本坊刻成书。这些坊刻的通俗小说酝酿着巨大的力量，在乾隆后期逐渐露出苗头，到嘉庆年间一发不可收拾。如《红楼梦》一书，在乾隆中期以前始终以抄本的形式流传于世,在文字狱频发的时期保持低调,从未有坊刻版本出现。到了乾隆末年,程甲本和程乙本的坊刻版本横空出世,此时清廷绝不会料想到,这样一部描写虚幻爱情的通俗小说将在嘉庆以后产生巨大的影响。类似《红楼梦》的通俗小说尚有许多,在乾隆中期以前都以隐秘的抄本形式流传,到了乾隆末年、嘉庆年间,书坊纷纷将抄本刊刻成书,短短几年之内,坊刻通俗小说市场再次繁荣。而此后通俗小说的商品市场已经成熟,清廷无论颁发多少禁毁小说的诏令,都无力回天,以禁令的失败告终。

三、乾隆朝的禁毁小说书目

在纂修《四库全书》过程中,清廷颁布了禁毁书目,其中所禁的通俗小说类型极为特殊,大多都是关于明清之际的野史,这是统治者要清除查禁的重点。小说之中凡有诋毁本朝、描写宋金战役、辱蔑后金等情节,一律销毁查禁。乾隆三十九年谕:

> 明季末造野史甚多,其间毁誉任意,传闻异词,必有诋触本朝之语,正当及此一番查办,尽行销毁,杜遏邪言,以正人心而厚风俗,断不宜置之不办。此等笔墨妄议之事,大率江浙两省居多,其江西、闽粤、湖广,亦或不免,岂可不细加查核?[1]

所谓"明季末造野史",除了明末文人野史笔记之外,也包括明末清初的一些野史时事小说,乾隆帝认为此类书籍"必有诋触本朝之语",对此统治者决心"细加查核"。遭禁的白话通俗小说多与明末清初的时政问题、民族问题有关。根据《纂修四库全书档案》[2]《清

---

[1] 中国第一历史档案馆编:《纂修四库全书档案》,上海古籍出版社1997年版,第239页。

[2] 中国第一历史档案馆编:《纂修四库全书档案》,上海古籍出版社1997年版。

代禁毁书目题注》[1]《清代各省禁书汇考》[2]等资料,乾隆年间被列入禁毁书目的白话通俗小说有以下几部:

1. 西吴懒道人《剿闯小说》(乾隆四十三年江宁布政使刊《违碍书籍目录》;乾隆四十五年两江总督奏缴书籍清单)

2. 蓬蒿子编《定鼎奇闻》(乾隆四十三年江宁布政使刊《违碍书籍目录》;乾隆四十三年两江总督奏缴书目;乾隆四十四年两江总督列应禁毁书籍清单)

3. 江左樵子《樵史演义》(乾隆四十三年江宁布政使刊《违碍书籍目录》;乾隆四十六年湖南巡抚刘墉查缴应毁书籍奏折清单;乾隆四十六年两江总督奏缴书目;乾隆四十七年山西巡抚汇缴应禁书籍清单)

4. 陆云龙《辽海丹忠录》(归安姚氏刊《禁书总目》)

5. 余君召《英烈传》(乾隆四十六年湖南巡抚查缴应毁书籍清单)

6. 熊大木《武穆精忠传》(或为邹元标编《精忠传》)(乾隆四十七年江西巡抚查缴应禁书籍清单;乾隆五十三年江西巡抚查办违禁书籍书目)

7. 钱彩《说岳全传》(归安姚氏刊《禁书总目》;乾隆四十七年江西巡抚查缴应禁书籍清单;乾隆五十三年《应毁各种书目》;乾隆五十五年浙江巡抚查缴禁书清单)

《剿闯小说》《定鼎奇闻》《樵史演义》《辽海丹忠录》这四部小说内容涉及明末清初政治,书中流露出推崇大明王朝的情绪,在描写明清战役中均以清兵为反派。这些时事小说由于包含违碍言论,内容荒谬反动,严重涉及政治问题,因而遭到严厉查禁,书板和书籍皆被销毁,流传至今的版本较少,并多藏于海外。除此之外,《英烈传》《武穆精忠传》《说岳全传》三部小说虚构色彩较浓,情节内容没有明确的政治倾向,所以并未遭到严行查禁,仍有许多版本流传至今。这三部小说遭禁的原因是涉及与政治相关的敏感人物和事件,如朱元璋开

---

[1] 施廷镛:《清代禁毁书目题注(外一种)》,北京图书馆出版社2004年版。
[2] 雷梦辰:《清代各省禁书汇考》,北京图书馆出版社1997年版。

国传奇，岳飞抗金等。满清自称为"后金"，是金人的后裔，宋金战争故事中，金人是攻击宋朝的侵略者，是万民仇恨的大反派，而岳飞则是民众敬仰的抗金民族英雄。事实上，金人与满清虽有传承关系，但并不完全等同，涉及岳飞抗金的小说遭到禁毁，完全是满清统治者疑神疑鬼的荒唐举措。

乾隆时期小说禁毁的情况比较复杂，除了白话通俗小说以外，还有一些文言小说也遭到查禁，被列入禁毁书目。这些文言小说有些遭到抽毁，还有相当一大部分并未真正遭到禁毁，反而被著录《四库全书》。这些被查禁的文言小说有：

《虞初新志》，清张潮编撰，乾隆四十三年江宁布政使刊《违碍书籍目录》列为禁书，乾隆四十四年江西巡抚奏缴书目列为禁书，乾隆四十五年被暂署两江总督列为续缴应禁书籍。《虞初新志》是一部文言小说集，遭到查禁的原因是"内有钱谦益吴伟业著作，应铲除，抽禁"[1]。这部小说集收录钱谦益等"贰臣"的作品，因此受到文字狱的牵连。但是《虞初新志》本身并不是一部政治小说集，对它的查禁只是做了抽毁的处理。

《孤树裒谈》，明李默撰。此书多次被列入禁毁书目：

乾隆三十九年江苏巡抚萨载查办违碍书籍奏折，"……又《辽金小史》《酌中志》《孤树裒谈》《苍霞草》《吾学编》五种，亦有妄诞字句。……奏请销毁，以期净尽"。[2]

乾隆四十年江苏巡抚萨载查办违碍书籍奏折，列应毁书籍清单，有《孤树裒谈》。

乾隆四十一年两江总督高晋续解违碍书籍奏折，列《孤树裒谈》为应毁书籍。

乾隆四十一年暂管江苏巡抚萨载续缴违碍书籍奏折，查禁《孤树裒谈》。

---

[1] 雷梦辰：《清代各省禁书汇考》，北京图书馆出版社1997年版，第99页。
[2] 中国第一历史档案馆编：《纂修四库全书档案》，上海古籍出版社1997年版，第303页。

乾隆四十二年五月两江总督高晋续解违碍书籍奏折，禁《孤树裒谈》。

乾隆四十二年八月两江总督高晋续解违碍书籍奏折，列《孤树裒谈》为应毁书籍。

乾隆四十二年五月两江总督高晋续解违碍书籍奏折，列《孤树裒谈》为应毁书籍。

乾隆四十三年闽浙总督钟音查缴应销各书奏折查禁《孤树裒谈》。

乾隆四十四年江苏巡抚杨魁续缴应毁书籍奏折查禁《孤树裒谈》。

乾隆四十四年山东巡抚国泰汇解违碍书籍奏折列《孤树裒谈》为应毁书籍。

乾隆四十六年两江总督萨载奏缴书籍奏折列《孤树裒谈》为应毁书籍。

《孤树裒谈》遭禁达十次之多，但最终并未遭到禁毁，被列入《四库全书》小说家存目。《四库全书总目》提要："是书录有明事迹，起自洪武，迄于正德，所引用群书凡三十种，例则编年，体则小说，大抵皆委巷之谈。"[1]《孤树裒谈》之所以多次被地方官员列为禁书，就是其中内容"录有明事迹"，而且"所引用群书凡三十种"，可以算作是一部可资考证的史料书籍。《四库全书总目》评价它"例则编年，体则小说，大抵皆委巷之谈"，以此将其与史料笔记进行区别，归根结底指出《孤树裒谈》仅是一部小说而已，无涉政治违碍。

《觚剩》，清钮琇撰。此书多次被列为禁毁书目：

乾隆四十四年江西巡抚郝硕奏缴书籍奏折查禁《觚剩》。

乾隆四十六年江西巡抚郝硕解毁书籍奏折列《觚剩》为应毁书目。

乾隆四十七年二月闽浙总督陈辉祖缴应禁书籍奏折查禁《觚剩》及《觚剩续编》。

---

[1]（清）永瑢等：《四库全书总目》小说家类存目一，中华书局2003年版，第1221页。

乾隆四十七年八月闽浙总督陈辉祖第二十二次缴应禁书籍奏折列《觚剩》为应毁书目。

乾隆五十四年浙江巡抚琅玕奏呈查缴禁书清单查禁《觚剩》。

乾隆五十五年浙江巡抚琅玕查缴违碍书籍奏折列《觚剩》为应毁书目。

《觚剩》描写明清之际的社会状况和奇闻异事，其中涉及钱谦益和柳如是的爱情故事，由于"内多违悖"[1]，因此遭禁。作者钮琇是康熙时期贡生，官至知县，颇有政声，他的小说中虽记录明清之际奇闻异事，但并非宣扬反清思想。《四库全书》小说家类存目中收录《觚剩》八卷，《觚剩续编》四卷，《四库全书总目》称《觚剩》："叙述是编，幽艳凄动，有唐人小说之遗。"[2]可见此书与政治违碍扯不上关系，最终逃过禁毁，被《四库全书》存目收录。

《觚不觚录》，明王世贞撰。乾隆四十二年湖广总督三宝奏缴禁毁，乾隆四十四年安徽巡抚闵鹗元奏缴禁毁。《四库全书总目》云："……自序谓伤觚之不复旧觚，盖感一代风气之升降也。虽多记世故，颇涉琐屑，而朝野轶闻往往可资考据。……盖世贞弱冠入仕，晚成是书，阅历既深，见闻皆确，非他人之稗贩耳食可比。故所叙录，有足备史家甄择者焉。"[3]此书虽然有史料价值，但毕竟"颇涉琐屑"，属于小说之流，最终著录《四库全书》小说家杂事类。

除了以上涉及明清之际野史和政治违碍的小说之外，乾隆时期对"才子佳人文学"也严加查禁。清初投降的"贰臣"多为才子型文人，因而引起乾隆帝对"才子"的反感，认为才子有才华但无操行，对宣扬儒家精忠报国思想造成很多负面影响。乾隆帝在纂修《四库全书》之际，对明朝降臣才子们进行了一次彻底清算，编撰《贰臣传》列入国史，以昭告天下臣民，并将明末清初才子钱谦益列为贰臣之首，贰臣著作均列为禁书销毁。乾隆四十三年二月，又命国

---

[1] 雷梦辰：《清代各省禁书汇考》，书目文献出版社1989年版，第95页。

[2][3]（清）永瑢等：《四库全书总目》小说家类存目二，中华书局2003年版，第1232页，1204页。

史馆将《贰臣传》分为甲乙二编,"诸人立朝事迹既不相同,而品之贤否邪正亦判然各异",认为洪承畴、李永芳等人虽是降臣,但能至死效忠清朝。而"钱谦益行素不端,及明祚既移,率先归命,乃敢于诗文阴行诋毁,是为进退无据,非复人类。又如龚鼎孳曾降闯贼,而其再仕以后,惟务觍颜持禄,毫无事迹足称",以诸传"待天下后世之公论","为臣子励名教而植纲常"。[1]乾隆五十四年国史馆立《逆臣传》：

> 前因国史馆所进《贰臣传乙编》内,有先顺流贼,仍降本朝,投诚后复行从逆者,皆系反覆小人,不值为之立传,……今思此等偷生嗜利之徒,进退无据,实为清议所不容,……特立《逆臣传》,另为一编,庶使叛逆之徒,不得与诸臣并登汗简,而生平秽迹亦虽逃斧钺之诛,方为公当。[2]

乾隆对这些清初才子的反感,以及对才子著作的清剿,导致了清代后期才子文学的衰落,甚至有大量涉及才子佳人的小说遭到禁毁。如袁枚《新齐谐》(《子不语》)是乾隆时期文言小说代表作之一,"其文屏去雕饰,反近自然,然过于率意,亦多芜秽",[3]袁枚自序称其写作目的,"广采游心骇耳之事,妄言妄听,记而存之","以妄驱庸,以骇起惰",[4]即以鬼怪故事振奋人心。周中孚《郑堂读书记》亦称,"是编所记,皆游心骇耳之事,为语怪之尤,多得自传闻。……且鄙亵猥琐,无所不载,然亦有足资劝戒,可裨识见者在"。[5]《子

---

[1]《清实录·高宗纯皇帝实录》卷一〇五一,中华书局1985年影印本。

[2] 中国第一历史档案馆编：《纂修四库全书档案》,上海古籍出版社1997年版,第2169页。

[3] 鲁迅：《中国小说史略·清之拟晋唐小说及其支流》,上海古籍出版社1998年版,第150页。

[4]（清）袁枚：《新齐谐》,中华书局2004年版。

[5]（清）周中孚：《郑堂读书记》,吴兴丛书刻本。

不语》是模仿《聊斋志异》的才子型文言小说，但内容多有猥亵芜秽情节，因此在晚清遭到禁毁。

晚清禁毁大量的才子佳人小说，如《巫梦缘》《金石缘》《灯月缘》《五美缘》《一片情》《十二楼》《品花宝鉴》《九美图》《五凤吟》《锦香亭》《闹花丛》等。这些小说情节多遵循才子佳人小说的俗套，描绘一位才子与多位佳人相互爱慕，传达爱意，最终奉旨成婚大团圆，内容一般不涉及艳情淫秽的描写，但仍然遭到禁毁。乾嘉时期文人李春荣曾道："思唐人不发作小说以抒怀，历观古来传奇，不外乎佳人才子，总以吟诗为媒，牵引苟合，渐至淫荡荒乱，大坏品行，殊伤风化。"[1]这正是乾隆帝反感才子文学，清廷查禁才子佳人小说的原因。

乾隆年间最大的一场文字狱禁书案是"尹嘉铨案"，尹嘉铨被处以绞刑，其个人著作一百余种均被查禁，编著书籍及板片全部被销毁。尹嘉铨曾是乾隆朝大理寺卿，位及二品。乾隆四十六年在乾隆帝第五次南巡途中，尹嘉铨遣子为其父尹会一请谥，并要求从祀文庙。乾隆帝认为他的行为狂妄悖谬，派官员细查其著述，发现其中有大量妄自尊崇、毁谤时事、荒诞不经的言论，尹嘉铨因此被处绞，牵连亲族多人。

尹嘉铨曾编著《名臣言行录》一书，妄自评议当朝文武官员的品性德操，这种妄论时事的做法令乾隆大为恼火：

> 自古以讲学为名致开朋党之渐，如明季东林诸人讲学，以致国是日非，可为鉴戒。乃尹嘉铨反以朋党为是，颠倒是非，显悖圣制，诚不知是何肺肠！……以本朝之人标榜当代人物，将来伊子等孙恩怨即从此起，门户亦且渐开，所关朝常世教均非浅鲜。即伊托言仿照朱子《名臣言行录》，朱子所处当宋朝南渡式微，且又在下位，其所评骘尚皆公当，今尹嘉铨乃欲于国家全盛之时逞其私臆，妄生议论，变乱是非，

---

[1]（清）李春荣：《水石缘》，清文德堂刊本。

实为莠言乱政。[1]

尹嘉铨讨论朝中名臣言论事迹，对朝政"妄生议论"，这种行为在乾隆看来就是"莠言乱政"，在乾隆盛世不允许出现类似的品评和清议。此外，尹嘉铨曾"公为孟子后身，当继孔子宗传"，[2]并且自我标榜"为帝者师"，极为狂悖荒谬，他的所作所为不但亵渎了君权威严，而且逾越了臣子应该遵循的规范和界限。

尹嘉铨事件在文字狱里属于一个特殊案件，但已经足以对文人产生震慑力，在清朝中期以后的"昌明盛世"中，统治者的注意力转移到规范士民言行，不容许丝毫的"狂悖诞妄"。从这种文治政策的基本立场出发，便能理解晚清禁毁小说书目中那些莫名其妙遭禁的作品，很多小说既无政治色彩，也无淫秽描写，却偏偏屡次遭禁，原因即是内容"狂悖诞妄"，不为清廷所容。

然而，清代中期以后的小说创作完全偏离了正常发展轨迹，新出现的小说作品质量较为粗糙，小说风格更多迎合民间市井大众的欣赏趣味，以致于清后期的小说艺术成就不高，甚至比不上晚明小说。但是清后期的通俗文艺蓬勃发展，种类多样，民间文艺日益繁荣，同时促进了坊刻出版的发展，张秀民在《中国印刷史》指出乾嘉时期"厂甸书肆所售者多为新书，供应入京会试举人一般经史用书及八股文试卷。后来所刻主要为小说、民歌、俗曲、鼓词、子弟书、山歌、谜语、字典、医书、法律、善书及初学满文课本"[3]。正因为大众文学的泛滥发达，小说禁令的约束力也便逐渐转弱，如《水浒传》一书，在乾隆年间多次查禁，但在乾隆五十七年中胜堂刊刻《新增第五才子水浒传》十卷一百十五回，至嘉庆、道光年间又出现了许多翻刻本，清末顽石道人刊印《水浒传》，曾云：

---

[1][2]《清代文字狱档》（增订本）第六辑，上海书店出版社2011年版，第371~372页，360页。

[3] 张秀民：《中国印刷史》，浙江古籍出版社2007年版，第393页。

> 我岂不知《水浒传》一书，曾经查禁，久著甲令，然禁之自上，而刻之自下，牟利者何知焉！况禁久则弛，仍复家置一编，人怀一箧，亦无有过而问焉者。[1]

其中谈到"禁之自上，而刻之自下"，自然是因为刊刻禁毁小说利润较高，并且"禁久则弛，仍复家置一编，人怀一箧，亦无有过而问焉者"，可见清代中期以后，大众文化已然形成气候，单靠颁发禁令来抑制小说戏曲的发展，终究无法扭转民间文艺勃发的大趋势。

---

[1]《第五才子书水浒传》序，清光绪三十三年上海大同书局石印本。

第三章　通俗小说的刊刻成本与书价

明末清初，书坊刊刻通俗小说的现象较为普遍，由于通俗小说自身具有独特的价值，因此当它作为商品进行出售时，其形态既不同于传统文集刊刻，也不同于衣食住行日用品的买卖需求。通俗小说的价值是多层次多方面的，不等同于消费品和奢侈品，但同时又具备了消费品和奢侈品的某些特征。叶盛《水东日记》载："今书坊相传射利之徒伪为小说杂书，南人喜谈如汉小王光武、蔡伯喈邕、杨六使文广；北方人喜谈如继母大闲等事甚多。农工商贩抄写绘画，家蓄而人有之。痴騃妇女，有所酷好。"[1]明代中期以后，通俗小说已经极为兴盛，受到大众的广泛欢迎，因而也得以进入商品流通领域，出现书坊刊刻通俗小说售卖牟利的经济现象。通俗小说并非是人们日常生活的必需品，但却极为畅销，以至"农工商贩抄写绘画，家蓄而人有之"。这说明通俗小说具有极其广阔的销售市场和价值空间，因此，即便通俗小说的书价相对昂贵，也必然存在某种原因使人们不惜支付重金争相购买。

一、清代物价与小说书价

晚明的通俗小说书价与其他书籍相比并不低廉，从现有资料来看，晚明各种书籍的价钱相差无几，书籍价格并非因内容的差别而

---

[1]（明）叶盛：《水东日记》卷二十一《小说戏文》，中华书局1980年版，第213~214页。

区分高低等级。例如:

（1）万历天启年间金阊书坊舒载阳刊本《新刻钟伯敬先生批评封神演义》二十册，附图五十，定价纹银二两。

（2）晚明金阊龚绍山刻本《陈眉公先生批评春秋列国志传》十二册，附图六十，售价纹银一两。

（3）万历年间福建书林拱塘金氏刻本《新调万曲长春》一册，售价纹银一钱二分。

（4）万历十六年杨氏归仁斋刻本《大明一统志》十六册，每部售价纹银三两。

（5）万历天启年间新安汪氏刻本《汉魏六朝二十一名家集》三十五册，每部售价纹银三两。

（6）崇祯六年黄氏玉磬斋刻本《礼乐合编》十六册，每部售价纹银一两。[1]

从以上资料来看，晚明时期的书价平均每册纹银一钱左右，一部十册的图书大约一两纹银，通俗小说与经史类文集相比，价格基本相当。自宋代雕版印刷兴盛以来，书籍的刊刻出版就不同于民生商品，书价普遍高于百姓日用品的价格，甚至高于普通官员俸禄的承受能力。这是必然的现象，因为书籍不是一次性的日用消费品，不可能长期持续地大量购买，而且书籍也不是普通的文化传播载体，它的刊刻印制过程需要满足许多物质精神条件和因素。除了需要大量木材做雕版之外，还要耗费数目不小的纸张、油墨等，制作书版、造纸、制墨等都需要时间和工费成本，即便这些物质条件都已经具备，也不可能马上就印出书籍，还需要写刻工人雕刻书版，配纸调墨，铺纸印刷，晾晒之后，折纸装订，切边装裱等工序，这些工序也需要花费时间和人工，书籍的生产成本也不停累加。而对于大多通俗小说而言，其中附的大量图画和绣像就更费工时和人力，也就无形

---

[1] 晚明书籍刻本中多在书名下方标注价格，以上书籍标价均为书中标注价格。

中提高了刊刻成本。若是雕版清晰，刻工精细，纸质上乘，墨质浓郁细腻，则书籍的成本就更高，价格也就相应提高。

除了物质消耗、人力消耗和时间消耗之外，书籍本身还具有较高的精神文化价值，古代书籍通常不仅仅满足人们的阅读欲望，还与古董字画等相同，能够进行收藏和鉴赏。这一方面体现在书籍的内容上，是否为大众喜闻乐见，是否为禁毁之类。另一方面则是刊刻书籍的形式，包括是否有名家写刻字迹，是否有名家题作序跋，是否有名家进行评点作注等。

因此，书籍在很大程度上具有增值能力，尤其是精本、善本、孤本等都具有较高的价值，不但可以阅读，还具备收藏和鉴赏的功能。正因为如此，古代著名藏书家动辄藏书数万卷，而富家藏书传后已经成为一种财富保值增值的必要手段。明代胡应麟曾总结："画家有赏鉴，有好事，藏书亦有二家。列架连窗，牙标锦轴，务为观美，触手如新，好事家类也；枕席经史，沉湎青缃，却扫闭关，蠹鱼岁月，赏鉴家类也。"[1]可见，藏书家购书的目的不单单是为了阅读，更重要的是收藏而流传后世。

既然雕版图书具有这些特殊的功能，其价格必然较一般的日用消耗品高，即便是通俗小说也不例外。但是晚明以后物美价廉的竹纸产量剧增，江南森林的开发使木材价格下降，而写刻工人的工价也不断下降。在刊刻成本大幅度降低的同时，书籍价格却变动不大，这可以从一个侧面表明，自晚明起书籍的利润在不断提高。由于刻书有利可图，便出现了大量以牟利为目的的坊间刊刻。尤其是通俗小说的刊刻，进入清代以后，几乎全部被坊间包揽，清代基本上没出现官刻通俗小说，而家刻通俗小说也极为少见。

一般认为，明清两代的通俗小说书价较高，不是普通人能承担得起的。依照明清时期的米价来看，"《新调万曲长春》一部抵米20

---

[1]（明）胡应麟：《少室山房笔丛·经籍会通》，上海书店出版社2001年版，第46页。

斤,《封神演义》一部抵米274斤……绝非一般贫民阶层所能承受"[1]。依照明清时期的官员俸禄来看,"对于买书来说,就是做官人家,也要量力而行。一位七品芝麻官的每月薪俸,仅能买几部平常之书而已。由此可见,要想成为一位藏书家,也是不容易的事"[2]。清代吕抚自刻《廿四史通俗演义》,"计其刷印纸张之费,非二金不能成一部",他因此喟然感叹"此富人书也,非通俗也"[3]。通俗小说的定价与刊刻成本有关,但从现有资料来看,一般质量的书籍其刊刻成本并不高,因此对于通俗小说而言,坊间刊刻的既有质量精美的高价书,也有刊印粗糙的普通书,读者的选择空间比较大。比如明清两代流行的民间日用通俗书籍《万宝全书》,五册共"售价壹钱银",可见此书的刊刻成本极低。同样,通俗小说也有这样的低成本制作,但售价却并不便宜,书坊主可以从中获得高额利润。

如此一来,可以确定的是,通俗小说的刊刻无论成本是高是低,都有丰厚的利润可图。通俗小说的繁荣早就是毋庸置疑的事实,虽然小说价格普遍高于民间日用书籍,但书坊经营刊刻售卖通俗小说的生意却极为兴隆,书坊在核算刊刻成本之后,从市场需求出发为小说进行定价,即便昂贵,仍然有大量的购买者,甚至某些流行小说能够卖到脱销,以至于奇货可居。明代钱希言《桐薪》卷三载:"武宗南幸,夜忽传旨取《金统残唐记》善本。中官重价购之,肆中一部售五十金。"[4] "五十金"即五十两纹银,这样的定价在明代武宗时期超过二品官员一年的俸禄。清代价格昂贵的通俗小说也较为常见,如《红楼梦》自出现就极受欢迎,"乾隆八旬盛典后,京板《红

---

[1] 宋原放:《中国出版史料(古代部分)》第二卷,湖北教育出版社2004年版,第524页。

[2] 沈津:《书韵悠悠一脉香》,广西师范大学出版社2006年版,第109～110页。

[3] 白莉蓉:《清吕抚活字泥板印书工艺》,见《文献》1992年第2期,第243页。

[4] (清)钱希言:《桐薪》卷三,清道光金山钱氏据借月山房汇钞刊版重编增补本。

楼梦》流行江浙,每部数十金。"[1]《红楼梦》所带来的高额利润使得"好事者每传抄一部,置庙市中,昂其值得数十金"[2]。乾隆年间,朝鲜李圭景《五洲衍文长笺散稿》卷七载购买《金瓶梅》"一册直银一两,凡二十册"[3],全套《金瓶梅》售价二十两银。上海卿云图书公司《古本金瓶梅》蒋敦艮同治三年序:

> 曩游禾郡,见书肆架中,有《古本金瓶梅》抄本一书,取而读之,乃与俗本迥异,盖翠微山房所珍藏,后为大兴舒铁云所得,……书贾索价五百金,乃谋诸应观察,以三百七十金购得之……则此书之得以遗留,经一二名人之护持宝玩,完好如故,未始非天之劝善惩恶,有以阴相之也。此意曾与应观察道及之,拟集众力,付诸剞劂。应观察以蒙禁书之嫌,故迟回而未有以应。

以晚清官员俸禄和米价田价来衡量,"三百七十金"购买一部通俗小说,绝对是难以想象的天价。这些都说明通俗小说的刊刻生意能够获取巨额利润,书坊主十分清楚通俗小说的定价不能以日常物品的价值进行衡量,通俗小说在很大程度上具有奢侈品的存在价值,人们购买通俗小说,不仅仅是为了获得阅读娱乐快感,还有很多其他的潜在价值促使人们不惜花费重金。

也正因为如此,即便清代统治者屡次禁毁通俗小说,焚毁小说雕版,但仍然有书坊甘愿铤而走险刊刻禁毁小说发售,这也说明其中的巨大利润。进入清代以后,虽然明清易代造成社会动荡,但通俗小说仍然存在十分广阔的消费市场,书坊主和刊刻者也从未放弃通俗小说带来的丰厚利润。在清初物价水平跌宕起伏,极其不稳定的状况下,通俗小说的刊刻和销售仍然按照正常发展轨迹平稳进行,

---

[1]（清）毛庆臻:《一亭考古杂记》,光绪十七年石印本。
[2]（清）程伟元:《红楼梦序》,乾隆五十六年活字本。
[3]【韩】崔溶澈:《中国禁毁小说在韩国》,见《东方丛刊》1998年第3期。

小说价格也未受到日用品物价起伏的影响。在清初商品市场疲软的时期，通俗小说的刊刻、销售、租赁等商业活动却显得极其兴旺。

　　清初顺治朝的前几年，物价曾高居不下，尤其以米价和田价的暴涨最为明显，即便在饥荒年景，也没有出现田价下降的现象，甚至在松江府的华亭、青浦等地田价高达每亩十五两纹银，[1]而崇祯末年的田价每亩仅售一二两而已，[2]这种经济状况极为反常。从清代物价资料来看，"米价以顺治七年春的一石一两为最低价格，顺治八年的一石五两为最高价格，基本在以三两左右为中心的高水准波动"，[3]而明代后期的平均米价每石一两左右。顺治初年的高物价水平并没影响通俗小说的价格，小说的销售始终保持明代中期以来的价格水平。这就说明，清代日用品的物价水平波动，在短时期之内无法影响到通俗小说的价格，进而能够证明通俗小说的刊刻成本低利润高，在一段时期之内，即便原材料和工价大幅度上涨，刊刻小说仍然可以获取暴利，因而也就没必要调高销售价格。

　　到了顺治十三年之后，米价和田价突然大幅度下跌。苏州府太仓州陆世仪有诗曰："今年米贱好丰年，每石收来价七钱。上田二石一两四，下田五斗也堪怜。"他在诗歌下注曰："谷贱伤农，今始验之。"[4]关于顺治十四年的米价狂跌，《璜泾志稿》卷七《琐缀志·灾祥》载："秋，稻上熟，花中熟，俱骤贱，获不偿本。农民无年，大户无租，上下皆困。"[5]苏州人徐枋在顺治十四年冬《病中度岁记》

---

[1]（清）叶梦珠：《阅世编》卷一《田产》："顺治初，米价腾涌，人争置产。已卖之业，加赎争讼；连界之田，挽谋拘陷。因而破家者有之，因而起家者亦有之。华、青石五六斗田，每亩价值十五六两。"中华书局2007年版，第25页。

[2]（清）钱泳：《履园丛话》卷一："崇祯末年，盗贼四起，年谷屡荒，咸以无田为幸，每亩只值一二两，或田之稍下，送人亦无有受诺者。"中华书局2006年版，第27页。

[3]【日】岸本美绪：《清代中国的物价与经济波动》，社会科学文献出版社2010年版，第114页。

[4]（清）陆世仪：《陆桴亭诗集》卷五《水田谣》。

[5]《璜泾志稿》，道光年间翻刻本。

记述:"今年米价甚贱,为数十年来所未有,穷阎细民,无不食精凿,制糕糜,而余家则岁除无午饭。"[1]到了康熙初年,谷贱的现象更加严重。康熙三年,整个江南米价都极为低廉。[2]康熙四年,松江府人董含记载:"米价每石四钱。"他描述米价下跌的情况:

> 秋大熟,斛米二钱。时湖广江右价尤贱,田之所出不足供税,富人菽粟盈仓,委之而逃。百货充斥,无过问者。百姓号为熟荒。犹记顺治丙戌、辛卯两年,米价腾贵每石价至四两余,而民反无流亡者。古人云谷贱伤农,信然。[3]

到了康熙八年,江南米价平均在每石五钱以下,新米也不过七钱多,是顺治年间最高米价的十分之一。"四年,白米每石纹银四两,……康熙元年,正月,白米二两一钱,糙米一两九钱。……至十七年,早新米每石价银亦不过七钱三分。"[4]米价的大跌导致农民收入减少,加上徭役过重等因素,康熙初年出卖土地者增多,造成田价的惨跌。据《阅世编》载:

> 康熙元、二、三年间,石米价至五六钱,而差役四出,一签赋长,立刻破家;里中小户,有田三亩五、亩者,役及毫厘,中人之产,化为乌有。狡书贪吏,朋比作奸,图蠹虎差,追呼络绎,视南亩如畏途,相率以有田为戒矣。往往空书契券,求送缙绅,力拒坚却,并归大户,若将浼焉,不得已委而去之,逃避他乡者,中产不值一文,最美之业,每亩

---

[1]（清）徐枋:《居易堂集》卷八,华东师范大学出版社2009年版,第183页。
[2]（清）任源祥:《食货策》:"康熙三年,江南米价石不过五钱。"出自（清）魏源《皇朝经世文编》卷二九《户政·赋役》,岳麓书社2004年版,第657页。
[3]（清）董含:《三冈识略》卷五,转引自【日】岸本美绪《清代中国的物价与经济波动》,社会科学文献出版社2010年版,第116页。
[4]（清）叶梦珠:《阅世编》,中华书局2007年版,第175页。

所值不过三钱、五钱而已。[1]

在康熙年间米田等物价忽高忽低的情况下,虽然导致很多人破产,丧失田地,生活困顿,但通俗小说的价格却没受到过多影响,始终保持稳定不变。李渔在清初曾写书札给朋友委托售书:

> 渔行装已束,刻日南归,所余拙刻尚多,道路难行不能携载,请以贸之。
> 同人或自阅,或赠人,无所不可。价较书肆更廉不论,每部几何但以本计。每本只取文价五分,有套者每套又加壹钱。南方书本最厚,较之坊间所售者,一本可抵三本,即装订之材料工拙,亦绝不相同也。不用则已,用则别。[2]

李渔生活在顺治康熙年间,他的书籍是在南迁前匆忙出售,"较之坊间所售者,一本可抵三本",因此当时书肆平均书价每本一钱五分左右。《十二楼》和《连城璧》等小说定价三钱,书肆中售价约九钱,与明代中后期的小说定价基本相符。

清代初期小说书价平均每册银一钱五分左右,而经史类书籍通常刊刻更为精细,定价较通俗小说往往高出三倍左右。清初顺、康、雍三朝坊刻的通俗小说较多,并且多是翻刻明代的小说作品,刊刻数量和小说品种较为丰富,书价大体与晚明持平。据现存资料统计,目前可见的清初通俗小说共有144种:

《无声戏》《醉醒石》《列女演义》《玉娇梨》《平山冷燕》《天花藏才子书》《鸳鸯配》《快士传》《济颠大师醉菩提》《草木春秋演义》《女仙外史》《最娱情》《都是幻》《无声戏合选》《人中画》《警世选言》《锦疑团》《麟儿报》《金云翘传》《锦香亭》《梦月楼情史》《飞

---

[1]（清）叶梦珠:《阅世编》,中华书局2007年版,第25页。
[2]《颜氏家藏尺牍》手抄本,其中有李渔待售书目及价目,小说《十二楼》和《连城璧》每部各六本,预售定价为三钱。此抄本藏上海图书馆。

花艳想》《才美相逢宛如约》《人月圆》《鸳鸯会》《世无匹奇传》《东游记》《济颠大师全传》《后西游记》《后水浒全传》《醒世恒言十二楼》《幻缘奇遇》《换嫁衣》《移绣谱》《金粉惜》《西湖佳话古今遗迹》《浓情快史》《春灯闹》《闹花丛》《吕祖全传》《剿闯通俗小说》《樵史通俗演义》《清夜钟》《十二楼》《跨天虹》《豆棚闲话》《飞英声》《二刻醒世恒言》《云仙啸》《闪电窗》《笔獬豸》《十二笑》《五更风》《雨花香》《续金瓶梅》《惊梦啼》《两交婚》《定情人》《飞花咏》《赛红丝》《画图缘》《春柳莺》《赛花铃》《巧连珠》《情梦柝》《凤凰池》《集咏楼》《空空幻》《廿一史演义》《连城璧》《一片情》《照世杯》《警世奇观》《觉世雅言》《幻中真》《人间乐》《山水情传》《吴江雪》《生花梦》《合浦珠》《梁武帝西来演义》《后三国石珠演义》《水浒后传》《无声戏二集》《今古传奇》《十二峰》《觉世名言十二楼》《美人书》《玉支玑》《快心篇》《英云梦传》《五凤吟》《终须梦》《醉春风》《杏花天》《后七国乐田演义》《说岳全传》《隋唐演义》《新世鸿勋》《别有香》《好逑传》《梧桐影》《恋情人》《双姻缘》《梼杌闲评》《载花船》《疗妒缘》《醒世姻缘传》《醒风流》《万斛泉逸史》《女开科传》《蝴蝶媒》《巫梦缘》《媚婵娟》《生绡剪》《警悟钟》《归莲梦》《隋史遗文》《百炼真海烈妇传》《清平话史炎凉岸》《醒名花》《逢人笑》《凤萧媒》《五色石》《八洞天》《金瓶梅》《西游真诠》《历代神仙通鉴》《三教同原录》《古本三国志演义》《水浒传》《肉蒲团》《十美图》《珍珠舶》《鸳鸯针》《玉楼春》《绣屏缘》《宫花报》《风流配》《灯草和尚传》《桃花影》《催晓梦》《斩鬼传》《锋剑春秋》。[1]

康熙二十六年刑科给事中刘楷疏："淫词小说，犹流布坊间：有从前曾禁而公然复行者，有刻于禁后而诞妄殊甚者。臣见一二书肆

---

[1] 此书目参考日本大冢秀高编著《增补中国通俗小说书目》（日本汲古书院1987年版），另参考文革红著《清代前期通俗小说刊刻考论》附录书目（江西人民出版社2008年版）。这些清初的小说书目仅作为数量参考，其中不乏有清中期以后仿造坊刻的版本，或一些清后期翻刻版本，因序跋为清初，被误认为清初刊刻。

刊单出赁小说，上列一百五十余种，多不经之语，诲淫之书，贩买于一二小店如此，其余尚不知几何。"[1] 文中提到的书肆出赁小说达"一百五十余种"，其中一部分都应在至今所能看到的144种小说中。这些通俗小说的内容多是"不经之语，诲淫之书"，曾经被查禁的小说却仍旧公然出售，还有一些小说是在禁令颁布之后新刻的，内容极其妄诞，可见这些通俗小说是屡禁不止。

从整个清代书籍价格的发展来看，随着刻书成本的逐渐下降，坊肆书价也越来越低。现列举清代书价状况，从中可以对比探究小说书价的变动趋势。

顺治十六年，《明史辑略》十册，湖州叶圣基书坊售，每部价银六两，每册银六钱。

康熙四十五年，《大清律集解附例》五册，北京万古斋朱墨套印，每部价银二两四钱，每册银四钱八分。

乾隆三十八年，《说文解字》八册，朱筠椒华吟舫刊刻，每册银六钱二分。

嘉庆十年，《唐才子传》两册，陆氏三间草堂，每册银三钱。

道光十二年，《校补金石例四种》，泥活字本，每册银一钱五分。

咸丰七年，《普济应验良方》一册，三昧堂元记书坊，每册一百一十二文钱（约银一钱四分）。

同治十三年，《最乐编》一册，张翰文斋刻字铺刊印，每册一百一十二文钱（约银一钱四分）。

光绪元年，《随山宇方抄》一册，绍城朱增耀刻字店刊印，每册四十四文（约银六分）。

坊刻小说的市价通常低于经史书籍，从清代书价的发展趋势来看，小说的价格必然也是逐渐降低，到了晚清时期各书坊书局之间竞争激烈，各种促销经营手段层出不穷，小说成为大众读物，禁毁小说在市场上大受欢迎，价格也不再是"高不可攀"。目前可见的清代小说书价以晚清版本最多，尤其是民营书局兴起之后，各出版公

---

[1]（清）琴川居士编：《皇清奏议》卷二二，清都城国史馆琴川居士刻本。

司纷纷列出小说书目价格，其中包括许多禁毁小说，至此，禁毁小说的销售日益公开化。

晚清禁毁小说书价如下[1]：

《野叟曝言》二十册，价洋七元五角[2]，毗陵汇珍楼。
《红楼梦补》十册，价洋五角，申报馆。
《快心编》十册，价洋五角，申报馆。
《笑史》二册，价洋一角五分，申报馆。
《山中一夕话》四册，价洋二角五分，申报馆。
《七侠五义》每部价洋八角，飞鸿阁。
《小五义》每部价洋六角，飞鸿阁。
《续五义》每部价洋六角，飞鸿阁。
《五才子》（《水浒传》）每部价洋一元二角，飞鸿阁。
《金玉缘》每部价洋二元，飞鸿阁。
《文武香球》每部价洋六角，飞鸿阁。
《女仙外史》每部价洋一元二角，飞鸿阁。
《说岳传》每部价洋七角，飞鸿阁。
《隋唐演义》每部价洋一元二角，飞鸿阁。
《前后说唐》每部价洋六角，飞鸿阁。
《蜃楼外史》每部价洋四角，飞鸿阁。
《英烈传》每部价洋四角，飞鸿阁。
《今古奇观》每部价洋五角，飞鸿阁。
《续今古奇观》每部价洋五角，飞鸿阁。
《万花楼》每部价洋四角，飞鸿阁。

---

[1] 晚清禁毁小说书价转引自周振鹤《晚清营业书目》，上海书店出版社2005年版。

[2] 光绪七年十一月一日，《申报》刊登广告"新印《野叟曝言》出售"："《野叟曝言》一书，体虽小说，文极瑰奇，向只传抄，现经排印。……计每部廿本，白纸者价洋七元五角，竹纸者价洋六元正。"《野叟曝言》的书价在当时算是昂贵的。

《六才子》(《西厢记》) 每部价洋四角，飞鸿阁。
《绘图英烈全传》四册，每部价洋五角，十万卷楼。
《绘图粉妆楼》四册，每部价洋五角，十万卷楼。
《绘图飞龙传》八册，每部价洋八角，十万卷楼。
《绘图万花楼》四册，每部价洋六角，十万卷楼。
《绘图说岳全传》八册，每部价洋八角，十万卷楼。
《绘图七侠五义》六册，每部价洋八角，十万卷楼。
《绘图小五义》六册，每部价洋七角，十万卷楼。
《绘图梦中五美缘》四册，每部价洋五角，十万卷楼。
《绘图双凤奇缘传》四册，每部价洋六角，十万卷楼。
《绘图说唐全传》六册，每部价洋八角，十万卷楼。
《女仙外史》十六册，每部价洋一元六角，十万卷楼。
《文武香球》六册，每部价洋四角，十万卷楼。
《龙图公案》四册，每部价洋三角，十万卷楼。
《岂有此理》四册，每部价洋三角，十万卷楼。
《评注绘图水浒传》每部价洋五元，海宝斋分局。
《全图岳传》每部价洋二元四角，海宝斋分局。
《绘像六才子》每部价洋二元六角，海宝斋分局。
《全图红楼梦》每部价洋五元，海宝斋分局。
《全图今古奇观》每部价洋二元四角，海宝斋分局。
《七侠五义》每部价洋八角，申昌书局。
《小五义》每部价洋六角，申昌书局。
《五才子》每部价洋一元，申昌书局。
《金玉缘》每部价洋二元，申昌书局。
《文武香球》每部价洋六角，申昌书局。
《女仙外史》每部价洋一元，申昌书局。
《红楼梦补》每部价洋六角，申昌书局。
《绮楼重梦》每部价洋七角，申昌书局。
《粉妆楼》每部价洋四角，申昌书局。
《说岳传》每部价洋七角，申昌书局。

《隋唐演义》每部价洋一元，申昌书局。
《前后说唐》每部价洋六角，申昌书局。
《蜃楼外史》每部价洋四角，申昌书局。
《英烈传》每部价洋四角，申昌书局。
《今古奇观》每部价洋五角，申昌书局。
《万花楼》每部价洋四角，申昌书局。
《六才子》每部价洋四角，申昌书局。
《绘图五才子书》大字每部价洋一元五角，小字每部价洋六角，宝善斋书庄。
《绘图七侠五义》每部价洋一元，宝善斋书庄。
《绘图前后说唐传》每部价洋五角，宝善斋书庄。
《绘图精忠说岳传》每部价洋五角，宝善斋书庄。
《绘图六才子奇书》每部价洋五角，宝善斋书庄。
《绮楼重梦》每部价洋四角，宝善斋书庄。
《笑林广记》每部价洋二角，宝善斋书庄。

二、坊刻小说的成本和工价

清初统治者对于通俗小说的查禁相对宽泛笼统，并未提出一份禁毁小说的书目名单，因为在统治者看来，凡是有碍民风教化或荒诞不经的小说，都应该在禁毁之列，没有必要专门列出禁毁小说的名单。从这一点而言，统治者的初衷目标是严查禁毁所有的通俗小说，并将这些书籍冠以"淫词小说"的名称，责令地方官员一体查禁。但在小说禁令的执行过程中，由于没有具体的查禁清单，就没有统一的严查标准，小说禁令存在很多漏洞，难以严格执行下去。因此尽管康熙帝屡次颁布禁令，"（小说）鄙俗浅陋，易坏人心，亦应一体查禁，毁其刻板"，[1] 但执行禁令的效果却不理想。一直到康熙五十三年再次下谕：

----

[1]（清）魏晋锡：《学政全书》卷七《书坊禁例》，清乾隆年间礼部刻本。

朕惟治天下，以人心风俗为本。欲正人心，厚风俗，必崇尚经学而严绝非圣之书，此不易之理也。近见坊间多卖小说淫词，荒唐俚鄙，殊非正理，不但诱惑愚民，即缙绅士子未免游目而蛊心焉。所关于风俗者非细，应即通行严禁。……该管官不行查出者，初次罚俸六个月，二次罚俸一年，三次降一级调用。[1]

从顺治年间的禁令到康熙五十三年的谕旨，都已经说明清初的小说禁令虽然严厉，但形同虚设，禁令无法阻止书坊刊刻、销售、租赁各种通俗小说，读者也照旧购买他们喜欢的小说作品。一些屡遭禁毁的通俗小说在全国范围内广为流传，人们争相购买，甚至达到家置一编、人怀一箧的程度。

刊刻通俗小说所带来的巨大利润是"淫词小说"屡禁不绝的根本原因。清代印书原材料成本较低，从制墨业的发展来看，清代制墨品种繁多，朱彝尊《静志居诗话》："古人制墨，率用松烟，汉取诸扶风，晋取诸庐山，唐则易州上党。……明则罗文龙少华、邵克己格之、程大约君房辈，咸以制墨称。而于鲁所制最夥，上自符玺圭璧，下至杂珮，凡三百八十五式，刊成《图谱》。"[2]明清坊刻书籍主要使用价格低廉的烟墨，卢前《书林别话》载印书制墨之法："印书始于制墨。制墨之法，取炭窑之窑烟，化牛皮胶为水，和之。成厚粥状，调之以酒，储之半月，成稀面糊，将墨粥揉匀，盛入缸藏之。至时霉天，则臭气四溢，然必经三四时霉天，始能用也。倘急用之，则墨色必浮，触之则糊。是墨愈久而愈佳。"[3]书坊刊刻小说所用烟墨，大概生产工序更为简略，"刷印文书一般只是用松烟的烟子，即

---

[1]《清实录·圣祖仁皇帝实录》卷二八五，中华书局1985年影印版。
[2]（清）朱彝尊：《静志居诗话》卷一八《方于鲁》，人民文学出版社1990年版，第542页。
[3] 上海新四军历史研究会印刷印钞分会编：《装订源流和补遗》，中国书籍出版社1993年版，第444页。

经过研细的粗烟或称烟煤。刷书工人为求烟子细润，'以烟煤置磁缸中，用火炭一枚投入，盖定半日，其煤炼过，然后舂杵，煤则细润，加倍于前。'[1]这是明末印刷工人从实践中对印书墨色提高的办法"[2]。

明清以来，传统造纸工艺及雕版印刷术的日益成熟，一方面降低了各种刊刻书籍所需的原材料成本，另一方面官府及坊间均掌握较为先进的雕版印刷技术，并培育出大批优秀的写刻工人和刊印校勘人才，使得书籍刊刻的成本在整体上大大降低。通俗小说的出版以坊刻居多，纸墨、木料、工价等都是书坊需要考虑的成本问题。胡应麟《经籍会通四》曰："凡印书，永丰绵纸上，常山柬纸次之，顺昌书纸又次之，福建竹纸为下。绵贵其白且坚，柬贵其润且厚，顺昌坚不如绵，厚不如柬，直以价廉取称。闽中纸短窄黧脆，刻又舛讹，品最下而直最廉。"而经过对造纸工艺进行改造，竹纸逐渐成为刻书纸张的主要来源，"以素所造法演而精之，其厚不异于常而其坚数倍于昔，其边幅宽广亦远胜之，价直既廉而卷帙轻省，海内利之……大率闽、越、燕、吴所用刷书不出此数者。"[3]竹纸是明清两代刊刻书籍的主要纸张类型，价格相对而言较为低廉，上等的竹纸有毛边纸和连四纸等，毛晋汲古阁刻书多使用毛边纸，而清乾隆后官书局刻书多用连四纸。清代"造纸原料甚繁，其显著者曰稻草、竹楮、桑、麻、棉、褴褛数种，尤以稻草、竹木为大宗。长江流域产稻、竹极丰，故赣、皖、闽、浙、湘、鄂、蜀等省之纸业最为发达"[4]。清代中后期各地造纸作坊林立，"（陕南）西乡纸厂二十余座，定远纸厂逾百，今日洋县华阳亦有小纸厂二十余座，厂大者匠作佣工必得百数十个，小者亦得四五十人"[5]。清代《崇阳县志》载："石坑出者可印书，南山出斗笠纸，最贱为草纸，出不一处。"[6]

---

[1]《徐光启手迹》，中华书局1962年影印本。
[2] 张秀民：《中国印刷史》，浙江古籍出版社2007年版，第384页。
[3]（明）胡应麟：《少室山房笔丛》，上海书店出版社2009年版，第43页。
[4] 江凌：《清代两湖地区的出版业》，中国书籍出版社2011年版，第95页。
[5]（清）严如煜：《三省边防备览》卷九，清刊本。
[6]《崇阳县志》卷四《食货志·物产》，同治五年活字本。

清代的刻书成本远低于明代，尤其是嘉庆以后，生活用品、粮食田产等物价涨幅较大，但刻书所用纸张、烟墨、木料的价格却几乎与明代万历年间持平。现据明代万历年间沈榜《宛署杂记》列表（见表一），[1] 以对比当时的整体物价水平。

表一

	纸张	烟墨及烟子	食物（斤）	工价（每日）
吏部				搭棚匠银5分
户部		烟墨5斤银2钱	白面银1分	
礼部	毛边纸50张银3钱 连四纸25张银1钱7分	烟墨1斤5钱		木匠银6分
刑部	毛边纸100张银6钱	烟墨1斤8两银4钱5分 烟子6斤银1钱8分	鸡每只银4分	
光禄寺			核桃银2分5厘 红枣银1分3厘	1扛夫银6分
太仆寺	连七纸100张银8分			
太庙	连七纸100张银7分		鲤鱼银2分	
宫禁	连七纸100张银8分	烟墨1斤银3钱	白面银1分 牛肉银1分2厘	打扫夫银3分

（注：明清白银计量单位为两、钱、分、厘、毫，为十进制。）

除此之外，书中还记载了与刊刻、印刷、书写相关的物品价格以及工钱，如：

呈文纸九刀，银三两六钱；川毫笔三十枝，银九钱；连七纸一千八百张，银一两八钱；本笔十五枝，银四钱五分；好墨五两，银一钱五分；梨板二块，银六钱；黑煤九斤，银三钱六分；面十斤，银一钱；大笔六枝，银一钱八分；香油三斤，银一钱二分；棕一斤八两，银七分五厘；本笔三十枝，

---

[1] 本表依据明人沈榜《宛署杂记》卷一五《各衙门》所列，北京古籍出版社1980年版。

银九钱；连七纸三千张，银三两；墨十两，银二钱；香油一斤八两，银六分；牛油烛九斤，银三钱六分；面三斤，银三分；黄连七纸六百张，银八钱四分；黄本纸一批，银一两六钱；磁青纸九张，银二十二两五钱；梨木板三块，银九钱；黑煤三斤，银一钱二分；水胶一斤八两，银六分；棕一斤八两，银七分五厘；刊刷匠工食银四钱。（沈榜《苑署杂记·官禁》）

明清书板木材的成本较为稳定，枣木是雕版刻书较好的木材，每一块枣木板的平均价格为纹银0.1～0.4两，而梨木板的价格更廉，普通尺寸的梨木板，每板的平均价格为纹银0.03两。[1]最大程度控制纸张、烟墨、工价的成本，对于书坊刊刻小说至关重要，而书坊刊刻通俗小说用纸，多为竹纸中最为经济的劣等纸，晚清左宗棠刻书时认为："纸用杭连，未免太费，可择其价廉而坚韧者，色稍黯淡亦不妨耳。"[2]小说的选纸质量由此可见一斑。书坊刊刻小说也很少使用上等烟墨，也常常使用老旧或淘汰的木版进行翻刻，因此刊印通俗小说一般来说要比刊刻经史子集类书籍成本低。至于写刻工和印刷工的每日工钱，从明代中期到清代中期，几乎呈下降趋势（见表二）。

表二 清代前期江南的工价

时期	地区	工种	工价（每天）
顺治年间	苏州	瓦木匠	28文[3]
顺治年间	苏州	小工	14文[4]
顺治十四年	太仓、嘉定	疏浚河	7分[5]

---

[1]周启荣：《明清印刷书籍成本、价格及其商品价值的研究》，见《浙江大学学报》（人文社会科学版），2010年第1期。

[2]（清）左宗棠：《王道加敏禀刊刻六经即附崇文书局办理由》，见《左宗棠全集·批札》卷四，清刊本。

[3][4]（清）冯桂芬：《显志堂稿》卷十二《袁胥台父子家书跋》，光绪三年刻本。

[5]《嘉定县志》卷六《刘河治迹》，原文载"每工给银五分、米二升，每升折银一分"，光绪年间刊本。

(续表)

时期	地区	工种	工价（每天）
康熙八年	宁波府鄞县	建墓	40分[1]
康熙二十年	常熟、太仓	疏浚河	4分[2]
雍正二年	松江府	修海塘	5分[3]
雍正五年	太仓府	河工	5分[4]
乾隆十年	常州府金匮县	抬轿小工、土工	8分[5]
乾隆二十一年	苏州	染织作坊工匠	2~4分[6]
乾隆三十三年	江苏省	土木工匠	5~6分[7]
乾隆末	福建、浙江、江苏	雇工	140~200文[8]
乾隆末	福建、浙江、江苏	木工	200文[9]
乾隆末	福建、浙江、江苏	泥瓦匠、石匠	140文[10]

（注：表格中的"分"为白银计量单位，"文"为铜钱计量单位。）

由于清代银钱并用，白银与铜钱的兑换比率也时有变化，因此只能按官方兑换率进行计算。清初康熙年间市中约定一两白银兑换一千文钱，以后银钱的比率虽有波动，但相差不远，到乾隆五十年

---

[1]（清）李邺嗣：《杲堂文钞》卷五《杲堂幽居铭》，康熙十七年刻本。

[2]《常熟县志》卷七，蒋伊《浚白茆记》，康熙五十一年刊本。

[3]《雍正朱批谕旨》第25册，雍正二年九月四日鄂尔泰折，北京图书馆出版社2008年影印本。

[4]《雍正朱批谕旨》第23册，雍正五年四月十五日魏国经折，北京图书馆出版社2008年影印本。

[5] 江苏省博物馆编：《金匮县规定脚夫轿夫上工每日工价禁止分界霸占苛索碑》，见《江苏省明清以来碑刻资料选集》，生活·读书·新知三联书店1959年版，第525页。

[6]《奉各宪严禁纸作坊工匠把持勒增工价永遵碑》，见《江苏省明清以来碑刻资料选集》，生活·读书·新知三联书店1959年版，第68页。其中每工支付五分的伙食银。

[7]《江苏省物料价值则例》，乾隆三十三年刊本。

[8][9][10]【日】中川忠英：《清俗纪闻》卷二《居家》，中华书局2006年版。

前后，一两白银的实际兑换率仍是九百多文钱。[1]陈昭南在《雍正乾隆年间的银钱比价变动》中指出："乾隆四十年以后，银价至少在一两兑换九百五十文以上。"[2]按照这种方式计算，1分约可兑换10文，那么清代前期的各种工人的每日劳务工钱大概在20文至80文之间，而技术性较强、劳动强度较大的工种所得劳务费更高。清代刻工价钱通常按照具体工作量进行计算，顺治元年北京"刻字工价，每百字约银六分"[3]。康熙四十四年以后，修书处匠役所得工钱，如钩摹御笔发刻每一字工价银1分，刻宋字每百字工价银8分，刻软字每百字工价银1钱4分至1钱6分，写宋字板样每百字工价银2分至4分，写软字板样每百字工价银4分，摺配齐钉书籍每千篇工价银1钱3分，刷印连四纸书每千篇工价银1钱6分，刷印竹纸书每千篇工价银1钱2分，裁书每千篇工价银2分。[4]

到了乾隆中后期，木工、石工、泥瓦匠、临时雇工等工价上涨，每日可得到100文钱以上，这与当时的物价涨幅相当，中川忠英《清俗纪闻》卷二《居家》中记载乾隆末年生活费用："下贱之人，一个人生活一人份额需要三四十文，如果是三个人共吃的话用百文左右简单度日。好的饭食只有鱼和蔬菜，吃不上肉食。"[5]

---

[1] 清代不同时期各地的实际银钱兑换率略有差别，苏州府常熟县郑光祖《一斑录杂述》卷六《银钱贵贱》："自余所知，乾隆四十年以前，我邑钱与银并用……银一两兑钱七百文，数十年无所变更。故我邑至今银钱之价已大更，而俗语尚以七十文称一钱银子（七文钱称一分）……乾隆四十年后，银价少昂。五十年后银一两兑钱九百。"叶梦珠《阅世编》卷七《钱法》："崇祯初，……京师每千价银一两二钱，外省尤兑九钱一千，……康熙初，价定每千值银一两……，二十九年二月，私钱之禁复严，市中不复通用，积弊为之一洗，制钱每千价至纹银一两二三分。"但总体来说，一两白银兑换一千文钱是一个较为普遍的标准。

[2] 陈昭南：《雍正乾隆年间的银钱比价变动》，中国学术著作奖励文员会1966年，第29～30页。

[3]【意】汤若望：《西洋新法历书奏疏》，顺治元年刻本。

[4]《大清会典事例》卷一一九九，台北启文书局1963年版，第1～3页。

[5]【日】中川忠英：《清俗纪闻》卷二《居家》，中华书局2006年版。

写刻工人的工价上涨幅度与其他工种大体相同，乾隆三十八年，北京按梨木小板例价，每写刻百字，工价银1钱。乾隆三十九年雕造武英殿聚珍板枣木活字，写宋字每百个工银2分，刻工每百个银4钱5分，刻铜字人每字工银2分5厘。[1]"乾隆末叶刻书，每百字板片写刻共制钱五十六文，继增七文，又增十七文。嘉庆初杭、苏已增至一百十文。"[2]这样的收入以当时的物价水平来看并不算高，表面上看，乾隆中期以后刻工的工价比清初略高，看似刊刻成本提高，但实际上书籍的定价也比清初有了很大的涨幅，刊刻者仍然可以牟取较高的利润。如：

（1）李圭景《五洲衍文长笺散稿》卷七载乾隆四十年，朝鲜王朝永城副尉申绥使购买《续金瓶梅》共二十册，花费二十两价银，平均每册一两纹银，价钱十分昂贵。[3]

（2）《天禄琳琅》载："《大易粹言》一部，计二十册。合用纸数、印造工墨钱，下项纸副耗共一千三百张，装背饶青纸三十张，背青白纸三十张，俊墨糊药、印背匠工食等钱，共一贯五百文足，赁板钱一贯二百文足。本库印造，见成出卖，每部价钱八贯文足。"[4]

（3）《平津馆鉴藏记》载："《王黄州小畜集》，末记印书纸并副板四百四十八张，表背碧纸十一张，大纸八张，共钱二百六文足，赁板棕墨钱五百文足，装印工食钱四百三十文足。除印书纸外，共计钱一千一百三十六文足。见成出卖，每部价五百文。"[5]

（4）象山县学《汉隽》，每部二册，印造用纸一百六十幅，碧纸二幅，赁板钱一百文足，工墨装背钱一百六十文足。见卖钱六百文足。[6]

书坊刊刻通俗小说为降低成本，往往还采取书坊间联合刻书等

---

[1] 张秀民：《中国印刷史》，浙江古籍出版社2007年版，第674页。
[2] （清）汪辉祖：《病榻梦痕录》，台北广文书局1971年影印本。
[3] 【韩】崔溶澈：《中国禁毁小说在韩国》，见《东方丛刊》1998年第3期。
[4][5][6] 孙毓修：《中国雕板源流考·刻印书籍工价》，上海古籍出版社2008年版，第37页。一贯钱指1000文钱，《大易粹言》定价每部八贯文，即为8000文钱，约兑换白银8两。

手段，也有书坊主将书带入劳动力价格较低的省份地区进行刊刻，然后再带回本地进行装帧发售。书商们"往往携书入粤，售于坊肆，得值就顺德县马岗刻所欲刻之板。板成未下墨刷印，即携旋江南，以江纸印装分售，见者以为苏板矣"[1]。清代湖南永州、广东、江西等地刻工价钱更为低廉，"永州刻字多女工。其坊行书刻价每百字仅二三十文，江西、广东亦然"[2]。另外，坊刻小说降低成本的方法还有对其内容进行偷工减料，将原书进行删节或压缩，减少书板刻工和纸墨印料的消耗。如《汉宋奇书》一书，清代坊刻本非常流行，此书又名《英雄谱》，将《水浒传》和《三国演义》融合刊刻于一本，正文的上栏为《水浒传》，下栏为《三国演义》，书中还附有绣像插图四十页。这种删节拼凑的通俗小说既能节省刊刻成本，又在很大程度能够吸引读者购买，可谓一举两得。

三、坊刻小说的利润

乾隆年间武英殿刻书颁布《武英殿聚珍板程式》："其枣木字大小共应用十五万余个，臣详加核算，每百字需银八钱，十五万余字约需银一千二百余两。此外成做木槽板、备添空木字以及盛贮木字箱格等项，再用银一二百两已敷置办，是此项需银通计不过一千四百余两。臣因以武英殿现存书籍核校，即如《史记》一部计板二千六百七十五块，按梨木小板例，价银每块一钱，共该银二百六十七两五钱；计写刻字一百一十八万九千零，每写刻百字工价银一钱，共用银一千一百八十余两；是此书仅一部已费工料银一千四百五十余两。"[3]刊刻《史记》一部书的成本达到一千四百五十余两银，皇家官刻书籍所用材料和工序都精益求精，所付工价也高出一般水平，另外聚珍版是木活字印刷，写刻工序更

---

[1]《顺德县志》，清咸丰三年刊本。
[2]（清）叶德辉：《书林清话》卷七，中华书局1957年版，第186页。
[3] 陶湘：《书目丛刊》，辽宁教育出版社2000年版，第277～278页。

为繁琐，工价自然也较高。一部刊刻精美的聚珍版《史记》二百余万字，约一百册，若要发行出售，每部可售银一百两左右。武英殿刻书所用《史记》版本是当时最好的版本，这种刊印精美的善本书籍必然是藏书家首选珍藏品，因此百两银子对于藏书而言并不算昂贵。另外，用梨木刊刻书籍印数可达两万部[1]，一共可售银两百万两，那么刻书成本一千四百多两银子几乎就只是一个零头而已。

民间书坊的刻书成本较武英殿刻书更为低廉，乾隆间袁枚给广东做官的弟弟书信道："闻广东刻字甚便宜，不过不好耳，然刻《子不语》，原不必好也，弟为留意一问。"[2]信中提到《子不语》一书，是袁枚自撰的文言小说，内容涉及仙狐鬼怪，具有一定的娱乐性。袁枚认为刊刻这样的小说不必过度要求刻字精美，只求便宜即可。陕西味经书局雕版印刷曾有刊刻记录："刻工四十人，每人每日约刻二百字，则日刻八千字，月刻二十四万字。"[3]一般的通俗小说字数大约在二十余万字，按照刊刻记录计算，四十名刻工一个月可以完成一部小说，工钱成本大约为一百余两白银，加上纸张、木版、墨水等物料成本，大概需要二百多两银子的成本。一部二十多万字的通俗小说可售价一到二两银子，若是用梨木刊刻，可以印出两万部，那么可获毛利润两万至四万两银子，即便使用一般的枣木刻印，印数至少也能达到五百部，那么也能获得毛利润五百到一千两银子。而这项刊刻印刷的工作只需一个月的时间，若出版者一年之内刊印出售五部以上的小说，其一年的丰厚利润是可想而知的。

清代中期以后，坊刻刊印通俗小说也常用木活字聚珍版，备好一整套木槽和字模，可以反复使用，每次印刷书籍重新排版即可，省时省料省工，成本比雕版印刷更低，但定价却不便宜，因而利润

---

[1] 张秀民：《中国印刷史》载："虽梨版亦止印二万篇，则糊涂矣。"浙江古籍出版社2006年版，第382页。

[2] 《袁枚家书手稿》，国家图书馆藏真迹。

[3] （清）刘古愚：《烟霞草堂文集》卷八《味经刊书处校勘章程》，民国七年刻本。

也就更高。嘉庆己未尤凤真作《瑶华传》序曰："余一身落落，四海飘零，亦自莫知定所。由楚而至豫章，再由豫章而游三浙，今且又至八闽矣。每到一处，哄传有《红楼梦》一书，云有一百余回。因回数烦多，无力镌刊，今所流传者皆系聚珍板印刷，故索价甚昂，自非酸子纸囊中物可能罗致，每深神往。"[1]序中提及聚珍板《红楼梦》价格甚高，寒酸文人无力购买。"清代所存各种活字板，当以木活字印本为最多。其最著者为清代内府所印《武英殿聚珍板丛书》134种，计2300多卷，共印成连史纸本20部，竹纸本300部……其后不少地方官署、书院、寺院、各省官书局，以至民间私人及书坊亦采用活字印书。经、史、子、集、小说、类书、丛书，以及《京报》《搢绅录》无所不备……小说为数甚多。"[2]受内务府聚珍版印书影响，民间坊刻聚珍版小说也日益增多，如北京隆福寺街东口路南聚珍堂，原为同治内务府张姓旗人所开，大量刊印聚珍版通俗小说。目前可见聚珍版活字印刷的小说和通俗文学有：

（1）《花幔楼批评写图小说生绡剪》清初木活字版。

（2）《精订纲鉴二十一史通俗演义》乾隆元年活字泥版。

（3）《红楼梦》乾隆五十六年木活字版。

（4）《红楼梦》乾隆五十七年木活字版。

（5）《结水浒全传》咸丰元年木活字版。

（6）《儒林外史》同治八年群玉斋木活字版。

（7）《六美图弹词》同治九年木活字版。

（8）《肉蒲团》同治癸酉木活字本版。

（9）《红楼梦》光绪二年北京聚珍堂木活字版。

（10）《红楼梦影》光绪三年北京聚珍堂木活字版。

（11）《儿女英雄传评话》光绪四年北京聚珍堂木活字版。

（12）《忠烈侠义传》光绪五年北京聚珍堂木活字版。

---

[1]《瑶华传》，道光二十五年慎修堂刊本。

[2] 钱存训：《中国历代活字本综述》，见宋原放主编：《中国出版史料（古代部分）》第二卷，湖北教育出版社2004年版，第83页。

（13）《济颠大师醉菩提全传》光绪六年木活字版。

（14）《续红楼梦》光绪七年北京聚珍堂木活字版。

（15）《忠烈侠义传》光绪八年北京聚珍堂木活字版。

（16）《三侠五义》光绪九年北京聚珍堂木活字版。

（17）《极乐世界》光绪北京聚珍堂木活字版。

（18）《娱萱草弹词》光绪二十年木活字版。

（19）《野叟曝言》光绪七年毗陵汇珍楼木活字本，有知不足斋主人序曰："近有某先生者，邃于宋学，谓此书足资观感，欲为付梓。集资甫成，遭乱而辍。兵燹后，传本愈少，残失愈多。予自维才谫，何敢续貂，姑搜辑旧本之最完者，缮付剞劂。"

（20）《忠烈侠义传》光绪二十五年古樵书屋聚珍版，有退思主人序："戊寅冬，于友人入迷道人处得是书之写本，知为友人问竹主人互相参合删定，汇而成卷。携归卒读，爱不释手。缘商两友，就付聚珍板，以供同好云尔。"

（21）《萤窗异草》光绪二年聚珍版，梅鹤山人序曰："客有以《萤窗异草》抄本三册见示，款署'长白浩歌子'，未悉为何时人。……尊闻阁主人仿聚珍版印刷行世，问序于余，爰作质直语告之。"

清代闽刻武英殿聚珍版图书以乾隆丁酉年间的聚珍版为底本，经道光、同治年间三次修版，于光绪二十一年增订完成，并向各地书坊售书。闽刻武英殿聚珍版全书共有一百四十八种，最低总价为五十三两二钱二分[1]。章程里特别指出对书坊的优惠方式，只要购买五部以上，就能获得九折的优惠价。以《唐语林》为例，此书共三百九十四页，与《王黄州小畜集》字数相差不多，"《王黄州小畜集》末记印书纸并副板四百四十八张，表背碧纸十一张，大纸八张，共钱二百六文足，赁板棕墨钱五百文足，装印工食钱四百三十文足。

---

[1] 全书按照纸张不同，总价分为三种：官堆纸书籍总价六十四两五钱七分七厘，连史纸书籍总价七十九两九钱九分四厘，篓扣纸书籍总价五十三两二钱二分。

除印书纸外，共计钱一千一百三十六文足。见成出卖，每部价五百文。"[1] 聚珍版《唐语林》售价四钱左右，[2] 按照当时的银钱兑换比例，[3]《唐语林》和《王黄州小畜集》的成本和售价大体相近，而《唐语林》的刊印成本最多五两银子，每一部售价四钱，卖出十多部就可以收回成本。《武英殿聚珍板书价单章程》载：

> 各宪原为广流布而惠士林起见，故除咨送国子监、翰林院及各省省会书院外，另印若干部存局，以备销售。……各书坊如有购买全书以备转售者，凡购全书在五部以上，无论何项纸张，准照后开总价减作九折核收。如仅购零种，或购全书仅一二部者，均照原价，不折不扣。现在局中既经刷有全书多部，凡有自备纸张托局代刷，或自雇印工借版刷印，目前均难承允。……无论本省外省各衙署、局所、书院需用书籍，备价来者，现银交易，照常买卖。[4]

从章程中可以看出，聚珍版书籍印数较多，不但赠送国子监、翰林院和各省省会书院，而且还贩卖至全国。为鼓励书坊购买转售，专门列出特价折扣的方式，并且供应全国各地衙署、局所、书院购买，

---

[1] 孙毓修：《中国雕板源流考·刻印书籍工价》，上海古籍出版社2008年版，第37页。

[2] 武英殿聚珍版《唐语林》按照纸质不同有三种售价：每部官堆纸价银三钱八分六厘，每部连史纸价银四钱八分二厘，每部篓扣纸价银三钱八分九厘。

[3] 武英殿聚珍版书价单章程载："书价用银，系照福建藩库平开列，每两申钱一千四百六十文。"见陶湘：《书目丛刊》，辽宁教育出版社2000年版，第345页。

[4] 福建布政使署藏板武英殿聚珍板书，原书内封载："乾隆丁酉九月颁发，奉敕重锓，凡书一百二十三种。道光戊子、丁未、同治戊辰三次修版，辛未改刊三种。光绪壬辰校误补遗，并重刻二种，新增二十五种，乙未十二月讫工。"见陶湘：《书目丛刊》，辽宁教育出版社2000年版，第314页。

可见聚珍版书籍储备充足，印数较多，每部书的印数至少能达到一至两万套。以成本和售价核算，一部书卖出十几套便可以赚钱，两万套的数量可获得惊人的利润。

同理，用聚珍版活字印刷小说，比普通雕版印刷成本更低，但销售利润较高，晚清引入西方现代铅印技术之后，形成了更为方便实用的铅字排版印刷，被称为铅字聚珍版，"自西法以铅为字而印书乃更易矣。铅字之成，由模子浇造，一日之中虽浇数万字亦属易事。一人之手，假其最速者，可排至三五千字，则限日可以成书，其神妙有令人不可测者。试观近来各种聚珍铅版所印之书，其风行于海内者不知凡几，而其所以嘉惠士林者厥功大矣。"[1]这种铅字聚珍版成本极为低廉，而出版速度更快，印刷数量可以无限增加，虽然定价便宜，但仍然可以获得巨大利润。光绪年间铅印本《三国演义》有傅治山跋曰："惟市肆间，卒鲜善本，鲁鱼亥豕，讹以传讹。余游申浦，适有同乡涂君子巢先生精习西法印书之技，余因出箧中所藏善本，托其用西法成铅板一部，以期垂诸久远而无磨灭之虞。刻既成，校勘精审，字画无讹，诚觉爽人心目，所望阅之者，因书板善而追念是书之美，是非独余所深幸，抑是书之幸也。"[2]可见铅印本小说在印刷质量上并不输给传统精刻雕版，但成本和价钱都较为低廉，受到普通读者的欢迎。

四、晚清刊刻技术的提高

清代小说刊刻的繁荣在嘉庆以后，政治钳制松弛，文化得到广泛普及，市民阶层扩大，小说作品增多，通俗小说需求量增大等诸种因素，促成了小说刊印逐渐发展繁荣。因而嘉庆以后刊刻的小说，从数量和种类上都远超过清代中前期。道光年间现代石印技术传入

---

[1]（清）何良栋《皇朝经世文四编》卷七《论聚珍版有功于文教》，光绪二十八年上海书局刻本。

[2]《三国演义》跋，光绪十年上海铅印本。

中国之后，传统的雕版印刷方式发生改变，大大降低了印书的成本，使得出版业的发展出现了质的飞越。

石印技术最早于道光十二年传入中国，来华传教士裨治文（E.C.Bridgman）创办杂志《中国文库》即为石印术刊印。《石印新法》介绍石印术的原理：

> 现今石印之法，皆以照像为首工。照像之书，虽有数件，然所论者不过照人物山水之事，与石印照像之工大不相同，因必用特设之照器与照法也。凡石板所能印之画图，不能用平常所照之像落于石面印之，须有浓墨画成之样，或木板铜板出之稿，画之工全用大小点法，或粗细线法为之。画成之稿连于平板，以常法照成玻璃片，为原稿之反形，即玻璃面之明处，为原稿之黑处；玻璃面之暗而不通光处，为原稿之白处。此片置晒框内，胶面向上，覆以药料纸，照常法晒之。晒毕，置暗处，辊以脱墨，入水洗之。未见光处洗之墨去，见光处墨粘不脱，洗净则花样清晰与原稿无异。将此纸样覆于石板或锌板面，压之，则墨迹脱下，此谓之落石。照常法置石于印架，辊墨印之。[1]

《清稗类钞》载："石版，以石版石制成之印刷版也，国人能自制之。其法，先以原稿摄成影片，覆于敷动物胶之纸，而移影于其上，置纸于光洁之石，紧压之，使留痕于石面，涂以松香油，碾以墨胶，使其痕益明显而高。然后用水湿之，以印刷用墨油印于纸上，其无文字图画处，受水之反拨，故墨油不能黏着，用此版印刷，亦谓之点石。"[2] 伴随着石印术的传入，西方的机器印刷慢慢取代了传统手工印刷，不但缩短了印刷的时间周期，印刷质量也更高，所印书籍

---

[1]【英】傅兰雅：《格致汇编·石印新法》，光绪三年上海格致书院刊本。
[2]（清）徐珂：《清稗类钞·工艺类》第5册，中华书局1984年版，第2404~2405页。

图画都精美细腻，而且每版的印数也大幅度增加，可以获得更丰厚的利润。《大陆报》曾载：

> 自欧洲印刷机器之学兴，世界文明生一大变革。由是观之，机器印刷之关系其重大可知矣。中国近时渐有用机器印刷者，然简陋者多，精美者少，未足以为组织文明之具也。夫印刷之巧拙，即代表其国文明程度之阶级。泰西诸国注意于印刷之改良，倍加郑重，故所成之图画书籍精工无匹，而出版愈多，文明之程度愈增，国势亦因之以强。[1]

从道光初期至光绪年间，西方石印和铅印技术传入中国，并逐渐得到广泛运用，与此同时传统的雕版刊刻并未就此废止，小说的雕版刊刻仍然如火如荼，一方面由于各书坊仍保存着大量雕版书板，不可能在短时间内全都被石印和铅印取代，另一方面是因为雕版印刷自有其独特的优势。英国人傅兰雅在《江南制造总局翻译西书事略》道："若照西法以活板印书，则一次必多印之，始可拆板；设所印者年深变旧，或文字错讹，则成废纸而归无用。惟中国法则不然，不须巨资多印存储；若板有错字，亦易更改；而西法已印成书，则无法能更改也。"[2]而且传统雕版印刷的优点还在于：

> 大量出版，铅椠诚愈于雕版，而雕版之长，有非铅椠所及者：刊刻既成，随时可以印刷，一也。印刷多少，惟君所欲，减浇版之烦劳，二也。刻版随时可以挖补，可以修改，可以抽换，皆不需重新排字，三也。手工印刷，墨色经久，不患油渍，久而愈纯；一编在手，墨香满纸，此惟藏书家能赏会之。书固不必尽以多为贵者，文章之妙，盖以剞劂之精，

---

[1] 宋原放，李白坚：《中国出版史》，中国书籍出版社1991年版，第184页。
[2]【英】傅兰雅：《江南制造总局翻译西书事略》，见张静庐辑注：《中国近代出版史料初编》卷一，中华书局1957年版，第19页。

二美辉互，不亦娱心而悦目乎？是故铅椠雕版，无妨并存。[1]

雕版刻印虽然在整体的成本上较石印更高，费时也更久，但具有较高的收藏价值，尤其是精刻的版本，不但能够卖出好价钱，还能保值升值，这一优点是石印和铅印书籍所不具备的。当然，石印和铅印书籍也有很多优点，刊印过程耗费成本较低，印刷速度较快，印刷数量基本上不受限制，尤其是印刷规模较大的书籍，石印和铅印的优势极为明显。徐润《徐愚斋自叙年谱》："乃集股创办同文书局，建厂购机，搜罗书籍以为样本。旋于京师宝文斋觅得殿板白纸《二十四史》全部、《图书集成》全部，陆续印出《资治通鉴》《通鉴纲目》《通鉴辑览》《佩文韵府》《佩文斋书画谱》《渊鉴类函》《骈字类编》《全唐诗文》《康熙字典》，不下十数万本。各种法帖、大小题文府等十数万部。莫不惟妙惟肖，精美绝伦，咸推为石印之冠。"[2]

对于通俗小说而言，运用石印和铅印技术，可以满足晚清小说爆炸式发展的需求，石印和铅印小说的定价虽然不及雕版印刷小说，但能够在最大程度上满足普通读者的购买需求，因而可以在大量销售中获得高额利润。晚清黄式权《淞南梦影录》道："石印书籍，用西国石板。磨平如镜，以电镜映像之法摄字迹于石上，然后傅以胶水，刷以油墨，千百万页之书，不难竟日而就……英人所设点石斋，独擅其利者已四五年。近则宁人之拜石山房，粤人之同文书局，与之鼎足而三。甚矣，利之所在，人争趋之也。"[3] 然而随着石印与铅印的普及，小说售卖的价格竞争越来越激烈，晚清书局纷纷以降低书籍价格来吸引读者购买，从客观上造成了晚清小说发展的大繁荣。《申报》曾刊登点石斋在暑期促销的优惠广告：

---

[1] 卢前：《书林别话》，见张静庐辑注：《中国现代出版史料丁编》下卷，中华书局1959年版，第627页。

[2]《近代中国史料丛刊续编》第五十辑，台北文海出版社1978年版。

[3] 黄式权：《淞南梦影录》卷二，见《沪游杂记》，上海古籍出版社1989年版，第118页。

第三章 通俗小说的刊刻成本与书价

本局名家小说数十种，词令之典雅，兴趣之浓深，早为爱读诸君所称许。当此学堂暑假，莘莘学子无不束装归里，以作此数日之闲。但出门一步即火伞高张，汗如雨下，日长昼永，消遣殊难。惟借小说家言，奇奇怪怪之事，作炎天伏夏、茶余酒后之资，则既可增长见识，又可解愁破闷，消夏妙品，无过于此。兹本局为利便学界起见，特倡新例，自即日起至七月十五日止，凡在暑假期内，门庄来购者，一律照定价七折计算，满一元者则各折码洋二角之小说一种作为赠品，多则递加。邮局函购一律照送。[1]

石印书籍的价格比传统雕板坊刻低廉很多，虽然对于普通收入的人来说仍然不算便宜，但已经可以在很大程度上促进小说的传播发展，石印技术对于雕板印刷而言，是一项卓绝伟大的质的飞跃。创办同文书局的徐润道："书籍之有木刻，由来尚矣……然皆有工巨费繁之虑，且有旷日持久之嫌，要未若今日石印之巧且速者也。……虽其费其工似亦甚重，然书成之后，较之木刻不啻三倍之利焉，而且不疾而速，化形若神。其照书如白日之过隙中，其印书如大风之发水上，原书无一毫之损，所印可万本之多，三日为期，诸务毕举。木刻迟缓不足言矣。"[2] 小说的流行性特点需要加快刊印速度和流通速度，在最短的时间内为大众读者提供丰富的阅读资源。石印技术完全能够满足这种需求，不但如此，石印书籍在刊印上往往更加清晰、精美、古雅，受到更多读者的欢迎。光绪十三年正月十三日《申报》："石印书籍肇自泰西，自英商美查就沪上开点石斋，见者悉惊奇赞叹。既而宁、粤各商仿效其法，争相开设。而新印各书无不勾心斗角，各炫所长，大都字迹虽细若蚕丝，无不明同犀理。其装潢之古雅，校对之精良，更不待言。诚书城之奇观，文林之盛事也。"[3]

---

[1]宣统三年闰六月初一日《申报》。
[2]《同文书局小启》，见光绪九年五月二十二日《申报》。
[3]《秘探石室》，见光绪十三年正月十三日《申报》。

光绪十五年五月二十五日上海《北华捷报》载《上海石印书业之发展》：

> 上海石印中国书籍正在很快地发展成为一种重要的企业。石印中使用蒸汽机，已能使四五部印刷机同时开印，并且每部机器能够印出更多的页数。因为中国资本家咸能投资于此种企业，赢利颇丰。印书如此便利，对于一个大家喜欢读书的国家来说，是一件幸事。[1]

这样一来，晚清通俗小说的出版则有传统和现代两种方式，雕版印刷仍受到欢迎，而且由于日渐稀少，定价也越来越昂贵，此时购买雕版印刷小说的几乎都是以收藏鉴赏为主要目的。然而由于出版者一味追求利润，使得雕版刊刻的书籍质量无法保证，尤其是通俗作品，往往刊刻错漏百出，"今湖南刻书，光绪初元，每百字并写刻木版工赀五六十文。中叶以后，渐增至八九十文，元体字小者百五十文，大者二百文，篆隶每字五文。至宣统初，已增至百三十文，以半叶五百字出入，每钱银直百六十文计，半叶合银叁钱畸零，视明末刻书已增一倍。然此在湖南永州一处则然。永州刻字多女工，其坊行书刻价每百字仅二三十文。江西、广东亦然。价虽廉而讹谬不可收拾矣"[2]。晚清雕版刊印成本高，价格高，而且印刷不够精良，这些缺点和不足必然导致传统书坊的衰落和灭亡。

相比之下，石印铅印小说更为泛滥，并受到普通读者的欢迎，通俗小说渐渐进入普通消费品的范围中，成为市民日常消费的一部分，主要是以阅读娱乐为目的的一次性消费。从此，进入现代流通领域的通俗小说逐渐丧失了奢侈品和收藏品的特征。由现代机器生产的书籍物美价廉，能够满足普通消费者的日常需求，商家尤其在通俗小说和考试用书方面获利较多。光绪二十八年，陕西学政沈卫

---

[1] 张静庐辑注：《中国出版史料补编》，中华书局1957年版，第88页。

[2] （清）叶德辉：《书林清话》卷七《明时刻书工价之廉》，中华书局1957年版，第186页。

奏:"木板书籍,工本极昂,不第寒士购考为难,而一书之成,动辄经年,亦无以塞快睹争先之望,是以用意虽美而获益未宏。臣现拟于刊书处存款项下酌提二三千金,在上海购买铅板活字大小数号及铜模、机器等件,装运来陕,仍交刊书处绅董刘光蕡等经理,将中学、西学切要有用之书广为排印,廉价发售。"[1]印刷新技术的广泛应用加速了小说刊刻的发展,自光绪年间以来,各地书坊书局大量刊刻传统小说及新小说,数量和种类远远超越前代。据日本丸山浩明《中国石印版小说目录》统计,其总数约六百三十余种。[2]叶德辉道:"至近年石印始盛,各书肆出石印书甚夥,翻印旧书之风亦渐盛,于是一时不易得之书,亦得取求如志。"[3]

近代印刷事业的发达促进了通俗小说的大发展,由此一来,旧式的书坊已经无法满足时代的需求,运用机器生产的民营书局兴起,而传统书肆则慢慢衰落,由刊刻销售的行业转向单纯的图书销售,形成了近代的私营书店。

---

[1]《军机处录副档》全宗3,目录145,7175卷6号。

[2]【日】丸山浩明:《中国石印版小说目录》,见《广岛女子大学国际文化学部纪要》第7号,第39页。

[3] 叶德辉:《书林馀话》,见《书林清话》,中华书局1957年版,第322页。

第四章　清代禁毁小说的传播

清嘉庆年间，通俗文艺蓬勃发展，小说市场极为兴旺繁盛。在此之前，清代统治者尚未正式颁发禁毁通俗小说的书目名单，乾隆年间的禁毁小说书目也多与政治相关，并非能够代表通俗小说的全貌。清初康熙年间就已经流行一百五十多种通俗小说，坊间刊刻售卖通俗小说的商业活动也从未间断。通俗小说的内容类型五花八门，其中有几种类型的小说极其兴盛发达，也是清廷查禁的主要对象：

第一类，表现男女艳情色欲类小说，带有明显的淫秽描写。此类小说往往假托野史进行漫无边际的虚构，书名多冠以"史""影"之称，能够满足某些低级趣味，并引发读者的好奇探求隐私的心理。如《浓情快史》《春灯秘史》《妖狐媚史》《巫山艳史》《株林野史》《绣榻野史》《桃花艳史》《呼春野史》《昭阳趣史》《隋炀艳史》《女仙外史》《禅真逸史》《禅真后史》《隔帘花影》《桃花影》《梧桐影》《鸳鸯影》等。这类小说涉及淫秽内容，离经叛道，有伤风化，尤其吸引市井愚民，对封建传统道德造成威胁，是当禁小说之首。

第二类，以才子佳人恋情为主题，结合忠臣对抗奸佞逆臣或练仙修道等情节，多为才子配多位佳人的大团圆结局。这类小说通常都有固定的情节发展模式和俗套的内容，属于才子佳人小说的类型。小说情节构思具有虚幻性，如一夫多妻、自由恋爱、皇帝赐婚等，都反映了当时许多下层文人的白日梦，在很大程度上可以满足失意文人的梦幻心理。这些才子佳人小说多以"缘"为书名，如《巫梦缘》《金石缘》《灯月缘》《五美缘》《绣球缘》《双凤奇缘》等。除此以外，《红楼梦》的众多续书也多属于这一类型小说，如《续红楼梦》《后红楼梦》《补红楼梦》《红楼圆梦》《红楼复梦》《绮楼重梦》《增补红楼》等。《红楼梦》程乙本引言道："是书刷印，原为同好传玩起见，后因坊间再四乞兑，爰公议定值，以备工料之费，非谓奇货可居也。"[1] 逍遥子《后红楼梦》序："曹雪芹《红楼梦》一书，久已脍炙人口，每购抄本一部，须数十金。自铁岭高君梓成，一时风行，几于家置一集。同人相传雪芹尚有《后红楼梦》三十卷……爰以重价得之，与同人鸠工梓行，以公同好。"[2] 可见《红楼梦》及其续书受到各界读者的欢迎。但此类小说描绘青年男女自由恋爱结合的感情，使人意荡神摇，"淫书以《红楼梦》为最，盖描摹痴男女情性，其字面绝不露一淫字，令人目想神游，而意为之移。所谓大盗不操戈矛也"，[3] 违背父母之命媒妁之言的传统，对封建秩序形成严重挑战，因此也是禁书中重要一类。

第三类，以英雄豪杰故事为主的演义类小说，内容充满战争、豪侠、忠义、传奇、公案等，往往以历史事件为依托，夸大虚构一些英雄事迹，故事跌宕起伏，精彩纷呈。这类通俗小说也多改编为民间戏曲，受众面较广，为市井百姓所喜爱。俞万春《结水浒全传》"引言"曰："莫道小说闲书，不关紧要，须知越是小说闲书，越发传播得快，茶坊酒肆，灯前月下，人人喜说，个个爱听。这部书既已刊刻行世，在下亦不能禁止他。因想当年宋江，并没有受招安，平方腊的话，只有被张叔夜擒拿正法一句话。如今他既妄造伪言，抹杀真事。我亦何妨提明其事，破他伪言，使天下后世深明盗贼忠义之辨，丝毫不容假借。"[4] 又如伯寅氏《续小五义》叙道："坊友文光楼主人，购有《小五义》野史，欲刻无资。予阅其底稿，忠烈侠义之气充溢行间，最足感动人心。人果借此为鉴，则内善之心随地皆是。因分俸馀卅金，属其急付剞劂。"[5] 这类小说如《水浒传》《说

---

[1]《红楼梦》，亚东图书馆民国二十年版。
[2]《后红楼梦》，乾隆嘉庆年间刊本。
[3]（清）陈其元：《庸闲斋笔记》，中华书局1989年版，第200页。
[4]《结水浒全传》，岳麓书社2003年版。
[5]《续小五义》，上海申报馆仿聚珍版。

岳全传》《樵史演义》《异说反唐演义》《汉宋奇书》《北史演义》《隋唐演义》《精忠传》《英烈传》《镇海春秋》《辽海丹忠录》《定鼎奇闻》《前七国志》《龙图公案》等。这类小说即被列为"诲盗"之书，统治者认为"愚民之惑于邪教、亲近匪人者，概由看此恶书所致"[1]，故而要查禁此类书籍。

  第四类，小说内容荒诞离奇，其中包含颠覆传统价值观念的情爱，如同性恋、僧尼恋等，或融合侠义、艳情、志怪、神魔等情节内容。如《野叟曝言》《归莲梦》《品花宝鉴》《绿野仙踪》《僧尼孽海》《灯草和尚》《今古奇观》《拍案惊奇》《浪史》《弁而钗》等。西岷山樵《野叟曝言》序："乃今夏六月，余友程子自海上购得此书，以予好读奇书，持以相赠，不觉大诧。余友为述刊书之由。始知是书成于吴中书贾，而出之者，夏先生之后人也。然已缺失十一，不若吾家副本之全。……爰出全书，以付余友，达诸海上之刊是书者，亟谋开雕，俾读者快睹其全。"[2]这类小说内容和场面热闹非凡，又具备一定的见闻和博识，多受到文人和市井百姓的青睐。但小说中充满不可思议的想象力和虚构力，又在一定程度上影射时事，发泄愤懑不得志的情绪，因而也遭到查禁。

  第五类，具有通俗小说性质的笑话书、劝世书以及各种杂书，多以短篇故事或文章编辑拼凑为一部书籍，带有讽刺、诙谐、嘲弄、戏谑等风格，包含游戏特征，掀髯叟《笑林广记》序道："书为同人欣赏，久请付梓，而主人终以游戏所成，惟恐受嗤俗目，不敢问世。"[3]能够从侧面反映出当时的社会状况和社会问题。这一类文章也为市井小民喜闻乐见，可以看做是通俗小说的分支。这类书籍如《笑林广记》《解人颐》《夜航船》《笑赞》《岂有此理》《更岂有此理》等，将目光焦点转向市井生活，以市井平民的立场展现普通人生活的喜怒哀乐和酸甜苦辣。程世爵《笑林广记》序道："到门多请事钞，传

---

[1]《清实录·清高宗纯皇帝实录》，中华书局1986年版，第773～774页。

[2]《野叟曝言》，上海世界书局1935年版。

[3]《笑林广记》，乾隆五十六年三德堂刊本。

书直会，故不嫌纸贵，爰付剞劂。世有同我以讽刺劝讽有关名教者，非余之知音也；世有谓我以嬉笑怒骂皆成文章者，则余之知音也。"[1] 这些杂文类型的书籍不以教化民风为己任，只是作为社会百态的忠实记录者，这在清代也是违碍书籍。

一、文人群体：小说传播的中坚力量

嘉庆时期之后，这五种类型的通俗小说文学在坊间翻刻较多，清代中期以后的文人士子对政治的热心逐渐减弱，广泛参与到通俗小说的刊刻与传播当中。在小说出版刊刻过程中，文人往往因喜爱小说作品而萌发刊行的念头，他们或是独立承担刊刻任务，或是受朋友资助刊刻，或是与书坊主进行合作。刘一明《西游原旨再序》道："《原旨》一书，脱稿三十余年矣。其初固镇瑞英谢君即欲刻刊行世，余因其独力难成，故未之许。丙寅秋月，古浪门人樊立之游宦归里，复议付梓，谢氏兄弟亦远来送资，时有乌兰毕君尔德、洮阳刘君煜九、阳峰白子玉峰，一时不谋而合，闻风帮助，余亦不得不如其愿，爰是付梓，使初学者阅之，便分邪正，庶不为旁门曲径所误矣。时大清嘉庆十五年。"[2] 此书的刊行由作者发起，参与刊刻的人有文人、官员、书坊主等，这种合作刊行小说的模式在清代后期极为常见。又有姚聘侯《评演济公传序》道："余友张孝廉文海，本钱塘名士，以游学京师，公余之暇，偶于稠人广众之区，见有谈是书之事者，一时脍炙人口，听者忘倦，及购，诸坊本皆无。适有人阎君华轩，携郭小亭先生所著是书来，……因击节叹赏，不敢自秘，遂商于津门煮字山房主人魏君岱坡，不惜重赀，付之石印。"[3] 文人在市井中听闻某部脍炙人口的小说，却无处购求，因而联合书坊主将民间抄本刊刻成书，使得小说流传更广，吸引更多的读者。

---

[1]《笑林广记》，光绪二十五年刊本。
[2]《西游原旨》，合川会善堂1933年刊本。
[3]《评演济公传》，光绪煮字山房石印本。

清代后期通俗小说的发达繁盛在很大程度上有赖于士人阶层的参与，他们不但喜爱阅读小说，而且在小说的刊刻和传播等方面推波助澜，尤其在晚清石印技术得到广泛运用，文人对于刊刻小说的热心更日益膨胀。如：

姚聘侯《评演接续后部济公传序》曰："《济公传》一书，初刻方成，已不胫而走。阅之者不无遗珠之憾，乃复言于煮字山房主人岱坡魏君，求其完璧。遂重资求郭小亭先生所著续本，付志石印，粲然大观，美乎备矣。"[1]

采香居士《续彭公案又叙》道："《彭公案》一书，前卷未能全终，使读者衷心闷闷，不能畅怀。吾少游四海，喜读各种闲书，偶阅《彭公案》前部，未能全函。吾喜在茶坊酒肆之中，闻听评谈此书，吾津津有味，记诵即熟，故立意刊刻此书，流传后，使同好者之人得观全终，故与本坊主人同力刊成。"[2]

文光楼主人《小五义序》道："《小五义》一书何为而刻也？……偶在铺中闲谈，言及此书，余即托之搜寻。友人去不多日，即将石先生原稿携来，共三百余回，计七八十本，三千多篇，分上中下三部，总名《忠烈侠义传》。……余故不惜重赀，购求到手，本拟全刻，奈资财不足，一时难以并成。因有前刻《七侠五义》，不便再为重刊，兹特将中部急付之剞劂，以公世之同好云。"[3]

莼史氏《重校第一才子书叙》道："惟其书流传既久，翻刻多讹，予于斋居之暇，细为校正，并用硃笔标识，列诸上下。适坊友见之，敦请依式付剞劂氏，以公同好。"[4] 程伟元《红楼梦序》道："《红楼梦》小说本名《石头记》，作者相传不一，究未知出自何人，惟书内记雪芹曹先生删改数过。好事者每传抄一部，置庙市中，昂其值得数十金，可谓不胫而走者矣。……一日偶于鼓担上得十余卷，遂重价购之，欣然翻阅，见

---

[1]《评演济公传》，光绪煮字山房石印本。
[2]《续彭公案》，光绪二十五年上海书局石印本。
[3]《小五义》，光绪二十二年上海广百宋斋刊本。
[4]《第一才子书三国演义》，光绪七年群玉山房刊本。

其前后起伏，尚属接笋，然漶漫不可收拾。乃同友人细加厘剔，截长补短，抄成全部，复为镌板，以公同好，《红楼梦》全书始至此是告成矣。"[1]

文光主人《施公案后传序》道："《施公案》一书，海内各书肆旧有。……且叙事简略，用笔草率，节目多有疏忽，字句多有舛错，并未校对刊补，此何故也？皆欲速之弊也。本铺有意将前部再为加工，校补刊刻，与《后施公案》合为一书，一并广传于世。奈为时力，所刻未能遂愿。……惨淡经营，费尽心血，历三年之久，始成此书。"[2]

孙寿彭《彭公案序》道："《彭公案》一书，京都钞写殆遍，大街小巷，侈为异谈，皆以为脍炙人口。故会庙场中谈是书者，不计其数，一时观者如堵，听者忘倦。……壬辰馆于京师，友人刘君衡堂持此编以示，展诵数回，悉其始终，乃知彭公是我朝显宦，实千古人才之杰出者也。……衡堂更把握不置，遂有付梓之议。汇辑成编，无不争先快睹，因不惜重资，付之剞劂。……时光绪十八年，岁次壬辰暮春，书于都门琉璃厂肆槐荫书斋。"[3]

文人参与小说的刊刻传播，往往不同于民间书坊的单纯牟利，至少在传播文化弘扬正道方面有着冠冕堂皇的理由。小说的刊刻者通常标榜，一部优秀作品倡导忠义孝悌和伦常观念，可以感化人心，扭转世俗风气，有利于民心教化，是绝佳的"传道"工具。小说可以比拟圣贤经典，也有史鉴功能，"从来小说家言，要皆文人学士心有所触，意有所指，借端发挥以写其磊落光明之概。其事不奇，其人不奇，其遇不奇，不足以传。即事奇人奇遇奇矣，而无幽隽典丽之笔以叙其事，则与盲人所唱七字经无异，又何能供赏鉴。是小说虽小道，其旨趣义蕴原可羽翼贤卷圣经，用笔行文要当合诸腐迁盲左，何可以小说目之哉"[4]。既然小说有如此功用，宣扬和传播这样的优秀小说作品便是文人士子的职责所在，此类积极正面的理由也

---

[1]《红楼梦》，乾隆五十六年程甲本。
[2]《施公案后传》，光绪二十年刊本。
[3]《彭公案》，光绪十八年本立堂书店刊本。
[4]（清）何昌森：《水石缘序》，清文德堂刊本。

成为推动通俗小说发展的重要原因。

　　王寅《今古奇闻自序》道："置诸案头位座右铭，于人心风俗两端，不无有补焉。故不惜所得笔资，急付梓人，刻成刷印出书，以公同好。惟望诸君子曲谅婆心，勿以稗史小说而忽之也。"[1]

　　杨澹游《鬼谷四友志序》道："盖《列国》之繁，坊刻之鄙，于是摘取斯编，卷列为之。揣其近理，缪加评点，也有同余志而省蒲子所言，读百家小传，完实其原，以举经传缺略，有裨于正道者，请以是为剖厥焉。"[2]

　　采香居士《续彭公案又叙》道："余暇最喜读小说闲评，喜新搜奇，遍书肆中买尽，无新奇之书。丙申年，见《续彭公案》一书，京都并无是书。书中之节目，都是忠孝节义，感化人心风俗，谁无才无文，皆可正人，化恶为善，赞扬忠臣孝子，义夫节妇，报应逆子乱纪，实事二百余回，接续刊刻成书，本坊非图渔利，所为同好之人，得窥全豹。"[3]

　　樊寿岩《永庆升平序》道：余寄燕都，设帐有年，偶散步至宝文堂书肆，见案头有抄录几页未竣之书，名曰《永庆升平》。……余曰："似此奇谈，盍不刊刻成函？"肆主曰："此系晓亭郭先生所著，自云鄙俚之言无文，恐吾辈莞尔矣。"余曰："非也！此书非涉猎无赖之谈，亦非伪妄虚诞之邪说……"于是刊版成部，留传寰宇。[4]

　　松林居士《二度梅奇说序》道：壬寅之秋，自都门舟旋，经吴历越。舟中寂寞，别无醒目者，欲买忠孝节义之书，以消白昼，如风送锦帆何。客伴虽有小说，多属郑卫之淫风，案前开卷，能不放荡性情者鲜矣。一日，风微浪细，两船连环。其舱有士，静念小说，意义甚正。因往借观，查其名目，系灵峰子《增删二度梅》。阅其首尾，尽是天地之正气运乎其间。而其字迹却是手录者。因问："坊有卖乎？"士曰："坊间卖者，《二度梅》耳。此乃拙笔增删者。袜线之才，巴里之句，

---

[1]《今古奇闻》，光绪十七年铅印本。
[2]《鬼谷四友志》，嘉庆八年博雅堂刊本。
[3]《续彭公案》，光绪二十五年上海书局石印本。
[4]《永庆升平》，光绪十八年宝文堂刊本。

赧献座前，恐污青目。"余曰："圣贤著书，尚欲教化万世，学者出笔，能写性情，以阐义理，即合圣贤之道。小说所最著者《好逑传》《玉娇梨》《平山冷燕》之类，然或仅尚其侠，或慕其才，岂若此说之给事精忠，公子纯孝，昭君节烈，书童真义也哉。君子观之，可以助其上达；小人观之，可以止其下流，庶近忠孝。小学注解之正意也欤！与其藏之于箧，不若公之于世，以待名流润色。"士始依劝，而付诸梓。[1]

忏梦庵主《英雄小八义赘言》道："《英雄小八义》者，奇书也。……故燕鲁晋齐等处，将此书抄写殆遍，城市乡街多于传诵，士农工商欣于听闻，诚有遣睡魔之奇观，亦培植世道之秘籍也。观澜阁主人见而爱之，付石印而公同好。"[2]

通俗小说市场的繁荣引起统治阶级的重视，清代后期政府颁布了多种禁毁小说目录，力图将"淫词小说"彻底清除殆尽。然而，通俗小说的发展已成为必然趋势，在封建社会的早期，民众的文化程度普遍较低，具有识字能力的人也占极少数，"对于中文，尤其是文言和书面语言……一个店主可能除了会写数和记账之外，写不了其他任何东西。一个读过几年书的小伙子能够准确地读出一本书上的字，但却连一句话也理解不了。"[3]明清以后，科举考试制度和教育体系更加完善全备，男性中具有一定文化程度的人数逐年增加，单单针对于文言文和书面语而言，许多男子已经具备了一定的文化水平和能力，"阅读、阐发并记忆科举考试制度中用到的经典文献；用古典文体写作诗文，无论他们是否曾通过科举考试"[4]。

---

[1] 《二度梅》，清谦亨堂刊本。
[2] 《英雄小八义》，上海观澜阁主人石印本。
[3] 周绍明：《书籍的社会史》，北京大学出版社2009年版，第174页。
[4] 周绍明：《书籍的社会史》，北京大学出版社2009年版，第173页。罗友枝和伊维德已经提出了读写能力的不同层次，很有帮助：初级读写能力、中级读写能力、充分读写能力和高级读写能力。对于后两者，本杰明·艾尔曼提出了文言文读写能力的层次，比如具有以下能力：与牟复礼所提出的清代参加科举考试的士子书目相一致，艾尔曼提出清代大约10%的成年男子具备文言文读写能力。

据研究，清代大约有10%的成年男子具备文言文读写能力。而阅读白话通俗小说的男性人群比例大约能达到50%，因为除了官员和应对科举考试的文人阶层之外，社会上识字的人还包括一些和尚、道士、军官、武师、郎中、风水师、算命先生、商人、伶人、师爷、书吏、教师、抄手、客店老板、讼师、店主和作坊主。[1]《鼓掌绝尘》第二十四回说到杭州的一个乡村牧童，"曾废了几个钱，买得一本春意儿，将来瞌睡的时节看一看"，这书"是一本小小印现成的春意谱儿，上面都是些撒村的故事"。可见明清时期通俗文艺的读者不限于文人，小市民和农村男子中也有相当大的读者群。

清代科举规模不断扩大，学校书院私塾都逐年增多，文人学生的数量也大批增加，这些变化都使得社会文化程度普遍有所提升。而受教育的人群都是小说阅读者和传播者的中坚力量，懂得读书识字的文人学生不可能全部进入官场仕途，有相当一部分人成为市民阶层，并具备一定的购买力。这种状况到了晚清更为明显，据《教育世界》载学部统计，从1903年至1911年，全国学校由719所增至87272所，学生由6943人增至2933387人。[2]这些有阅读能力的文人和学生成为小说阅读、购买和传播的主力军。

清代后期随着文化的普及，社会上民间大众人群的识字比例也在不断增加，尤其是妇女的文化水平和受教育程度得到提高，官宦人家或者书香门第出身的女子也多读书识字。道光十四年禁书告示曰："近来传奇演义等书，踵事翻新，词多俚鄙，其始不过市井之徒，乐于观览，甚至儿童妇女，莫不饫闻而习见之。"[3]北京馒头铺兴隆

---

[1] Hayes, pp. 76 and 92-111; and Wilt Idema, review of Rawski, *Education and Popular Literacy in Ch'ing China* (Ann Arbor: University of Michigan Press, 1979),in T'oung Pao LXVI. 4-5(1980), pp. 314-324,esp.323.

[2] 丁守和：《辛亥革命时期期刊介绍》第一集，人民出版社1982年版，第122页。王笛：《清末近代学堂和学生数量》，见《史学月刊》1986年第2期，第110页。

[3]《大清宣宗成皇帝实录》卷二四九，见王利器：《元明清三代禁毁小说戏曲史料》，上海古籍出版社1981年版，第72页。

斋租书广告:"本斋出赁抄本公案。言明一天一换,如半月不换,押账作本,一月不换,按天加钱。如有赁去将书哄孩,撕去书皮,撕去书编,撕纸使用,胡写、胡画、胡改字者,是男盗女娼,妓女之子,君子莫怪。"[1] 其中特别强调租书者避免"赁去将书哄孩",造成撕纸、书皮损坏、乱写乱画等后果,而男人读书多半不会"将书哄孩",但中等人家的妇女将小说弹词作为日常消遣,阅读时有孩童撕书写画则是正常现象,租书商家专门警告这种行为,可见清代中期以后,妇女阅读小说唱本也较为常见。

然而,这种全民文化素养的普遍提高并不意味着精英文化的大繁荣,而是在很大程度上将市民文化变成了社会文化发展的主流。也就是说,识字的人越来越多,但这些人却无法达到精英文人的文化水平,同时他们的人数庞大,也需要阅读书籍作为文化消遣活动,因而必然造成书籍出版内容的质量越来越低。为了满足这些新型文化阶层的阅读需求,坊间刊刻了大量通俗小说作品,"淫词小说"的需求量和传播范围也较以往任何一个时代更为庞大广泛,康有为曾经指出:"仅识字之人,有不读经,未有不读小说者。"[2] 因此,晚清小说泛滥也成为必然结果,"人皆读四子书,及长习为商贾,置不复问,有暇则观演义说部"[3],社会各个阶层都发展成为小说的忠实读者,"士大夫家几上,无不陈《水浒传》《金瓶梅》,以为把玩。"[4] 那些富裕的商人不惜重价收购小说,既为了阅读,也为了居奇牟利,"山西各县,素为小说戏曲书籍之藏书地,盖山西各县人多以钱庄银号为业,豪于财,不惜千金以求精品,及其家既衰落,场肆书贾,多往求之。"[5] 晚清通俗小说的兴盛程度已经超出了统治者的掌控,

---

[1] 李家瑞:《清代北京馒头铺租赁唱本的概况》,见张静庐辑注:《中国出版史料补编》,中华书局1957年版,第135页。

[2] 康有为:《日本书目志》卷一四,上海大同译书局刊。

[3] (清)谢永泰修、程鸿诏纂:《黟县三志》,清同治十年刻本。

[4] (清)昭梿:《啸亭续录》卷二"小说"条,中华书局2006年版,第427页。

[5] 张涵锐:《琉璃厂沿革考》,见孙殿起:《琉璃厂小志》,北京古籍出版社1982年版,第15页。

"小说演义，家弦户诵"[1]，以致于"几于家置一编，人怀一箧"[2]，甚至达到"市井粗解识字之徒，手挟一册"[3]的地步。

二、相生相克：小说禁毁与小说传播

清政府对通俗小说的泛滥采取了应对措施，多次颁发禁毁小说书目。但查禁小说不但没有将这些作品搜缴干净，反倒是引起了广大士民的好奇，"士大夫家几上，无不陈《水浒传》《金瓶梅》，以为把玩"，在一定程度上推动了禁毁小说的兴盛繁荣，陶祐曾分析晚清小说的盛行原因：

> 试调查吾支那之人群，对于小说界之观念：今人成人以上，智识幼稚，思想胚胎。丁斯时代，爱之尤笃，阅之未久，嗜之既深；或往往为野蛮官吏之所毁禁，顽固父兄之所诃责，道学先生之所指斥。然反动力愈涨，而原动力愈高。恋爱之性质，勃勃而莫能遏，于是多方百计以觅得之，潜访转恳以搜罗之。未得则耿耿于心胸，萦萦于梦寐；既得则茶之余，酒之后，不惜糜脑力劳心神而探索之，研求之。至其价值之优劣，经济之低昂，固不计及也。[4]

文中指出小说泛滥与禁毁政策有密切关系，正所谓"反动力愈涨，而原动力愈高"，由于好奇和压抑的反作用，"于是多方百计以觅得之，潜访转恳以搜罗之"，即便小说质量低俗、书价昂贵，购买

---

[1] 余治：《得一录》卷十一，见王利器：《元明清三代禁毁小说戏曲史料》，上海古籍出版社1981年版，第193～194页。

[2] 《江苏省例藩政》同治七年，见王利器：《元明清三代禁毁小说戏曲史料》，上海古籍出版社1981年版，第193～194页。

[3] 《大清仁宗睿皇帝实录》卷二七六，见王利器：《元明清三代禁毁小说戏曲史料》，上海古籍出版社1981年版，第64页。

[4] 陶祐曾：《论小说之势力及其影响》，见《游戏世界》1907年第10期。

者也在所不惜。如此一来，禁毁政策在无形中促进了"淫词小说"的发展，也拓展了小说的传播渠道和传播范围。事实上，淫词小说屡禁不绝的根本原因在于民众对小说阅读的兴趣，钱湘《续刻荡寇志》序曰："思夫淫辞邪说，禁之未尝不严，而卒不能禁之者，盖禁之于其售者之人，而未尝禁之于其阅者之人；即使能禁之于阅者之人，而未能禁之于阅者之人之心。兹则并其心而禁之，此不禁之禁，正所以严其禁耳。"[1]查禁淫词小说并不难办到，但禁止人心对小说的好奇和兴趣，却是不可能完成的任务。

随着晚清禁毁令的大规模展开，因禁毁而日渐稀少的珍本小说却受到追捧，禁毁小说的书价也抬升得极为昂贵。解弢《小说话》中提到："《金瓶梅》一书，政府厉禁，故印刷者绝少。偶有古本，则为值颇昂。"[2]这样一来，经济利益促使民间书坊铤而走险违反禁令规定，进行刊刻牟利。而读者也对禁毁小说充满好奇，购买阅读者源源不断，禁毁小说的需求量增加，因而更多的书坊和书商对于经营禁毁小说趋之若鹜，这样最终导致禁书在民间的传播愈演愈烈。郑振铎评价《拍案惊奇》一书时道："虽叠遭查禁，然民间流传尚广，翻刻亦甚多。在明人拟话本集中，三百年来得以享受这种不休不息的欢迎者，今古奇观之外便当首屈这部创作集拍案惊奇了。"[3]民间书坊为了牟取暴利刊刻朝廷明令禁止的通俗小说，毕竟风险较大，而清政府不但查禁刊刻售书之人，而且对购书的读者也有量刑，道光十八年五月，江苏按察使司裕谦颁布告示《严行禁毁淫书淫画以正风俗》曰："照得淫词小说，坏人心术，是以例载造作刻印者，杖一百，流三千里。市卖租赁者，杖一百，徒三年，买看者，杖一百。"[4]在小说禁令执行较为严格的时期，如果公然刊刻禁

---

[1]《续刻荡寇志》，清同治十年玉屏山馆刊本。
[2] 宋莉华：《明清时期的小说传播》，中国社会科学出版社2004年版，第157页。
[3] 郑振铎：《西谛书话》，生活·读书·新知三联书店1998年版，第135页。
[4]（清）余治：《得一录》卷十一之一，台北文海出版社2003年影印本。

毁小说出售，不但小商贩不敢购书转卖，而且也少有读者愿意冒险购书，没有销量也就没有利润。但实际上通俗小说市场和需求仍然存在，因此，如何既能正常刊刻小说售卖，又能合理避免官府查禁，这成为各地书坊和出版者面临的最大问题。

避免查禁而又能牟取利润的办法有：第一，改变禁毁小说的书名，重新拟定一个与小说内容相关的书名，对小说的内容和题材进行暗示，以吸引对此感兴趣的读者。也有禁毁小说在改过书名之后再次遭禁的，小说的原名和新名都列入禁毁书目当中，如《绣榻野史》改名《怡情阵》，《玉连环》改名《钟情传》，前后两个书名都在禁毁书目之列。光绪十八年，上海县署受理淫书讼案，有刊印《㑇袍》《玉蒲团》《绿牡丹》等，并将《红楼梦》改为《金玉缘》等绘图石印售卖，订书作坊伙同书贩委托万选书局石印《金玉缘》二千五百部，装运别地发售，售罄之后又托万选书局覆印，因被告发产生诉讼。[1]为避免查禁、吸引读者、标新立异而改名的通俗小说，如：

《新世鸿勋》又名《新史奇观》《定鼎奇闻》《铁冠图全传》等。

《红楼梦》又名《金玉缘》等。

《肉蒲团》又名《循环报》《艳芳配》《群佳乐》《觉后禅》《耶蒲缘》《钟情录》《巧姻缘》《风流奇谭》《野叟奇语》。

《浪史》又名《梅梦缘》《巧姻缘》。

《灯草和尚》又名《灯花梦全传》。

《禅真逸史》又名《残梁外史》《妙相寺全传》。

《灯月缘》又名《春灯闹》。

《贪欢报》又名《欢喜冤家》《欢喜奇观》《艳镜》《三续今古奇观》《四续今古奇观》。

《巫山艳史》又名《意中情》。

《株林野史》又名《株林镜》。

《绣榻野史》又名《怡情阵》。

---

[1] 1947年10月29日第246号上海《中央日报》之《上海通》副刊载《红楼梦讼案》。

《五美缘》又名《再生缘》。
《桃花影》又名《牡丹奇缘》《桃花影快史》。
《杏花天》又名《红杏传》《闺房野谈录》。
《鸳鸯影》又名《梦花想》《幻中梦》《飞花艳想》《幻中春》。
《蜃楼志》又名《情中奇》。
《反唐》又名《大唐中兴演义传》《异说反唐演义》《反唐女娲镜全传》《武则天改唐演义》《薛刚三祭铁丘坟全集》《异说武则天反唐全传》《异说反唐全传》等。
《十二楼》又名《觉世名言》《醒世恒言十二楼》。
《汉宋奇书》又名《英雄谱》。
《龙图公案》又名《龙图耳录》《三侠五义》《忠烈侠义》。
《品花宝鉴》又名《怡情佚史》《群花宝鉴》。
《绣球缘》又名《烈女惊魂传》《巧冤家》。
《玉连环》又名《玉莲环》《钟情传》。
《呼春野史》又名《传记玉蜻蜓》。
《英烈传》又名《云合奇踪》。
《隋炀艳史》又名《风流天子传》。
《梼杌闲评》又名《明珠缘》。

第二，将几本禁毁小说的内容拼凑成一部新书，或将小说部分内容改头换面，增加新内容。这样既可以满足读者的阅读需求，又能躲避官府的追查。如：《欢喜冤家》遭禁之后，书坊刊刻署名"撮合生"的《幻缘奇遇小说》十二回，其中七回选自《欢喜冤家》；署名"梦闲子漫笔"的《古今传奇》十四卷中，第十一、十二卷取自《欢喜冤家》；而此后出现的艳情小说《谐佳丽》《换夫妻》《巧缘艳史》《艳婚野史》《百花野史》《风流和尚》《两肉缘》《芍药榻》等小说，也都大量抄袭《欢喜冤家》，再增添一些内容拼凑而成。又如《巫山艳史》一书有拼凑之嫌，它与《桃花影》和《浓情快史》的内容有多处相合，这三部书在晚清都被列入禁毁小说书目。又如《一片情》，其中部分故事改自短篇小说集《八段锦》，但二者后来都被列为禁书。

第三，删改小说淫秽描写和政治内容，改变小说人物姓名，改变作品的思想倾向，更改小说时代背景等，通过这些修改手段将违禁作品改变为一般的通俗小说。如《剿闯小说》写明末清初的时事，此书站在明朝立场上，蔑视满清，将其称为胡夷，书中有多处违碍内容，因此遭到禁毁。后有出版者将《剿闯小说》改写为《新世鸿勋》，两者内容基本相同，篇章结构上作了细微的调整，主要是删去原书中犯清朝忌讳的字句，与清廷的政治立场一致，称颂清廷，并将李自成称为"狐妖""逆寇""妖异""跳梁跋扈之徒"等。

丁耀亢《续金瓶梅》在清初遭禁之后，有出版商将此书删改为《隔帘花影》，又名《三世报》。《续金瓶梅》共六十四回，而《隔帘花影》全书共四十八回，删去原书的十六回，淡化书中敏感的政治背景，删去一些露骨的淫秽描写。《隔帘花影》刊刻之后受到欢迎，又有书商将《续金瓶梅》做了另一种方式的删改，名为《金屋梦》，仿照《续金瓶梅》，参考《隔帘花影》，将书中的描写稍加删削而成。又如《巫梦缘》遭禁之后，书商将其淫秽内容略微删改，更名为《恋情人》，又称为《迎风趣史》，刊刻出版之后，在晚清颇为流行。

由于通俗小说的内容引人入胜，能够吸引广大普通市井士民，尽管小说遭禁，却不能阻断其传播渠道，同时又促使小说故事情节改编成戏曲，在民间市井登台演出，传播范围更广，也更为民众所熟悉。"坊间流传《西游》《封神》《水浒》等本，或为见道寓言之作，或为忧时抒愤之言，随意发挥，半皆文人游戏。等而下之，俚鄙之词，夹杂荒诞，编辑日出，不可殚指。乃有撮举情节，登诸俳优歌舞之场，尽相穷形，明目张胆，以干法败纪之事，逞煊耳耀目之奇；蚩蚩何知，群相观听，当其眉飞色舞，业已志荡神摇矣。"[1] 因此，小说禁令不但没将"淫词小说"销毁殆尽，反而进一步打通了小说与戏曲之间的渗透渠道，令通俗小说与民间戏曲的关系更为紧密，同时也促进了"淫词小说"在民间的发展流传。

---

[1]《光绪二十九年山西阳曲令上中丞士禁诞妄悖逆戏文》，见王利器：《元明清三代禁毁小说戏曲史料》，上海古籍出版社1981年版，第196～200页。

三、禁毁小说的传播手段

通俗小说刊刻完毕之后,售卖与传播则是书坊主更为关注的事项。一部小说的销售量与其内容情节的优劣息息相关,除了小说内容引人入胜之外,小说作品的书名、装帧、广告宣传等也能决定小说的畅销程度。对于禁毁小说而言,刊刻售卖则需要更多的噱头,在考虑查禁风险之外,还要尽力引起读者的关注,并使其产生购买欲望,小说的书名和相关宣传则显得尤为重要。通俗小说的书名五花八门,"有短至一二字,有多至成句者,有以人名者,有以地名者,有以一物名者,有以所处之境名者,种种方面,总以动人注意为宗旨"[1]。禁毁小说的书名往往一书多名,一部分原因是为了避免朝廷查禁,而另一部分原因则为了标新立异,吸引读者眼球。除此之外,禁毁小说多在书名上标榜坊刻版本的特色,如"绣像""全像""批评""全本""新镌""重刻"等,这些标注特色都能体现坊刻版本的与众不同,增强小说售卖的市场竞争力,吸引读者购买。

另外,小说序跋和凡例也是绝佳的广告宣传。一般而言,小说序跋都由文人经手,或是请当时名人撰写,或伪托前代著名文人手笔,以充古本。文人在参与传播禁毁小说时,往往砌词立说为作品进行辩护,并从教化劝世、陶冶性情等角度提高小说的地位,通过写作序跋、出版凡例等方式对小说进行宣传,如《红楼复梦》凡例道:

> 书中无违碍忌讳字句。此书虽系小说,以忠孝节义为本,男女阅之,有益无碍。此书照依前书绘图,以快心目。书中因果轮回报应,惊心悦目,借说法以为劝诫。
>
> 书中不用生僻字样,便于涉览。此书雅俗可以共赏,无碍于处事接物之道。……前书人物事实,每多遗其结局,此则无不成其始终。……

---

[1] 徐念慈:《余之小说观》,见《小说林》1908年第9期。

此书无公子偷情，小姐私订，及传书寄简、恶俗不堪之事。

书中嬉笑怒骂，信笔发科，并无寓意讥人之意，读者鉴之。

读此书不独醒困，可以消愁，可以解闷，可以释忿，并可以医病。……

卷中无淫亵不经之语，非若《金瓶》等书以色身说法，使闺阁中不堪寓目。

凡小说内，才子必遭颠沛，佳人定遇恶魔，花园月夜，香阁红楼，为勾引藏奸之所。再不然，公子逃难，小姐改妆，或遭官刑，或遇强盗，或寄迹尼庵，或羁栖异域。而逃难之才子，有逃必有遇合，所遇者定系佳人才女，极人世艰难困苦，淋漓尽致，夫然后才子必中状元，作巡按，报仇雪恨，娶佳人而团圆。

凡小说中舍此数项，无从设想。此书百回，另成格局。[1]

整篇凡例中有极其成功的宣传词和广告语，从忠孝劝诫、雅俗共赏、文辞优美、情节曲折、不落俗套等几个方面吸引读者，这也常是禁毁小说的促销手段。因而，文人对禁毁小说的流传贡献巨大，从创作、刊刻、宣传等方面都对小说的传播与畅销产生重要影响。颁布小说禁令的统治者和地方官员面临着最大难题，即无法截断文人创作通俗小说这一源头，没有文人的创作，淫词小说难成气候。故而，道光二十四年浙江巡抚颁布禁毁淫词小说令，特别强调："至艳曲新词，半出于文人笔墨，贻害匪浅。士为四民之首，读圣贤书，所学何事，欲治其流，先清其源。更望父兄师友，日夕儆戒，正士习而厚民风，胥在于此。"[2] 士习积弊足以导致民风变异堕落，因而整肃士习便是统治阶级推行教化政策的关键。

禁毁小说的流通传播与文人活动关系密切。小说创作完成之后通

---

[1]《红楼复梦》，嘉庆十年金谷园刊本。

[2]《劝毁淫书征信录》，见王利器：《元明清三代禁毁小说戏曲史料》，上海古籍出版社1981年版，第118页。

第四章　清代禁毁小说的传播

常以抄本的形式流传，小说抄写誊录一般都由文人参与，其中大量的抄本在文人群体中进行流通传播，少量的抄本进入商品流通领域，被书坊、书肆标价售卖，积累了一定数量的读者和名气之后再刊刻出版。

> 道光季年，《品花宝鉴》未出版时，陈森书挟抄本，持京师大老介绍书，遍游江浙诸大吏间，每至一处，作十日留。阅毕，更之他处。每至一处，至少赠以二十金，因是获资无算……陈至，留阅十日，赠以二十四金，彼犹以为菲薄也。[1]

清代小说抄写誊录已经成为专门的职业，到晚清时期更为发达，一些科举无望的下层文人以抄书为谋生途径，逐渐成为专业"钞胥"，这些钞胥对于禁毁小说的传播起到巨大作用。从出资成本上来说，雇人抄写一部小说耗费时间较长，但价格比购买雕版刻本并不便宜，《聊斋志异》跋云：

> 余家旧有蒲聊斋先生《志异》钞本，亦不知其何从得。后为人借去传看，竟失所在……一日，偶语张仲明世兄。仲明与蒲俱淄人，亲串朋好稳相浃，遂许为乞原本借钞，当不吝。岁壬寅冬，仲明自淄携稿来，累累巨册，视向所失去数当倍，披之耳目益扩。乃出资觅佣书者亟录之，前后凡十阅月更一岁首，始告竣。中间雠校编次，暑穷暑继，挥汗握冰，不少释。此情虽痴，不大劳顿耶！雍正癸卯秋七月望后二日，殿春亭主人识。[2]

清代乾嘉时期"钞胥以四五十文论字之百数，半叶有贵至青蚨一二百文者"，按半叶一百文钱计算，一部三百页的小说，单抄书费用也价值不菲。但由于许多小说版本难得，或仅以抄本流传，尚未

---

[1] 蒋瑞藻：《小说考证》，上海古籍出版社1984年版，第244页。
[2] 《聊斋志异会校会注会评本》跋，上海古籍出版社1978年版。

刊刻，抄录小说便成为主要的传播途径。如舒元炜《红楼梦序》曰："就现在之五十三篇，特加雠校，借邻家之二十七卷，合付钞胥。"[1]在没出现刻本之前，小说抄本显得极为珍贵，以至于《红楼梦》的抄本曾售高价，"好事者每传抄一部，置庙市中，昂其值得数十金"[2]。一部古本《金瓶梅》的抄本则至数百金，"有《古本金瓶梅》抄本一书，取而读之，乃与俗本迥异……书贾索价五百金"[3]。在清廷查禁小说风声较紧时，大量禁毁小说无法公开刊刻发售，便都借抄本得以传播。正因为如此，文人钞胥对于禁毁小说的市场繁荣以及传播发展做出了不可磨灭的贡献。

朝廷禁毁的淫词小说通常是较为流行的小说，受到广大读者的欢迎，销售市场极为广阔。因而，这些小说即便最初以抄本的方式进行传播，最终会因获得巨额利润而诱使书坊主进行刊刻。出版遭禁的淫词小说要承担一定的风险，但坊刻本一旦出现，所获利润较抄本更为丰厚。一般情况下，小说抄本流通的时间长短与小说作者的经济状况、声望名气、小说质量水平、受读者喜爱程度等息息相关，小说从抄本到刻本之间的时间越久，抄本的数量就越多，版本类型也越丰富，文人便在小说流通中起到更大的作用。如《红楼梦》等通俗小说都经历了文人抄写、书肆贩卖、刊刻发行的流通过程，《红楼梦》的每一部代表性抄本都是当时文人的杰作，其中包括对小说的眷录、转抄、评点、修订、注释都由文人完成。文人抄本经过几十年的流传，积累了众多版本，经由书商和文人合作，将各种高质量的版本汇总修订，进行雕版刊刻，最终成为市面上通行传播的版本。如《聊斋志异》从抄本到刻本并非在短期内实现：

> 己巳春，于甘陵贾氏家获睹雍正年间旧钞，是来自济南朱氏，而朱氏得自淄川者。内多数十则，平素坊本所无。余

---

[1]《红楼梦》，乾隆五十四年己酉本。
[2]（清）程伟元：《红楼梦序》，乾隆五十六年活字本。
[3]《古本金瓶梅》蒋敦艮序，同治三年上海卿云图书公司刊本。

不禁狂喜。遂假录之，两朝夕而毕。后复核对各本皆阙，殆当时初付剞劂，即亡之矣。好事之家，得其一鳞片甲，不啻天球，余何忍听其湮没，而不公诸海内乎？然欲付梨枣而鬻于资，素愿莫偿，恒深歉怅。兹于道光癸未，与德州刘仙舫雨夜促膝言及之，仙舫毅然醵金，余遂得于甲申秋录而付梓。道光四年，岁次甲申仲秋。[1]

除了抄写传播之外，文人也是通俗小说极为重要的阅读者和购买者，因而文人聚集的地方也自然多设立书坊、书肆和租书铺，文人聚集的地方也是禁毁小说最兴盛之地。清代后期的小说禁令主要在江南地区颁布，包括江苏、浙江、江西、安徽、湖南、湖北等地，这些地区是文化发达昌明之所，也是商品经济兴旺之地。明代以来的才子儒者大多来自这些省份，明清两代的进士官员也多出自这些地区。因此，书坊多设立在繁华的商业闹市区，以及开设在县学书院周围地段，都是为了吸引文人消费群体。清代中期以后，北京、苏州、南京等地的民间书坊大量刊刻通俗小说，在士子文人经常出入的地方摆设书肆，"因为小说盛行，在北京出现了租阅小说的赁书铺，如西城宫门口老虎洞永顺斋赁书铺，在书皮上列小字租阅规则，有墨图章，并有老虎为记，起到流通图书馆的作用。……清代广州也有这种租书铺，租阅《聊斋》《三国》《西厢记》等书"[2]，售书租书的生意因此兴隆发达。

购书租书的消费者以文人群体为主，"顾客多是男性，他们所读的主要是小说，有时是"坏的"小说。租书铺有些是固定的，有些是流动的，租的书很便宜，租期较短。在一个书贩的2000多册图书中，85%是出租给顾客的"[3]。北京等地更有一些馒头铺兼做租书铺（俗称蒸锅铺），这种做法较为谨慎，可避免官府查禁小说。"以前北京的馒头铺，除了卖蒸食的东西以外，还做一种附业，就是抄写唱本租赁

---

[1]《聊斋志异会校会注会评本》序，上海古籍出版社1978年版。
[2] 张秀民：《中国印刷史》（增订本），浙江古籍出版社2006年版，第483页。
[3] 周绍明：《书籍的社会史》，北京大学出版社2009年版，第86页。

给人家看,差不多每一家馒头铺都是如此。"[1]书坊和书铺租赁小说唱本自清初便已存在,小说禁令频繁颁布之后,租书铺并没有消失,只是在租赁小说时更为谨慎隐蔽。从李家瑞《清代北京馒头铺租赁唱本的概况》可知,清代北京的馒头铺多兼营小说唱本租赁的业务,这些馒头铺有永隆斋、永和斋、兴隆斋、集雅斋、隆福斋、吉巧斋、聚文斋、鸿吉斋、保安斋、天顺斋、崔记、福盛斋、三美斋等,读者租书时,"先拿相当钱文,交给馒头铺作押账,然后取书一本,限一日看完,第二日再来换第二本,倘或你取去半月了也不来换,就把你交的押账没收了。若过一月还不来换,那把你押账没收以外,还要按天加钱"[2]。每本小说唱本的押金较高,但租费并不贵,普通市民都能承受,如光绪元年三美斋租赁《天赐福》一书,其封面所标租费为九文钱,聚文斋抄本《三国志鼓词》上有一章,标示租赁赔款价格"失书一本,赔钱一吊",即每本所值押金的价钱,一吊为制钱一千文左右。

小说租赁为读者提供了方便,毕竟通俗小说篇幅较长,每套坊刻小说都堪称巨制,普通读书人无法承担昂贵的购买费用,通过租赁小说的方式,则用较少的花费阅读精彩的小说作品。嘉庆二十三年诸联《生涯百咏》卷一《租书》:"藏书何必多,《西游》《水浒》架上铺,借非一瓻,还在需青蚨。喜人家记性全无,昨日看完,明日又租。真个诗书不负我,拥此数卷腹可果。"同时,租赁小说的生意也为店铺带来丰厚的收益,清梁恭辰《劝戒录四编》卷四引汪棣香《劝毁淫书征信录》之"某童子买毁淫籍顿改福相之报":

> 翌日复往书坊,大索风流书籍,主人出百余种示之,曰:"官人要看,逐渐来赁可也。"童子曰:"我欲买尽此书。"主人曰:"我赁此书,利息无穷,安肯让尔独买去。"

---

[1][2] 李家瑞:《清代北京馒头铺租赁唱本的概况》,见张静庐:《中国出版史料补编》,中华书局1957年版,第134、135页。

租书铺主人只肯租赁小说，却不愿意卖书，就是因为"我赁此书，利息无穷"，同时小说租期较短，流通速度较快，仅限一至三日更换，超出租赁时间则要额外加倍支付利息，因而书铺进账获利更多。北京馒头铺永隆斋抄本《福寿缘鼓词》印长章："本斋出赁四大奇书，古词野史，一日一换，如半月不换，押账变价为本，亲友莫怪。"[1] 道光十六年四月斋抄本《铁冠图分龙会》，封内印记："书业生涯，本大利细，涂抹撕扯，全部赔抵，勤换早还，轮流更替，三日为期，过期倍计，诸祈鉴谅，特此告启。"[2] 这些事例都说明清代租赁小说较为普遍。晚清随着石印技术的广泛流行，小说书价出现了大幅度的下降，但即便如此，对于普通收入的阅读者而言，当时的书价仍然昂贵，"现在的小说定价很贵，兄弟前天在商务印书馆买上一部《红礁画桨录》，薄薄的，只有两本，倒要大洋八角呢，瞧不上一天就完了。兄弟现在光景比不得从前，那有这许多钱来买书瞧"[3]。况且许多小说内容平常，一些读者不愿意花费大价钱买书，倒是很喜欢租小说来看，因此租书行业在晚清规模庞大，极受欢迎。《时报》曾于光绪三十三年正月二十三日刊登一则"小说出租"的广告："选备各种小说贱价出租，取租费仅十成之一，从此诸君出一书之资，即能获十书之益，天下便利孰逾于此。谨告。英界中泥城桥沿浜珊家圈咸德里三衖内，文远里孙字一百四十五号门牌。小说赁阅社启。"同一广告在《时报》光绪三十四年正月二十六日再次刊登。

然而租书铺和书肆多设立在商业闹市区，虽生意兴隆，但也招人眼目，容易引起官府注意而遭受查禁，租书铺同时也有缺乏流动性的弱点，不方便市区之外的居民租书赁书。道光二十四年江南地方官呈奏："更有一种租书铺户，专备稗官野史，及一切无稽唱本，

---

[1] 李家瑞：《清代北京馒头铺租赁唱本的概况》，见张静庐：《中国出版史料补编》，中华书局1957年版，第135页。
[2] 阿英：《小说三谈》，上海古籍出版社1985年版，第45页。
[3] 陆士谔：《新上海》第九回，印刷工业出版社2001年版。

招人赁看，名目不一，大半淫秽异常，于风俗人心，为害尤巨。"[1]租书铺一旦遭地方官府查禁，读者租赁小说的渠道就被封堵，因而有人想出更绝妙的租赁小说的办法，既可以避免官府查禁，又能满足读者需求。清代前期出现了书船，租赁各类小说唱本，康熙十六年李渔《与韩子蘧书》云：

> 昨梁老向弟云："迩来多恶抱，昨得快书一种，才读数卷，不觉沉郁顿开。"弟问何书，答曰："即尊著《闲情偶寄》也。"弟问何处购来，答曰："穷途焉得买书钱，不过向书船借读耳。"[2]

书船是一种流动性的书肆，以大江大河为流通路线，到书坊集中的地区采买书籍之后贩卖到大江南北。交易买卖在书船上进行，多贩卖通俗小说戏曲，其中包括一些禁毁小说。书船的经营方式灵活多变，多聚集码头港口，方便购买租赁，来去自如，不容易被官府查获，受到市井民众的欢迎。书船因具有灵活性和隐蔽性，在清代中期以后逐渐流行起来，光绪《乌程县志》卷二九引《湖录》：

> 书船出乌程织里及郑港、淡港诸村落，吾湖明中叶花林茅氏、晟舍凌氏闵氏、汇沮潘氏、雉城臧氏，皆广储签帙。旧家子弟好事者，往往以秘册镂刻流传。于是织里诸村民，以此网利，购书于船。南至钱塘，东抵松江，北达京口，走士大夫之门，出书目袖中，抵昂其值，所至每以礼接之。客之末座，号为书客，间有奇僻之书，收藏家往往资其搜访。[3]

---

[1] 王利器：《元明清三代禁毁小说戏曲史料》，上海古籍出版社1981年版，第42页。

[2]（清）李渔：《李渔全集·李渔年谱》，浙江古籍出版社1993年版。

[3]《乌程县志》，光绪七年刻本。

书船的流行有利于文人将小说抄本转卖别处,"旧家子弟好事者,往往以秘册镂刻流传",因而书船多收购一些文人"奇僻之书",到各地"走士大夫之门,出书目袖中,抵昂其值"。文人作品以书船作为中介载体进行交易,更具有隐蔽性,也比书肆出售更为安全,书船游历各地,也使得书籍的传播范围更为广阔。

另外,繁华的商业城市吸引各地的商贾云集,在科举应试前后,全国各地的士子考生聚于文化城市,北京"每会试举子,则书肆列于场前,每花朝后三日则移于灯市,每朔望并下浣五日则徙于城隍庙中。灯市极东、城隍庙极西,皆日中贸易所也,灯市岁三日、城隍庙月三日,至期百货萃焉,书其一也"[1]。杭州书肆"省试则间徙于贡院前;花朝后数日则徙于天竺,大士诞辰也;上巳后月余则徙于岳坟,游人渐众也"[2]。士子文人因应考而成为特殊的流动人口,他们来自全国各地,文化程度相对较高,也具有一定的经济能力。当这些流动的文人群体购买通俗小说作为消遣,这些书籍被他们携带到各处,无形中促进了通俗小说的传播和流通。

由于通俗小说唱本的需求量较大,清代中期以后,京报房为了牟利也暗中印刷小说之类消闲性出版物发售。到了晚清,京报房出版传播小说更为频繁常见,所印小说作品多淫秽内容,均为清廷严禁的小说,但销量极佳。《清末京报琐谈》曰:

> 他们也有副业,就是带印小唱本,并偶印短篇的小说。旧日短篇小说大多数都是猥亵不堪的,故生意亦颇发达。……虽然明着不印,而暗着还不断地印刷。有些贩卖小唱本的小贩,专跟报房共营此种生意。由报房印好,不印字号,交与小贩运到乡间去卖。在山里县市中,更容易见到。……尤其到乡会试的年头,这种报房,买卖更为发达。[3]

---

[1][2] (明)胡应麟:《少室山房笔丛》卷四,上海书店出版社2001年版,第42页。

[3] 齐如山:《清末京报琐谈》,见《报学杂志》1911年第1卷第3期。

清代小说的销售和传播不仅限于国内各省，而且还远销到海外邻国，"到了清代，江南出版的畅销书的输出，成了一项重要的生意。除了国内各地外，江南书籍还大量输往日本、朝鲜、越南、琉球等邻国，其数量也相当可观，特别是日本，已成为江南书籍的重要市场"[1]。日本《长崎实录大成》卷十载清代乾隆年间中日贸易交流："今日上海，乍浦二处乃交通便利之地，唐船往来，相互交易，各地出产之织物、药材、粗货杂物、诸样器物，皆运至数百批发货行。江南、浙江、福建等商民携原价银至此买卖调配各样货物，随后从此二处出港。"[2] 中日商人将江南坊刻的小说大量销售至日本，中国通俗小说在日本也极为流行。日本天明甲辰年（清乾隆四十九年）刊印的《小说字汇》[3]，目录中列出的清代禁毁小说有：

《拍案惊奇》《云合奇踪》《虞初新志》《归莲梦》《禅真逸史》《禅真后史》《炎凉岸》《艳史》《梧桐影》《续英烈传》《水浒传》《灯月缘》《龙图公案》《春灯闹》《今古奇观》《孙庞演义》《万锦情林》《杏花天》《肉蒲团》《好逑传》《两交婚》《石点头》《女仙外史》《浪史》《情史》《艳异编》《隋唐演义》《连城璧》《锦香亭》《僧尼孽海》《恋情人》《桃花影》《蝴蝶媒》《一夕话》《定鼎奇闻》《飞花艳想》《五凤吟》《情梦柝》《昭阳趣史》《绣屏缘》《金瓶梅》《痴婆子传》《笑林广记》《绣榻野史》《欢喜冤家》《一片情》等等。

另外，17～19世纪传入朝鲜的禁毁小说有：

《金瓶梅》《肉蒲团》《隋唐演义》《水浒传》《英烈传》《女仙外史》《十二峰》《贪欢报》《浓情快史》《浪史》《杏花天》《五凤吟》《国色天香》《樵史演义》《禅真后史》《艳异编》《拍案惊奇》《今古奇观》《好逑传》《弁而钗》《一夕话》《昭阳趣史》《巫梦缘》《灯月缘》《隋炀艳史》《禅真逸史》《精忠传》《欢喜冤家》《一片情》《痴婆子传》

---

[1] 万晴川：《中国古代小说与吴越文化》，光明日报出版社2010年版，第212页。

[2]《长崎文献丛书》第1集第2卷，日本长崎文献社1973年版，第241页。

[3]《小说字汇》，日本天明甲辰年秋水园主人刊本。

《六才子传》《蝴蝶媒》《飞花艳想》《催晓梦》《两交婚》《锦香亭》《归莲梦》《情梦柝》《情史》《龙图公案》《红楼梦》《续红楼梦》等等。[1]

由此两种目录可见，清代的通俗小说销售传播空间极为广阔，这些小说在晚清时期被清廷明确列为禁毁小说，但已经在日本和朝鲜等国拥有大量读者，流传极广。

---

[1] 陈文新，闵宽东：《韩国所见中国古代小说史料》，武汉大学出版社2011年版，第447～449页。

第五章　清代书坊与禁毁小说刊刻

民间书坊自明代以来刊刻通俗小说极为活跃，清代书坊则更为发达。北京、江苏、广东、福建等地的书坊都有刊刻通俗小说的明确记录。清代坊刻小说类型丰富，数量繁多，究竟哪些书坊刊刻禁毁小说却很难统计清楚，主要原因在于，清初虽然颁发了小说禁令，但清廷并未明确哪一部作品为禁毁小说，而禁毁小说的详细目录出自清代后期，以晚清的禁毁小说书目去衡量清初小说刊刻状况，难免不够严谨。因此，在探讨清代书坊刊刻禁毁小说的具体情况时，只能以清初期、清中期、清后期三个时段进行区分，具体时代具体分析。清初的禁毁小说范围较广，虽然没有禁书目录，但一切"淫词小说"都在其查禁范围之内。康熙二十六年三月谕："书肆淫词小说，刊刻出卖共一百五十余种。"[1]统计目前可见清初坊刻小说，种类数量一百余种，也就是说，这一百余种小说在清初有可能都在查禁之列，十之八九都是禁书。这样一来，探讨清初坊刻禁毁小说时便不必拘泥于晚清的禁毁小说书目。清中期的禁毁小说主要指纂修《四库全书》过程中列出的禁毁书目，清后期的坊刻禁毁小说主要以道光十八年以后颁布的禁毁小说书目为依据。

另外，坊刻小说的适用范畴主要在民间，因此除了朝廷和地方的官刻以外，书坊和私人刊刻的小说都应该包括在坊刻之中，否则很难区分坊刻与民间私人刊刻。故而，在研究清代坊刻的过程中，

---

[1]（清）魏晋锡：《学政全书》卷七《书坊禁例》，清乾隆年间礼部刻本。

一些文人刊刻的作品也纳入研究对象之中，可以更加完整地考察清代坊刻禁毁小说的全貌。

一、清代小说书坊数量与地域分布

明清易代之际，经济发达的江南各省受战争影响，明代以来的书坊业颇受其害，一度破落凋零。清康熙中期以后，经济文化和民生逐渐恢复，社会局面相对平稳，书坊业也逐渐恢复并蓬勃发展起来。纵观整个清代，书坊经营异常繁盛，书坊数量也远远超越明代，刊刻书籍种类五花八门。仅北京一地书坊，据统计有112家，[1] 实际可能还要超过这个数量。这些书坊都具有民间经营性质，以赚钱牟利为主要经营目的，因此在刊刻范围上主要有日常民用书籍、科举用书、小说戏曲等。书坊刊刻小说的生意在清代尤为发达，据不完全统计，清代刊刻小说的书坊有1370多家，[2] 所刊刻的小说绝大多数都在清廷禁毁之列。

如此一来，小说禁令和禁毁小说坊刻之间便出现了此消彼长的拉锯局面，从清初至清末，查禁淫词小说的法令几乎未曾间断，虽然在执行禁令的过程中时而严酷时而松弛，但清统治者禁毁淫词小说的决心从未放弃。与之相呼应的是，民间坊刻小说也从未消亡殆尽，即便是黑榜上有名的禁毁小说，坊间也挖空心思尽一切努力照刻不误，说明这些禁毁小说的读者群无比庞大，而且坊刻小说的利润也极为丰厚。除了有刊刻小说记录的书坊之外，清代还有大量的书坊贩卖发售小说，这类书坊可能成为书肆，并不从事刻书，类似后世的专营书店。它们的主要经营方式是贩卖小说书籍，对于清代坊刻禁毁小说的广泛传播作出了很大贡献。

---

[1] 张秀民：《中国印刷史》，上海人民出版社1989年版，第551页。
[2] 据《小说书坊录》载明清小说书坊共1507家，除去明代书坊137家，清代小说书坊有1370家。详见王清源，牟仁隆，韩锡铎：《小说书坊录》，北京图书馆出版社2002年版。

清代前期（顺治至雍正年间）小说书坊刊刻状况虽不及后期发达，但规模和数量也不可小觑。据统计，清代前期的小说刊刻者共有177家，其中能够明确出版地域的共130家，共坊刻小说202种：

表三　清代前期小说书坊地域分布及小说刊刻数量[1]

	书坊所在地	书坊总数量	刊刻小说数量（部）
1	苏州	52	100
2	杭州	32	44
3	金陵	16	20
4	湖州	5	6
5	福建	5	5
6	扬州	3	5
7	常州	3	4
8	绍兴	3	4
9	安徽	2	2
10	嘉兴	2	2
11	广东	2	5
12	江西	1	1
13	湖南	1	1
14	湖北	1	1
15	京师	1	1
16	日本	1	1

从清代前期177家小说书坊的数量来看，约占整个清代1370家小说书坊的1/8，可见清代前期小说书坊远不及后期发达。在清代小说书坊中，苏州坊刻小说独占鳌头，清代前期苏州52家小说书坊，刊刻小说达100部。这些书坊和出版者有：啸花轩、古吴娥川主人、古吴陈长卿、古吴梵香阁、吴门课花书屋、金阊素政堂、苏州山水邻、苏州墨憨斋、古吴长春阁、张竹坡皋鹤堂、吴雀市散人、古吴三槐堂、苏州四雪草堂、苏州天花主人、苏州花幔楼、天花才子、酌玄亭、苏州剑啸阁、五色石主人、金阊拥万堂、金阊宝仁堂、幻庵居士、姑苏

---

[1] 此表根据文革红《清代前期通俗小说刊刻考论》制作，江西人民出版社2008年版。

稼史轩、林屋石楼、素位堂、古吴郁郁堂、载道堂、紫宙轩、古吴致和堂、古吴崇文堂、姑苏痴情士、东吴赤绿山房、改过轩、古吴憨憨生、姑苏书业怀颖堂、稼史斋、吴门聚锦堂、来凤馆、吴门拼饮潜夫、岐山左臣、古吴三多斋、三近堂、古吴素庵主人、古吴文盛堂、桃坞钓叟、醒斋、遗经堂、俾庵主人、吴门无名氏（4家）等。

清代前期苏州的坊间出版印刷业全国最为发达，苏州民间书坊业成为有组织的行业，于康熙十一年成立了"崇德公所"，在乾隆四年设立"剞劂公所"，为清代苏州书坊业的稳定和繁荣奠定了行业基础。苏州书坊的地域名称五花八门，主要有古吴、吴地、苏州、苏城、姑苏、吴郡、吴门、金阊等。张秀民《中国印刷史》称："因苏州有金门、阊门，合称金阊。"[1]因而"金阊"也用来指代苏州地区。自晚明以来，苏州的小说书坊经营十分繁盛，到了清代已经发展到百余家，其中有明确刊刻小说记录的书坊有52家。《中国印刷史》指出：

> 清初苏州书坊编刊小说传奇，多获厚利，绣像镂板，穷工极巧，来吸引读者，引起地方官的查禁。汤斌为此出告谕："若仍前编刻淫词小说、戏曲，坏乱人心，伤败风俗者，将书板立行焚毁，其编者、刊者、卖者一并重责，枷号通衢。仍追原工价，勒限另刻古书一部，完日发落。"同治间丁日昌又出示禁限小说数百种，可知苏州在清朝始终为小说、戏曲出版之重点地方。[2]

苏州书坊刊刻小说的鼎盛时期是嘉庆以前，以康熙和乾隆时期较为繁荣。清代前期苏州地区有52家书坊刊刻小说，共计刊刻小说达100部，其中包括原刻本67种，重刻本33种，[3]所刊小说书目多是

---

[1][2] 张秀民：《中国印刷史》，上海人民出版社1989年版，第369页，第555页。

[3] 文革红：《清代前期通俗小说刊刻考论》，江西人民出版社2008年版，第55页。

清廷严查的"淫词小说"。乾嘉时期苏州小说书坊继续发展，又新出现了30余家小说书坊。道光年间以后，由于上海各书坊书局的崛起，石印铅印技术的广泛运用，使得苏州书坊刻书逐渐衰退，以致同治年间以后，苏州仍旧从事刊刻小说的书坊不足十家，然而所刊刻的小说仍多属禁毁淫词小说。同治年间《苏州府志》卷三《风俗》载：

> 独江苏坊贾惟知射利，专结一种无品无学希图苟得之徒，编纂小说传奇，宣淫诲诈，备极秽亵，污人耳目，绣像镂板，极巧穷工。游佚无行与年少志趣未定之人，血气淫荡，淫邪之念日生，奸伪之习滋甚，风俗凌替，莫能救正。[1]

清代历朝查禁淫词小说，苏州书坊都是首当其冲，但书坊刊刻淫词小说屡禁不绝，清代苏州书坊刊刻的较为著名的禁毁小说如：
清前期长春阁刻《新编批评后七国乐田演义》。
康熙三十四年皋鹤堂刻《皋鹤堂批评第一奇书金瓶梅》一百回。
康熙三十四年四雪草堂刻《四雪草堂重订通俗隋唐演义》二十卷。
乾隆元年吴郡崇德书院刻《重刻绣像说唐演义全传》六十八回
乾隆五十八年吴门甘朝士局刻《北史演义》六十四卷。
乾隆五十八年吴郡崇德书院刻《四雪草堂重编隋唐演义》二十卷。
嘉庆二十一年苏州书林文粹堂刻《金石缘》八卷。
嘉庆二十一年金阊赵氏书业堂刻《拍案惊奇》十八卷。
嘉庆二十三年苏州兰蕙轩刻《百花台》一卷。
道光年间姑苏聚文堂刻《五美缘》十二卷。
……
仅以苏州啸花轩为例，清代刊刻的小说有《巫山艳史》《前后七国志》《情梦柝》《贯华堂评论金云翘传》《醉春风》《玉楼春》《灯月缘》

---

[1]《苏州府志》卷三《风俗》，同治年间重修，江苏书局开雕。

《风流配》《自作孽》《狭路逢》《终有报》《寒彻骨》《巫梦缘》《蝴蝶媒》《李卓吾批三国志传》《梧桐影》《绣像簇新小说麟儿报》《杏花天》《恋情人》《浓情快史》《梦花想》《玉支玑小传》《平山冷燕》《好逑传》《世无匹》《锦上花》《戏中戏》《绣榻野史》《一片情》等，多数都是清廷查禁的"淫词小说"。乾隆年间以后，苏州"金阊书业堂"后来者居上，刊刻大量通俗小说，尤其以历史演义和英雄传奇类小说较丰富，如《四大奇书第一种》《东周列国志》《新评龙图神断公案》《济颠大师醉菩提全传》《说呼全传》《西游真诠》《豆棚闲话》《新刻批评绣像后西游记》《古今奇观》《后西游记》《新刻异说反唐演义全传》《平妖传》《拍案惊奇》《原本海公大红袍传》《结水浒传》《剑啸阁批评西汉演义传》《东汉演义传》《国色天香》《二度梅奇说全传》《绣像京本云合奇踪玉茗英烈传》《五虎平南后传》等。

清代中期以后至晚清，有明确刊刻小说记录的苏州书坊数量仍旧庞大，如：姑苏万丈楼、金阊万叶堂、吴县天许斋、金阊艺海堂、古吴文英堂、金阊书艺堂、吴门甘朝士局、吴门池白水、姑苏红叶山房、苏州松鹤斋、金阊拥万堂、金阊学耕堂、吴郡宝翰堂、金阊函三堂、古吴树本堂、金阊映雪草堂、姑苏映雪堂、金阊种书堂、吴郡修绠山房、金阊黄金屋、吴门萃锦堂、吴郡崇德书院、吴郡植槐堂、苏州程世德、吴西瑞雪斋、姑苏锦奎堂、吴地槐荫堂、吴郡藜光楼、古吴麟瑞堂等。这些书坊刊刻了大量通俗小说作品，其中大多涉及禁毁小说书目，如：

金阊映雪草堂刻《文杏堂批评水浒传》。

姑苏万丈楼刻《拍案惊奇》。

苏州松鹤斋刻《拍案惊奇》。

金阊拥万堂刻《好逑传》《云合奇踪》。

古吴树本堂刻《新镌孙庞演义》。

金阊种书堂刻《龙图公案》。

吴门萃锦堂刻《新镌全像武穆精忠传》。

吴郡植槐堂刻《武穆精忠传》。

吴西瑞雪斋刻《万花楼杨包狄演义》。

姑苏锦奎堂《新增第五才子书水浒全传》。
……

鉴于苏州小说书坊的发达，故而清代后期的小说禁令主要在苏州地区颁布，道光十四年二月谕："严饬地方官实力稽查，如有坊肆刊刻，及租赁各铺一切淫书小说，务须搜取板书，尽行销毁。"[1] 此后，道光十七年十月，江南按察使颁令禁毁淫词小说，并设公局于吴县学宫，备价收买各种淫书，书坊与公局共同督毁。同时，要求苏州65家书坊订立《各书坊公禁淫书议单条约》：

奉臬宪周出示禁毁淫书板本，兹于十月十二日，邀集同行，在邑庙公议规条，开列于左：

议得凡有应禁淫书板本，各坊自行检出赴局呈缴，照议领价，如有藏匿不缴者，察出议罚，任局吊销。

议得外省书友来苏兑换者，先将捆单交崇德书院司月查明，如有应禁书籍，即行交局销毁，只付纸价，倘匿不呈缴，及各坊私相授受者，俱照原价以一罚十，半归崇德书院充公，一半缴局充公，仍将原书缴局销毁，或外省书友不遵局议，请局发封，任凭局办。

议得外间倘有将应禁书籍板片，向坊售卖者，即时缴局，照议领价。

议得公局于十月二十一日起，在吴县收买销毁，各坊务将所有应禁书籍板片，在五日内尽数送局收价，倘过期不缴，即以藏匿论。

议得所有应禁书籍，或在未禁以前，业经付刊未完者，于先五日内赴局呈明，俟板到日，即行送局销毁，照议领价。

议得自禁之后，倘有私行翻刻，察出从重议罚，仍板片缴局销毁，概不领价。

---

[1]《大清宣宗成皇帝实录》卷二四九，见王利器：《元明清三代禁毁小说戏曲史料》，上海古籍出版社1981年版，第72页。

议得书板大小新旧不同，今公同议定，大新板每块一百文，大旧板每块七十文，片头新板每块八十文，片新板每块六十文，旧板每块五十文，滩头小片每块二十文，唱本板每板三十文，书本照批价洋银对扣，倘有模糊不全者，照数减半，抄本每十页五文，半叶以四百字为准。

道光十七年十月立公同议单。书业堂、扫叶山房、酉山堂、兴贤堂、文渊堂、桐石山房、文林堂、三味堂、步月楼（书坊甚多，不及备载）。计共书坊六十五号，各当面齐集城隍庙拈香立誓，各书花押，一焚神前，一呈臬宪，各执一纸存照。[1]

这些书坊都在清代刊刻过禁毁小说，清统治者认为民间书坊是刊刻传播淫词小说的主要源头和力量，如今将出版淫词小说的源头切断，流传社会的淫书自然随之消亡。因而道光十七年苏州书坊联合签订《公禁淫书条约》，的确在很大程度上抑制了苏州书坊刊刻发行禁毁小说。自道光年间以后，苏州书坊刊刻通俗小说的数量明显下降，到了同治年间以后，小说刊刻的主要阵地便从苏州转移到上海。

在晚清苏州各书坊中，经营最久而又影响最大的是扫叶山房。扫叶山房最早设在苏州，清末又在上海开设分号，并逐渐将大部分经营业务转移到上海，同时较早采用新兴的印刷技术刊印书籍。光绪年间，扫叶山房刊印书籍主要以通俗文本为主，包括各类通俗小说以及民间蒙学用书。然而，从扫叶山房刊刻的小说目录来看，书坊仅在民国年间刊刻过《红楼梦》（1922年石印）、《水浒传》（1924年石印）、《好逑传》（1925年石印）、《今古奇观》（1929年石印）等禁毁小说。一方面因为扫叶山房是苏州老字号书坊，所刊刻的书目受到清廷和地方政府的关注，对于刊刻禁毁书籍较为谨慎，不敢明目张胆大量刊刻禁毁小说。另一方面因为扫叶山房的出版技术与同

---

[1]（清）余治：《得一录》卷十一之一，台北文海出版社2003年影印版。

行相比较为先进，业务范围较广，牟利渠道较多，不必将所有精力财力花费在刊刻通俗小说上。

除了苏州书坊以外，清代杭州书坊也是通俗小说的重要刊刻地。杭州处于浙江地区，自宋代以来就是重要的出版中心，两宋的刻书数量居全国之首。明代可考的杭州书坊有24家，胡应麟《少室山房笔丛》云："凡武林书肆多在镇海楼之外及涌金门之内，及弼教坊、及清河坊，皆四达衢也。省试则间徙于贡院前；花朝数日后则徙于天竺，大士诞辰也；上巳后月余则徙于岳坟，游人渐众也……自余委巷之中，奇书秘简往往遇之……"[1] 可见明代杭州书坊书肆具有较为灵活的流动性，以随时随地满足读者购书需求。杭州书坊名称多冠以"武林""杭州""杭城""钱塘"等，清代以后，杭州地区的书坊发展更为繁盛，据不完全统计，清代前期杭州刊刻小说的书坊有32家，共刊刻小说作品44部。康熙年间《不下带编》云："今闽平版书本久绝矣，惟三地书行于世。然亦有优劣，吴门为上，西泠次之，白门为下。"[2] 其中"吴门"指苏州，"西泠"指杭州，"白门"则是南京的旧称，可见在清代前期，杭州书坊刻书的地位便仅次于苏州。

清代杭州书坊刊刻小说多以书坊主或私人刻书为主，清代前期32家坊刻小说者如李渔、汪氏蜩寄、丁耀亢、苇斋主人、华茵主人、薇园主人、惜花主人、西湖香婴居士、镜湖惜春痴士、西湖寒士、圣水艾纳居士、东鲁古狂生、冬月朗人、钱江拗生、樵云山人、西山灌菊散人、西陵如如居士、桃源醉花主人、湖上憨翁、聚古堂、养浩堂、本堂、可语堂、耕书屋、消闲居、爱月轩、武林大成斋、翰海楼、杭州苏庵主人、杭州无名氏（3家）等。清代中期以后，杭州小说书坊仍在全国出版业占据一定份额，其中有明确刊刻通俗小说记录的书坊有：武林三余堂、武林三益堂、杭州大观报馆、杭州上贤斋、杭州务本堂、杭州白话新报、杭州昭广寺、杭州萃利公司、武林鸿文堂、杭州虞氏等。

---

[1]（明）胡应麟：《少室山房笔丛》，上海书店出版社2001年版，第42页。
[2]（清）金埴：《不下带编》卷四，中华书局1997年版，第65页。

清代杭州书坊刊刻的著名的禁毁小说有：
《无声戏小说》，顺治年间李渔原刊本。
《无声戏二集》，顺治年间李渔原刊本。
《蝴蝶媒》，雍乾年间杭州本堂刊本。
《续金瓶梅》，顺治十七年金耀亢原刊本。
《二刻醒世恒言》，雍正四年苻斋主人刊本。
《批评绣像奇闻都是幻》，清初镜湖惜春痴士刊本。
《新小说锦绣衣全台》，清前期西陵醉花樵叟刊本。
《十二峰》，清初西湖寒士刊本。
《绣像十二楼》，康熙年间消闲居精刊本。
《新镌绣像梦月楼情史》，清初消闲居精刊本。
《新镌绣像小说苏庵二集归莲梦》，清前期杭州苏庵主人刊本。
《幻缘奇遇小说》，清初爱月轩刊本。
《浓情快史》，康熙年间聚古堂刊本。
《绣像樵史通俗演义》，清初钱江拗生刊本。
《飞花艳想》，清初樵云山人刊本。
《情梦柝》，清初西山灌菊散人原刊本。
《肉蒲团》，清初西陵如如居士原刊本。
《新镌评点小说绣屏缘》，清初养浩堂刊本。
《灯草和尚传》，清初杭州无名氏刊本。
《拍案惊奇》，乾隆年间消闲居刊本。
《前后七国全志》，乾隆五十年武林三余堂刊本。
《新刊五美缘全传》，道光十二年武林三余堂刊本。
《禅真逸史》，武林三益堂刊本。
《说岳全传》，武林三益堂刊本。
《忠义水浒传》，武林鸿文堂刊本。
《金石缘全传》，武林鸿文堂刊本。
《红楼梦补》，杭州虞氏刊本。
……
杭州坊刻小说的质量多不及苏州，所刊刻的男女情色类小说尤多，这从一个侧面反映出杭州市民文化风气较苏州更为浓重。"杭人作事苟简，重利而轻名，但顾眼底，百工皆然，而刻书尤甚"，[1]这也是杭州坊刻小说与其他地区坊刻的不同之处。

清代南京小说书坊的发达程度仅次于苏杭两地，南京又称金陵，自明代以来书坊业繁盛，多镌刻小说戏曲等通俗文艺。清代有刊刻小说明确记录的南京书坊有：南京芥子园、醉耕堂、白下翼圣斋、金陵文元堂、金陵刘修元、金陵余善堂、荫余善堂、南京徐佩珂、金陵德聚堂、金陵藤花榭、独醒人、江苏同德堂、崇德堂、翠筠山房、两衡堂、江宁启盛堂、文光堂、金陵唐氏世德堂、金陵周氏万卷楼、文锦堂、志远堂等、金陵云崖主人、大观堂等。其中以南京芥子园、聚锦堂、白下翼圣斋、金陵德聚堂、金陵藤花榭所刊刻通俗小说数量为多，所刊书目多为禁毁小说：

《李卓吾先生批评忠义水浒传》，清初芥子园刊本。

《今古奇观》，清初芥子园刊本。

《绣像第五才子书水浒传》，雍正三年芥子园刊本。

《第五才子书水浒传》，雍正十二年芥子园刊本。

《绿牡丹全传》，道光十一年芥子园刊本。

《新刻天宝图》，同治八年芥子园刊本。

《双凤奇缘》，清代芥子园刊本。

《绣像批评金瓶梅》，清代芥子园刊本。

《龙图刚峰公案合传》，嘉庆十四年金陵云崖主人刊本。

《第五才子书水浒传》，顺治十四年醉耕堂刊本。

《拍案惊奇》，乾隆四十四年聚锦堂刊本。

《今古奇观》，同治八年聚锦堂刊本。

《绣像红楼梦》，嘉庆二十三年藤花榭刊本。

《红楼梦补》，嘉庆二十四年藤花榭刊本。

《重镌全部绣像红楼梦》，嘉庆二十五年藤花榭刊本。

《红楼梦补》，道光十三年藤花榭刊本。

---

[1]（明）田汝成：《西湖游览志余》，上海古籍出版社1998年版，第358页。

《新刻出相京本忠义水浒传》,清代聚德堂刊本。

《新绣京本云合奇踪玉鼎英烈传》,清代聚德堂刊本。

《新绣京本云合奇踪玉鼎英烈传》,清代大观堂刊本。

《禅真逸史》,清代白下翼圣斋刊本。

《连城璧》,李渔刊本。

《隋唐演义》,清代同德堂刊本。

《金石缘》,清代文光堂刊本。

《四雪草堂重订通俗隋唐演义》,清代文锦堂刊本。

……

南京的坊刻小说数量虽多,但刊刻质量不及苏州。乾隆年间袁栋道:"印板之盛,莫盛于今矣。吾苏特工,其江宁本多不工。"[1]然而南京拥有极为发达的水上交通运输网络,出版刊刻所需的木材纸墨都通过水上运输进入南京,而且书籍发售也从水上交通销往全国各地。由于水上运输费用较低,能够大大降低南京书坊的经营成本,因此南京的坊刻小说生意也极为兴盛。

清代北京的书坊,据张秀民《中国印刷史》统计共有112家,主要集中在隆福寺和琉璃厂两处,以琉璃厂为盛。"琉璃厂书市发展时期,当在清乾隆三十八年(一七七三年)四库开馆之日起。当时参与工作者,多系翰詹中人,且多寓居宣南,而琉璃厂地点适中,与文士所居密迩,又小有林泉,可供游赏,故为文人学士所常至,书市乃应其需要而设。"[2]北京的书坊主要以售书为主,清代刊刻书籍的北京小说书坊有50余家:萃文堂、双峰书屋、近文斋、同升阁、半松居士、龙威阁、正文斋、有益堂、宝经堂、藜光阁、宝书堂、书业堂、文成堂、文友堂、翰文斋、会文斋、龙云斋、永盛斋、龙光斋、晋文斋、尊古斋、南店、同古、三槐堂、天绘阁、宝珍堂、萃文堂、二酉堂、三盛堂、大成堂、义善堂、文义堂、文兴堂、文

---

[1](清)袁栋:《书隐丛说》,清乾隆间刊本。

[2]张涵锐:《琉璃厂沿革考》,见孙殿起:《琉璃厂小志》,北京古籍出版社2001年版,第4页。

光楼、文和堂、文盛堂、文善堂、文锦堂、本立堂、立盛堂、永盛斋、宝翰楼、宝文堂、宝经堂、泰山堂、秦贡山院、敬业堂、锦文堂、聚珍堂、聚文堂等等。[1] 北京书坊的主业大多刊刻经史子集宗教等书籍，同时也刊刻通俗小说，但刊刻小说的数量和类型范围不及苏杭等地。北京小说书坊中个别刊刻小说较有特色，如北京聚珍堂刊印的木活字板本通俗小说，但绝大多数北京书坊刊刻小说内容和类型都较为保守，中规中矩，较少刊刻禁毁小说。

因此，清代北京地区坊刻的禁毁小说并不发达，仅有聚珍堂木活字诸本小说、二酉堂刊刻《说岳全传》、萃文堂刊刻《红楼梦》、文和堂刊刻《云合奇踪》《前后七国志》、文善堂刊刻《异说绿牡丹》等几种。除了刊刻书籍的书坊之外，北京其余的大多数书坊仅在流通领域参与售卖书籍，并不刊刻书籍，后来多演变为书肆和书店。到了晚清，曾经刊刻书籍的书坊也都大多衰落凋零，转向以销售为主。

广州书坊在清代可考者共30余家。[2] 乾隆二十二年清廷下令封闭东南沿海各海港，只允许广州一处外贸通商，这样一来，福建、徽州、苏州等地的商人及书坊主开始在广州开设经营书坊。当时很多女刻工以写刻书籍谋生，工价低廉，"其坊行书刻价每百字仅二三十文，江西、广东亦然"。广州书坊自道光年间兴起，经历咸丰、同治、光绪年间，于民国初年衰落。广州及周边佛山等地书坊多刊刻地方文献及当地文人诗文著作，较少刊刻通俗小说，所刻禁毁小说仅《红楼梦》等少数作品。

福建书坊在清代远不及明代发达，坊刻小说数量也大为削减。明代福建建阳、福州等地的书坊业在明末清初受到战争摧残与破坏，

---

[1] 据李致忠《历代刻书考述》、张秀民《中国印刷史》、罗树宝《中国古代印刷史》、王清源《小说书坊录》等统计。

[2] 据张秀民《中国印刷史》、罗志欣《清代广东部分书坊及私人刻书简述》（见《图书馆论坛》1993年第2期）、仲宽《清代广州书坊及私人刻书拾萃》（见《羊城今古》1993年第6期）。

顺治、康熙年间在建阳地区发生几场战役，尤其康熙十三年平定耿精忠之乱，使建阳地区经历了巨大的浩劫，"旧有街三十六，有巷七十二，为兵火所残"[1]，大批书坊和存留的刻板遭到战火焚毁。至道光年间"则市屋数百家，皆江西商贾贩鬻茶叶，余亦日用杂物，无一书坊也"[2]。然而福建书坊并非完全消亡殆尽，清代中期以后，随着福建经济力量的恢复，福建书坊业也再次发展起来，并有部分书坊重新参与小说刊刻，其中较为重要并且具有特色的书坊即为福建四堡书坊。

四堡书坊不是一个书坊的名称，而是在一片较为广阔的地域中，地处福建闽西长汀、连城、清流、宁化四县交界处，共有44个村庄，是邹、马两姓家族的聚居地。这一地带在晚明以后刻书业发展起来，到了清代成为福建重要的坊刻中心之一，被称为"四堡书坊"。

四堡书坊刻书具有浓重的家族色彩，宗族内部成员统一操办刻书、贩书的事业，并将祖业世代相传。"整个清代临汀四堡，坊刻极盛，书坊栉次鳞比，印板汗牛充栋，从事雕板印书的男女老少不下1200人，约占总人口的60%"[3]，《临汀汇考》载："长汀四堡乡，皆以书籍为业，家有藏板，岁一刷印，贩行远近，虽未必及建安（今建阳）之盛行，而经生应用典籍以及课艺应试之文，一一皆备。城市有店，乡以肩担，不但便于艺林，抑且家为恒产。"[4]清代四堡坊刻堂名主要有林文堂、文香阁、翰香堂、玉兰堂、文宛堂、时中阁、五美轩、裕丰堂、广秀堂、楼外楼等。

四堡书坊除了刊刻大量科举用书和日常用书之外，也刊刻一些通俗小说作品，数量也极为可观，如《说唐全传》《郭公案》《麟儿报》《一捧雪》《二度梅》《三国演义》《五虎平西》《玉堂春》《列女传》

---

[1]《建阳县志》卷十九《杂类·兵燹》，道光年间刻本。
[2]（清）施鸿保：《闽杂记》卷八《麻沙书板》，清光绪四年上海申报馆版。
[3] 宋原放：《中国出版史料（古代部分）》第二卷，湖北教育出版社2004年版，第307页。
[4]《临汀汇考》，光绪四年刊刻。

《列仙传》《西游记》《荡寇志》《琢玉斧》《画图缘》《格致奇书》《崇祯传》《儒林外史》《争春园》《山左锈林》《东西两汉》《大小南北宋》《江南六才子》《梁山伯祝英台全本》《大山乎》《封神演义》《昭君传》《昭君和番》《花间笑语》《十里亭》《警世新书》《女才子》《英雄谱》《车公子传》《杨家将》《十二寡妇征西》《薛仁贵征东》《薛丁山征西》《薛岳传》《粉粧楼》《三才子》《燕山外史》《赵玉玲》《青萍剑》《秦雪梅传文》《包公案》《张果老》《王佐传》《春秋列国》《八才子》《九才子》《绘图刘龙图竹芦马》《十才子》《东周列国》《狸猫换太子》《狄青征西》《包公传》《风流悟》《孟姜女》《拍案惊奇》《国色天香》《浓情快史》《双凤奇缘传》《红楼梦》《飞龙传》《隋唐演义》《龙图公案》《一夕话》《八面峰》《金玉缘》《万花楼》《古本金瓶梅》《续金瓶梅》《水浒传》《五才子》等，这些坊刻小说中有相当一部分涉及禁毁小说。

二、本衙藏板

清代小说版本中有许多"本衙藏板"的署名。本衙藏板并非是官刻版本，而通常都是民间书坊刊刻的版本。本衙藏板多见于清代通俗文学，一些坊刻的畅销作品也时常署"本衙藏板"，其原因较为复杂，与清代的文化政策和高压治理有一定关系。沈津《说"本衙藏板"》一文指出：

> 对于通俗小说来说，在清代属不登大雅之堂之书，官家若有刻版刷印，那顶上的乌纱帽可能是即刻要摘去的，所以说，拿着顶戴去"顶风作案"者尚未见有先例。津所见到的《新镌李氏藏本忠义水浒全书》一百二十回本，乃清据明郁郁堂本翻刻，它的扉页上刻着"水浒四传全书。绣像藏本。卓吾评阅。本衙藏板"。……此书应该是书坊所为，由于利之所趋，才会冒险去做，这和周教授大文中所举《红楼梦》有"本衙藏板"之例，性质应该是一致的，即这个"本衙"，既非官非私，那么书坊刻之则是较为在理的。之所以书坊

也打着"本衙藏板"的旗号,不敢亮出自己的招牌,或是意欲不想惹出什么官司是非来,随便找个"本衙"来应付一番。因此,"本衙藏板",似不排斥也有书坊刻书藏版牟利的成份。[1]

沈津认为"本衙藏板"的署名"非官非私",其实是刊刻者为了避嫌,或是书坊牟利而采取的权宜之计,总之应是清代书坊所为。清代的禁毁小说在坊刻出版时多用"本衙藏板",在一定程度上也是为了逃避政府的查禁,以"本衙"模棱两可的署名取代书坊名号,以免引来不必要的麻烦。

从清初至清末,统治者多次明令禁止"淫词小说",且律令较为严酷,然而市场上对于"淫词小说"的需求较大,民间书坊刊刻此类小说获利较多,仍有许多书坊大量刊刻禁毁小说,因而小说禁令并不能把所有流行通俗小说消灭殆尽。针对小说越禁越多的情况,清政府将严查目标转向书坊,与民间各大书坊约法三章,订立《各书坊公禁淫书议单条约》等章程,严禁书坊刊刻禁毁淫词小说。这样一来,书坊就无法使用本书坊的名号公开刊刻禁毁小说,于是市场上便应运而生一种"本衙藏板"的坊刻名号。

因此,清代通俗小说坊刻出现以"本衙藏板"代替书坊名号,其原因有二,一是为了逃避清廷的查禁和追究责任,二是因为巨额利润的驱使。清代坊刻小说版本和数量极多,说明通俗小说拥有相当庞大的读者群,也意味着坊刻小说在较长一段时间内都有广阔的市场,因而对于书商坊主来说非常具有诱惑力,坊刻借用"本衙藏板"牟利,也更为方便可行。

另外,通俗小说以"本衙藏板"的名号招牌刊刻梓行,也是伪托造假的一种高明手段。清代出版市场上多有"本衙藏板"的图书,且多为较通俗畅销的文学作品,或带有评点文字,或为绣像本,或宣称古本秘本等,明显带有宣传兜售的广告意味,"本衙藏板"也具

---

[1] 沈津:《说"本衙藏板"》,见《昌彼得教授八秩晋五寿庆论文集》,台湾学生书局2005年版,第218～219页。

有这样的功能，如同正版书籍的标志可以在一定程度上吸引读者：

清初刻本《空空幻》，本衙藏板。

清康熙间刻本《闹花丛快史》，本衙藏板。

清康熙间刻本《杏花天》，本衙藏板。

清康熙三十四年刻本《皋鹤堂批评第一奇书金瓶梅》，"彭城张竹坡批评金瓶梅，本衙藏板"。

清嘉庆三年刻本《说岳全传》，本衙藏板。

清嘉庆九年刻本《蜃楼志》，本衙藏板。

清嘉庆十年刻本《红楼复梦》，本衙藏板。

清道光四年刻本《增补红楼》，"增补红楼梦，本衙藏板"。

清刻本《新镌古本批评绣像三世报隔帘花影》，"古本三世报，本衙藏板"。

清刻本《新镌秘本续英烈传》，"批评绣像秘本，本衙藏板"。

清刻本《禅真后史》，本衙藏板。

清刻本《红楼梦》，程甲本翻刻，本衙藏板。

清刻本《后红楼梦》，绣像本，本衙藏板。

清刻本《五色石》，本衙藏板。

对于"本衙藏板"的来源和形成，日本学者鸟居久晴有另辟蹊径的看法，他在谈及本衙藏板《皋鹤堂批评第一奇书金瓶梅》道：

①在地方州县的城市里，不专营书籍而兼营书籍的出版、出售及碑帖、笔墨之类的店，像是将他们的商店名通称为"本衙"，那样的店接受微型的本板印刷，例如旧式的名刺、讣闻等，自然也接受官府的差使。

②即使北京的书店，那种经营裱装和笔墨类的商号带有"某某堂""某某斋"屋号的，一般在商号牌子下仍可看到"本衙××"的文字。如果从此北京的刊本而用"本衙"的名目的话，那么我想当是从上面那样的店出来的。

③又，中国学者的著述多数也是自费出版，连著名学者的著作上也有题上"本衙藏板"的。

④因为我想，金瓶梅的情况是二三位好事的作者协同努力而出版的，所以很有可能也是采取了第③种方式。大体上，专营书籍的店名到清代乾隆以后在大街上也还有用"本衙"的，上述情况，是接受了这种传统而留存下来的。[1]

鸟居久晴认为"本衙"是北京书店的商号牌子，而地方州县的一些经营书籍碑帖的大店，由于经常接受官府的差事，所以也通称为"本衙"。同时又指出一些学者个人出版的著作上也往往题有"本衙藏板"，但对此并未进行分析解释。其实这些对于"本衙藏板"的判断仅是从表面现象入手，并未探究其内在本质原因。不可否认，清代时期在北京或地方某些书店确有"本衙"的商号牌子，但并不能以此判定标明"本衙藏板"的通俗小说都是这些书店刊刻的。如果真是如此，那么清廷查禁淫词小说便可以"本衙藏板"的线索顺藤摸瓜，这些书店便都会牵连遭祸。另外，鸟居久晴认为"本衙"商号是"不专营书籍而兼营书籍的出版、出售及碑帖、笔墨之类的店"，这些店铺印刷"旧式的名刺、讣闻"，以及"经营裱装和笔墨类"，这些店铺的经营范畴根本与我们所讨论的民间书坊风马牛不相及。因此，即便这些店铺以"本衙"为商号，但与坊刻小说版本中的"本衙藏板"不是一回事。

显然，鸟居久晴将《金瓶梅》"本衙藏板"的坊刻状况与装裱商店的"本衙"商号标牌相混淆，没有考虑到"本衙藏板"背后政治因素和经济利益的驱使。另外，鸟居久晴认为《金瓶梅》有可能是学者个人自费出版，因而题名"本衙藏板"，意为"自费出版"，这一见解倒是很有新意。《皋鹤堂批评第一奇书金瓶梅》于清康熙三十四年刊行，题为"彭城张竹坡批评金瓶梅，本衙藏板"。这里的"皋鹤堂"并非书坊名号，而是张竹坡的书斋名，因此，"皋鹤堂批评"是指张竹坡评点，而与专营书坊没有任何关系。张竹坡生于清康熙

---

[1]【日】鸟居久晴：《〈金瓶梅〉版本考》，见《日本研究〈金瓶梅〉论文集》，齐鲁书社1989年版，第40～41页。

九年，卒于康熙三十七年，一生仅活了二十九岁。他曾经五次乡试落榜，于康熙三十二年在家中皋鹤堂评点《金瓶梅》，到康熙三十四年评点完毕，并立即自费付梓。张道渊《仲兄竹坡传》云：

> （仲兄张竹坡）曾向余曰："《金瓶》针线缜密，圣叹既殁，世鲜知者，吾将拈而出之。"遂键户旬有余日而批成。或曰：此稿赁之坊间，可获重价。兄曰："吾岂谋利而为之耶？吾将梓以问世，使天下人共赏文字之美，不亦可乎？"遂付剞劂，载之金陵。[1]

《金瓶梅》评点结束之后，张竹坡并未将书稿卖与书坊刊刻，而是自己出资，并且独自拥有版权。这种由个人出资刻书的情况严格来说不属于书坊刊刻，因此《第一奇书金瓶梅》可以算作是张竹坡的家刻本。书中有张竹坡《第一奇书非淫书论》道：

> 夫现今通行发卖原[本]未禁示[止]。小子穷愁著书亦书生常事，又非借此沽名，本因家无寸土，欲觅蝇头以养生耳。即云奉行禁止，小子非套翻原版，固云我自作我的《金瓶梅》……况小子年始二十有六，素与人全无恩怨，本非借不律以泄愤懑，又非囊有余钱，借梨枣以博虚名，不过为糊口计。[2]

《仲兄竹坡传》中提到张竹坡不肯将书稿卖给书坊，公开声明自己并非为了谋利，而在《第一奇书非淫书论》一文中，张竹坡将《第一奇书金瓶梅》通行发卖，似乎与其他书坊产生了版权方面的争执，因而强调"非套翻原版，固云我自作我的《金瓶梅》。"那么张竹坡自刻《金瓶梅》是否为了牟利，大概有这一部分原因，论中提及刊

---

[1][2]（清）张道渊：《仲兄竹坡传》，见侯忠义、王汝梅编：《〈金瓶梅〉资料汇编》，北京大学出版社1985年版，第212，19～20页。

刻《金瓶梅》"非借不律以泄愤懑……借梨枣以博虚名",既不为了发泄情绪,也不为了博取虚名,而是"为糊口计"。因此《金瓶梅》的刊刻发售归根结底还是为了赚钱,而自刻《金瓶梅》显然比卖给书坊获利更多,毕竟书稿的版权在自己手中,故而《第一奇书金瓶梅》篇首标明"本衙藏板,翻刻必究"。

因此,张竹坡刊刻《第一奇书金瓶梅》并非为了收藏鉴赏,而是为了获利,此自刻本与一般坊刻本的目的殊途同归,因此通常也将《第一奇书金瓶梅》的版本纳入坊刻本进行研究。那么,《金瓶梅》的"本衙藏板"就意指张竹坡自刻本,"本衙"或指皋鹤堂。然而,此结论的前提是,目前所见"本衙藏板"《第一奇书金瓶梅》即为张竹坡原刻本,如果此本并非张竹坡原刻,那么就很有可能是书坊覆刻,"本衙藏板"便成为一种盗版行为。

事实上,《第一奇书金瓶梅》的版本有很多种,署"康熙乙亥(三十四年)序"的版本也不止一种,目前除了大连图书馆藏的《第一奇书》本之外,尚有康熙乙亥本、皋鹤堂梓行本等,其中康熙乙亥本并没有署"本衙藏板",而皋鹤堂梓行本则署"第一奇书金瓶梅,姑苏原板"字样。至于《第一奇书金瓶梅》的原刻本究竟是哪一种,尚未有统一的说法和定论,一旦"本衙藏板"不是张竹坡原刻,那么便是出自书坊伪托刊刻,鸟居久晴关于"本衙藏板"是私家自刻的解释便有一些缺漏。

清前期大约有九位文人刊刻过"本衙藏板"小说,即素政堂主人、山水邻主人、墨憨斋主人、古吴娥川主人、花幔楼主人、天花才子、皋鹤堂张竹坡、西湖香婴居士、惜花主人等[1]。从现存资料可知,这九位所刻小说大多署名"本衙藏板",而且多是书坊主的身份。如素政堂主人即为天花藏主人,是清初著名的小说书坊主,以

---

[1]《清代前期通俗小说刊刻考论》中列举清前期十家"本衙藏板"书坊主,其中包括杭州本堂刊刻《蝴蝶媒》,本文仅针对"本衙藏板"进行研究,故而删除"杭州本堂"一家。详见文革红:《清代前期通俗小说刊刻考论》,江西人民出版社2008年版,第39~40页。

刊刻绣像才子佳人小说闻名遐迩。山水邻主人也是清初著名书坊主，山水邻书坊在明代便已存在，此书坊曾在明崇祯十三年刊刻小说《欢喜冤家》。墨憨斋主人或为冯梦龙后人，或为书坊伪托名号，在清初刊刻多部通俗小说，是坊间刊刻的一个代表。古吴娥川主人刊刻过《生花梦奇传》《世无匹奇传》《清平话史炎凉岸》等小说作品，均署名"本衙藏板"，故古吴娥川主人应是一位书坊主。花幔楼主人刻有"本衙藏板"小说《生绡剪》，花幔楼或为书坊名号，或为文人家居楼名，目前尚无明确证据，单从"花幔楼"的表面字义判断，书坊名号的可能性更大。天花才子可确定为清代书坊主，所刊刻小说多属"天花才子编辑，四桥居士评点"，其中包括"本衙藏板"的《三世报隔帘花影》《后西游记》《快心编》等。西湖香婴居士刻有《绣像济颠大师全传》等，惜花主人刻有《宛如约》等，二人可能是书坊主，也有可能是类似张竹坡一样的文人。

如此看来，"本衙藏板"出自书坊刊刻的比例更大，即便是如张竹坡自刻使用"本衙藏板"的名号，也不排除有书坊盗版伪托的可能性。至此，"本衙藏板"基本上可以定论为书坊刊刻，书坊主或为了逃避查禁，或为了牟取巨额利润，或为了伪托掩饰，以"本衙藏板"取代书坊名号。

三、坊间联合刻书

清代小说坊刻经历了清初的短暂繁荣之后，在雍正年间开始走下坡路，坊刻出版行业变得尤为不景气。小说坊刻出现跌宕状况，一方面与顺治康熙年间颁布的小说禁令有关，书坊中百种通俗小说都在严查之列，另一方面也与雍正至乾隆初期的社会经济状况不景气有关。雍正朝大力推行重农抑商政策：

> 我国家休养生息，数十年来，户口日繁，而土地止有此数，非率天下农民竭力耕耘，兼收倍获，欲家室盈宁，必不可得……朕观四民之业，士之外，农为最贵。凡士工商贾，

皆赖食于农。以故农为天下之本务，而工贾皆其末也。市肆之中多一工作之人，即田亩之中少一耕稼之人。群趋为工，则物之制造者必多，物多则售卖不易，必致壅滞而价贱，是逐末之人多，不但有害于农，而并有害于工也。[1]

朕惟四民以士为首，农次之，工商其下也。汉有孝弟力田之科，而市井子孙不得仕宦，重农抑末之意，庶为近古。今士子读书，学成用世，国家荣之以爵禄；而农民勤劳作苦，手胼足胝以供租赋，养父母育妻子，其敦宠醇朴之行虽宠荣非其所慕，而奖赏要当有加。其令州县有司择老农之勤劳俭朴身无过举者，岁举一人，给以八品顶戴荣身，以示鼓励。[2]

雍正帝认为"市肆之中多一工作之人，即田亩之中少一耕稼之人"，这种重视农业，抑制商业和手工业发展的政策，显然极大阻碍了民间书坊的刻书经营。另外，在雍正初期，清廷实行严厉的矿禁制度，严格控制开采铜、铅等矿，结果造成铜钱铸造出现停滞状况，对货币流通和商品经济产生巨大负面影响。虽然后来清廷将矿禁部分开放，但雍正时期的商业发展仍无法出现大繁荣，行业市场疲软，这种状态一直持续到乾隆初期。

雍正时期的抑制商业发展的政策和举措还有很多表现，比如严格实施"牙行领贴制度"，牙行的主要任务是制定市场物价，即由官方来为商品定价，清政府希望通过控制价格来调节商品生产和流通，牙人是城镇商品市场贸易的经纪人，由地方政府官员遴选审查，其资格必须是"家道果系殷实，品行素为商贾信服者"[3]。这样一来，城镇中小工商业经营者受到政府的干涉，不但要缴纳高额的商业税，而且

---

[1]《大清会典事例》雍正朝，光绪年间刊本。
[2]《清世宗宪皇帝实录》卷十六，中华书局1985年版，第272页。
[3] 李勤：《清前期"重农抑商"政策及其法律思想》，见《大连海事大学学报》（社会科学版），2009年第4期。

在商品价格上也缺少市场机制的调控环境，严重影响了商品经济的正常发展。

到了乾隆年间，人口压力逐渐增大，行业之间竞争力增强。经济的不景气持续下去，很多行业都受到了严重冲击。乾隆年间《震泽县志》卷二五《生业》载：

> 按史册黄溪志，明嘉靖中，绫绸价每两八九分，丝每两二分。我朝康熙中，绸价每两一钱，丝价尚止三四分。今绸价视康熙间只增三之一，而丝价乃倍之。此业织绸者之所以生计日微也。

乾隆年间又经过多次战争，文字狱禁书活动频繁，对小说坊刻出版都是十分沉重的打击。书坊属于民间商业经营，书坊刊刻小说以赢利为目的，一般的书坊主多是文化商人，与文人阶层交往甚密，甚至自身也是学识渊博的儒者文人。乾隆时期的文化钳制政策主要针对文人，因而对坊刻书籍的监控也更为严密，书坊主刊刻通俗小说必然承担一定的风险。乾隆时期的坊刻小说，不仅在内容上要避免政治违碍、男女风化、邪教蛊惑等，而且在小说题材类型上也尽量避开才子佳人类型、英雄传奇类型、神魔志怪类型，以及世说体、传奇体等。这样一来，能够坊刻的小说从数量到类型上都大幅度减少，整个乾隆朝六十年间，也仅有寥寥几种坊刻通俗小说。

除此之外，乾隆年间坊刻小说还存在成本上涨、市场疲软等问题。这些都与乾隆年间各样天灾人祸、战争暴乱等有关，据《清史稿·灾异志》，乾隆年间各种自然灾害十分频繁，包括"大寒"致草木人畜冻死；"严霜"毁灭禾苗庄稼；"冰雹"毁坏民居麦苗；"蝗灾"损毁庄稼树木；"瘟疫"致人畜家禽大量死亡；"洪水"淹没良田房屋；"火灾"烧毁房宅财产；"淫雨"浸没毁烂庄稼；"大旱"致田间寸草不生，百姓无衣无食；"地震"毁损人命房屋；"山崩"死伤人畜；"饥荒"民多饿死。在北方经济发达地区和江南富庶地区，都发生过大规模的自然灾害，其中一些经济繁华地区（包括江浙一带）受灾情况更是十分严重,如宜昌、苏州、武进、嘉善、湖州、高邮、济南、泰安、泰州、通州、太湖、凤阳、兰州、海宁、南昌、九江、武昌、梧州、重庆、嘉兴、桐乡等地多次受灾,这些灾害严重影响社会经济及商业的发展,对民间出版业也是巨大打击。

从乾隆朝坊刻小说的出版时间来看,小说的出版刊刻主要集中在乾隆后期,也就是文字狱和边疆征战基本结束以后。在此以前坊刻小说数量较少,尤其乾隆十九年到三十年之间,坊刻小说更是寥寥无几,而这一时期清廷正忙着大兴文字狱并应对边疆征战:

乾隆十八年六月,丁文彬逆词案(山东)。

乾隆十八年十月,刘震宇佐理万世治平新策案(湖南)。

乾隆十九年,准噶尔内部骚乱,清朝新疆拓地战争打响。

乾隆十九年,世臣诗稿案(直隶)。

乾隆二十年二月,清廷两路出师,进攻达瓦齐,平定伊犁。

乾隆二十年二月,胡中藻坚磨生诗钞案(江西)。

乾隆二十年三月,鄂昌塞上吟案(广西)。

乾隆二十年五月,刘裕后大江滂书案(山西)。

乾隆二十年九月,程氏秋水诗钞案(江苏)。

乾隆二十年十二月,杨淮震投献霹雳神策案(山东)。

乾隆二十一年正月,清军至吐鲁番,平定阿睦尔撒纳复叛。

乾隆二十一年正月,朱思藻吊时语案(江苏)。

乾隆二十二年三月,清军两路进入博罗塔拉河,平定诸叛酋。

乾隆二十二年四月,彭家屏家藏明末野史案(河南)。

乾隆二十二年四月,段昌绪家藏吴三桂檄文案(河南)。

乾隆二十二年十一月,陈安兆著书案(湖南)。

乾隆二十二年十二月,谢墉满员碑文案(直隶)。

乾隆二十三年五月,清军万人自吐鲁番进攻库车,征剿回部。

乾隆二十四年六月,清廷对天山南路回部叛乱大小和卓木发兵,平定南疆。

乾隆二十四年六月,沈大章造刻逆词案(浙江)。

乾隆二十四年八月,鲍体权匿名字帖案(浙江)。

乾隆二十六年五月，林志功捏造诸葛碑文案（浙江）。
乾隆二十六年五月，蔡显闲渔闲闲录案（江苏）。
乾隆二十六年八月，阎大镛俣俣集案（江苏）。
乾隆二十六年八月，余腾蛟诗词讥讪案（江西）。
乾隆二十六年九月，李雍和潜递呈词案（江西）。
乾隆二十六年十月，王寂元投词案（陕西）。

这一时期是乾隆朝文字狱兴起的高峰期，在浙江、江苏、江西等省案发最多，而这些地区的书坊刊刻出版都极为发达，文字狱频发对江南出版业造成打击。到了乾隆三十七年，清廷开始纂修《四库全书》，又有大量禁书和文字狱事件产生，主要针对江南地区进行整肃清查。同时，乾隆朝的边疆征战耗资巨大，两次准噶尔及回部征战共用军费白银三千三百余万两，军费除了动用国库之外，主要是由江南各省商人和士民捐纳捐输。据《清高宗实录》载，乾隆十九年第一次准噶尔战役，芦东商民捐银三十万两，福建商民捐银十万两，浙江商民捐银二十万两，两淮商民捐银一百万两，淮徽商民捐银二十万两，江西商民捐银十万两，等等；乾隆二十四年讨回部之役，两淮商民再次捐银一百万两，浙江商民再次捐银二十万两。乾隆三十年征缅甸之役开始，到乾隆五十三年才彻底解决缅甸问题，乾隆五十一年以后又有伐台湾之役，征安南之役，两次廓尔喀战役等。两淮、浙江、淮徽等地区是经济发达地区，同时也是文化昌盛，出版业发达之地。当地士民多次为朝廷战事捐银，动辄百万两，必然都会对经济和商业发展造成影响。加之当时小说书价昂贵，刊印小说成本渐高，坊刻风险不断增大，也都使民间坊刻小说变得极为艰难。

这样一来，乾隆年间坊刻的通俗小说数量大幅度减少，小说种类也较为狭窄单一。同时，小说坊刻出现一种新现象，就是多个书坊在同一时期出版同一种小说。这种现象或许是多个书坊进行合作，联合刊刻出版某一种小说。书坊之间的联合出版有诸多好处，尤其在乾隆年间，联合出版首先可以分担风险，可以有效地应对小说查禁等意外之祸。同时，联合刻书也可以降低成本，并有助于小说的发售和流通。如果几家书坊不在同一地区，那么就可以跨省布设一个庞大的销售网。通常书板印书数量越多，成本也就越低，书坊联合刻书更可以降低成本，获取高额利润。联合刻书有利于保存修复书板，进行多次隔年印刷，获取更高的利润。

从现存的乾隆年间坊刻小说目录来看，书坊之间的联合刻书可能性较大，如：

乾隆元年，《重刻绣像说唐演义全传》六十八回；《说唐演义后传》五十五回，（吴郡）崇德书院。

乾隆元年，《说唐前传》十卷；《说唐后传》六卷，渔古山房。

乾隆元年，《说唐前传》十卷；《说唐后传》十卷，小酉山房。

乾隆元年，《绣像说唐全传》十一卷，（京都）敬业堂。

乾隆四十七年，《大说唐全传》八卷，（禅山）振贤堂。

乾隆四十八年，《大说唐全传》八卷，福文堂。

乾隆四十八年，《说唐演义全传》六十八回，观文书屋。

乾隆四十八年，《说唐演义后传》五十五回，观文书屋。

乾隆四十九年，《重刻绣像说唐演义全传》，观文书屋。

乾隆十七年，《四大奇书第一种》（《三国演义》）六十卷一百二十回，书业堂。

乾隆十七年，《金批第一才子书》六十卷，（姑苏）怀颖堂。

乾隆元年，《东周列国志》一百零八回，星聚堂。

乾隆五年，《东周列国志》二十三卷一百零八回，步月山房。

乾隆五年，《东周列国志》五十四卷，经袖堂。

乾隆十七年，《东周列国志》二十三卷一百零八回，宏道堂。

乾隆十七年，《东周列国志》二十三卷一百零八回，聚锦堂。

乾隆十七年，《东周列国志》二十三卷一百零八回，义合斋。

乾隆十七年，《东周列国志》二十三卷一百零八回，（金阊）书业堂。

乾隆十七年，《东周列国志》二十三卷一百零八回，大文堂。

乾隆十七年，《东周列国志》二十三卷一百零八回，敬书堂。

乾隆十七年，《东周列国全志》二十三卷一百零八回，（江南省城）敦化堂。

乾隆十七年，《肖像东周列国全志》二十三卷一百零八回，文发堂。

乾隆十七年，《绣像东周列国志》二十三卷一百零八回，经纶堂。

乾隆四十年，《东周列国志辑要》八卷一百九十节，（金阊）函三堂。

乾隆四十年，《东周列国志辑要》八卷，四知堂。

乾隆五十年，《列国志辑要》八卷一百九十节，四知堂。

乾隆五十年，《东周列国志辑要》八卷，（金阊）函三堂。

乾隆五十年，《东周列国全志》十八卷八十四回，（武林）三余堂。

乾隆五十年，《东周列国志》五卷二十四回，（武林）三余堂。

乾隆十六年，《西湖佳话》十六卷，翰海楼。

乾隆十六年，《西湖佳话古今遗迹》十六卷，会敬堂。

乾隆十六年，《西湖佳话古今遗迹》十六卷，文翰楼。

乾隆五十一年，《西湖佳话古今遗迹》十六卷，芥子园。

乾隆五十一年，《西湖佳话》十九卷，大文堂。

乾隆五十一年，《西湖佳话》六卷，海陵轩。

乾隆十八年，《异说反唐演义全传》十卷一百回，右文堂。

乾隆十八年，《异说反唐演义全传》十卷一百回，崇德堂。

乾隆十八年，《异说反唐演义全传》十卷一百回，三和堂。

乾隆十八年，《异说反唐演义全传》，远景斋。

乾隆十八年，《异说反唐女娲镜全传》，三和堂。

乾隆十八年，《大唐中兴演义传》十卷一百回，瑞文堂。

乾隆三十三年，《飞龙全传》二十卷六十回，文德堂。

乾隆三十三年，《飞龙全传》二十卷六十回，世德堂。

乾隆三十三年，《飞龙全传》六十回，（吴郡）崇德书院。

乾隆四十年，《雪月梅传奇》五十回，聚锦堂。

乾隆四十年，《雪月梅传》十卷五十回，德华堂。

乾隆四十年，《新评龙图神断公案》十卷，书业堂。

乾隆四十四年，《说呼全传》十二卷四十回，（金阊）书业堂。

乾隆四十四年，《说呼全传》十二卷四十四回，（金阊）宝仁堂。

乾隆四十四年，《说呼全传》十二卷四十回，（金阊）书艺堂。

乾隆四十七年，《封神演义》十九卷，（吴郡）崇德书院。
乾隆四十七年，《封神演义》二十卷，茂选楼。
乾隆四十七年，《封神演义》二十卷一百回，维经堂。
乾隆四十八年，《驻春园小史》六卷，三畏堂。
乾隆四十八年，《驻春园小史》六卷二十四回，（武林）三余堂。
乾隆四十八年，《驻春园小史》六卷二十四回，（金陵）万卷楼。
乾隆五十三年，《驻春园小史》六卷二十四回，（武林）三余堂。
乾隆五十三年，《驻春园小史》六卷二十四回，务本堂。
乾隆五十年，《异说征西演义全传》四十回，积秀堂。
乾隆五十年，《异说征西演义全传》四十回，英德堂。
乾隆五十年，《异说征西演义全传》四十回，福文堂。
乾隆五十年，《今古奇观》四十卷，书业堂。
乾隆五十年，《今古奇观》四十卷，书业成记。
乾隆五十一年，《今古奇观》四十卷，（浙省）会成堂。
乾隆五十三年，《济颠大师醉菩提全传》二十回，古讲堂。
乾隆五十三年，《济颠大师醉菩提全传》二十回，（金阊）古耕堂。

乾隆年间坊刻通俗小说种类数量较少，仅有《大说唐全传》《第一才子书三国演义》《异说反唐演义全传》《西湖佳话》《东周列国志辑要》《说呼全传》《封神演义》《驻春园小史》《异说征西演义全传》《今古奇观》《济颠大师醉菩提全传》等，与清初小说坊刻相比，显得种类极为贫乏。虽然目前尚未有书坊联合刻书的直接材料证据，但从乾隆年间通俗小说坊刻版本的刊刻时间来看，联合刻书的痕迹极为明显，如《东周列国志》一书，从乾隆元年到乾隆五十年，共出版四次大规模的坊刻，自乾隆元年星聚堂坊刻之后，乾隆五年步月山房和经袖堂再次刊刻，乾隆十七年形成了坊刻《东周列国志》的高峰期，宏道堂、聚锦堂、义合斋、（金阊）书业堂、大文堂、敬书堂、（江南省城）敦化堂、文发堂、经纶堂都坊刻发行了《东周列国志》。如果说这些书坊之间没有任何合作关系，刊刻《东周列国志》仅是巧合，那么这种巧合未免太不可思议，不但刊刻书目相同，而且刊刻时间、版式、卷数也都完全一样，都是《东周列国志》二十卷一百零八回。此后，乾隆四十年和五十年分别又有《东周列国志辑要》八卷坊刻出版，以（金阊）函三堂、四知堂、（武林）三余堂进行合作，《列国志辑要》的卷数比《东周列国志》少了许多，或许是《东周列国志》旧版的删节覆刻，也都极有可能。

在书坊联合刻书发行过程中，各书坊标注的书名略有不同，如《东周列国志》一书，有书坊署名《肖像东周列国全志》，也有署名《绣像东周列国志》。这或许是为了方便销售，以新意书名吸引更多读者。关于乾隆年间书坊联合刻书，由于材料有限，无法妄加揣测，暂且讨论这么多。

四、清代坊刻的衰落

清代书坊业盛极一时，坊刻小说在清代后期也达到繁荣的高峰，在城市人口密集的地区书肆遍地，通俗小说坊刻数量逐日暴增。据陈大康《中国近代小说编年》统计，在1840年至1911之间，共出版小说2755种，其中传统的通俗小说有1653种。[1] 由于小说坊刻市场的繁荣，盗版书籍也日益猖獗，对书坊刊刻者造成一定的打击："今书贾翻印之弊盛行，文人每成一书，未移时而已缩为小本，致著述家无从获利，甚且积书不售，折阅良多。应于检核准行后，给以文凭，许其专利数十载，有翻印者，明定律例，罚必加重，以绝书贾射利之狡谋，庶著述家得以名利兼收而不至心灰意倦欤。"[2] 而晚清随着石印技术的引进和广泛运用，传统书坊业的雕版刊刻事业则变得日益艰难。

关于石印书籍的优点，前文已经提及，此处不再赘述。晚清大多数的文人和出版者都青睐新型印刷技术，用石印技术出版小说已经是大势所趋。根据《小说书坊录》统计，晚清坊刻小说688种，有400余种都在光绪朝之前坊刻。光绪朝刊印小说共有572种，其中书

---

[1] 陈大康：《中国近代小说编年》前言，华东师范大学出版社2002年版。
[2]《奏设检书处议》，见（清）何良栋：《皇朝经世文四编》卷六，光绪二十八年上海书局刻本。

坊129家刊刻207种，民营印刷企业76家刊印365种。书坊刊印占总数36%，民营印刷企业占64%。从统计数据来看，在光绪朝的三十四年间，129家的民间书坊仅刊刻小说207种，平摊到每一家书坊不足两种，坊刻小说的衰落由此可见一斑。缪荃孙曾描述晚清书肆的变化，"甲寅秋日，重作京华之行，时时阅厂，旧肆存者，寥寥晨星，有没世者，有闭歇者，有易主者；而继起者亦甚众……石印本，铅字本，天然墨，触目皆是；世风之变，日趋日下，不知所止矣。"[1] 近代民营印刷企业运用新型出版技术，大大提高了出版数量，从生产效率上远超民间书坊。民营书局以石印和铅印为主，一些书局专门以出版小说为主要经营业务，如大声小说社、公同小说社、改良小说社等。此外小说报刊社也在晚清兴起，大量刊载通俗小说，这些报刊较为著名的有《新小说》《绣像小说》《月月小说》《小说林》《新新小说》等，报刊社出版长篇通俗小说，也在很大程度对传统书坊形成威胁和冲击。

清代禁毁小说的坊刻发展带有明显的时代烙印，清代前期与中后期坊刻禁毁小说分别具有不同的特点。从目前所见小说坊刻版本资料来看，清代前期小说刊刻的社会经济环境较差，坊刻成本较高，因此小说版本出现绣像少而评点多的坊刻特点。同时，清代前期并未颁布具体详细的禁毁小说目录，因而坊刻小说的易名刊刻现象并不明显，即便是一部小说出现多种名称，其根本目的也是为了吸引读者，而非为了逃避官府查禁。清代中后期的小说刊刻环境变得更为宽松，坊刻小说需求量大，刊刻成本降低，坊刻小说版式繁多，巾箱本、绣像本等受到读者青睐。随着清后期市民阶层读者的增加，绝大多数坊刻小说都附有绣像插图，而评点本小说则逐渐减少，到清末趋于衰落。

另外，传统书坊刊刻通俗小说，为了降低成本，往往偷工减料，使用质量较差的书板、纸张、墨水等，因而书籍字迹模糊错漏，图

---

[1] 缪荃孙：《琉璃厂书肆后记》，见孙殿起：《琉璃厂小志》，北京古籍出版社1982年版，第105~106页。

画绣像粗糙不清，使读者对之产生不满。瀛园旧主《群英杰后宋奇书叙》曰：

> 《群英杰》一书，作者不知为何许人。因见其名目新奇，藏诸书笥。甲午岁，偶窥全豹，方知命意措词，迥非寻常小说可比。……一切淫词秽语，概置不用，其用意已胜他书一着。但是书多系坊本，字迹模糊，词多鲁豕，甚为悼惜。今特倩善书者从新抄过，雠校无讹，付诸石印。[1]

此叙中批评传统坊刻小说版本字迹模糊，错误繁多，石印出版的成本较低，因此可以重新抄录校订并付诸石印。又有瘦秋山人《金台全传自序》："惜乎原本敷成唱句，不免拘牵逗凑，抑且迂坊镌刻，讹错不乏，令阅者每致倦眼懒怀。余兹精细校正，更作说本，付诸石印，极为爽目醒心，别生意趣。"[2] 同样是批评传统坊刻粗制滥造，错误较多，重新采用石印出版，书籍质量得到极大的提高。光绪十九年文海楼巾箱石印本《雷锋塔》有醉花仙尉序：

> 《雷峰塔奇传》，凡五卷，假托鬼神，隐寓劝惩之意，固亦有功世道之书。……惟原刻疏于雠校，焉乌帝虎，时所恒有。旧图亦未尽得法，似不足以登大雅，说者识之，良非苛论。文海楼主人，浼善书者，重为钞写，细加勘定。图仍十有六幅，悉以西法，各以诗，用申其事。付工石印，豁然改观。

用新式石印技术出版小说，不仅文字内容更为清晰，而且图画也更为精美，可以用较低的成本印制出质量上乘的小说图书。阿英《晚清小说史》载："《孽海花》在当时影响极大，不到一两年，竟再

---

[1]《群英杰》，光绪二十年上海书局石印本。
[2]《金台全传》，光绪二十一年上海中西书局石印本。

版至十五次，销行至五万部之多。"[1]这种再版速度和印刷数量都是传统坊刻无法企及的。

晚清民营书局的大量出现导致传统书坊经营的衰亡，一方面民营书局以较快的速度、较短的流通时间、精美的印刷品质彻底将书坊雕版刊刻击垮，民营书局刊刻大量通俗文艺作品，促进了小说的繁荣发展。另一方面民营书局采取石印铅印的现代印刷技术，使得书籍印数更大，定价更低，出版周期更短。这样一来，出版行业利润不断降低，直至图书价格低廉，人人都买得起书。然而晚清图书市场的需求量很容易达到饱和，图书的利润最终与一般的消费品和日用品相当，使得出版业不再是暴利行业。

> 说者咸谓定价太昂，取利太厚，以致阅者裹足。吾亦非不谓然，但版权工价之贵，印刷品物之费，食用房价一切开支之巨，编译、印刷、装订、发行，经历岁月之久，其利果厚乎否耶？果厚也，何以上海为中国第一之商埠，而业书者，不论新旧，去年中曾未闻有得赢巨款者。且年中各家所刊行者，亦曾稍稍领悟矣，丁未定价与丙午定价相比，大约若五与四之比，而其销行速率，乃若二与三之比，销数总核，又若三与四之比。……吾愿业此者，大贬其价值，以诱起社会之欲望。姑一试之，法果效也，则遵而行之，洵坦途哉；即不然，而积货之去，转货新者，亦未始无益也。[2]

晚清民营书局促销小说的手法五花八门，书局之间的价格竞争非常激烈，申报曾连续两天登载两篇文章：

其一《爱观奇书人告白》：

> 阅报见《大明奇侠传》一书，理文轩八角，文宜一角，

---

[1] 阿英：《晚清小说史》，东方出版社1996年版，第25页。
[2]《小说之定价》，见《小说林》1908年第10期。

愚向文宜局买来一部，携归阅之，殊觉可恶，内中抽去大半，想阅书之人最恨，不分贵贱莫论。故又至理文轩又买一部，至家细阅，书品精雅，字迹放大。愚将二店之书详比，文宜局之书只有廿五回，八万余字；理文轩有五十四回，二十余万字。想二书好歹，不问可知，购书诸君不贪区区便宜。[1]

其二《文宜书局再启》：

昨《爱观奇书人告白》，显系理文轩捏造之凭据也。你云铅版书佳，何又捏名登报，显露虚实据真，所谓极叫尚且无人去问。所云冒名《奇侠传》，你头虽未伸出，谅你眼亦瞎矣。你之铅版错字甚多也，火油气味也，数月走油变为黄色也，与别店之铅版大相悬殊也。而诸君均悉理文之旧劣处颇多，余亦不细说也。再《大明奇侠后传》，已将原底重为细校，比铅版胜百倍矣。现付石印，总在旬内准可出售，亦订四本，洋价一角。此白。[2]

这两篇文章的内容体现出晚清民营书局销售小说的价格战，理文轩铅印本小说售价八角，文宜书局石印本小说，上下两部分别售价一角。价格的竞争必然使实力不强的书局受到经济损失，同时也造成小说越来越便宜，总体价格水平越来越低。在这样的小说价格大战中，传统书坊更是无力与民营书局竞争，图书市场几乎无暴利可图，因而书坊刊刻的生意相继关闭破产，或转向售卖出租书籍，或将书坊改作贩卖字画笔墨一类的商号。另外，晚清时期的官刻书籍也开始崛起，成为民间坊刻的强有力对手。清代前期各地官书局所刻书籍多供应官府使用，很少售卖书籍，但晚清时局变化，且刊

---

[1] 光绪二十年七月十六日《申报》。
[2] 光绪二十年七月十七日《申报》。

印书籍出售获利较多,各地官书局纷纷大量刊刻书籍售卖,对民间书坊的经营造成巨大冲击。浙江官书局曾告示：

> 照得本局自同治六年倡设至今,广延耆秀校勘,成书日多,设立官书坊印订销售,原为嘉惠士林起见……近来书籍售销日广,成本较敷周转。蒙抚宪体恤寒,仍恐购读不易,饬再酌减。本局遵按现行书目刊本核作八折至九五折不等,禀明抚宪减定……凡购书者,仍径赴官书坊购买可也。[1]

这是一则售书广告,为促进图书销售而进行打折宣传。光绪年间的江南官书局也有类似的广告："照得江南创设书局,原为嘉惠士林起见,非市店之生理可比,以故书局纸张、价目较书肆格外精致便宜……本道自去冬接办以来,悉心体察,重订章程,板费一律少收,纸价必归核实,工匠刷印装订,亦酌予减成,庶几费用稍轻,价目亦可从贱,推广招徕。"[2] 官书局一旦加入刊刻售书的竞争行列,对于小本经营的民间书坊而言则是一种重创,因而书坊多从刊售书籍转行为专售书籍,或者专门刊刻官书局无法涉及的领域,如通俗小说戏曲、科举参考用书、民间日用百科书籍等。然而晚清的民营书局迅速崛起,并与小说报刊社合作,成为市场上出版小说的主体力量,如狄楚清创办《小说时报》,因他"本有一个正书局的出版所,又有一个很好的印刷所,铅印石印齐全,办一个杂志,也较为方便。又有时报上,不花钱可以登广告"[3]。民营书局和小说报刊社大量刊印小说、戏曲、通俗读物等,逐渐取代传统书坊,彻底导致民间书坊的衰落。

---

[1]《浙江官书局书目》,光绪十八年浙江官书局刻本。
[2]《江南书局书目》,光绪十六年江南书局刻本。
[3] 包天笑:《钏影楼回忆录》,香港大华出版社1971年版,第358页。

第六章　清中期以后通俗文艺的泛滥

明清两代是通俗小说的繁荣时期，从目前可见的通俗小说书目来看，清乾隆年间以前，通俗小说的数量增长基本上呈现出平稳状态。然而自清嘉庆年间以后，通俗小说的数量突然以非正常的态势急剧增长，仅晚清时期短短几十年间，白话通俗小说的数量突破千部以上。通俗小说的泛滥给晚清社会文化生活造成诸多的影响，因此清廷自嘉庆年间以后重视对通俗小说的查禁，而小说泛滥的主要原因则要追溯到乾隆朝的文治政策。

一、乾隆文治推动通俗文艺发展

清代中期经历了旷日持久的征书、编书、禁书等文化运动，表面上看是朝廷为了建立"儒藏"[1]，收天下之书籍编成七部《四库全书》，实际上这项文化壮举的背后隐藏着清朝统治者的文治手段和"愚民"政策。这些文化举措直接影响了清代晚期社会文化生态的变化，并加剧了文艺世俗化和大众化，并最终导致民风愚昧俚俗，形成不可逆转的潮流和趋势。

乾隆朝文治运动的展开主要是通过纂修《四库全书》，这项文化

---

[1] 乾隆年间周永年提出建立儒藏的设想："天下之物，未有私之而可以常据，公之而不能长久存者。……愿与海内同人共肩斯任，务俾古人著述之可传者，自今日永无散失，以与天下万世共读之。"见周永年《儒藏说》，载《松邻丛书》甲编，民国七年仁和吴氏双照楼刊本。

第六章　清中期以后通俗文艺的泛滥

建设工程不仅规模浩大、历史久远，而且对于民众思想的钳制产生了巨大作用。乾隆三十七年下谕征书，其征书理由是："朕稽古右文，聿资治理，几余典学，日有孜孜。因思策府缥缃，载籍极博。其钜者，羽翼经训，垂范方来，固足备千秋法鑑。即在识小之徒，专门撰述，细及名物象数，兼综条贯，各自成家，亦莫不有所发明，可为游艺养心之一助。"[1]此时朝廷征书的目的仅是为满足乾隆帝个人的兴趣爱好，所谓"可为游艺养心之一助"。然而征书谕下达十个月，朝野上下竟无一人征书献书，"迄今几及匝岁，曾未见一人将书名录奏，饬办殊为延缓。我国家重熙累洽一百二十余年，于今文治光昭，远暨山陬海澨，所在经籯书库，藏弆甚多，采掇本非难事。……此在远僻省份，一时或难于荟萃，至如近畿之北五省及书肆最多之江浙地方，又复从前何藉口？甚非所以体朕念典勤求之至意也"[2]。乾隆帝意识到各地方对征书任务的搪塞应付，在某种程度上是对满清皇权威严的挑衅和蔑视，尤其是文化昌明繁盛的江南各省，书肆藏书家等均有故意抗旨之嫌。因此，征书运动进而演变为修书禁书运动，旨在借征书修书推行朝廷的文治政策，并对江浙等省的人文风气进行监管整治。后世学者认为乾隆朝纂修《四库全书》对维护政权统治有诸多益处：

> 父子之变，兄弟之祸，骨肉之惨，亦至清初而极。官中府中，有不得而尽秘者。流传后世，丑莫大焉。乾隆帝欲藉采集遗书之机会，湮没此类不美之记载。
>
> 清以满族入主中国，汉人反对，势所必然。排满学说散布民间，为清廷之大患。乾隆帝欲藉求书之名，行焚书之实。
>
> 满人智识程度之低，远在汉人之下。乾隆帝欲集汉人

---

[1] 中国第一历史档案馆编：《纂修四库全书档案·乾隆三十七年正月四日谕》，上海古籍出版社1997年版，第1页。

[2] 中国第一历史档案馆编：《纂修四库全书档案·乾隆三十七年十月十七日寄谕各省督抚学政》，上海古籍出版社1997年版，第5～6页。

数千年之书，俾满人能遍观而尽识，以增加其抵抗力。

乾隆帝既一面宣传朱明之过恶，又一面欲表扬清朝之盛大，使无关轻重之文字亦得与古人并存而不朽。

当时学人，经康、雍两朝惨酷之文字狱，排满之心较前益烈。乾隆帝既举博学鸿词以网罗文章之士，又开馆修书以招致著书守道之人，使之耗精敝神于寻行数墨之中，以安其反侧。[1]

如此一来，纂修《四库全书》不再是一场简单的文化建设活动，而是与政治钳制紧密相关，是对中国文化典籍、士人精神、民风思潮的一次大清算。因此，修书过程中也必然伴随着大规模的文字狱和禁书毁书运动。

封建社会发展到乾隆朝，国势强盛，东南各省尤为富庶。江苏、浙江、江西、安徽等省份不仅是全国商业中心，制盐业、陶瓷业、纺织业、铜器业等极其发达，棉花和桑麻的种植全国居首位，而且城市繁华，人口众多，是文化交流传播的中心地域。苏州、扬州、杭州、江宁（今南京）等著名城市均为水旱商路枢纽、四方贸易中心，规模宏大，极其繁华，均有数十万人口，成百上千家店铺。[2] 同时，江南经济与文化相互助力，其昌盛程度也非其他省份能及：

> 最著者，为江苏、浙江二省。查乾隆时户口册，直隶一省之数，不足当扬州一府；山西一省之数，不足当松江一府；陕西、河南、甘肃三省亦然。江苏、浙江之户口，可以七八倍于北方诸省。即湖南、湖北、四川、山东诸省，亦不过其二分之一。江浙户口增加，即富力增加；富力增加，即促起文运之发达……清朝盛时，可谓复万历极盛时代之

---

[1] 任松如：《四库全书答问》，巴蜀书社1988年版，第5～7页。
[2] 张岂之：《中国历史》（元明清卷）第十一章《康乾盛世》，高等教育出版社2001年版。

第六章 清中期以后通俗文艺的泛滥

状矣，盖中国文运，近古以来，江浙为之中心，其所以促进之故，可以灼见。[1]

经济中心和文化中心的合并，令江浙等省成为全国人才的聚集地，据统计清代苏、浙、皖、赣、闽五省学者约占全国70%，其中江苏省几乎占三分之一。[2]清中期江浙两省著名藏书家多达400余家，藏书万卷以上的占十分之一多。清代浙江著名藏书家有徐孝标（杉泉书屋）、汪启淑（飞鸿堂）、朱彝尊（曝书亭）、卢文弨（抱经楼）、钱天树（爱日精庐）、郁礼（东啸轩）、范钦（天一阁）、郑性（二老阁）、张惟赤（涉园）、汪宪（振绮堂）、全祖望（双韭山房）、马思赞（红药山房）、孙宗濂（寿松堂）、赵昱（小山堂）、吴焯（瓶花斋）、吴兔床（拜经楼）、汪德溥（宝日轩）、鲍廷博（知不足斋）等。清代江苏著名藏书家有陆灿（大还堂）、惠栋（百岁堂）、毛晋（汲古阁）、吴泰来（遂初园）、曹寅（楝亭）、马裕（丛书楼）、金锡鬯（文瑞楼）、孙星衍（平津馆）、钱谦益（绛云楼）、秦恩复（石砚斋）、钱谦贞（怀古堂）、常揆（稽瑞楼）、钱兴祖（在兹阁）、周厚堉（天马山）徐乾学（传是楼）、张燮（小娜嬛福地）、陆漻（听云室）等，其文化繁盛由此可见一斑。吴晗《江浙藏书家史略》序中道："大抵一地人文之消长盛衰，必以其地经济情形之隆诎为升沉枢纽。而以前辈导挈，流风辉映，后生争鸣，蔚成大观，为之点缀曼衍焉。以苏省之藏书家而论，则常熟、金陵、维扬、吴县四地，始终为历代中心，期间间或互为隆替，大抵常熟富庶，金陵吴县繁饶，且为政治重心，维扬则为盐贾所集，为乾隆之际东南经济中心也。"[3]另外，清代江南在科举考试中得人才之盛远超别省。清朝科举自顺治丙戌至乾隆乙卯，共开六十一科，其中状元江苏三十六人，浙江十五人，安徽三人，山东二人，江西、湖北、广东、

---

[1]【日】稻叶君山：《清朝全史》（下），上海社会科学院出版社2008年版，第479页。

[2] 陈铁凡：《清代学者地理分布概述》，见《图书馆学报》1967年第8期。

[3] 吴晗：《江浙藏书家史略》，中华书局1981年版。

陕西各一人。榜眼为江苏十九人，浙江十九人，安徽六人，江西三人。探花江苏三十人、浙江十七人，安徽三人，江西二人，而余省为数无几。[1]然而，自清初以来，江南各省文人市民滋生事端频繁，清初时期遗民多隐逸聚居江南，闭户授徒、著书立说，多拒绝与清廷合作。此后江南地区多次发生文庙聚众闹事，甚至出现邪教蛊惑案、谋反叛乱案、逆书逆词案等，大多涉及当地文人和文化活动，就连普通市民亦多次哄闹公堂，挟制罢市，又有"刁民"将《四书》之语凑集成文，讽刺朝廷。乾隆十六年，江南出现所谓《孙嘉淦奏稿》，指责乾隆帝的"五不解十大过"，奏稿四方传抄，流布全国，朝廷追查一年又七个月，才草草收场。由于江浙的这种人文蔚然的特殊民风，造成江浙府县官员"既畏刁民，又畏生监，兼畏胥役，讼棍吏蠹互售其奸"[2]。因此，乾隆时期对江南士人风气的整治便成为文治运动的重要一项。

清廷通过纂修《四库全书》将江浙等省的藏书几乎掠夺殆尽，并指明一些藏书家必须向朝廷献书，乾隆三十八年谕：

> 遗籍珍藏，固随地俱有，而江浙人文渊薮，其流传别省更多，果能切实搜寻，自无不渐臻美备。闻东南从前藏书最富之家，如昆山徐氏之传是楼，常熟钱氏之述古堂，嘉兴项氏之天籁阁、朱氏之曝书亭，杭州赵氏之小山堂，宁波范氏之天一阁，皆其著名者，余亦指不胜屈。……又闻苏州有一种贾客，惟事收卖旧书，如山塘开铺之金姓者，乃专门世业，于古书存佚原委，颇能谙悉。又湖州向多贾客书船，平时在各处州县兑卖书籍，与藏书家往来最熟。……如能向此等人善为咨询，……谅无不踊跃从事。[3]

---

[1] 商衍鎏：《清代科举考试述录及有关著作》，百花文艺出版社2004年版，第188～189页。

[2] 郭成康：《清史编年》（乾隆朝），中国人民大学出版社1991年版，第708页。

[3] 中国第一历史档案馆编：《纂修四库全书档案·乾隆三十八年三月二十九日谕》，上海古籍出版社1997年版，第69页。

因此，在征书和审查书籍的过程之中，"明季末造野史甚多，其间毁誉任意，传闻异词，必有诋触本朝之语，正当及此一番查办，尽行销毁，杜遏邪言，以正人心而厚风俗，断不宜置之不办。此等笔墨妄议之事，大率江浙两省居多，其江西、闽粤、湖广，亦或不免，岂可不细加查核？"[1]朝廷征书之始曾承诺修书之后归还各家藏书，但事实上并未履行承诺，所征之书一部分遭到禁毁，而那些有幸著录《四库全书》的书籍底本也未能尽数归还，使得一些藏书家损失惨重，家道因而中落。

在纂修《四库全书》过程中，浙江献书数目达到4600种，《四库全书》收录不足一半。江苏进呈书籍4800余种，《四库全书》收录不及2000种。也就是说，朝廷所征之书近一半被禁毁。乾隆四十一年，江西查获禁书8000余部，乾隆帝认为"较江浙两省尤多"，斥责江浙督抚没能尽职整饬，"江浙为文物所聚，藏书之家，售书之肆，皆倍于他省，不应购获各书，转不及江西……因该督抚视为无关紧要，徒以具文塞责，并不实力查办，则藏匿应禁之书，何由尽出？"[2]乾隆五十二年七部《四库全书》纂修完毕，但查禁书籍的活动仍未结束，乾隆五十三年谕："江苏、江西、浙江省份较大，素称人文之薮，民间书籍繁多，何以近来总未据该督抚等续行查缴？"[3]再次令官员严查江浙等省份的禁书。乾隆五十四年又谕："江浙为人文之薮，书籍繁多，地方官只需将应毁之书查销净尽，原可毋庸定以限期！"[4]可见禁书并不是围绕《四库全书》的进程来实施，只要发现禁书，随时查禁销毁，"毋庸定以限期"。

---

[1] 中国第一历史档案馆编：《纂修四库全书档案·乾隆三十九年八月初五谕》，上海古籍出版社1997年版，第239页。

[2] 中国第一历史档案馆编：《纂修四库全书档案·乾隆四十一年十二月十三日谕》，上海古籍出版社1997年版，第561页。

[3] 中国第一历史档案馆编：《纂修四库全书档案·乾隆五十三年五月四日谕》，上海古籍出版社1997年版，第2121页。

[4] 中国第一历史档案馆编：《纂修四库全书档案·乾隆五十四年五月十七日谕》，上海古籍出版社1997年版，第2158页。

至乾隆五十五年，七部《四库全书》全部修竣并上架，民间所剩几乎均是无用之书，无非坊肆所售举业时文、无用之族谱、尺牍等，还有一些名不见经传的下层文人自撰书籍，"其人本无实学，不过嫁名驰骛，编刻酬唱诗文，琐屑无当者"。[1] 故而天下有益之书被搜索查禁殆尽，"不但明、清之间著述，几遭尽毁，乃至自宋以来，皆有指摘，史乘而外，并及诗文，充其自讳为夷狄之一念，不难举全国之纪载而尽淆乱之，始皇当日焚书之厄，决不至离奇若此。盖一面毁前人之信史，一面由己伪撰以补充之，直是万古所无之文字劫也"[2]。乾隆帝借征书之举来消除异端思想的决心，由此可见。由天下之书汇集七部《四库全书》贮藏宫闱朝堂之中，虽在江浙两省修三阁贮放三部《四库全书》，但毕竟书籍数量有限，管制严格，朝廷虽鼓励文人士子到阁观书阅览，但图书不许借出，且地域仅限于杭州、扬州和镇江三处，各地文人不可能随时观阅。另外，《四库全书》编录的书籍多经过严格审查，凡清廷认为有碍的语句均删改涂抹，因此讹误极多。实际上，纂修《四库全书》在很大程度上是一场文化整治运动，从控制图书流通达到扼杀文人思想才智的"愚民"目的。传统经典书籍遭查禁、销毁、垄断，精英文化全面受挫，自乾隆中期征书禁书之后，民间所藏经史诗文学术书籍大量减少，至道光同治年间，"近年各省，因经兵燹，书多散佚，臣视学江苏，按试所经，留心访察，如江苏松、常、镇、扬诸府，向称人文极盛之地。学校旧藏书籍，荡然无存。藩属旧有恭刻经史诸书板片，亦均毁失。民间藏书之家，卷帙悉成灰烬。乱后虽偶有书肆所刻经书，但系删节之本，简陋不堪"，[3] 晚清文化大萧条由此可见一斑。

《四库全书》纂修完成之后，大量通俗小说、唱本等被保留下来，

---

[1] 中国第一历史档案馆编：《纂修四库全书档案·乾隆三十七年正月初四谕》，上海古籍出版社1997年版，第1页。

[2] 孟森：《心史丛刊》，辽宁教育出版社1998年版，第212页。

[3] 陈登原：《古今典籍聚散考·请购刊经书疏》，上海书店1983年版，第248页。

虽然乾隆朝有少量的通俗小说作品遭到禁毁，但都是与政治违碍相关的作品，如《剿闯小说》《定鼎奇闻》《樵史演义》《辽海丹忠录》《英烈传》《说岳全传》等，而其余的各类历史演义小说、英雄传奇小说、神魔小说、世情小说、艳情小说等却未遭到查禁。因文治政策的推行，民众的整体素养和审美观念都发生了相应变化，通俗小说逐渐发展为社会文化消费和文化审美的主流，通俗文艺迅猛发展起来，同时也在商业上推动了通俗小说唱本出版印刷的繁荣。

二、儒学世俗化与小说发达

乾隆朝的文治政策推行之后，传统儒学思想的传播与发展也产生了明显变化。从精英文人阶层的修身齐家治国平天下到儒学的功利化和世俗化，晚清的士人和民众在文化愚昧和迷信气氛的熏陶之下，已然将儒学演变为一种宗教崇拜，导致传统儒学精神的彻底衰落。儒学思想从汉代"独尊儒术"开始逐渐成为封建王朝统治思想的主要内容，而儒学内容在明清科举应试中得以广泛推行，并加速成为维系帝制政权统治的教条和制度。当儒学内容的具体修身原则沦为愚昧和人欲的宣泄工具之后，读书治学以及科举应试的目的和结果必然与私欲利益相结合，士人读圣贤书也不再是实现治国平天下的远大志向，而与提高社会地位，满足物质需求息息相关。同时，在这种文治政策的引导之下，儒学本身也失去了原始的内涵价值和意义，由一种理想化的"圣人"道德规范转化成死板僵化的封建统治制度。因而，儒学思想一旦被规范束缚于政策和制度之中，必然要走向"功利化"和"世俗化"：

> 程朱理学……与政治权力与经济利益越来越紧密地连接，产生了两种相辅相成的、潜在的趋向，一方面是经由考试科目，可能把思想变成文本的教条，一方面是经由政治权力，可能把原则变成政治的制度，表面看上去是儒家学说、程朱之学进入权力中心，实际上是儒家学说、程朱

理学放弃了在政治权力之外的、相对独立的、民间社会和士绅阶层的批评立场，也逐渐丧失了自我超越和不断更新的空间。[1]

儒家思想在南宋时期已经存在明显的世俗化趋势，这与科举规模的扩大、文化的普及传播、出版印刷的日益发达有很大关系，"今书肆之书易得，有铜钱数百，即可得语录若干家，取视之，编类整整。欲言性，性之言千万；欲言仁，仁之言千万。而又风气日薄，机警巧慧之子，所在不绝产，被以学子之服，读《四书》数页之书，则相逢语太极矣。自先圣所删定诗书，已有置之不读，盖无问其他，……呜呼，其不为俗化一大厄欤？"[2]明代儒学思想的世俗化在建国之初进一步得到强化，洪武元年三月设科取士，洪武三年始，京师与各地方开始了大规模的乡试。[3]洪武十七年礼部颁布科举程式，指定"《四书》义主朱子集注经义、《诗》主朱子集传、《易》主程朱传义、《书》主蔡氏传及古注释，《春秋》主左氏、公羊、谷梁、胡氏、张洽传，《礼记》主古注疏"[4]。以"四书五经"为科举题库被官方以制度的形式确立下来，并通过各级科举考试的层层限制和规范将儒学思想（主要是程朱理学）的约束力扩展到社会各层面，形成一种自上而下的思想同一性。从表面看来，儒学思想同一性有利于政权统治，但从士人知识和思想的丰富性来说，制度化的儒学显然束缚了自由思想的发展。洪武二十四年朱元璋令天下学子背诵《御制大诰》："上令天下府州县民，每里置塾，塾置师，聚生徒教讼《御制大诰》，欲其自幼知所循守。"[5]删节《孟子》八十五条，规定"科

---

[1] 葛兆光：《中国思想史》第二卷，复旦大学出版社2005年版，第289页。
[2] （宋）欧阳守道：《巽斋文集》卷七《送黄信叔序》，文渊阁《四库全书》本。
[3][4][5]《明实录》第一册，历史语言研究所1968年影印本，第257页，643页，816页。

举不以取士，课试不以命题"[1]。永乐年间编成《御制四书大全》《御制五经大全》，将儒家知识和思想进行制度化的推行，又"以周、程、朱、张诸儒性理之书类聚成编……有发明经义者取之，悖于经旨者去之"[2]。颁布《御制性理大全》，进一步将儒学思想世俗功能化，"儒家的经典具有宰制万物、牢笼百家的功用。凭借着国家行政权力的支持，官方哲学的鼓吹，教育体制与科举制度的羽翼，六经长期地控制着人们的行为和思想"[3]。因此明代思想文化"邪说屏息，吾道中天矣，至今二百余年以来，庠序之所教，制科之所取，一禀于是"[4]形成思想统一且普及的状况。

但是儒家思想的同一性并不能确保儒学内涵的真正贯彻，儒学世俗化的一个重要表现是士人志向的世俗化，随着科举考试的大规模发展以及程式化体制的确立，"四书五经"的儒学内涵也变得简单机械。社会上的读书人日益增多，却不再追求儒学的修身治国，而是沉迷仕进、置产以及舒适富裕的生活。这样一来，被科举利益导向所控制的文人群体逐渐世俗化，因而士人生活状态也随之改变，从而带动了社会风气的巨大变化。

清朝异族统治的建立在很大程度上引发了传统儒学思想的回归和反驳。晚明心学的兴起以及清初朴学的抬头都试图打破程朱理学一统天下的局面，并各自取得了重大的成就。"王阳明在明代学术、思想史上具有举足轻重的地位，而在儒、佛、道三教合一观念的流衍或变迁中，王阳明更是起到了至关重要的作用。在他以前，固然明太祖、成祖倡导三教合一，亦有学者宣扬三教合流。然究其本质，不过是藉佛、道的威慑作用，暗助王纲。所注意的是佛、道的善化

---

[1] 刘三吾：《孟子节文》，国家图书馆藏本。

[2]《御制性理大全书序》，见《孔子文化大全》影印本，山东友谊书社1989年版，第10页。

[3] 朱义禄：《论冯梦龙的情一元论·明清思想文化变迁》，南京大学出版社2009年版，第183页。

[4] 高攀龙：《高子遗书》卷七《崇正学辟异说疏》，四库全书本。

功能，所采用的方法亦不过是流于表面的援佛、道助儒。而王阳明则不同，他是援佛、道入儒，创制心学，其影响及于整个晚明思想界"。[1] 明末张履祥认为："三教合一之说，莫盛于阳明之门。察其立言之意，盖欲使墨尽归儒。浸淫至于今日，此道日晦，彼说日昌，未有逃禅以入儒，只见逃儒以入释，波流风煽，何所底极！"[2] 王阳明以后的泰州学派推动了儒学的世俗化和民间化，也加速了儒道释三教合一的宗教信仰化。余英时认为，"明代的王学……使民间信仰不再为佛道两家所完全操控。只有在新儒家也深入民间之后，通俗文化才会出现三教合一的运动"[3]，而儒学思想一旦进入宗教性的世俗生活，其教化功能和劝善作用便会取得空前的效果，反过来通过渗透民间生活，也让儒学精神获得滋养和丰富，进一步推动儒学的大发展。

因而泰州学派认为："没有儒学的民间化，就不可能有真正意义上的儒学发展，而所谓儒学发展，充其量也就只能是几个士人藉空谈以博聪明。"[4] 泰州学派倡导"百姓日用即是道"，随着一批草根儒者的出现，儒学获得广大百姓的认同和追捧，"农工商贾从之游者千余。秋成农隙，则聚徒谈学，一村既毕，又之一村，前歌后答，弦诵之声，洋洋然也。"[5] 儒学的这种传播方式已经类似于民间宗教信仰的渲染和感化，而颜均等人发明的"口诀"和"诗歌"更

---

[1] 陈宝良：《明代儒佛道的合流及其世俗化》，见《浙江学刊》2002年第2期，第154页。

[2]（清）张履祥：《杨园先生全集》卷二八《愿学记》三，同治辛未江苏书局本。

[3] 余英时：《士与中国文化——中国近世宗教伦理与商人精神》，上海人民出版社1987年版。

[4] 蒋国宝：《儒学的民间化与世俗化》，见许苏民主编：《明清思想文化变迁》，南京大学出版社2009年版，第88页。

[5]（清）黄宗羲：《黄宗羲全集》第7册，浙江古籍出版社2005年版，第841页。

加推动百姓对儒学的迷信心理。如颜均《歌乐学》："学习兮从心，朋友来兮友亲。亲与兮精神，精神兮时蒸。醉心兮天真，盹盹兮彬彬。灵灵兮绳绳，斯学兮在人。在人兮自尌，自尌兮日新。御天兮无声，造命兮时成。天下兮归仁，万古兮利贞。"[1] 其他如《劝忠歌》《劝孝歌》《歌修省》《歌修齐》等已接近宣扬某种宗教思想的文字纲领。除此之外，颜均现身说法吹嘘自己因"孝行感天"而得天启善报，以至于"神智顿觉，中心孔昭，豁达洞开，天机先见，灵聪焕发，智巧有决沛江河之势，形气如左右逢源"[2]，他还创造了《急救心火榜文》六条，急救世人"不知存心养性""不知葆身安神""火妒妻子""烈焰刑法""党同伐异""诡行荒业"六种"疾病"[3]。又发明了"七日闭关法"，通过闭关打坐修炼以提高儒学的道德情操，这些举措都为了迎合民众的迷信心理，大力推进了儒学的民间世俗化和宗教化。

王学左派反对以"天理"作为社会生活的准则，反对程朱理学压抑人的本性和生命追求，张扬人的良知、个性、情欲的自然性，力图将参悟儒学准则渗透到人性本质中，"人心本自乐，自将私欲缚，私欲一萌时，良知还自觉。一觉便消除，人心依旧乐。乐是乐此学，学是学此乐。不乐不是学，不学不是乐。乐便然后学，学便然后乐。乐是学，学是乐。呜呼！天下之乐，何如之学，天下之学，何如之乐。"[4] 因而从思想文化的层面来看，心学很大程度上以反抗程朱理学为目的，但同时也以弘扬原始儒学为己任，"尊经破注"的立场十分明确，更加重视以真儒精神教化百姓民众。

清初朴学倡导经世致用，用真正的儒学精神关注国家兴亡和民生疾苦，亦将目光转向了民间。清初政治局面尚未稳定，社会思想趋于驳杂混乱，这为下层民间宗教信仰提供了极大的发展空间。程

---

[1][2][3]（明）颜均：《颜均集》，中国社会科学出版社1996年版，第63，24页，128页。

[4]（清）黄宗羲：《黄宗羲全集》第7册，浙江古籍出版社2005年版，第839页。

朱理学的超然精神在明末清初已然脱离了民众的生活，官方儒学思想的同一性教化对普通百姓也逐渐失去效力，尤其是下层百姓，在日常生活中多将精神信念寄托于神灵仙佛，儒释道三教合一的思潮观念加剧民间宗教信仰的发展和整合。

三、通俗手段的儒学教化

清代中期乾隆年间，清廷以频繁的文治举措消磨了士气和儒学精神，但对于民间文化生态的控制采取了宽松态度，在禁书运动之后，社会文化素养的普遍降低，一方面推动儒学的进一步世俗化，另一方面也将儒学经典引向了通俗文艺。"皇权控制下的政治意识形态和道德伦理观念，通过考试、蒙学、通俗文艺、家族和宗族的礼法、风俗习惯，渗透到观念世界，并且仍然在表面上支持着生活，特别是这种政治意识形态和道德伦理观念已经世俗化和制度化，并进入了民众的实际生活。"[1]如清代统治者颁布《圣谕广训》，从读书举子普及到民间市井阶层，期间利用通俗文艺浅俗易懂的特点将清廷君主的统治思想传达到社会的各个层面。《圣谕广训》出于康熙、雍正两代皇帝之手，《四库全书》载："《圣谕广训》一卷，圣谕十六条，圣祖仁皇帝所颁。广训一万余言，则我世宗宪皇帝推绎圣谟以垂范奕世者也。"[2]清代科举考试中，《圣谕广训》是士子必熟读默写的重点篇章，其内容不多，但经典实用，并蕴含清代帝王统治智术，因而也必然成为求知博学、科甲功名的必读书。王尔敏《明清社会文化生态》记载："当光绪四年英商美查（Ernese Major）兄弟在上海创设点石斋印书局，其最初开业所印之书，以《康熙字典》及《圣谕详解》销量最大，销售最快。盖全国考试州县岁试，万千生员无不人手一册，以图默书不错，遂使《圣谕广训》在有清一代畅销不

---

[1] 葛兆光：《中国思想史》第二卷，复旦大学出版社2005年版，第294页。
[2] 文渊阁《四库全书》子部《圣谕广训》按语。

衰。"[1] 自康熙年间以后，宣讲圣谕成为地方官教化民心的重要活动之一，而地方州县村寨宣讲圣谕逐渐形成较为固定的礼仪步骤，对地方民风礼仪的常规化产生巨大影响。如《湖南通志》记载：

> 宣讲圣谕礼。附讲乡约。每月朔望，欲择宽洁公所，设香案。届期文武官俱至，着蟒服，礼生唱序班，行三跪九叩首礼。兴，退班，齐至讲所。军民人等，环列肃听。礼生唱恭请开讲，司讲生诣香案前跪，恭奉圣谕登台，木铎老人跪宣读毕，礼生唱，请宣讲圣谕。司讲生按次讲毕。各退。[2]

由于清廷统治者大力推行提倡"宣讲圣谕"，《圣谕广训》在民间广泛流传，并附加大量故事性叙述以吸引开导文化程度不高的无知小民，故而《圣谕广训》借助民间社会信仰的根基，打造出文昌帝君等崇拜神祇，相关的故事说唱以及通俗读物在民间兴盛流传。由此而发衍出繁多粗浅俚俗的小说唱本，或叙述善恶，或宣讲果报，情节辗转曲折，如两广地区"木鱼书"等类，受到市民阶层的欢迎。民国二十三年七月四日至六日《大公报》第十三版连载木鱼书名目：《日边红杏》《龙舟歌》《吹箫忆友》《背解红罗》《桃花瑞英屏》《金花赠衣》《四季莲花》《金兰寄书》《天奇告状》《店中分别》《金生解果》《五谏刁妻》《拷打凤娇》《凤娇投水》《锦绣食斋成道》《客途饮恨》《毋谏心田》《夜送寒衣》《夜雨寻梅》《柳陆烟容》《潜龙走国》《金钗记》《观音出世》《陈姑追舟》《贵娇问病》《反唐女娲镜》《紫霞杯》《雪月梅》《夜吊白芙蓉》《勇救白芙蓉》《罗卜救母》《周氏反嫁》《烈女报夫仇》《金生桃盒》《山东响马》《宝婵进酒》《烈女封王》《陈世美不认妻》。其中《雪月梅》《反唐女娲镜》等已然完全具备了通俗小说的特征。"大凡民间劝善之书，多以木鱼书形式，通俗说唱故事出现。以其价值极廉，便于流传。惟其价廉易于流传，而民间非善之书亦借此形式流通。

---

[1] 王尔敏：《明清社会文化生态》，广西师范大学出版社2009年版，第15页。
[2]《湖南通志》卷七一，光绪十一年刊刻本。

诲淫诲盗，揭人阴私，攻讦敌对，以至反洋反教，多出此类便用小册，不一而足。是以地方木鱼书出产甚盛，而流品极杂。"[1] 这些因宣讲教化劝导民众而产生的通俗文艺数量虽多，但风格较为浅陋低俗，诲淫诲盗之书无所不至，也对地方民间风俗产生影响。

除此之外，明清一些小说作品大力渲染描摹人世种种情欲的喜怒哀乐，它们也都需要通过儒学教化的过滤和装饰才能合理化，进而获得合法化的地位。晚明展现市民生活，彰显人性善恶情欲的诸多小说作品，无不以儒学的"教化人心"为前提和宗旨，其根本目的是借助统治思想同一性使其"合法化"，并大量引入善书作为内容注脚，如《初刻拍案惊奇》卷二十一入话出自宋范晏《阴德传》，《清平山堂话本》卷三采自《阴德传》，《醒世恒言》第一卷和第十七卷采自宋李元纲《厚德录》。[2] 而许多通俗小说更以宣扬儒学风教为标签：

明憨憨子《绣榻野史》序：客有过我者曰："先生不几诲淫乎？"余曰："非也，余为世虑深远也。"曰："云何？"曰："余将止天下之淫，而天下已趋矣，人必不受。余以诲之者止之，因其势而利导焉，人不必不变也。……"

明欣欣子《金瓶梅词话》序：窃谓兰陵笑笑生作《金瓶梅传》，寄意于时俗，盖有谓也。……其中语句新奇，脍炙人口，无非明人伦，戒淫奔，分淑慝，化善恶，知盛衰消长之机，取报应轮回之事。……其他关系世道风化，惩戒善恶，涤虑洗心，无不小补。

明弄珠客《金瓶梅》序：作者亦自有意，盖为世戒……，余尝曰："读《金瓶梅》而生怜悯心者，菩萨也；生畏惧心者，君子也；生欢喜心者，小人也；生效法心者，乃禽兽耳。"……若有人识得此意，方许他读《金瓶梅》也。

明甘公《金瓶梅》跋：《金瓶梅传》为世庙时一巨公寓言，盖有

---

[1] 王尔敏：《明清社会文化生态》，广西师范大学出版社2009年版，第50~51页。

[2] 谭正璧：《三言二拍资料》，上海古籍出版社1980年版，第697，395，469页。

所刺也。然曲尽人间丑态，其亦先师不删郑卫之旨乎？中间处处埋伏因果，作者亦大慈悲矣。今后流行此书，功德无量矣。

通俗小说借助儒学教化来宣扬自我价值，也意味着儒学的传播方式发生了改变。自明代后期以来，善书在社会上广为流传，晚明已经出现了"善书小说"的萌芽样式，所谓的善书小说，通常篇幅较短，体式多类似笔记小说，而扶鸾善书的小说篇幅长，体式介于传奇与话本之间。[1] 清初坊刻善书小说颇多，而通俗小说为避文祸，往往也打着"善书"旗号自我标榜吹捧，如清初《续金瓶梅》称"要遵奉《感应篇》做一部小说劝世"，小说每回均以《太上感应篇》中语句开篇，作为"头回"。

> 我今为众生说法，因这佛经上说的因果轮回，遵着当今圣上颁行的《劝善录》《感应篇》，都是戒人为恶，劝人为善，就着这部《金瓶梅》讲出阴曹报应、现世轮回。紧接这一百回编起，使这看书的人知道阳有王法，阴有鬼神，这西门大官人不是好学的，杀一命还一命，淫一色报一色，骗一债还一债。受用不多，苦恼悔恨，几世的日子冤报不了。又好说些阴阳治乱，俱是众生造来大劫，忠臣义士，财色不迷的好人，天曹降福，使人好学。惜此引人献出良心，把那淫胆贪谋一场冰冷，使他如雪入洪炉，不点自化。岂不是讲道学的机锋，说佛法的棒喝，讲《感应篇》的注解？[2]

《续金瓶梅》文中多以善书的行书教化世人，如第六十二回：

当日唐宪宗长庆年间，杭州刺史白居易访西湖鸟巢禅师，问道："禅师坐在百尺松枝鸟巢之上，所居大险，何不下来上座？"禅师说：

---

[1] 张之杰：《台湾善书小说选》导言，台北汉光文化公司1993年版。
[2]（清）丁耀亢：《续金瓶梅》第一回，齐鲁书社2006年版，第2页。

"太守所居尤险。"白公说:"平生脚踏实地,有何险处?"师曰:"薪火相煎,识性不停,生死相续,岂非险处?"白公请问佛法,师曰:"诸恶莫作,众善奉行。"白公大笑说:"这两句话,三岁孩儿也道得出来,有甚么高处?"师曰:"三岁孩儿也道得,八十老翁还行不得。"白公乃为之作礼。我今讲一部《续金瓶梅》,也外不过此八个字,以凭世人参解,才了得今上圣明,颁行《感应篇》劝善录的教化,才消了前部《金瓶梅》乱世的淫心。

又如清初小说《姑妄言》多处引用善书,开头写阎君斥责朱棣道:"适逢大符建文告你篡夺一事,你家国运将终,你可托生,身为逆贼,残灭尔之子孙,破坏尔家天下,碎谋其身,稍偿稔恶,当日是你费尽心力篡夺了天下,今日就使你混乱了天下,付与有德者,才叫做善恶之报,如影随形。"[1]清代中期以后,士人阶层结合社会现实和民心所向,将儒学剥离开来并推动其民间化和世俗化。统治者也清楚看到,在文化普及的社会风气下,儒学的世俗化有利于思想统一性的稳固,因为"人人皆圣贤"的理想主义在很大程度上能够促进世风道德的进步。正是在这样的风气背景之下,坊刻通俗小说均借助昌明儒学的大旗,利用儒学的世俗化推动小说的传播,大量坊刻通俗小说都在序跋中强调"有裨世道人心"的宗旨,与时下的主流思想紧密挂钩。举例如下:

梅溪主人《清风闸序》:"予因是书脍炙人口,可以振糜俗,挽颓风,惜向无刻本,非所以垂久远。今不惜工价,付诸剞劂,庶使穷乡僻壤,海澨山陬无不可购而得之,非裨于世道人心之用也。"(嘉庆己卯奉孝轩刊本)

珠湖渔隐《云锺燕全传序》:"夫人生之初,浑然天理,无所谓善,又何有恶?至嗜欲深而情性渐乖,遂至始于家庭,终于邦国。古人著书以相戒劝,正言之而不能行者,则微言之;微言之而不能行者,

---

[1]《姑妄言》,清康熙年间勇园刻本。

则创为传奇小说以告诫于世。庸夫愚妇，无不口谈心讲，以悦耳目，其苦心孤诣，更有功于警迷觉悟耳。今此书向有钞录旧本，江以南流播尚少，坊友属予阅定，惠付梨枣，庶几广为传观，且可见福善祸淫之理，尚扶翼于宇宙间也。"（道光二十九年琅环书屋刊本）

贪梦道人《续永庆升平自叙》："今《续永庆升平》一书，因前部刊刻，续事未究，并非凭空捏造。……如妖人吴恩，叛反国家，杀害生灵，荼毒百姓，上干天怒，下招人怨，兴立邪教，未能平灭，有始无终，使人读者不能畅怀。故今又接续刻，全集实事百数回，各种目录书中之大旨，无非是惊愚劝善，感化人心，善恶分明，使忠臣义士，得留名于后世，邪教乱臣，尽遭报应循环，使读者有悦目赏心之欢，拍案惊奇之乐。……此书并非演义荒唐之语词，乃正人心，化风俗，抄录全部，刊刻成书，使读者大快人心。"（上海书局石印本）

《续永庆升平叙》："《永庆升平》一书，乃当年除邪教、平逆匪之实迹也。惜前卷无端而止，未令人得窥全豹，殊为憾事。若吴恩等本不逞之徒耳，竟啸聚数十万众，诪张为幻，或为天地会，或为仁和教，其教不一，其酋亦不一，峨眉楚雄等处，蹂躏几不堪矣。……今本堂不惜重赀，购觅载纪，采访遗史，倩人续演其书，词不尚乎古高，事惟取其征实，使阅者知义愤之不可犯，妖魔之不克终，其以此为救世之书，可也。"（上海书局石印本）

另外，通俗文艺的兴盛也与科举规模的日益扩大有关，清朝中期以后人口急剧增长，读书人数和参加科举的人数都大幅度增加，科举中试名额也较清初有所增长。乾隆六十年间开科二十七次，会试中额人数5389名。嘉庆二十五年间开科十二次，会试中额人数2821名。道光三十年间开科十五次，会试中额人数3272名。咸丰十一年间开科五次，会试中额人数1096名。同治十三年间开科六次，会试中额人数1589名。光绪三十四年间开科十三次，会试中额人数4078名。[1] 在知识文化逐渐普及的情况下，读书人的整体素质必然

---

[1] 商衍鎏：《清代科举考试述录及有关著作》，百花文艺出版社2005年版，第179～181页。

受到大众文化的牵引，其结果就是精英文化的衰落与通俗文化的兴起。

四、社会文化生态的市井化

从明清两代的白话小说书目来看，绝大多数白话小说都产生于清代嘉庆年间之后，据石昌渝主编《中国古代小说总目》（白话卷），收录白话小说1277种，其中明代小说174种，余下除去少量元代以前小说作品以及年代不详的小说，清代白话小说数量近1100种，其中80%都产生于清嘉庆年间之后。[1]另据陈大康《中国近代小说编年》统计，自道光二十年（1840年鸦片战争）至宣统三年（1911年辛亥革命），近代白话通俗小说数量共有1653种，是明清两代（道光二十年以前）白话小说总数的三倍以上。[2]

清嘉庆年间社会文化生态的大变迁虽然促成小说数量的急剧增长，但从整体来看，通俗小说的质量却远不及前代，有影响力的优秀小说作品极为少见。从思想深度和艺术成就等方面评价，晚清以后的小说无法企及明代四大奇书和清代《儒林外史》《红楼梦》等优秀作品。小说数量的膨胀无法与小说质量成正比，形成这一现象的原因主要有以下两点：

其一，乾隆文治政策造成了士风颓废，而在学术上促成了乾嘉学派的形成以及朴学（汉学）的大发展。"乾隆以来多朴学，知人论世之文，易触时忌，一概不敢从事，移其心力，毕注于经学，毕注于名物训诂之考订，所成就亦超出前儒之上。此则为清世种族之祸所驱迫，而使聪明才智出于一途，其弊至于不敢论古，不敢论人，不敢论前人之气节，不敢涉前朝亡国时之正义。此止养成莫谈国事之风气，不知廉耻之士夫，为亡国种其远因者也"。[3]清代汉学的发达虽有助于古籍的辑佚整理校订，但钳制了文人思想的发展，磨灭

---

[1] 石昌渝：《中国古代小说总目》，山西教育出版社2004年版。
[2] 陈大康：《中国近代小说编年》前言，华东师范大学出版社2002年版。
[3] 孟森：《清史讲义》，中华书局2006年版，第306页。

了文人精神和创造力,更利于清廷对汉族文人进行控制和摆布。天下文人学者将才智经历投入到文献考据、训诂、校勘等学问中,极少有人敢于著书立说以匹夫之力关怀当朝政治。由此,自乾嘉学派的兴起,社会上启发心智的文化书籍著作越来越少,具有自由精神意志和独立人格的文人士大夫也越来越少,大多数读书人沉溺于科场应试的举业时文当中,造成嘉庆以后小说作家人才凋零,读者的审美水平也趋于民间市井趣味,因而难以产生具有较高思想深度和艺术魅力的优秀作品。

其二,嘉庆年间以后的小说作品缺乏创新,总体特点是续书多、拼凑多、改变多,加之学者小说层出不穷卖弄学问,这些现象都导致小说质量每况愈下。"乾嘉是一个注重实学考据的时代,以想象和虚构为特征的小说是在被轻视和被排斥之列,小说的风气因而为之一变。"[1] 这时期的一些小说被创作成为干枯无味的考证文章,充斥着学问知识,如乾嘉时期李汝珍《镜花缘》,是典型的学问小说,"其书中自述,凡诸子百家,琴棋书画,医卜星相,音韵算法,以及灯谜酒令,双陆马吊,射鹄蹴球,投壶斗草之类,无一不备"[2],李汝珍"博识多通而仍敢于为小说也,惟于小说又复论学说艺,数典谈经,连篇累牍而不能自己,则博识多通又害之"[3],正是在小说中"论学说艺,数典谈经",严重地影响了小说的文学性和艺术性,故《镜花缘》这部小说"盖以为学术之汇流,文艺之列肆,然亦与《万宝全书》为邻比矣"[4]。又有江洪《草木春秋演义》,以战争历史演义的故事形式戏说各种草药的性味功能,以草药写小说,借此大谈知识学问,显得不伦不类。嘉庆年间以后产生了许多续书、仿书、改编本白话小说。单以《红楼梦》的续书为例,嘉庆以后出现了小和山樵《红楼复梦》一百回、佚名《红楼后梦》二十四回、花月痴人《红楼幻梦》

---

[1] 石昌渝:《中国古代小说总目》(白话卷),山西教育出版社2004年版,第25页。

[2] (清)佚名:《韵鹤轩杂著》卷下题跋,清道光元年刻本。

[3][4] 鲁迅:《中国小说史略》,上海古籍出版社1998年版,第180,182页。

(《幻梦奇缘》)二十四回、沈懋德《红楼梦补》四十八回、刘承彦《红楼梦醒》六十四回、顾太清《红楼梦影》二十四回、梦梦先生《红楼圆梦》(《金陵十二钗后传》)三十一回、逍遥子《后红楼梦》三十回、铁峰夫人《红楼觉梦》、彭宝姑《续红楼梦》、张曜孙《续红楼梦》二十卷、秦子忱《续红楼梦》三十卷、海圃主人《续红楼梦》四十回、娜嬛山樵《补红楼梦》四十八回、娜嬛山樵《增补红楼梦》三十二回(接《补红楼梦》第四十八回)、王兰沚《绮楼重梦》(《红楼续梦》)四十八回、吴贻先《风月鉴》(《红楼梦》仿作)十六回等。除《红楼梦》的续书仿书外,又有小说如《飞跎全传》,乃整理评话艺人作品的话本小说;又有《龙图刚峰公案合编》,是编辑明代《海刚峰先生居官公案传》和《龙图公案》两部小说而成;又有《绿牡丹》,又题《续反唐传》,即为《异说反唐全传》的续编;又有《清风闸》,为说书评话改编而成;又有《施案奇闻》,为民间说唱改编而成;又有《双凤奇缘》,采戏曲、野史及民间传说拼凑而成,等等。

　　社会文化匮乏的现象发展到晚清,民间市井文艺成为民众文化消费的主流。为迎合民众的审美趣味,赚取丰厚的商业利润,晚清许多书坊书肆刊刻贩卖内容俚俗浅易的文艺作品,涉及神怪巫术、江湖豪侠等,其中包括大量的淫词小说。低俗文艺的传播造成社会风气的败坏,清廷察觉到通俗小说的流行对民间风气具有重大影响,因而自嘉庆以后开始有意识地监控查禁各类妖言惑众的淫词小说。道光十四年二月谕内阁:"自来民俗之淳漓,由于平时之渐染,国家型方训俗,必将孝悌忠信礼义廉耻大为之防,方可正人心而维风俗。如该御史所奏,近来传奇演义等书,踵事翻新,词多俚鄙,其始不过市井之徒乐于观览,甚至儿童妇女莫不饫闻而习见之,以荡佚为风流,以强梁为雄杰,以佻薄为能事,以秽亵为常谈;复有假托诬妄,创为符咒禳厌之术,蠢愚无识,易为簧鼓,刑讼之日繁,奸盗之日炽,未必不由于此。"[1]然而政府禁令无法阻挡文化生态环境的变迁,乾隆文治政策的推行已然令文化风气庸俗化市井化,并形成不可逆转

---

[1]《清实录·大清宣宗成皇帝实录》卷二四九,中华书局1985年影印本。

的趋势，各类通俗小说的创作和流行已经远远超出了统治者的预期及控制。

从晚清各书局书坊刊刻贩卖书籍的目录可知，民众的文化消费多集中于民间日用书籍、科举及教科书籍、通俗小说、戏曲唱本等，而趣味低下的淫词小说占有相当大的比例，一些较为著名的民营书局亦是不能免俗。据《晚清营业书目》，光绪年间申报馆出版书籍多娱乐消遣类书籍，其中包括小说《儒林外史》《红楼梦补》《西游补》《水浒后传》《林兰香》《女才子》《雪月梅》《青楼梦》《何典》等，[1]这些小说大多每部售价大洋五角，相当于上海普通工人的一二日的工资[2]。

《上海扫叶山房发兑石印书籍价目》，除了刊印售卖科举试题范文墨卷之外，还有一些通俗小说，如《绘图儿女英雄传》六本洋三元，《增广全图西游记》洋四元，《增广全图镜花缘》洋四元，《绘图三国志演义》八本洋一元五角，《详注聊斋图咏》八本洋二元五角，《后聊斋志异》四本洋二元。

《上海飞鸿阁发兑西学各种石印书籍》道："（本庄）门面发兑石印、铅板各种书籍、图画、碑帖，名目繁多，不及备载，倘蒙赐顾，价目格外克己，幸垂鉴焉。"飞鸿阁售卖书籍多为科举用书、民用医药图书、书法字帖等，又有许多通俗小说，价格较为便宜。如《醒世姻缘传》一元四角，《七侠五义》八角，《小五义》六角，《续五义》六角，《东周列国志》一元，《三国演义》二元，中号版《三国演义》一元二角，《前后西游记》一元五角，《镜花缘》一元，《封神演义》一元，《东西汉》七角，《林兰香》七角，《儿女英雄传》一元二角，《五才子书》一元二角，《二十四史通俗演义》一元，《儒林外史》七角，《金玉缘》二元，《小八义》六角，《再生缘》一元五角，《女仙外史》

---

[1] 周振鹤：《晚清营业书目》，上海书店出版社2005年版。

[2] 清末上海纺织男工的日工资2角5分，女工2角2分。泥水匠和木匠每日4角，船渠工人每日6～8角。详见彭信威：《中国货币史》，上海人民出版社2007年版，第869页。

一元二角，《雪月梅》四角，《粉妆楼》四角，《海上花列传》一元，《隋唐演义》一元二角，《燕山外史》四角，《蜃楼外史》四角，《彭公案》六角，《英烈传》四角，《今古奇观》五角，《万花楼》四角，《六才子书》四角，等等。

《上海申昌书局发兑石印铅板各种书籍》，其中关涉通俗小说文艺，举例如下：《醒世姻缘传》一元四角，《东周列国志》一元，《七侠五义》八角，《小五义》六角，《三国演义》二元，《封神演义》一元，《镜花缘》一元，《儿女英雄传》一元，《儒林外史》七角，《五才子书》一元，《金玉缘》二元，《女仙外史》一元，《红楼梦补》六角，《凤双飞》二元，《荡寇志》一元，《铁花仙史》三角，《银瓶梅》二角，《飞龙传》四角，《绮楼重梦》七角，《雪月梅》四角，《粉妆楼》四角，《隋唐演义》一元，《燕山外史》四角，《英烈传》四角，《西湖佳话》四角，《六才子书》四角，等等。

《上海十万卷楼发兑石印西法算学洋务书目》，发售通俗小说及价目举例如下：《绘图三国志演义》一元六角，《绘图东周列国志》一元四角，《绘图封神榜》一元四角，《绘图西游记》一元四角，《绘图儿女英雄传》一元四角，《绘图镜花缘》一元二角，《绘图东西汉》八角，《绘图西湖佳话》四角，《绘图英烈全传》五角，《绘图粉妆楼》五角，《绘图永庆升平》五角，《绘图飞龙传》八角，《绘图万花楼》六角，《绘图说岳全传》八角，《绘图五美缘》五角，《绘图双凤奇缘》六角，《绘图说唐全传》八角，《绘图铁花仙史》五角，《绘图人间乐》三角，《绘图二度梅》三角，《绘图双珠球》七角，《儒林外史》八角，《女仙外史》一元六角，《彭公案》七角，《雪月梅》五角，《龙图公案》三角，《荡寇志》一元六角，《觉世十二楼》四角，等等。

《上海棋盘街宝善斋书庄发兑各种时务算学策论新书》，有通俗小说书目，举例如下：《绘图三国演义》一元二角，《绘图东周列国志》八角，《绘图五才子书》一元五角，《绘图加批西游记》一元，《绘图东西汉演义》六角，《绘图封神演义》六角，《绘图彭公案全传》八角，《绘图荡寇志全传》八角，《绘图镜花缘》五角，《绣像七侠五义》一元，《绣像施公案全传》八角，《绘图精忠说岳传》五角，《醒世姻缘传》

一元二角，《绘图飞龙全传》四角，《绘图粉妆楼》三角，《燕山外史》四角，等等。

除此以外，上海广智书局、时中书局、嘉惠书林、上海理文轩、广益书局、炼石印局等书局书肆纷纷发售通俗小说，规模和数量均远超前代。从这些书局印售图书的内容范围来看，晚清市民在书籍一项的文化消费倾向于科举用书和通俗小说，而且随着科举的衰落直至废除，通俗小说所占消费市场份额逐年增长。这种现象虽然与文化西学东渐有着密切关系，但也在很大程度上反映出晚清民众审美趣味的改变。传统士大夫的风雅情趣被市民通俗娱乐所取代，全民素养的俚俗化是晚清通俗小说流行泛滥的主要原因。

从乾隆时期文治政策的推行，到晚清通俗文艺的兴盛，社会文化由雅到俗的改变成为不可逆转的趋势。这股潮流不仅体现在士民阶层的文化消费上，更重要的是已然渗透到民众的日常生活以及风俗习惯当中，使整个社会文化生态发生巨变，甚至威胁到朝廷的统治。乾隆帝的文治手段主要意图在于钳制全民各阶层的思想，鼓吹以经济民生取代精神独立，以低俗文艺取代高雅文化，以市民大众取代精英阶层。然而这种"愚民"政策的不良影响延续至晚清，造成民众精神生活普遍愚昧，盲目从众，丧失独立人格。从而导致晚清社会上迷信巫术盛行，民间帮会林立，淫词小说泛滥，烧香集会成风，谋逆造反频繁，刑事案件迭出。正是清廷的"愚民"政策改变了中国传统温文尔雅、怨而不怒的民风，所造成的这些不良后果恐怕是清朝统治者始料未及的。

第七章 社会文化生态:邪教活动与小说禁毁

晚清市民文化生态呈现出多元化的图景,这种多元化的趋势比以往的历朝历代都更为复杂明显。其多元化主要体现在:

第一,晚清朝廷始终延续着清初以来对民间百姓的风教劝善政策,官府刻印颁布劝善书籍传单等,官员撰发各类关涉百姓风教的檄文告示等,力图以传统儒家伦理秩序作为基础,引导百姓忠君爱国、父慈子孝、夫妻和睦、安分守己、勤俭持家。

第二,朝廷风教劝善政策在执行的过程中,各阶层儒生的参与使教化结果发生变化,促成了民间信仰的形成和系统发展。这些信仰中既包含儒学风教的浸濡,种种民间礼法节操道德规范,同时也包含了佛老思想,因果轮回以及法术巫风等,儒家思想一方面无法排斥佛道精神的渗透,另一方面儒学自身范畴中的易学术数方技等也在民间发扬光大,逐渐扭曲为占卜算命看相风水等宗教迷信。

第三,晚清各级官府腐败、低效和不作为。处于上层社会的官僚儒者日益远离民生,百姓的日常生活诉求无法在官府处得到解决和满足,故而自谋生路并探索出多种发展道路。其一是求助各类神仙佛道,导致各种祈神拜神祭祀的活动遍及城市乡村,民间宗教活动日益兴盛,各种教门邪巫遍地兴起。其二是求助生活百科全书,如《万宝全书》一类百姓通俗经典,内容包罗万象,能够解决日用疑难杂症,而官方权威进一步被藐视,官府形同虚设,百姓视而不见,对官员儒者士绅的信任度和重视度全然扫地。其三是下层百姓和弱势群体形成行业组织,遇事互相依附救助,以策人身财产安全。逐渐由行业组织发展而成各类帮会、行会、地下兄弟会,歃血为盟,结为异姓兄弟,订立规章制度,以图同生共死。这些帮会组织类似于梁山聚义，成员多是下层无产游民，对朝廷统治威胁极大。

第四，民间宗教规模的扩大，各类行会、帮会的陆续产生，在日常生活中逐渐形成了教门帮会行业专用的切口暗语，并逐步与社会的其他团体区分开来，产生相对独立存在的社会组织。在组织内部互相帮扶，利益共享，团结友爱，一致对外。这些组织基础稳固，成员众多，生命力旺盛，有时规模庞大遍及全国各省，俨然形成了与社会相对的另一个社会，甚至能够聚集财力物力人力与朝廷抗衡。如白莲教的产生，便是汇集了民间宗教信仰的教门以及帮会行会等组织，获取了劳苦大众的信任，最盛时教众数十万人，遍及十几个省份，并在局部地区有谋逆造反的趋向，公然对抗朝廷。

第五，经过清代中期的禁书运动和文字狱打压，被禁毁书籍多达万种，凡思想谨慎端方的有用之书编入七部《四库全书》，其余违碍之书连同刻板尽皆焚毁，凡启发心智、彰显气节、文人遣怀、咏物寄托、明清之乱、风花雪月、反清谋逆、革新变故、张扬风骨、狂狷个性、荒诞无稽等书籍，都在违碍禁毁之列，天下之书毁于一旦，编入四库全书的底本书籍也尽不归还。文字狱迭出钳制了文人著书立说的热情，思想传播只能通过口耳相传，无法付诸文字。因此，经过禁书文字狱之后，民间所剩书籍种类极少，包括民间日用百科、民用历书农书、科举应试参考书、八股例文范文、色情小说、低俗曲本小调等。

第六，晚清时期社会文化得到极大普及，由于人口急剧膨胀，读书的人数日益增长，而朝廷官职数量百年未变，因而读书人科举中试的几率相对以往更低。社会上大量读书人与仕途无缘，又不敢随意著述品评当世，时刻提防文字狱之祸。因而其聪明才智无法发挥，便转向民间文艺创作，故清中期以后通俗文艺蓬勃发展，俗文化逐步渗透并吞噬着传统雅文化，逐渐形成了别样的民俗文化。晚清的地方戏曲、民歌、大鼓词、弹词、宝卷、百戏、杂耍、民谣、谚语、格言、小调、单弦、二弦、三弦、相声、八角鼓、口技、笑话、道情、莲花落、木鱼书等通俗文艺五花八门，包罗万象。

第七，晚清淫秽色情小说泛滥，除了民众略识文字但素质低下的缘故之外，尚有地方官员、乡绅、里长族长的教化失职之责任。

古代男女严防之事有赖于朝廷和地方官员对民风进行有益引导，以培养守礼知耻的淳朴民风，然而晚清各层官员士绅儒者不作为，加之青楼楚馆、烟楼茶社遍地，造成淫秽色情风气横行，再有牟利书商刊印淫秽小说推波助澜，书中描绘春宫图画，购书阅书者更是趋之若鹜。百姓民众在思想观念上缺乏正统伦理规范的引导，只得独自寻求发泄怀春之情的途径，如民用百科《万宝全书》等书中，专设风月一门，分类讲解两性生活要诀，"夫妇闺房情趣，床笫嬉戏，云雨缠绵，乃至婢妾童仆之猥狎，嫖妓偷情之色欲，凡淫谑书画，交媾技艺，均普遍考求，无所忌惮。"[1] 此等日用书籍较淫秽小说更为放诞，使得百姓对淫秽色情不以为然，视为正当。

一、圣谕宗教化

晚清市民文化生态的多元化，显然与清政府长期执行的文治政策密切相关，是一种自上而下形成的文化生活状态所产生的变异，根源来自于统治阶级与文人百姓二者话语空间的断裂与分离。清朝在建立之初，看似极力保留汉族文化的既定发展痕迹，沿用明代的各项政治制度和体制政策，如大学士制度、科举制度、选官制度等，在表面上形成了儒学思想、主流知识和意识形态的和谐统一。清廷尤其重视传统观念的教化与熏陶手段，继续将读书人固定在四书五经的教育轨道之中，使人们相信，即便明清易代，换了满族皇帝统治天下，而社会基本原则和普遍真理依旧如故地存在。当清初一些汉族遗民尚未能够从明亡的悲痛与震撼中清醒过来，对于清廷统治的同一性感到异常不适应，然而他们并没有发觉清初统治阶级所采取的普遍主义必然消除晚明延续下来的文化多样的特质，而是将这种不适应归咎于民族主义的热情，对异族统治进行挑战和反抗。

然而狭隘的民族主义必然随着时间的流逝而消磨殆尽，逐渐丧失了严防华夷界限的合理性。清廷经过顺治、康熙、雍正三朝近百年的

---

[1] 王尔敏：《明清社会文化生态》，广西师范大学出版社2009年版，第83页。

第七章　社会文化生态：邪教活动与小说禁毁

统治，不但日益强化思想正统，将儒家伦理秩序的合理性与清朝入关统治的合理性进行统一化，而且逐渐以华夷论辩的胜利作为契机逐渐将政权凌驾于普遍真理之上，形成了对整个社会层面都严格监控的思想专制。雍正帝通过《大义觉迷录》反驳吕留良、曾静等人关于"华夷之分大于君臣之伦"的论调，强调儒家思想关于政权合法性的真理准则，即"怀保万民，恩加四海，膺上天之眷命，协亿兆之欢心，用能统一寰区，垂庥奕世"，[1]这也正是清廷所追求的政治理想，并非取决于种族出身，而是要看这一政权是否亲民爱民、天命所授、民众拥戴。这场辩论以曾静等人心悦诚服的痛悔作为终结，[2]迫使具有民族主义情结的广大士人意识到个人偏激的思想倾向实为"异端"，不合乎传统儒家思想道德秩序。

因而，清廷便在政治论辩的过程中暗地偷换了正统真理的指代位置，所谓的正统真理是由孔孟思想宗旨的"圣学"道统为基础，经过千年历史的评判与考验，不但是传统士大夫阶层拥护的文化权力，而且在广泛的民间也拥有天理性和心理性的统一标准。这是一种全民对合理性的认同，也是理所当然的伦理规则。这种真理不需要进行论证和解释，是天经地义存在的，而清廷将政权的合法性与普遍真理挂钩，混淆了政权与真理的界限，从而转变为"清王朝"等于"儒家伦理正道"，又等于"普遍真理"，又等于"民众信仰"，进而又将"清王朝"等于"统治思想"，等于"皇帝"，从而将等同公式整合，形成了"皇帝"等于"普遍真理"等于"民众信仰"的既定模式，公然将皇权凌驾于知识、思想和信仰之上。这样，清廷的文治策略将各层文人百姓的话语和思想空间压缩得所剩无几，并协同官僚系统将社会公众生活标注为真理空间，在这个空间当中，

---

[1]《大义觉迷录》卷一，上海书店出版社1999年版，第4页。
[2] 蒋良骐，王先谦：《东华录·雍正朝》卷七，台南大东书局1968年影印本，第334页。载曾静忏悔承认："盖我朝龙兴……德化之盛，及于中土，薄海内外，无不倾心爱戴。由是天与人归，使大统一朝而成，不劳而得，并非汤武之居中渐化，而后民心乐从，始有天下者可比，其规模更大更远，所以为亘古莫及。"

有朝廷不厌其烦的道德说教和司空见惯的教化方式，有官僚虚伪的歌功颂德和堂皇的道貌岸然，有文人的缄默不语和古板迂腐，有百姓的不以为意和敷衍了事。

而清代整个社会发展不可能放任公共生活的虚假真理性变得死气沉沉，乾隆年间的高压文治政策的教化效果仅能维持到嘉庆初年。虽然公共生活愈发变得僵化教条，而私人生活空间却愈发广大，人们应用各种办法逃避公共专制的个人的压榨。从而在晚清形成了个人对朝廷政策教化的"悬置"，朝廷政策屡屡下放，民间对策五花八门，并形成了丰富完整的市民文化生态，几乎完全脱离了朝廷对"正统真理"的推行，甚至改变了传统儒家信仰的走向。

事实上，清朝推行的民间风教劝善运动无法完成统治者的预期目的，统治者是想借助儒学教化手段在民众中排除异端，达到知识思想的同一性和标准性，但是长期宣扬的风教劝善却朝着偏斜的方向发展，以统治者无法预料的方式发展出了民间信仰体系，并且形成了根深蒂固的民间礼法规范，甚至连统治阶级都无法轻易改变。清代统治者在推行民众教化政策方面不遗余力，如：

顺治九年，六谕卧碑文颁行八旗和各直省，此六谕效仿明太祖六谕文，目的是消除民间各地对清廷统治的反感。其内容为"孝顺父母，恭敬长上，和睦乡里，教训子孙，各安生理，无作非为"。[1]

顺治十二年，颁行《劝善要言》，"教世，劝善为先，人之立身，为善最乐，故取诸书之要者辑为一编，名曰《劝善要言》"。[2]

其中包含了明代善书代表作《太上感应篇》的条目，康熙三十三勉善堂藏板《太上感应篇图说》，其序文道："《劝善要言》一书，乃顺治十二年世祖章皇帝博采群书之要，自六经子史以及百家之言，凡有当于劝诫者汇成一编……《感应篇》中要语皆以选入编内，而又命内院词臣翻译《感应篇》，引经证事，刊刻颁布，可以知圣心之乐善不倦如此。凡属臣民，尤不可不惕然自警矣，故敬梓斯序于此书之首焉。"

---

[1]《清实录·世祖章皇帝实录》卷六三，中华书局1985年影印本。

[2]《清实录·世祖章皇帝实录》卷八八，中华书局1985年影印本。

第七章 社会文化生态：邪教活动与小说禁毁

康熙九年，颁布《圣谕十六条》，礼部题曰："皇上弘敷教化，特颁《圣谕十六条》，以示尚德缓刑、化成民俗之意，应通行晓谕八旗，并直隶各省府州县乡村人等，切实遵行。从之。"[1] 此后，《圣谕十六条》在全国城乡范围内衍生为"圣谕宣讲"。

雍正二年，将《御制上谕十六条》加上衍文释义，命名为《圣谕广训》，颁行天下。此后，全国范围内的"圣谕宣讲"演变为"圣谕广训宣讲"，并一直延续到清末。

从清朝统治者推行的教化手段来看，主要集中在加强对《六谕》《圣谕十六条》的反复宣讲上，从清初至清末，宣讲内容始终没有太大的改变，而宣讲的手法和方式则不断推新出奇，既运用了强制手段迫使民间百姓接受圣谕教化，也采取怀柔甚至喜闻乐见的方式诱导民众，以实现社会思想道德的同一性和一体化。在《圣谕十六条》颁布之后，各地官员乡绅推出乡约保甲体制以确保圣谕的顺利宣讲，如清刊本《上谕合律乡约全书》，系康熙年间浙江巡抚陈秉直亲撰，有序曰："前之浙江巡抚陈大老爷，仰体朝廷爱民之意，将该乡约《圣谕十六条》逐条阐发、衍义，撰为《乡约全书》，在其后刊载律例，使百姓知晓，能顺从《上谕十六条》则为良民，若不从则将据律例加以刑罚。"[2] 另外，康熙二十五年浙江提督陈世凯上疏：

> 上谕十六条，训饬臣民，周详尽善，普天率土应一体讲读，以昭一道同风之盛。令各省文职，已于月吉宣讲。……臣请敕直隶各省将军、提镇诸臣，率所属营伍，照文职例，一体讲读……至各省土司亦属武职，尤宜亟为讲读，更征远迩同风，教化大行之治，下九卿确议，寻九卿议如所请，得旨。[3]

其中可以看出"圣谕宣讲"的目的在于实现"远迩同风，教化大

---

[1]《清实录·圣祖仁皇帝实录》卷三四，中华书局1985年影印本。
[2]《上谕合律乡约全书》，清刊本。
[3]《清实录·圣祖仁皇帝实录》卷一二六，中华书局1985年影印本。

行"的思想道德同一性。中国历朝历代统治者都推行教化政策，但多以鼓励读圣贤之书，启发纲常伦理在民间的自然道德约束，极少出现清朝统治者这类以颁布道德真理准则为己任，自上而下强制推行圣谕宣讲，从城镇到乡村，从学塾到兵丁，无一不受到圣谕的熏染和浸润。

宣讲圣谕的教化手段从清初开始实行，一直到清末愈演愈烈，逐渐成为空洞无聊的表面程序和形式。为此，一些地方官员士绅以宣讲《圣谕广训》为基础，编写而成《宣讲拾遗》《宣讲集要》等书，配以警世格言和各种因果报应故事和神话传奇案件等，将圣谕的宣讲过程进一步形式化直至宗教化，以确保圣谕在民间的地位永不动摇。然而"劝善之书，杂佛道说教，亦代佛道立言，但并不属于佛经道书，实乃广泛流行之民间宗教。中国民间泛神祇宗教最盛，包容综合，无所不有。天上人间，相距不远，人神之间近在周遭。人可成神，神可成人，亦如民间世情。劝善之书，出于此种信仰环境，流通极多，然方域特色甚大。"[1] 康熙四十三年刊本《圣谕宣讲乡保条约》载，在乡间宣讲圣谕时，里正、甲长、司讲等人要在"圣谕牌位"前跪下三叩首，同声宣誓：

> 某等：身为官役……今誓于神，务秉公正。
> 如有善行登记不周，或湮灭不彰，或谕扬过实者，天地神明，阴施诛殛。
> 人有恶行查访不实，或饰词遮掩，或驾词陷害者，天地神明，丧其身家。
> 调和处事不度情理，或偏憎偏爱，或市恩市利者，天地神明，降施灾祸。
> 人肯悔过不亟表扬，或微词讥刺，或引言败毁者，天地神明，灭其福算。[2]
> 在宣讲之地先行洒扫，高台上置放香案、蜡烛、圣座、

---

[1] 王尔敏：《明清社会文化生态》，广西师范大学出版社2009年版，第30页。
[2]《圣谕宣讲乡保条约》，康熙四十三年刊本。

花瓶、香炉等,记善薄记恶薄的桌案放置两侧,俨然是一场宗教性质的仪式。如《宣讲集要》中列出诸多神明的清规戒律,从文昌帝武圣帝的戒条戒规到灶王府君的训旨,这些宣讲内容已经偏离了儒家正统,集中了乡绅士人和民间大众的普遍共识和社会规范,而圣谕宣讲活动也逐渐演变为赏善罚恶的宗教法事活动,集中了儒道释三教的驳杂观念,加之在其中引用大量民间因果故事和传说作为辅助,便形成了一种根基极深不易撼动的民间宗教信仰。相较空洞无物的圣谕教化,民间各阶层显然更喜爱更适应宗教化神秘化的宣讲方式,因而,在圣谕宣讲旗帜的招摇之下,民间宗教信仰堂而皇之地大行其道。

二、民间宗教信仰的发达

从清代文人阶层的治学倾向来看,当士人们逐渐丧失了思想空间,其个人意志遭受压迫和控制,在公众面前只能符合同一性应试制度和官场规则,其知识思想无法以真实的面貌生存。为避免离经叛道的危险,便只能在私人生活中略加舒展,但随之而来的是统治者对社会私人空间的监控与压缩,大多数士人无法拥有市井民众"悬置"真理的自由,只好另外寻求途径以获得逃逸和保生。一方面,乾嘉学派的学术研究成为思想逃避的重要场所,另一方面,民间有更多不得志的下层文人将聪明才智投放到乡里礼法规范的树立当中,成为引导乡间民众笃信儒家礼教的中坚力量。

清代的儒学风气从不同的方向出发遍及全国,最后以殊途同归的方式形成民间宗教信仰,上层统治者颁行的儒学知识思想只在科举过程中浮现,其余的儒学活动最终都沦为空谈或是宗教形式。下层文人在乡间倡导推行的儒学则往往以偏概全,强调居家生活要周知天下事物,其中包括对阴阳术数的精通和把握。自秦汉以来,儒学思想中已经混杂了阴阳灾异、术数祥瑞的种种理论,到六朝唐宋以后,佛教的因果思想进一步渗透到儒学当中。因而在清代,儒道释合流的趋势乃是众望所归,易学卜筮占卦扶乩活动极为盛行。而清代民间广泛流行的所谓术数之学无非是下层文人推算人生流年命理，择定婚丧吉凶之日等，与正统儒学的学术没有任何关系。

这样一来，自上而下对儒学思想的推崇反而成就了民间信仰的确立，并与原始宗教相结合，形成了阴阳术数、神祠祭祀、巫风迷信等活动大盛的社会生态文化，使统治阶级陷入了更为窘迫难以作为的局面。中国的民间宗教生活所涉及的虔诚信仰，多半都是泛神功利主义的，较少包含对人生哲学义理的学术探求，即便涉及伦理道德教化，也多与因果报应的信仰扯上关系。这些民间宗教的信徒们，其信仰根本是基于对生活需求的渴望，并为了求得日常生活的方便和保障进行祭祀崇拜活动，由于这一点特征与真正的宗教信仰有着根本区别，因而中国的民间宗教也更容易被利用，结成规模盛大的民众势力。另一方面，中国民间宗教多神多仙多灵，上至各路神仙君王圣贤，下至山川河流树木，都能成为民间宗教崇拜祭祀的对象。在百姓日常家居生活中，无一家一户不祭门神、户神、灶神等，这足以说明民间宗教活动的功利性。这些祭拜活动一旦形成人员系统和规模，便会产生"拜××教"的邪教组织，而且这种多神泛神的功利性宗教信仰若是被更多更诱人的利益所吸引，则可能形成推翻王朝统治的巨大力量。

清初统治者针对民间方术邪教巫师曾有禁令，康熙二十六年上谕："僧道邪教，素悖礼法，其惑世诬民尤甚。愚人遇方术之士，闻其虚诞之言，辄以为有道，敬之如神，殊堪嗤笑，俱宜严行禁止。"[1]但民间宗教活动屡禁不止，由于儒学宗教化的推波助澜，民间宗教活动的规模在清代后期愈加庞大，百姓为保障日常生活的顺利和需求，每年花费巨资祭祀各路神祇，积极参与各种佛道法事活动。地方土地庙、城隍庙等烟火不绝，每逢佳节集会之日，城市乡间人群涌动，抬神游街，买卖交易，舞龙舞狮，锣鼓喧天，各种游艺活动花样百出，以娱神娱人，成为民间活动的一大盛事。民间集市中商

---

[1]《清实录·大清圣祖仁皇帝圣训》卷二十五《严法纪》，中华书局1985年影印本。

众往来，往往与民间宗教糅合相伴，集市日期多定在神诞之日，市井乡民交易买卖的过程中，请神祭神之事极为常见，官府仕宦和鸿儒书香门第虽然不屑随众参与，但也愿摊派资财助兴祈福。而这些民间请神祭祀活动逐渐成为一种专门知识和学问，并出现《请神点论书》《请神咒诀掌论》等民间祭祀书籍，在全国范围内流传甚广，遍及乡镇村户。

关键的问题是，组织祭神活动，编排祭神仪式，讲解祭祀祷文的人员通常是乡间儒者文人，这些儒生读书必修习儒家经典，进而触类旁通研习佛老，掌握各类实用性知识礼仪伦理规矩等。有些人能够谨守儒家仪礼形式，甘愿墨守成规，不肯改变迁就世俗，日常依循圣贤行径，品性端方刚正，但思想抱残守缺，迂腐不堪，空学一身知识本领却百无一用。而另有一类儒生则是利用掌控民间礼法知识的长处，图名牟利，阴鸷多变，男盗女娼，人品败坏，传统伦理文化在他们手中荡然覆亡，而其人比市井乡间的流民恶徒坏至更甚。虽然此类儒生受到朝廷憎恶贬斥，被正统所不齿，但他们往往能够控制民间宗教信仰的神秘仪式和进程，一旦被乡民拥戴，便会成为社会不稳定以及反叛的危险因素，严重威胁到清廷的政权及统治。

民间宗教信仰的传播方式除了敬拜祭祀以外，尚有以书籍形式感染人心的方法，借助各类宗教故事感召民众，聚集民间力量。晚清时期民间宗教的规模已形成，变为不可逆转的趋势，涉及民间宗教信仰的小说层出不穷，并被各类宗教活动频繁利用，甚至引起谋逆祸乱，"逞施法术，本小说不经之谈，以此垂戒，后世犹有信义和团'拳匪'以肇乱者"，[1] 因而此类小说的流行和传播引起统治阶级的警惕和关注。在清初至乾隆年间，已经出现针对涉及邪教法术小说的禁令，如天聪九年谕文馆诸臣禁译野史，"野史所载，如交战几合，逞施法术之语，皆系荒诞"。[1] 又康熙二十六年议准："书肆

---

[1]（清）王崇儒：《掌固零拾》卷一《译书》，民国二十五年修绠堂书店刊本。

淫词小说，刊刻出卖共一百五十余种，其中有假僧道为名，或刻语录方书，或称祖师降乩，此等邪教惑民，固应严行禁止。"[2] 康熙四十八年江南道监察御史张莲奏："民间设立香会，千百成群，男女混杂，又或出卖淫词小说及各种秘药，引诱愚民，请敕地方官严行禁止。"[3] 同年吏部议："御史张疏，一民会之宜禁，一方术之巫人宜斥逐等。……扶鸾书符招摇贪缘之辈，及淫词小说等书，均应如御史张莲条奏，永行严禁。"[4]

虽然清初的民间信仰尚处于原始宗教的混沌状态，市井百姓各自在家中供奉神灵，没有形成长期大规模的宗教仪式和公然敬拜，加之清统治者对佛道二教保持低调的抑制态度，并对僧尼道人的宗教活动严加控制，[5] 因而尚未在民间形成顽固而强大的邪教谋逆势力。但民间宗教活动已然开始与朝廷及帝王崇拜相融合，将儒家的忠孝伦理思想引入宗教敬拜仪式当中，使得正统知识思想逐渐趋于宗教化，借助"报答君恩""诚于爱戴"等名目举行宗教仪式活动，并成为势不可挡的潮流。雍正三年谕内阁：

> 前蠲免江南苏、松两府浮粮，彼处士民，感激朕恩，为朕祈福。闻有诵经立碑，盖造龙亭，聚会演戏者，虽或出于爱戴之诚，然实非矢报君亲之理。朕所望于天下者，只欲各安职业，端本务实，以生以养，庶几家给人足，共享升平，仰报我皇考之付托耳。以云祈报，莫大于此。至于诵经礼

---

[1]（清）王崇儒：《掌固零拾》卷一《译书》，民国二十五年修绠堂书店刊本。
[2]（清）魏晋锡：《学政全书》卷七《书坊禁例》，清乾隆年间礼部刻本。
[3]《清实录·圣祖仁皇帝实录》卷二三八，中华书局1985年影印本。
[4]（清）孙丹书：《定例成案合钞·续增礼部礼制》，清康熙年间刻本。
[5]《大清律例》中严禁巫师和邪术，其中包括：其一，假借邪神；其二，书符咒水；其三，扶鸾祝圣；其四，妄称弥勒佛、白莲社、明尊教、白云宗等会，一应左道旁门之术；其五，隐藏图象，烧香聚众，夜聚晓散，佯修善事，蛊惑人民。见姚雨芗：《大清律例会通新纂》卷十五，台北文海出版社1964年版，第12页。

忏诸事，皆为粉饰虚文，即谓颂祷致虔，亦于朕躬毫无所益。……苏松士民，习于华侈，今又为此虚文，以祈朕福，甚非朕意。著该督抚，严行禁饬。[1]

江南士民为报答雍正帝蠲免浮粮，自发诵经礼忏、立碑造亭、聚会演戏等活动，实际上是打着儒家忠君报君的旗号，大兴民间宗教仪式之事。雍正帝虽有禁令，但只要有报答君恩的事件出现，大规模的宗教活动便屡禁不止。到了乾隆年间，宗教集会和崇拜仪式频繁与佛道寺观相关联，并在乾隆三十三年前后爆发了波及全国的邪教巫术大恐慌事件，乾隆年间虽多次颁布严禁邪教活动的命令，然而大势所趋，再多的禁止政策也都无济于事。

> 皇帝所担心的是，"不法之徒"会假借僧道习俗，冒用"祖师"名义从事占卦预卜之事。此种"交通鬼神"及预卜未来的能力会产生种种"异说""野谈"，从而吸引无知民众成为他们的门徒并非法结党。在这里，皇帝所谓的"异说""野谈"，并不仅仅是指他们假称具有魔力，而更是指他们假称有能力预知现存政治秩序的未来命运……是一种对于在帝国权力中心北京所发生的宗教活动的特殊敏感。位于京城的寺庙庵观均"不许设教聚会，男女混杂"（这是民间宗教的标志；而在皇帝的心目中，这也正是民间道德堕落的进一步的证据），同时，亦"不许建设高台，演剧敛钱，酬神赛会"。[2]

正如清代统治者所担心的那样，民间宗教集会的兴起繁盛必然导致邪教组织出现，也必然会增加谋逆反叛的事件，仅乾隆朝发生

---

[1]《清实录·世宗宪皇帝实录》卷三二，中华书局1985年影印本。
[2]【美】孔飞力《叫魂——1768年中国妖术大恐慌》，生活·读书·新知三联书店2012年版，第143页。

的大小谋逆事件数百起，民间百姓以秘密宗教结社对抗朝廷：

乾隆元年九月，经略苗疆总督奏，斩获逆苗一千三百八十余人，生擒苗犯并逆属二千四百余人。

乾隆四年四月十二日，两江总督那苏图奏，江阴县查获夏天佑等倡立"西来教"，诱引愚民。七月初八，命将苗民起义领袖包利等四十八人分别处以戮尸枭示、凌迟处死、处斩枭示等极刑。十月初十，河南南阳总兵韩英魁奏报伊阳县梁朝凤等杀死保正、放火烧村。据此破获"一枝花"邪教。

乾隆六年三月十三日，贵州黎平府永从县爆发苗民、瑶民反清起事。七月，贵州总督张广泗奏报擒获造反首犯吴老四，又六月间广西李彩等列为十二头人，以黄布包头，旗书"天与道行"四字，并妄称"太祖"，企图攻打迁江等处，现发兵剿灭，拿获首犯李彩。八月二十二日，户部尚书陈德华等奏陈宝泉局工匠停炉罢工。

乾隆八年二月，因患水灾，饥民时有骚乱，遂派宣化使四人，前往下江之淮、徐、扬、海四府州，上江之凤、颍、泗三府州，进行宣谕化导。

乾隆九年八月，山东巡抚喀尔吉善奏报擒获"空子教"匪人。

乾隆十年五月十六日，令各地教官逢朔望向士子宣讲《训饬士子文》《卧碑文》《圣谕广训》和《朋党论》。五月二十四日，贵州总督张广泗奏报黔西州夏如春结党谋逆案。五月，江苏巡抚陈大受奏称常州府地方多有设立"静堂"者，非僧非道，聚众拜佛，男女混杂。

乾隆十二年正月十三日，川陕总督庆复奏报陕西固原营兵纠众夜劫提督并抢掠铺户一案。二月十四日，山西巡抚爱必达奏报，文水县民杜良珍投递逆书二纸。二月三十日，御史黄登贤奏称，各省幕客多聚集省会，呼朋引类，与上下各衙门书吏往来结识，生事招摇。四月十七日，传谕各

第七章 社会文化生态：邪教活动与小说禁毁

省督抚整饬"刁悍民风"。五月十三日，陕西河州回民马应焕控告同教马来迟建"明沙会"。五月二十四日，以福建、山东、江南、广东、山西迭出挟制官长之案。六月二十二日，河南按察使奏称，偃师县刁民聚众借粮、闹署殴官。六月二十六日，中牟县刁民聚集千余人，将知县围困城外庙中，胁迫释放在押监犯。

乾隆十三年三月二十日，严禁邪教。谕称："妖言左道，最为人心风俗之蠹"，上年云南张保太案内之大乘教蔓延数省，今又有福建老官斋会、山西收元教等，各省督抚"务须加意查办，杜绝根株。嗣后凡有干涉烧香聚匪之处，俱当留心查察，一有访闻，即行擒捕，不可稍有怠忽"。四月二十四日，江苏苏州发生聚众哄闹、抗官抢犯事件。五月初二，广东海阳县民李阿万等组织反清起事，被官兵拿获。李阿万被凌迟处死，余犯分别斩决、遣发、杖徒。五月初六，因各省屡有聚众抗官事件，命刑部严切定例，从严惩治。寻议：聚众殴官积至四五十人以上者，为首斩立决，枭示；其同谋聚众、转相纠约、下手殴官斩立决；为从之犯绞监候；被胁同行者杖一百。五月初十，就江苏苏州聚众一案，乾隆帝命传谕巡抚安宁，将主犯和首犯立即杖毙，以儆刁徒。六月十四日，因近日聚众抗官之案甚多，乾隆帝特命刑部定议照陕甘刁民聚众之例，立即正法。

乾隆十六年六月，浙江巡抚永贵奏称：金华府"刁民"哄闹公堂，挟制罢市；遂昌县"刁民"哄闹、塞署、罢市；太平县"刁民"哄闹米厂。以上各案现正督同两司严办。八月初五，命密行缉访伪撰孙嘉淦奏稿的作者及其党羽。

乾隆十七年正月二十日，湖北民人杨烟昭"字迹卦图悖诞荒唐，语极不经"，乾隆帝命立予杖毙。四月十八日，尹继善奏报江南有奸匪马朝柱等借开山烧炭为由，立名天堂寨，谋为不法。十一月初二日，署山东巡抚杨应琚奏报破获"空子教"。据称，郓城县刘汉裔冒充教主，诱惑多人从邪教谋反。十二月三十日，闽浙总督喀尔吉善奏报破获蔡荣祖等谋反案。蔡荣祖系福建平和县学文生，与道士冯珩交好，众人商议举事，推蔡为盟主，冯为军师，商定国名为"大宁国"，印文用"首出咸物，万国咸宁"八字。至起事之日，蔡等运军械之船被查获，蔡荣祖被捕。后蔡荣祖被凌迟处死，冯珩在刑讯时迭夹致毙，仍戮尸；同犯定拟斩绞，即行正法。

乾隆十八年四月初二，山东巡抚奏称：泰安县民王尽性等捏造歌词，刻印货卖，分别拟以斩决流徙。帝谕将为首之人立予杖毙。六月初十，精神病患者丁文彬将著述《文武记》《太公传》以及《时宪书》等投呈衍圣公孔昭焕，被拿获。拟以凌迟处死，亲属缘坐。七月十六日，直隶总督方观承奏邢台县拿获邪教一案。乾隆帝指示："可将首先传播如王会等数人即行杖毙"。七月二十七日，云南瑶族何圣烈等"散札召人，谋为不轨"。何圣烈凌迟处死，余者斩决或绞决。八月初六，喀尔吉善奏报浙江复有罗教流传，分遣文武查拿。九月二十日，传谕各督抚：凡托名马朝柱，书写匿名揭帖，诬陷良民者，立予杖毙，不必题达。

乾隆十九年三月初四，御史胡定以《水浒传》"实为教诱犯法之书"，奏请禁毁。闰四月初五，就江南、福建分别拿获传播"西洋邪教"之案谕军机大臣。

乾隆二十年十二月，有杨淮震投献霹雳神策案。

乾隆二十一年四月初九日，河东总河白钟山奏报，拿获妄言祸福之流寓山东刘德照，在其家墙洞内查出字帖四纸，有"兴明兴汉"等语。乾隆帝下谕将刘德照凌迟处死，其家属依律缘坐。

乾隆二十二年四月二十日，兴彭家屏、段昌绪藏吴三桂檄文、明末野史案。后河南布政使彭家屏论斩，生员段昌绪立决。十二月初二，就河南查获荣华会一案，乾隆帝谕军机大臣，此案有悖逆情节，不仅为邪教而已。

乾隆二十七年七月初六日，总督方观承奏报：正定镇所

第七章 社会文化生态：邪教活动与小说禁毁

属兵丁拾获"言词悖逆"字帖一张。乾隆帝命将"逆词"速行封奏。及阅，以为该逆词乃"横肆狂悖，从来未有之大逆之尤"，此案经审明，系李怀林、阎景成攒砌大逆词语，二人被凌迟处死。又通过此案究出河南孙耀宗传播邪教等情节，后孙耀宗立斩，其余案犯七人分别押回本籍正法。

乾隆二十八年正月二十七日，闽浙总督奏报拿获书写狂谬词句的疯病犯林时元。乾隆帝指示：无论疯之真否，均当严加刑讯，然后明正其罪。林时元后遵旨立斩。三月初七日，湖北巡抚奏报查获书写"逆词"罪犯刘三元，刘三元自称梦见"神道对我说我是汉朝后裔，要天下官员扶持"，并将此写成字纸。后刘三元遵旨凌迟处死。三月二十七日，总督方观承奏报查办碧天寺主持传授邪教案。乾隆帝批谕：此案发摘甚属可嘉。三月三十日，直隶遵化州民闹赈哄堂，摔碎公案。乾隆帝命布政使观音保：将为首数犯立行正法。四月初五，查明碧天寺主持传授邪教案，后案犯两人凌迟处死，一人斩立决，余者九人发乌鲁木齐等地为奴。七月初四日，命江苏浙江查办天圆教。拿获传教首犯均绞候、斩候，其余信教遵旨发乌鲁木齐。九月初十日，湖南衡州府疯病患者王宗训书写"我有天神扶助"，"可为天下之主"，被拿获，以其"妄造逆词"被凌迟处死，亲属缘坐。十月初七日，湖南按察使奏请防范疯病之人任意书写，捏造妖言。

乾隆二十九年三月二十八日，江西巡抚奏请查禁祠宇流弊。四月二十八日，福建永安县童生邓文亮作《诫淫说》《诫暴文》赴学院投递。《诫暴文》妄托梦见雍正帝谕以机密事而作。后邓文亮遵旨被斩候。九月初二，江苏民人朱文呈首山西五台县知县书写逆词。

乾隆三十二年闰七月十三日，两广总督李侍尧等奏所属保昌县拿获江西民人蒋日逵等赴澳门邀请西洋神父掌教。十一月十八日，闽浙总督苏昌、浙江巡抚熊学鹏奏报齐周华逆词案。齐周华凌迟处死，其已成年之子孙斩监候，妻妾及年未及岁幼子给功臣为奴。十二月初四，侍郎齐召南为逆犯齐周华《台岳游记》，且未能稽查劝阻其刊刻逆书，命来京候旨，责令闭门思过。十二月十五日，江西庐陵县民吴君尚勾引西洋人行教，发配伊犁。

　　乾隆三十三年，闽浙总督崔应阶奏报，漳浦县奸匪卢茂编造诡名悖逆诗词，并分散花蓝号布，煽诱各村庄愚民聚匪百余人，欲图抢劫县城，拿获逆匪二百余名，要犯均已就获，此次起事是天地会反清的一次重大行动。同年，新疆昌吉屯田遣犯暴动戕官，乾隆帝将起意为首之人凌迟处死，其余俱立斩枭示。又闽浙总督崔应阶奏报台湾冈山积匪黄教竖旗滋事，乾隆帝谕示务使尽绝根株。

　　乾隆三十四年正月，台湾黄教反清起事。二月，直隶总督破获宏阳教复萌案件。四月，福建古田县民结盟制旗，上印"提督主帅"等记，企图抢劫仓库。

　　乾隆三十五年正月，拿获漳浦县民蔡乌强，搜获红绫札付一方，泥金横书"大明"，中书"大总镇"，首犯诸人分别磔斩、枭示。二月，贵州总督吴达善奏称，该省桐梓县民赵式璧等聚众百余人，拥赴衙署，乾隆帝命尽法处治，九十余名聚众闹事者被捕，首恶各犯按律骈诛。六月，古州党堆寨苗民反清起事首领香要及三从犯被捕获，当即被凌迟处死，其母、妻妾及年仅五六岁的子女均被处死。十月，两广总督李侍尧奏报潮州府属丰顺、海阳二县朱阿姜等聚众不法，杀害差役。经追剿，陆续获犯一百零九名，搜出军械符书等，起获盟书。乾隆帝据奏命根究党恶，尽法惩创。

　　乾隆三十六年十月，湖北京山县严金龙聚众结盟，图谋抢劫仓库。在严金龙家起获姓名簿，其伪印篆文"匡复中原"四字。十一月，湖北襄阳、应城、汉阳等县破获白阳教案。

　　乾隆三十七年四月，查河南、山东、直隶等省邪教案，王中传书中有大逆之词。五月，破获"清水教"及"八卦教"。

　　乾隆三十八年八月，广西上林县陆李能聚集僮族人数百，称王起事。

乾隆三十九年八月，山东寿张人王伦借秘密宗教发动反清起义，起事者抢劫仓库，占据城池。知县被杀，所过之处，附众甚多。

乾隆四十年四月，河南鹿邑县民樊明德倡混元教，教书内有"换乾坤""反乱年""末劫年"等字句。

乾隆四十二年十一月，甘肃河州王伏林创红单教，聚众反清。

乾隆四十四年，直隶井陉县生员聚众抗官殴差，江西乐安聚众抗官，山东恩县聚众抗官。

乾隆四十五年十二月，福建建宁县拿获罗教要犯。

乾隆四十六年正月，甘肃循化厅回人聚众起义。六月，四川破获江西人廖景泮传布罗教案。十月，河南新蔡县监生聚众抗官。

乾隆四十七年五月，山东巡抚奏报拿获白莲教徒。

乾隆五十六年二月，台湾彰化县福建彰州籍民张标等复兴天地会，钻刀设誓，暗立记号，被官府破获。七月，查办八卦教、天地会案内发遣新疆罪犯授徒惑众、秘密串连等活动。[1]

仅乾隆三十九年，各省有关邪教活动和秘密结社的奏折多达193份，到了乾隆五十二年，全国各地秘密结社谋逆事件风起云涌，各地官员呈上相关奏折题本多达793份。[2] 嘉庆年间之后，民间邪教组织和秘密结社已然成为朝廷的心头大患，发展至晚清则是教门遍地，帮会成群，士民百姓混杂于帮派教会之中，行事各自为政，"刁民"聚众闹事、闯衙殴官之事时有发生。

---

[1] 详见郭成康：《清史编年》第五卷，中国人民大学出版社1991年版。

[2] 见黎青：《清代秘密结社档案辑印》，中国言实出版社1999年版。中国第一历史档案馆编：《乾隆朝军机处随手登记档》，广西师范大学出版社2000年版。

三、晚清秘密结社的发展

晚清文化生态的环境更为复杂,民间宗教信仰及宗法礼教规范已经在儒学宣讲的过程中逐渐确立起来,并形成不可撼动的巨大势力。宗教崇拜往往又与经济利益相关,渗透到民间墟市活动当中,成为市民乡里的日常生活所需。民间墟市经济活动形式各异,五花八门,而民间重大节日节气、集会庆典、农作物收获、买卖交易都交杂融合在一起,少则三五日,多则半月一月,混杂着各类神诞祈福活动,也包含民间游艺娱乐唱戏杂耍等。而小说曲本图画等文化消费品也多是在此时进行交易售卖,涉及淫词艳曲、神仙荒诞也都不以为怪。这种日常生活所需成为民间宗教活动中极为重要的一个环节,与民间宗教意识密不可分。

"乾隆中叶以后,教乱海患,迭起不止,民生之糜烂,军饷之耗费,不可数计。"[1] 清廷统治的腐败恶化也使得清代民间宗教活动急剧膨胀,百姓将渴望寄托于神佛,而不是朝廷官府,日常困难的解决求助于《万宝全书》等民用书籍,而不求助于官员士绅。清代中后期,北方各省流行《万宝全书》,南方如广东省则兴盛《百中经》,这类百姓日常用书内容繁杂,单单日常生活所需就包含了官制、服式、杂占、命理、礼仪、工程、嫁娶、验方、贴式、丧葬、酬神、祭祀、赛会、风水、舆地、田房、契约、盟誓、词讼、买卖,甚至各种章程和价目等,除此以外,还有涉及文艺的范畴,普及琴棋书画、笔墨纸砚的知识,绘制出琴谱、棋谱、笔样、墨款等细节,文艺范畴进而扩大,又有投壶、乐器、牙牌、酒令、诗谜、戏法等消遣活动,不仅是中国民间风俗礼教的集大成者,也是普通家庭日常必备的生活行为准则依据,其中不乏怪力乱神、宗教巫术,是最受欢迎的社会文化通俗经典。

---

[1] 孟森:《清史讲义》,中华书局2006年版,第370页。

第七章　社会文化生态：邪教活动与小说禁毁

民间宗教及《万宝全书》等书籍的盛行正说明了清廷之于百姓的信任度已经降到极低。朝廷的政策在民间往往成为一纸空文，百姓的日常生活也与朝廷毫无干涉，除缴租纳粮外，朝廷与民间在日常交流上几乎是完全隔绝的，经营各行业的市民乡民都为保护自身而形成种种帮派和民间宗教团体，并产生了帮群内部的等级、切口、暗语、行规、帮规等，如晚清时期势力较大的丐帮、盐帮、马帮、镖局、淮帮等，更进一步发展为教门、地下帮会等，成为有组织有纪律有领导有规矩的独立群体，在特殊的政治条件下便有能力与朝廷抗衡，甚至揭竿而起推翻政权。民间文化的原始信仰衍生出规模庞大数量惊人的各类异行别流的市民生态群体，各类秘密宗教和秘密会社网络庞大，民间镖局日益发达，丐帮等社会流民组织逐渐形成系统制度和规模，各种会社团体形成了组织内部的暗语和规矩。这些民间会社帮派的存在势力强大，地域范围极广，严重影响了清廷统治秩序，并影响当地的财政经济收入以及社会安定状况。更有甚者，晚清出现的民间暴乱事件、谋逆造反事件多由秘密宗教和秘密会社引发，严峻的现实状况不得不引起清廷的关注和警惕。

明清英雄豪侠小说中多出现江湖密语行话，首领人物都有江湖绰号，如《水浒传》，这些情节描写影响了江湖市井暗语的形成。晚清各种市井行当中形成的暗语、行话、切口等，都极具特色。这样便有一种脱离正统社会秩序而独立构成的市民文化生态暗流涌动，从传统儒学朝廷民间一体化的教化体制演变为剥离了统治制度的相对独立隐秘的民间文化习俗。民国年间吴汉痴编纂《全国各界切口大词典》，搜集市井行当中民众使用的各类暗语切口，共包含了17大类373行业，每一行业都有独特的暗语切口，内容繁多琐碎，从中可以看出晚清市井文化生态的某些构成特征，现举例如下：

（一）押当业切口暗语

朝奉：老板。大毛：玄狐皮、貂皮等高贵皮货。小毛：各类羔羊皮。萝葡丝：滩羊、老羊皮。软货龙：银条。硬货龙：金条。云根：宝石。彩牌子：古画幅。黑牌子：古字幅。

（二）海产业切口暗语

金钩：最大完好虾干。开洋：小虾干。淘米：最小虾干。毛虫：刺参。玉锁：内参。玉吉：鱼翅。乌羊：下等鱼翅。瑶柱：干贝。

（三）和尚切口暗语

点香：受戒。开眼界：出门。本色菜：念经。鬼打棚：放焰口。烧锡箔：赌。东方路上：嫖。小人家去：吃肉。不算数：喝酒。

（四）道士切口暗语

顺子：道士。熏天：香火。丁火：敲木鱼。勾火子：小木鱼。翁大：大钹。软门：神坛帷帐门。朝奏：香炉。朝天：烛台。掌空：桌帷。云记：手提香炉。斩妖：宝剑。摆风：扇子。招风：旗子。招魂：幡。九起：东方。七起：西方。三起：南方。五起：北方。

（五）乞丐帮切口暗语

碎山：讨饭。圆通：砂锅。憨皮：无钱。卖羊：装腔作势。划龙船：赤脚走路。吃来档：受冤枉。吃生活：受责打。琅琅调：受斥训。[1]

从晚清各阶层行业来看，市井小民的谋生行当门道繁杂，社会地位愈是低下的行业群体，分门别类的区分界限也就更严格更精细。如地位低下的丐帮行当，其类别有弄蛇、耍猴、献物献果、断手刖足、穿灵堂戴孝、打手本、莲花落、道情筒、刀割见血、砸砖打背等十六个行当，形成丐帮群体，各种流品在活动之时均有不同的暗语切口。[2]也就是说，文化生态发展得越是丰富完整，对于清廷维护统治制度越是不利。而晚清民间的秘密宗教形态极为发达，其间杂糅佛教、道教、摩尼教、拜火教等宗教仪式，以儒学古今圣贤或各路仙怪为崇拜神祇，进行范围较广的香火敬拜或祭祀活动。虽然统治者憎恶仇视民间秘密宗教泛滥，一心除之而后快，然而民间宗教已然融入文化生态之中，并借助书籍、暗语、切口、图画等方式进行传播，其中涉及经济、商务、民生、行会等多方面因素，牵扯

---

[1][2] 吴汉痴：《全国各界切口大词典》，上海东陆图书公司1924年版。

第七章 社会文化生态：邪教活动与小说禁毁

着各种地方势力，形成庞大而缜密的关系网，无法轻易清除殆尽。

> 民间信仰，教派林立，活动公开，通俗浅俚，妇孺尽知。原无任何秘密可言，其所以被视为秘密宗教者，由于政府之拿禁。政府之所以拿禁者，由于势力壮大与造反暴乱频生。势力之壮大，固是宗教传播所当有，而流于造反暴乱与政府对立者，则由多种因素形成，其教长之野心，尤为主要关键。[1]

民间秘密宗教的意旨、仪式、活动、目的等均变化繁多，既不便于管理，也无法以正邪区分概论。而这些民间秘密宗教多在乡间传播，并与某些通俗小说产生联系，因而查禁邪教活动的过程中，必然要涉及禁毁淫词小说，二者的关系无法全然分割。一方面，民间秘密宗教多借用小说善书故事阐述善恶轮回、因果报应等说，并以此招引老幼妇孺为信徒；另一方面，秘密宗教也常援引小说中修炼秘药等，引诱无知乡民，谋财骗色。传统批评家认为，通俗小说较之其他文学样式，更利于感召人心。通俗小说在审美和功能上不同于传统诗文，它具有俗白、形象等特点，文学感染力较强，其教化功能针对社会下层读者尤为明显，"可喜可愕，可悲可涕，可歌可舞；再欲捉刀，再欲下拜，再欲决胆，再欲捐金；怯者勇，淫者贞，薄者敦，顽钝者汗下。虽小诵《孝经》《论语》，其感人未必如是之捷且深也"。[2] 正因为通俗小说具有如此强烈的感染力，一些小说描写盗杀淫妄，张扬离经叛道的内容，便会引起封建统治者的警惕。尤其明清易代之后，满清统治者以异族身份入主中原，政治信心的缺乏导致了粗暴残酷的高压统治，而禁毁淫盗小说则成为清代文化治理中的一个重要环节。

---

[1] 王尔敏：《明清社会文化生态》，广西师范大学出版社2009年版，第320页。

[2]（明）冯梦龙：《醒世恒言》序，中华书局2009年版。

正因为如此，清朝统治者将小说禁令与查禁邪教相提并论，甚至在量刑上也同等对待。

> 其小说之禁，顺治九年题准，琐语淫词，通行严禁。康熙四十八年六月议准，淫词小说，又各种秘药，地方官严禁。五十三年四月，九卿议定，坊肆小说淫词，严查禁绝，板与书尽销毁，违者治罪，印者流，卖者徒。乾隆元年覆准，淫辞秽说，叠架盈箱，列肆租赁，限文到三日销毁；官故纵者，照禁止邪教不能察缉例，降二级调用。嘉庆七年，禁坊肆不经小说，此后不准再行编造。[1]

康熙四十八年御史张莲上疏："民间设立香会，千百成群，男女混杂，又或出卖淫词小说及各种秘药，引诱愚民，请敕地方官严行禁止。"[2] 随后康熙帝又准江南道监察之奏请，敕地方官严禁淫词小说及各种秘药。[3] 清初邪教的发展虽未必导致民众造反谋乱，但对于民风教化乃至社会治安都有较大影响。元明以来所兴起的白莲教势力，到清代初期已经遍及南北各省，由白莲教衍生的教派多不胜数，如红莲教、青莲教、黄莲教、白阳教、红阳教、青阳教、闻香教、老母教、金丹八卦教、天理教、八卦会、离字教、震字教、坎字教、乾字门、坤字门、艮字门、兑字门、清水教、清茶门教、清净门教、大乘教、西来教、静空教、烧香教、老佛门、一炷香门、如意门、义和门、天门教、五荤教、悄悄会、龙华三会、先天教、无为教、收元教、铁船教、金乡教、皇天教、长生教、红簿教、黑簿教、结草教、斩草教、捆柴教、普渡教、新新教、成仙会、白龙会、成功会、新天罡会，[1] 等等，被引入教者难计其数，逐渐成为一种与封建政府抗衡的潜在力量。这种借用精神信仰进行传播的民间宗教，其势

---

[1]（清）俞正燮：《癸巳存稿》卷九，商务印书馆1957年版，第269页。
[2][3]《清圣祖实录》，中华书局1986年版，第238，138页。

第七章 社会文化生态：邪教活动与小说禁毁

力和能量都绝非满清统治者所能控制的，而与此相关的各类邪教案也成为困扰满清统治的一大难题。

明清两代很多通俗小说表面上看来是淫秽艳情作品，而内容大多涉及民间秘密宗教，以及各种男女修炼和房中术。如小说《女仙外史》充斥着淫秽艳情内容，主题是歌颂白莲教首领唐赛儿，范濂《云间据且抄》卷二载："（白莲教）男女混合，恣意奸淫，遂倡为摩脐过气之说，极其可笑。"[2] 此书于道光二十四年浙江官员开列《应禁各种书目》遭禁，同治七年四月丁日昌再开禁毁书目，皆将《女仙外史》列入其中。又如小说《归莲梦》成书于康熙年间，内容涉及历史、神怪、才子佳人以及艳情等，讲叙山东白莲教的故事，并对白莲教运动予以同情。《归莲梦》描写白莲系佛前莲花转世，获得天书，法力无边，救济劳苦大众，获得百姓的崇拜与爱戴。小说宣扬民间宗教的超凡力量，抨击朝廷官场腐败，在广大底层民众和教徒心目中笼罩了神圣的光环，严重威胁到中央政府的集权统治，被白莲教的教众奉为圭臬，成为宣传白莲教的文化传播工具。《归莲梦》于乾隆四十六年四月遭禁毁，乾隆四十九年再次被禁黜。由此看来，清廷所禁毁的淫秽艳情书籍，大多都与邪教蛊惑男女修炼相关，而纯粹的才子佳人小说，如《玉娇梨》《平山冷燕》等并未遭到禁毁。

雍正帝在《圣谕广训》以"黜异端以崇正学"一文批判民间邪教，直指秘密宗教对社会安定的危害，以表明朝廷整肃民间秘密宗教的坚定立场：

> 自游食无藉之辈，阴窃其名，以坏其术，大率假灾祥、祸福之事，以售其诞幻无稽之谈，始则诱取赀财，以图肥己，渐至男女混淆，聚处为烧香之会，农工废业，相逢多语怪之人，又其甚者，奸回邪匿，窜伏其中，树党结盟，夜聚晓散，

---

[1] 王尔敏：《明清社会文化生态》，广西师范大学出版社2009年版，第290页。

[2]（明）范濂：《云间据且抄》，上海进步书局印本。

干名犯义，惑世诬民，及一旦发觉，征补株连，身陷囹圄，累及妻子。教主已为罪魁，福缘且为祸本，如白莲、闻香等教，接前车之鉴也。……夫左道惑众，律所不宥；师巫邪术，邦有常刑。朝廷立法之意，无非禁民为非，导民为善，黜邪崇正，去危就安。尔兵民以父母之身，生太平无事之日，衣食又赖，俯仰无尤，而顾昧性而即匪彝，犯王章而干国宪，不亦愚之？甚哉！我圣祖仁皇帝，渐民以仁、摩民以义，艺极陈常，煌煌大训，所以为世道人心计者，至深远矣。尔兵民等，宜仰体圣心，只尊圣教，摈斥异端，直如盗贼水火。且水火盗贼，害止其身；异端之害，害及人心，心之本体，有正无邪，苟有主持，自然不惑，将见品行端方，诸邪不能胜。……常遵荡平正直之化，则异端不待趋，而自息矣。[1]

自清初康熙年间起，统治者已然察觉到，许多民间宗教借助通俗小说的内容鼓吹教义，进而吸收发展教众，并在很大程度上对社会治安产生滋扰，"大抵反面史例，……若各类秘密宗教、秘密会社、江洋大盗、谋财害命、奸淫凶杀等巨案，……印象较深者则为秘密宗教犯案之繁多，名相不一，令人眼花缭乱。"[2] 而这些案件或牵涉到淫盗小说的传播，"其中有假僧道为名，或刻语录方书，或称祖师降乩，此等邪教惑民，固应严行禁止。至私行撰著淫词等书，鄙俗浅陋，易坏人心，亦应一体查禁，毁其刻板。"[3] 同治年间江苏巡抚丁日昌曾言："淫词小说，向干例禁，乃近来书贾射利，往往镂板流传，扬波扇焰……殊不知忠孝廉节之事，千百人教之而未见为功，奸盗诈伪之书，一二人导之而立萌其祸，风俗与人心，相为表里。

---

[1]《圣谕广训》，见王见川：《明清民间宗教经卷文献》（第5册），台北新文丰出版社1999版，第448页。

[2] 王尔敏：《清明社会文化生态》，广西师范大学出版社2009版，第317页。

[3]（清）魏晋锡：《学政全书》卷七《书坊禁例》，清乾隆礼部刊本。

近来兵戈浩劫,未尝非此等逾闲荡检之说,默酿其殃。"[1]丁日昌认为"兵戈浩劫"受到淫盗小说泛滥影响,默酿积弊而成,因此,对淫盗小说的禁毁不仅关乎民风教化,更是维护政权统治的必要手段。

四、秘密结社与禁毁小说

除清代民间秘密宗教的泛滥之外,尚有大量民间秘密结社存在。二者之间虽有些联系,但差别更为明显。民间秘密结社比秘密宗教更为详密复杂,通常以入会立盟,江湖义气为本色,社团成员多为成年男性,一般不吸收老弱妇孺,组织严密,入会程序复杂繁琐,采取秘密联络方式等。清代洪门青帮势力极大,又有尖刀会、探花会、大刀会、五岳会、罗汉会、铁尺会等,均由市镇中无业游民及流氓地痞等聚集组成。

民间秘密结社模仿小说内容的现象更为明显,桃园结义,歃血为盟,投帖拜师,设立忠义堂,有福同享有难同当,"其平日之行为,则以《水浒》一书为宗,大略以结义树党为豪杰,以打家劫舍为英雄,以略富济贫为拯救",[2]可见《水浒传》等小说作品中的种种英雄行径俨然被奉为圭臬。明末清初有白莲教盗贼李青山聚义梁山,学《水浒传》人物,破城劫狱,杀人放火,树立"替天行道"的旗号。自此以后,《水浒传》一书便成为"诲盗"小说的代表,是统治者首要禁黜的小说作品。

乾隆十一年,发生张保太大乘教案,乾隆十三年,发生福建瓯宁老官斋教案。这些教案的共同特点均是先以宗教崇拜招揽民众,继以江湖义气严立教规,借助锄强扶弱,仗义疏财等手段,最终目的却是要犯上作乱。其中的教规订立,组织安排等均模仿《水浒传》等小说内容,其谋逆行径也与梁山好汉无异。因此,乾隆十五年禁《水浒传》曰:"阅坊刻《水浒传》,以凶猛为好汉,以悖逆为奇能,跳梁漏网,惩创蔑如。……市井无赖见之,辄慕好汉之名,启效尤

---

[1]（清）丁日昌：《抚吴公牍》卷七,清光绪铅印本。
[2]《军录·给事中黄兆麟奏折暨片》,咸丰元年七月二十一日。

之志，爰以聚党逞凶为美事，则《水浒》实为教诱犯法之书也。……敕下直省督抚学政，行令地方官，将《水浒》一书，一体严禁。"[1]但《水浒传》对民间秘密结社的影响，令清代统治者的禁令显得力不从心，一方面，《水浒传》等小说无法禁绝，另一方面，以标榜《水浒传》聚众起事的盗匪谋乱事件层出不穷：

> 洪门借刘、关、张以结义，故曰桃园义气；欲借山寨以聚众，故又曰梁山泊巢穴。故预期圣天子之出世而辅之，以奏扩清之功，故豫曰瓦岗寨威风。盖组织此会者，缘迎合中国之下等社会之人心，取《三国演义》《水浒传》《说唐》三书而贯通之也。[2]

清代著名的反清复明帮社组织天地会，取名"拜天为父，拜地为母"之意，便出自《水浒传》中"昔分异地，今聚一堂，准星辰为弟兄，指天地作父母"的誓词。[3] 天地会的成员多为江湖侠客、江湖艺人、游方术士、破产农民、小商贩、脚夫、私贩、盐枭、小手工业者等，而《说唐全传》瓦岗寨的英雄故事正是游民豪侠们的"发迹变泰"，这与天地会的思想观念和价值体系全然相似，因此《说唐全传》在各种秘密结社的组织中影响极大。天地会的《大把香诗》以《水浒传》和《说唐全传》为誓词曰：

> 水泊梁山三把香，有仁有义是宋江，高俅奸贼朝纲管，因此聚集在山岗。高扯替天行道旗一面，一百八将招了安，乃是天上诸神降，天罡地煞结拜香。
> 要说半把香，此香不是香，兄弟结拜上瓦岗，混世魔王三年座，气数皆终各一方。众位兄弟投唐去，为有雄信保刘

---

[1]《定例汇编》卷三《祭祀》，清光绪九年刊本。
[2] 汤志钧：《陶成章集》，中华书局1986年版，第423页。
[3] 罗尔纲：《水浒传与天地会》，见《会党史研究》，学林出版社1987年版。

王，唐王已把刘王灭，雄信舍死不降唐，七擒七劝心坚硬，又有罗成乱箭忘，只说瓦岗威风好，天下扬名半把香。[1]

《水浒传》等小说在各阶层民众之中迅速传播，甚至连满洲八旗弟子也喜爱阅读《水浒传》，并翻译成满文，这令清朝统治者焦头烂额，乾隆帝曾下谕："近有不肖之徒，并不翻译正传，反将《水浒》《西厢记》等小说翻译，使人阅看，诱以为恶。甚至以满州单字还音抄写古词者俱有。似此等秽恶之书，非惟无益，而满州之风俗之偷，皆由于此。如愚民之惑于邪教，亲近匪人者，概由看此恶书所致。"[2]道光年间俞万春为了配合清廷镇压天地会，专门创作《荡寇志》，又名《结水浒传》，丑化水浒英雄和梁山伯起义，试图削弱《水浒传》对教门帮会的影响。但这些措施手段均是徒劳，仍然无法遏制《水浒传》的广泛传播。足见《水浒传》潜移默化的影响力。

乾隆六十年发生川陕楚三省教匪滋事，嘉庆十八年九月十五日，天理教众进攻紫禁城，令朝野震动。嘉庆帝于十月十三日申禁民间结会拜会及坊肆售卖小说等书，尤其严禁《水浒传》，并查核僧道。统治者认定这些稗官野史小说有碍社会治理，小说编造本自无稽，因其文词多俚鄙通俗，市井粗解识字之徒，手挟一册，熏染既久，斗狠淫邪之习，皆出于此，实为风俗人心之害。然而禁毁小说的政令虽严厉，但效果并不理想，至清咸丰年间，湖南、四川各教民起义，"所居之处有忠义堂名号"，"该匪教惑人，有《性命圭指》及《水浒传》两书，湖南各处坊肆皆刊刻售卖，蛊惑愚民，莫此为甚"[3]。白山《灵山小补》之《梨园粗论》中断言："夫盗弄潢池，未有不以此为可法，天王元帅，大都伏蠢动之机，更有平天冠、赭黄袍，教匪窥窃流涎；又是瓦岗寨、四盟山，盗贼争夸得志。专心留意，无非《扫北》；熟读牢记，尽是《征西》。《封神榜》刻刻追求，《平妖传》时时赞羡。《三

---

[1] 李子峰:《海底》，上海文艺出版社1990年版，第73页。
[2] 《大清高宗纯皇帝圣训》卷二六三《厚风俗》三，清刻本。
[3] 《大清文宗显皇帝圣训》卷九十，清刻本。

国志》上漫忠义,《水浒传》下诱强梁。实起祸之端倪,招邪之领袖,其害何胜言哉?"[1]清代《钦定吏部处分则例》卷三十《礼文词》明确惩罚规条:"凡坊肆市卖一应小说淫词《水浒传》,俱严查禁绝,将板与书,一并尽行销毁。如有违禁造作刻印者,系官革职;买书看者,系官罚俸一年。若该管官员,不行查出,每次罚俸六个月。仍不得借端出首讹诈。如该管官任其收存租赁,明知故纵者,将该管官降二级调用。"[2]《水浒传》《平妖传》《说唐全传》等小说的流传已严重影响到清廷的统治,并对社会安定造成了巨大的威胁。

事实上,社会安定及民风治理的确与文化传播密切相关,尤其是通俗小说作品的阅读与传播,更会影响到群治教化。清代著名学者钱大昕云:"古有儒、释、道三教,自明以来,又多一教曰小说。小说演义之书,未尝自以为教也,而士大夫、农、工、商、贾,无不习闻之,以至儿童妇女不识字者,亦皆闻而如见之,是其教较之儒、释、道而更广也。释、道犹劝人以善,小说专导人以恶。奸邪淫盗之事,儒、释、道书所不忍斥言者,彼必尽相穷形,津津乐道,以杀人为好汉,以渔色为风流,丧心病狂,无所忌惮;子弟之逸居无教者多矣,而又有此等书以诱之,曷怪其近于禽兽乎?世人习而不察,辄怪刑狱之日繁,盗贼之日炽,岂知小说之中于人心风俗者,已非一朝一夕之故也。有觉世牖民之责者,亟宜焚而弃之,勿使流播,内自京邑,外达直省,严察坊市有刷印鬻售者,科以违制之罪,行之数十年,必有弭盗省刑之效。或訾吾言为迂,远阔事情,是目睫之见也。"[3]钱大昕以严肃的态度阐释了通俗小说教化人心的力量,梁启超在《论小说与群治之关系》一文中道:

今我国民绿林豪杰,遍地皆是,日日有桃园之拜,处处

---

[1] 石昌渝:《清代小说禁毁述略》,见《上海师范大学学报》(哲学社会科学版)2010年第1期。

[2]《钦定吏部处分则例》,清吏部编刻本。

[3](清)钱大昕:《潜研堂文集》卷十七《正俗》,上海书局清光绪十四年刊本。

第七章　社会文化生态：邪教活动与小说禁毁

为梁山之盟，所谓"大碗酒，大块肉，分秤称金银，论套穿衣服"等思想，充塞于下等社会之脑中，遂成为哥老、大刀等会，卒至有如义和拳者起，沦陷京国，启召外戎，曰惟小说之故。呜呼，小说之陷溺人群，乃至如是。大圣鸿哲数万言谆悔之而不足者，华士坊贾一二书败坏之而有余。[1]

梁启超看到小说与群治的关系，"大圣鸿哲数万言谆悔之而不足者，华士坊贾一二书败坏之而有余"，即是通俗小说超凡感染力的展现。淫词小说蛊惑人心、毁家亡国的力量不弱于谋反起义，民众对淫词小说情节的钦慕与模仿，导致纵情声色，人性泯灭，最终只剩下动物性的欲求。因此人心既亡，国亦不存。丁日昌也指出："淫书小说，最为蛊惑人心，童年天真未漓，偶得《水浒》《西厢》等书，遂致纵情放胆，因而丧身亡家者多矣。"[2] 因此自清初顺治年间，朝廷便明令禁止各类违碍小说，禁令甚至波及与小说传播相关的戏文，康熙二十五年，江宁巡抚汤斌《严禁私刻淫邪小说戏文告谕》曰：

为政莫先于正人心，正人心莫先于正学术，朝廷崇儒重道，文治修明，表章经术，罢斥邪说，斯道如日中天。独江苏坊贾，惟知射利，专结一种无品无学希图苟得之徒，编纂小说传奇，宣淫诲诈，备极秽亵，污人耳目，绣像镂版，极巧穷工，致游佚无行，与年少志趣未定之人，血气摇荡，淫邪之念日生，奸伪之习滋甚，风俗陵替，莫能救正，深可痛恨，合行严禁，仰书坊人等知悉：……若仍前编刻淫词小说戏曲，坏乱人心，伤败风俗者，许人据实出首，将书板立行焚毁。其编次者、刊刻者、发卖者，一并重责，枷号通衢；仍追原工价，勒限另刻古书一部，完日发落。[3]

---

[1] 梁启超：《论小说与群治之关系》，见《新小说》1902年第1号。
[2]（清）丁日昌：《抚吴公牍》卷七，清光绪铅印本。
[3]（清）汤斌：《汤子遗书》卷九《苏松告谕》，清同治九年刊本。

同治七年二月，江苏巡抚丁日昌《设立苏省书局疏》："目前人心不古，书贾趋利，往往淫词邪说，荟萃成编。《水浒》传奇等书，略识之无如探秘笈，无知愚民平日便以作乱犯上，最足为人心风俗之忧。臣在吴中，业经严禁，诚恐此等离经叛道之书，各省皆有，应请旨敕下各直省督抚，一体严加禁毁，以隐戢人心放纵、无所忌惮之萌，似亦维持风化之一端。"[1] 这些层出不穷的小说禁令和禁毁书目都反映出清廷对文治教化的重视，即便在晚清政治腐败，列强入侵的积弱局面下，对于淫词违碍小说的查禁仍未有松懈，并在某种程度上愈演愈烈。可见，清廷禁黜违碍小说不是简单的文化治理，而是已经上升到政治层面，与谋逆造反相牵系。尤其在晚清时代，若内忧不除，无以应对外患，因而清廷对于违碍小说的态度，几乎已经等同于邪教和秘密结社，凡在禁黜小说方面有疏忽放纵者，"照禁止邪教不能察缉例"处理。由此更能说明，处理政治违碍问题是清代禁黜小说的核心目标。

---

[1]（清）丁日昌：《丁中丞政书·设立苏省书局疏》，清光绪刊本。

第八章　晚清小说审查与教化政策的失败

晚清社会风俗的变化引发了统治者对淫词小说的进一步严查，一方面民间教门帮派林立，谋逆事件此起彼伏，社会治安不稳定；另一方面社会风气败坏，民风骄奢淫逸，沉溺享乐。而通俗文艺日益发达，社会上到处充斥淫词小说，民间戏曲广泛传播，影响了社会大众的文化品位和思想情操。严重的社会问题使清代统治者不得不重视文化治理，严禁淫词小说。

一、查禁秘密宗教与禁毁小说相结合

清代前期对民间秘密宗教查禁极为严厉，但未能将各地秘密教门完全消灭。清代中期以后各地频繁发生教匪案件，嘉庆初年白莲教的影响遍及全国，并爆发了五省白莲教大起义。嘉庆帝认为白莲教的多数教众皆系良民，与谋逆叛乱并无干系，只是教中匪徒闹事生乱，嘉庆五年谕：

> 白莲教名目由来已久，即据刘之协所诵经文大意，亦不过劝人为善，并无违悖字样。刘之协之罪犯寸磔，在于托名牛八，潜造逆谋，孽由自作，与白莲教无涉。譬如儒生诵习孔孟之书，尊崇正教。设现在川楚陕甘滋事贼匪，或有一二文武生员胁从在内，岂因此而遂以儒相诟病。等而下之，其学习白莲教者，持斋诵经，原与齐民无异。讵因白莲教内有刘之协一人，而遂指习教之人概为匪党，严

行查禁乎?[1]

　　然而嘉庆十八年发生了天理教闯宫事件，教匪林清等人直攻皇宫禁城，此案震惊朝野。林清等人所属天理教也称八卦教，实际上是白莲教的分支余响，其教信仰和宗旨与白莲教基本相同。民间宗教的发展不但滋生谋逆叛乱，而且也严重影响了社会治安和稳定，"成千上万的游方僧道（其中有些人同僧道只有极表面的关联）已成为煽动叛乱和从事法外活动的可悲温床，从而构成了一种新的威胁。……数以千计的'游方僧道'却在法律不及之处流浪。他们'每托朝拜名山、访求师友为词，暮北朝南，行踪莫测'。……'其中奸盗诈伪之徒，依草附水，偕影藏身。'每年，各省奉命查缉的人犯数以千计，但能够捉拿归案的只占其中很小一部分。大多数被通缉的人犯都换上了僧道服装，销声匿迹，远遁外地。这就是为什么'至如妖言妖书等重大案件，每案必有外来奸僧邪道主持，煽惑良民'。因为这些人居无定所，要追寻他们的踪迹也就极为困难"[2]。
　　民间宗教的兴盛多倚靠领袖掌门人神秘化的自我标榜，如拥有神异能力，能降妖除魔，医治疾病等，或为佛祖天帝转世化身，手握天书符信，替天行道。在这些民间宗教的传播过程中，诵经消灾、祭祀佛祖、传授道术等活动尤为突出，能够引起多数民众入教参与。这些身怀异术的宗教人士已经脱离了文人、农民、手工业者、商人的身份范畴，脱离了正常的谋生之道，进而成为社会不稳定因素。"惟是懒惰飘荡、游手好闲为僧、为道、为流民、光棍、身名无籍之徒，便是不安生理。不安生理而能偷生于天地间者，无此理也。"[3]这些具有流民特征的民间邪教首领，多利用信徒收敛钱财、诱拐妇女、偷窃抢夺、集伙聚众，令人家破人亡、妻离子散。

---

[1]《大清仁宗睿皇帝圣训》卷九八，台北文海出版社1965年版。
[2]【美】孔飞力：《叫魂——1768年中国妖术大恐慌》，生活·读书·新知三联书店2012年版，第54页。
[3]（清）项瓯：《东乔项氏家训》，见《永嘉县志》第六卷，清光绪八年刻本。

第八章　晚清小说审查与教化政策的失败

清代中期以后，宗教成员大多来自于处于社会边缘的下层百姓，不仅有游方和尚道士，也有失业无依的男女流民，并且越来越多的无业者以"带发修行"为名，不经削发，游走于各地寺庙庵观，借宗教势力的庇护谋得生存。这些无业无依的民众成为清代后期邪教兴盛的主要力量，清廷认为他们互相"勾引为匪，花消寺产"[1]，对于社会稳定造成巨大威胁。社会上大批人加入民间宗教组织，以至于"邪教遍地，奸良莫辨"，这些人"甚有异言邪术，煽惑愚民，干犯法纪，大为风俗人心之害"[2]。而这些宗教活动的顺利进行需要具有一个广泛的社会心理基础和认知基础，社会大众必须认可这些宗教宣传，并且能够信以为真。

对民间宗教的发展起到重要推动作用的就是通俗作品，明清两代的通俗小说戏曲中往往涉及民间宗教的内容，修仙练道、敬拜免灾、吐纳打坐、阴阳双修、持斋诵经……小说中充斥着大量的民间宗教内容，包括以宗教为华丽外衣的转世封官、修炼成仙、男女混杂、打家劫舍等，这些故事情节吸引着无数善男信女，对宗教信仰趋之若鹜，无形中为民间宗教的兴起做了宣传和广告。"愚民之好勇斗狠者，溺于邪慝，转相慕效，纠伙结盟，肆行淫暴，概由看此等书词所致"[3]。这种影响愈加强烈，小说中描绘的民间宗教的种种神异，逐渐成为民众读者喜闻乐见的内容。清代中期以后刊刻的小说几乎无一不涉及宗教，无一不涉及男女情事，又多充斥着淫秽色情描写，这些小说内容必然引起清廷的关注。

从嘉庆朝以后，清廷对于通俗小说戏曲的审查不再重点关注明末清初的时事政治，而是集中在宣扬宗教迷信，赞颂强梁作乱，描绘淫行秽事，破坏社会治安，引发刑事诉讼等方面：

> 今满洲非惟不能翻译，甚至清话生疏，不识清字，其粗

---

[1]《清实录·高宗实录》，台北华文书局1964年版，第10页。
[2]《朱批奏折》第八六四卷，第六号，乾隆三十年八月十三日，藏中国第一历史档案馆。
[3]《大清仁宗睿皇帝圣训》卷十六《文教》一，台北文海出版社1965年版。

晓汉文者，又以经史正文，词义深奥，难于诵习，专取各种无稽小说，日事披览，而人心渐即于偷，此不独满洲为然，即汉人亦多蹈此陋习。如经纬学问根柢，自应悉心研讨，至诸子百家，不过供文人涉猎，已属艺余。乃乡曲小民，不但经史不能领悟，即子集亦束置不观，惟喜謦词俗剧，及一切鄙俚之词。更有编造新文，广为传播，大率不外乎草窃奸宄之事，而愚民之好勇斗狠者，溺于邪慝，转相慕效，纠伙结盟，肆行淫暴，概由看此等书词所致，世道人心，大有关系，不可不重申严禁……将各坊肆及家藏不经小说，现已刊播者，令其自行烧毁，不得仍留原板，此后并不准再行编造刊刻，以端风化而息诐词。[1]

此后嘉庆十五年、十八年连续几次查禁稗官小说，特别指出坊肆售卖小说与民间结会拜会、僧道传教、愚民烧香等事密切相关，"饬禁民间结会拜会，及坊肆售卖小说等书，并查核僧道……。愚民烧香拜会，原只惑于因果利益之说，然至聚集多人，鸣锣结会，即有莠民混迹其间，日久必滋生事端。……至稗官小说，编造本自无稽，因其词多俚鄙，市井粗解识字之徒，手挟一册，熏染既久，斗狠淫邪之习，皆出于此，实为风俗人心之害。"[2]一直到道光年间，坊刻通俗小说传播愈演愈烈，朝廷的禁令也更加紧迫严格。

道光十四年二月谕内阁：

> 近来传奇演义等书，踵事翻新，词多俚鄙，其始不过市井之徒乐于观览，甚至儿童妇女莫不饫闻而习见之，以荡佚为风流，以强梁为雄杰，以佻薄为能事，以秽亵为常谈；复有假托诬妄，创为符咒禳厌之术，蠢愚无识，易为簧鼓，刑讼之日繁，奸盗之日炽，未必不由于此。嗣后各直省督抚及

---

[1]《大清仁宗睿皇帝圣训》卷十六《文教》一，台北文海出版社1965年版。
[2]《清实录·大清仁宗睿皇帝实录》卷二七六，中华书局1985年影印本。

府尹等,严饬地方官实力稽查,如有坊肆刊刻,及租赁各铺一切淫书小说,务须搜取板书,尽行销毁。庶几经正民兴,奇邪胥靖,朕实有厚望焉。将此通谕知之。[1]

谕旨中指出淫词小说造成的社会影响,不但吸引市井之徒,甚至儿童妇女也都喜爱阅读,使人们的传统价值观念发生改变,对荡佚、强梁、佻薄、秽亵等不以为耻,反以为荣。而小说中"假托诬妄,创为符咒禳厌之术"更是吸引无知愚民,造成不良社会风气,"刑讼之日繁,奸盗之日炽"。因而这些影响极坏的"淫词小说"必然要严厉查禁。道光十七年十月,江南按察使颁令禁毁淫词小说,随后苏州六十五家书坊联合订立了《公禁淫书议单条约》,并在吴县学宫设立公局,备价收买各种淫词小说曲本,共同督毁书板和图书。这些书坊包括著名的书业堂、扫叶山房、酉山堂、兴贤堂、文渊堂、桐石山房、文林堂、三味堂、步月楼等,书坊主当面齐集城隍庙拈香立誓,各书花押,一焚神前,一呈臬宪,各执一纸存照。[2]道光二十四年,浙江士绅仿效江苏设局收毁小说的举措,呈请浙江学政照办:"淫词小说,实为风俗人心之害。是以国朝例禁森严,凡造作、刻印、市卖、买看者,科以重罪。为风俗人心计,至深且厚。奈书肆藐玩,日久弊深,辄将淫词小说与正经书籍,一体货卖。更有一种税书铺户,专备稗官野史及一切无稽唱本,招人赁看。名目不一,大半淫秽异常,于风俗人心,为害尤巨。"[3]查禁通俗小说的目的是为了整肃风俗,劝诫人心,可以崇正嫉邪、兴利除弊。

道光二十四年的查禁淫词小说运动如火如荼,在江南各地展开。道光二十四年九月,钦命礼部右侍郎提督浙江全省学政吴为严禁淫书以端风俗,同年,浙江巡抚、浙江杭州知府、浙江湖州知府、浙

---

[1]《清实录·大清宣宗成皇帝实录》卷二四九,中华书局1985年影印本。
[2](清)余治:《得一录》卷十一之一,台北文海出版社2003年影印本。
[3] 王利器:《元明清三代禁毁小说戏曲史料》,上海古籍出版社1981年版,第119页。

江仁和县知县等纷纷查禁淫书小说。为了严格执行小说禁令，使查禁活动更有针对性，浙江官员开列了《应禁各种书目》一百二十种，包括大量的淫秽小说、英雄演义、宗教小说、荒诞故事等，几乎将社会上流通的"淫词小说"一体查禁净尽。除此以外，各地展开严禁巫医邪术活动，士绅申请将地方淫祠庙堂改为学堂学宫，以正教育教化风气。道光十九年十二月谕："苏俗治病不事医药，妄用师巫，有看香、画水、叫喜、宣卷等事，惟师公、师巫之命是听。……我军民切勿以辛苦之资，浪掷空虚之地，是为至要。"[1] 各地官府着令拆毁邪教淫祠等所，严禁邪教祭祀蛊惑民心。

  为再申师巫之禁，并严淫祠之令，以正人心，以端风俗事。照得师巫倡邪说以渔利，愚民奉淫祀以邀福，是不独大惑人心，抑且有伤风俗。故邪说诬民，王法所禁，淫祀无福古训昭垂。……本县前奉督宪尹檄委拆毁五圣淫祠，凡在淮扬等处土木劣像悉已烟消灰灭，未见其稍有灵异，能保全傀儡之形也。何我民之不悟，而信奉之不衰？甚有赛会迎神，干法犯纪，祈求祷祀，荡产倾家。原其所自，胥由师巫逞其妄诞，造作祸福，以煽诱愚民。是以疾病之家，不事医药，邀集乡邻饕餮之徒，借优孟衣冠扮邪神形状，跳舞吆呼恣酒食，谓之跳伤。又有叠棹成台，遍供神位，罗列牲禽，凭巫喷谎，谓之暗伤。更有戏头人等图揽生意，妄称某某患病，演戏即愈，以神其说。种种恶俗殊堪发指。除现在严饬各练甲力行查禁外，合再出示切谕。为此示仰阖邑士民及练甲人等知悉：嗣后师巫之家，务各改营正业，倘敢怙恶不悛，仍假端太保看水看香，师婆道长名号妄肆邪说，诱惑愚民练甲人等，即行举首以凭严拿，尽法重处。练甲徇隐不报，一经访闻，并拿枷责，决不姑宽。至尔士民，除岁时伏腊奉祀祖先，及春秋义社祈报土谷外，不得滥奉淫祀。设有疾病相侵，

---

[1]《吴县志》卷五二下《舆地考·风俗二》，民国二十年刊本。

须凭医药调治，毋许妄事祷祀，跳伤暗伤，演戏酬神，以致倾资荡产，穷困仳离。至若赛会迎神尤为国法所禁，倘敢聚众逞狂，定即立拿详究。此本县为正人心端风俗起见，不惮烦言，谆谆开示，慎勿视为具文，听之藐藐，自贻噬脐，追悔无及，凛之慎之。特示。[1]

道光年间查禁淫词小说必然会对书坊经营造成经济上的损失，为了避免引发过度的市场滋扰，各地查禁运动采取了较为缓和的方式和手段，即由当地官府和士绅出资收购淫词小说及书板，照价补偿书坊和藏书者，对于献书焚毁者不予追究责任，同时也不允许借禁书讹诈陷害，这些政策都是为了督促社会各阶层合力销毁淫词小说。

现在吴县学官，设有公局收买，尔等旧存淫书板本，及淫画册卷，概行送局销毁，仍给价值，并免究问。如敢不遵，及外来书贾携带淫书，在苏逗留，一经访闻，或被告发，定即委员严拿，照例治罪。倘有不法之徒，勾通不肖差役，以搜查淫画为名，索诈滋扰，许尔等禀明地方官，惩以借端出首讹诈之罪。（道光十八年五月江苏按察使司裕谦颁布《严行禁毁淫书淫画以正风俗》）

示仰各书铺税书铺人等知悉，尔等奉示之后，速将所藏淫书板片书本统限九月十三日以前赴局缴销，给价焚毁，毋许片板片纸存留，倘抗匿不缴及缴后私行翻刻税卖，一经查出或经局董呈明，除将书板吊毁外，仍照例严究，决不姑宽。（道光二十四年九月钦命礼部右侍郎提督浙江全省学政《严禁淫书告示》）

今本部院不咎既往，自示之后，省城各铺户务将各种书

---

[1]（清）绍兴师爷传抄秘本《示谕集录》。

画,即日送交仙林寺公局,听该绅士等给价销毁。其省外各府属,现已札饬劝谕绅士捐资设局收买,限一月内送交销毁,断不准片板片幅隐匿存留。倘敢不即缴出,仍复私自赁卖及刷印发兑他处,一经查出,定即照例严办。如有无藉棍徒勾通地保,以搜查为名讹诈扰累,许该铺户指名呈控以凭究办,决不姑宽。(道光二十四年浙江巡抚《禁淫词小说告示》)

现据各绅士具呈,于九月初九日起至十三日止设局于省城仙林寺,捐资定价酌给收买淫书板片书本,公同督毁等情,诚为美举。除批示并移行一体查禁外,合亟出示晓谕。为此,示仰书坊及税书铺户人等知悉:即将淫书板片书本务即遵期赴局销毁领价,倘敢过期不缴,故藏租卖及刊印发兑他处,一经查出或被指禀,定即照例治罪,决不宽贷。(道光二十四年浙江分巡杭嘉湖监管水利海防兵备驿政道杭州府正堂《严禁书坊滥税淫书告示》)

江南各地士绅和官员为查禁淫词小说做出诸多努力,在查禁淫书的过程中尽量不对民众生活造成滋扰,"如有无藉棍徒勾通地保,以搜查为名讹诈扰累,许该铺户指名呈控以凭究办,决不姑宽",特别强调"倘有不法之徒,勾通不肖差役,以搜查淫画为名,索诈滋扰,许尔等禀明地方官,惩以借端出首讹诈之罪",种种措施都是为了不因禁书影响百姓正常生活。丁日昌《抚吴公牍》中记载:"禁淫书以华亭张令最为认真,然于前此兼理娄县时,其门阍端姓,南京人,在西门外扫叶山房搜获《珍珠塔》小说一部,罚洋数十元,藉端骚扰,殊可痛恨,并祈转嘱张令即行驱逐,庶可保全令名。"[1] 县令门吏借禁书滋扰勒索书坊主,被责令驱逐。在晚清执行禁书令的过程中,因查禁一部小说而罚洋数十元,就算作"藉端骚扰",可见禁令

---

[1] (清)丁日昌:《抚吴公牍》卷十五,见《丁日昌集》,上海古籍出版社2010年版,第530页。

虽严，但仍不至于干扰民生。光绪十八年，上海县署曾受理淫书讼案，因书贩私自倒卖《金玉缘》(《红楼梦》)、《绿牡丹》等禁书被揭露告发，当地县令下结案判语："总之即有淫书，只应查禁，亦不能凭尔罗织多人，一网打尽，此案应即注销，仍候重申禁令，不准印售淫书。倘尔再行妄渎，定干提究。"[1] 晚清政府对待淫书的态度只限于查禁警告，不罗织抓捕犯人，也未执行罚金重刑等措施。因而，清代后期的查禁小说运动与清代前期的文字狱有着本质上的不同，文字狱多与政治异端有关，犯事者多处以极刑，动辄牵连无数，是针对民间百姓的思想监控和文化辖制。而晚清查禁小说主要从匡正风俗人心出发，即便其中涉及打击邪教传播，但通俗小说戏曲毕竟不等同于邪教，其整治的严厉程度也不能与文字狱相提并论。

二、官方查禁与民间教化相结合

除了政府颁布禁书令之外，地方书坊行业也配合采取自律措施，对淫词小说进行严查销毁。同治九年十二月，在江宁知府的支持下，南京一所民间慈善机构兴善堂召集地方乡绅，出资收购淫书艳曲，而后，南京各书坊主召开行业集会，当众将缴来淫词小说和书板尽数销毁。光绪后期，上海各书坊书局也曾立定公约，不刊印销售淫词小说，这样一来，在整个书坊行业里逐渐形成了一种行业自律。

除此之外，各地方颁布善书教化民众，士绅多做家训警语以儆戒子弟远离淫词小说，"淫艳之书，不置案头，一以古今节烈之事，演述化导，令所见所闻，皆有规矩，此又端本澄源之道也"[2]。清代《桂宫梯》总结了"收藏小说四害"，以教育文人子弟：

(一) 玷品行。览此等书，必非正人佳士。南海一县令，好观《肉蒲团》，手钞小本日玩之，不意乱入详册，上司怒

---

[1] 1947年10月29日第246号上海《中央日报》副刊《上海通》刊登的《红楼梦讼案》。

[2] (清) 黄正元：《欲海慈航》"妇女宜戒"，道光十七年刊本。

其无行,参革而死。

(二)败闺门。凡好藏淫书,好唱弹词诸家妇女,率多丑声。其秉性幽贞者,或以忌疾死,下此不忍言矣,可胜痛哉。

(三)害子弟。藏此书者,子弟必然偷看,其佳者以此早知觉,早破身,或以疾死,即转而自悔,而元气一散,断不能成大器。世间尽有佳子弟,秀出一时,迄无成就,由浑金璞玉,早年玷缺,皆乃父巾箱中密藏物所害也。若中下者,必好此破家矣。金陵一名家子,过目成诵,年十三,博通经史,一日偷看《西厢》曲本,忘食废寝,七日夜而元阳一走,医家云心肾绝矣,乃死。

(四)多恶疾。好此种书,必多妖,必多忌疾。杭州朱司马,人极丰伟,年甫五十,即乞归,谓家人曰:"我幼时喜小说,风痰入肾,不久矣。"未几死。看淫书之害如此。呜呼!真可为痛哭者也。[1]

但小说屡禁不止,而续书又层出不穷,故而为风教考虑,必然要采取釜底抽薪的办法:

惟收毁淫书,搜罗必难遍及,况利之所在,旋毁旋刻,望洋惊叹,徒唤奈何。向尝于无可如何之中,拟一釜底抽薪之法,欲罗列各种风行小说,除《水浒》《金瓶梅》百数十种业已全数禁毁外,其余苟非通部应禁,间有可取者,尽可用删改之法,拟就其中之不可为训者,悉为改定,引归于正,抽换板片,仍可通行,所有添改之处,则必多引造作淫词及喜看淫书一切果报,使天下后世撰述小说者,皆知殷鉴,不致放言无忌。如用药然,大黄巴豆,一经泡制,即堪治病。抽换淫书一法,……其面目,易其肺肝,使千百年来习传循

---

[1] (清)余治:《得一录》卷十一之一《收毁淫书局章程》,台北文海出版社2003年影印本。

第八章 晚清小说审查与教化政策的失败

诵脍炙人口诸书，一旦汰其芜秽，益以新奇，……而换其足资惩劝者，于意义则术等点金，于本书则功同完璧，刊板之费无几，而于世教实大有裨益。[1]

采用删改替换小说内容的方法，在小说中增添教化劝诫的内容，"多引造作淫词及喜看淫书一切果报，使天下后世撰述小说者，皆知殷鉴，不致放言无忌。"这种以小说戒小说的方法虽然有效，但却是一种理想主义。改造小说以教化天下不但需要大量才德兼备的文人参与其中，而且还需要创作出大众喜闻乐见的故事情节，从文笔、内容、思想等方面都能够吸引广大民众，否则小说将与劝化的善书没有区别。而文人多追名逐利，要么投身科举以求仕途，要么撰书代笔以图钱财，因而以修改淫词小说作为教化民风的渠道，只能是一种完美的空想。

咸丰同治年间，清廷面临内忧外患，外有强敌侵略，内有邪教帮会作乱，聚众谋逆的案件逐日增多，各民间教派模仿水浒英雄聚义梁山，号召替天行道。因而，在文化治理和民风教化方面，统治者特别针对英雄豪侠类文艺作品进行严查，咸丰元年七月二十一日申禁《水浒传》：

> 上谕军机大臣等，有人奏湖南衡、永、宝三府，郴、桂两州，以及长沙府之安化、湘潭、浏阳等县，教匪充斥，有红簿教、黑簿教、结草教、斩草教、捆柴教等名目……又有斋匪，名曰青教，皆以四川峨眉山会首万云龙为总头目，所居之处有忠义堂名号。……头目乘轿骑马，动辄数百人，抢夺淫掠，无所不至。……该匪传教惑人，有《性命圭旨》及《水浒传》两书，湖南各处坊肆皆刊刻售卖，蛊惑愚民，莫此为甚。并著该督抚饬地方官严行查禁，将书板尽行销毁。仍当饬各属，勿令吏胥借端滋扰。[2]

---

[1]（清）余治：《得一录》卷十一，台北文海出版社2003年影印本。
[2]《清文宗实录》卷三八，中华书局1986年影印本。

同治七年二月，江苏巡抚丁日昌《设立苏省书局疏》再次严禁《水浒传》等英雄传奇小说："目前人心不古，书贾趋利，往往淫词邪说，荟萃成编。《水浒》传奇等书，略识之无如探秘笈，无知愚民平日便以作乱犯上，最足为人心风俗之忧。臣在吴中，业经严禁，诚恐此等离经叛道之书，各省皆有，应请旨敕下各直省督抚，一体严加禁毁，以隐戢人心放纵、无所忌惮之萌，似亦维持风化之一端。"[1]《水浒传》从明末开始遭禁，被清朝历代统治者列为"诲盗小说"之首，清代前期也多次被查禁。晚清时期教派匪贼聚义，祸患四起，《水浒传》再次成为众矢之的，"《水浒传》者，其中一百八人，虽极形其英雄豪杰之谊气，而实著其鸱张跋扈之非为。不然，当四海一家之时，而雄踞一隅以自行其志，名之曰'聚义'，谁非王土？谁非王臣？天下岂有两义乎？以梁山之一百八人为真英杰真忠义，而天下之祸即由是而始。……盖此书流传，凡斯世之敢行悖逆者，无不藉梁山之鸱张跋扈为词，反自以为任侠而无所忌惮。其害人心术，以流毒于邻国天下者殊非浅鲜"[2]。同治七年四月，丁日昌进一步强调"诲盗"对社会风气的严重危害：

  乡曲武豪借放纵为任侠，而愚民鲜识，遂以犯上作乱之事视为寻常。地方官漠不经心，方以为盗案奸情纷歧叠出。殊不知忠孝廉节之事，千百人教之而未见为功，奸盗诈伪之书，一二人导之而立萌其祸，风俗与人心，相为表里。近来兵戈浩劫，未尝非此等逾闲荡检之说，默酿其殃。若不严行禁毁，流毒伊于胡底。[3]

禁令告示中将"近来兵戈浩劫"的叛逆之事归咎为诲盗小说的

---

[1]（清）丁日昌：《设立苏省书局疏·丁中丞政书》，见《近代中国史料丛刊续编》第七十七辑，台北文海出版社1980年影印本。

[2]（清）半月老人：《续刻荡寇志序》，同治十年玉屏山馆刊本。

[3]（清）丁日昌：《抚吴公牍》卷一，台北文海出版社1980年影印本。

影响,"此等逾闲荡检之说,默酿其殃",民众喜阅淫盗小说,必然引发犯上作乱,盗案奸情纷歧叠出。"近世以来,盗贼蜂起,朝廷征讨不息,草野奔走流离,其由来已非一日。非由于拜党结盟之徒,托诸《水浒》一百单八人以酿成之耳。"[1]丁日昌为禁淫词小说提出诸种举措,"宣讲圣谕,并颁发小学各书,饬令认真劝解,俾城乡士民得以目染耳濡,纳身轨物",又号召地方士绅文人"惟是尊崇正学,尤须力黜邪言,合亟将应禁书目粘单札饬,札到该司,即于现在书局附设销毁淫词小说局,略筹经费俾可永远经理"[2]。同时他又亲自编选通俗读物《百将图传》,书中收录历代忠君爱国的百位名将故事,并附插图百幅,以劝诫民众,试图改变世风,此书撰成后交付江苏书局刊刻,发行各地。丁日昌查禁淫书的举措遭到社会一些舆论的讥讽,同治七年,上海《The North China Herald》6月2日、7月3日发表社论,称查禁小说"此项措施,可以获得一项倾心向善之声誉,却使书商遭受骚扰;可以获得若干读儒书学子之称道,认为系恢复古代纯善生活与习性深值赞美之努力,却为愉与迅速成长中之一代所笑",社论认为要改变社会大众的阅读趣味,禁毁淫词小说不能去除根本,而是必须推行"一种较中国现有更高水准之教育"。

丁日昌等人对小说的严查禁毁未能改变小说日益兴盛的趋势,"丰润丁雨生中丞,巡抚江苏时,言行禁止,而卒不能绝,则以文人学士多好之之故"[3]。同治年间吴地崇明县查禁收缴淫词小说,仅收到残缺小说戏曲十七本,示众焚毁。[4]同治十年六月上谕内阁:"坊本小说,例禁綦严,近来各省书肆,竟敢违禁刊刻,公然售卖,于风俗人心殊有关系,亟应严行查禁。"[5]小说无法禁绝,到了光绪年

---

[1](清)半月老人:《续刻荡寇志序》,同治十年玉屏山馆刊本。
[2](清)丁日昌:《抚吴公牍》卷一,台北文海出版社1980年影印本。
[3](清)陈其元:《庸闲斋笔记》卷八,台湾商务印书馆1976年影印本。
[4](清)丁日昌:《丁日昌集》,上海古籍出版社2010年版,第530页。
[5]《清实录·穆宗毅皇帝实录》(七)卷三一三,"同治十年六月上",中华书局1986年影印本。

间更是变本加厉，随着石印术的广泛运用，小说刊刻成本降低，出版速度和数量都明显提高，民众文化水平和阅读能力也日益增长，西方小说的引进，等等，这些都促成晚清小说的蓬勃发展。另外晚清社会风气崇尚奢靡，市民娱乐文化更为丰富，"习俗益糜，……服饰宴会多为豪侈。歌馆舞台，茶寮酒肆之间，冶游者车水马龙，昼夜无有止息。"[1] 小说的发展正迎合这一时尚，阅读通俗小说成为普遍的文化消遣方式。新文化思潮改变了通俗小说的地位，有更多的文人士子参与小说创作，使得晚清的新旧小说如花似锦。

三、审查与教化的失败

同治年间的查禁小说运动虽然风风火火，但实际上并未能遏制通俗小说的坊刻出版，同治七年小说禁毁书目颁发之后，仍有书坊大肆刊刻遭禁的通俗小说，如联墨堂同治十一年刻《四雪草堂重订通俗隋唐演义》，金沙剑光阁同治十一年刊刻《绣像精忠演义说岳全传》，即墨庄同治十三年刊刻《龙图公案》，雪梅居士同治十三年刊刻《五凤吟》等。光绪年间之后，石印铅印技术飞速发展，民营书局兴起，禁毁小说的刊刻出版愈发频繁，而禁毁小说的出售收藏也变为平常之事。

传统文人将小说视为小道，通俗小说更是不足挂齿，历代藏书家偶尔收藏文言小说以资考证，但多贬斥通俗文学。清人耿文光《苏溪渔隐读书谱》卷四道："予于小说，不甚留意，所藏者，亦不暇遍观，然足以示劝戒、广见闻、征故实，则亦不可废矣。今所录者，凡四十一家，择其文之尤雅者，足资考证与古书之流传，及今说之成家者，并著之，姑存其概，不复类分。其他猥鄙荒诞之作，悉为删退，不滥及也。"[2] 晚清的藏书风气发生改变，文人阶层对于通俗小说广为认同，官府禁令虽严，但士人一般不将小说看做诲淫诲盗

---

[1]《湖北通志》卷二十一《风俗》，民国十年刻本。
[2]（清）耿文光：《苏溪渔隐读书谱》，北京图书馆出版社2006年版。

之作，各地藏书家也一改从前摒弃小说的态度，大量收藏雕版和石印小说，其中包括官府查禁的"淫词小说"，如晚清《扬州吴氏测海楼藏书目录》，收藏通俗小说82种，其中禁毁书目多种，如：

1. 《绣像绿牡丹》六卷，道光壬辰刊本。
2. 《绣像金石缘》八卷，同治乙丑刊本。
3. 《绣像英烈全传》十卷，经国堂刊本。
4. 《红楼圆梦》三十回，嘉庆甲戌刊本。
5. 《绣像五美缘》八卷，道光戊申刊本。
6. 《情天宝鉴》十八卷，石印本。（即《情史》）
7. 《增评补图石头记》一百二十回，悼红轩刊本。
8. 《双凤奇缘》七十三卷，嘉庆刊本。
9. 《绣像铁冠图传》八卷，光绪刊本。
10. 《红楼梦补》四十八回，申报馆本。
11. 《绘图前后七国演义》，老石印本。
12. 《绣像水浒传》八卷，雕板刻本。
13. 《绘图五才子书》，旧铅印本。（即金圣叹评点《水浒传》）
14. 《绣像禅真逸史》，雕板刻本。
15. 《后红楼梦》，木板本。
16. 《锦香亭传》四卷，雕板刻本。
17. 《绣像龙图公案》八卷，雕板刻本。
18. 《二才子好逑传》四卷，雕板刻本。

光绪年间报刊杂志兴起，各报社相继征求小说文稿，并支付高额稿费，这一举措也加速了通俗小说的发展。而传统的科举考试已经衰落直至灭亡，文人科举求官无望，因而另寻谋生出路，撰写小说投稿则是一条重要的生存途径。

  本社募集各种著译家庭、社会、教育、科学、理想、侦探、军事小说，篇幅不论长短，词句不论文言白话，格式不论章回、笔记、传奇。不当选者，可原本寄还；入选者，分别等差，润笔从丰致送：甲等每千字五圆，乙等每千字三圆，丙等每千字二圆。[1]

  本报除同人译著外，仍广搜海内外名家。如有思想新奇之短篇说部，愿交本社刊行者，本社当报以相当之利益。本报注重撰述，凡有关于科学、理想、哲理、教育、政治诸小说佳稿寄交本社者，已经入选，润资从丰。撰述长篇，以章回体每部十六回或二十回为合格。[2]

晚清的报刊杂志刊登各种广告吸引小说作者，《新小说》第一号甚至公开列出稿费价目表：一页七元，半页四元，一行四角。光绪二十一年，《申报》和《万国公报》都发表了《求著时新小说启》，有奖征求小说的活动由此揭开序幕：

  窃以感动人心，变易风俗，莫如小说。推行广远，传之不久，辄能家喻户晓，气习不难为之一变。……使人阅之心为感动，力为革除。辞句以浅明为要，语意以趣雅为宗。虽妇人幼子，皆能得而明之。……首名酬洋五十元，次名三十元，三名二十元，四名十六元，五名十四元，六名十二元，七名八元。果有佳作，足劝人心，亦当印行问世。[3]

根据清末的物价资料可知，光绪年间上海地区的小麦价格每石在四元七角上下，而一头牛的平均价格在三十元左右。[4]小说征文奖励的第一名"酬洋五十元"，奖金算是比较高的。虽然光绪年间朝廷仍旧颁布小说禁令，但大势已去，严厉的禁令也无法力挽狂澜。

---

[1] 小说林社：《募集小说》，见《小说林》1907年第1期。
[2] 《月月小说》，1908年第3期。
[3] 《万国公报》第77册，光绪二十一年五月号，第15310页。
[4] 汪杰，潘建新，葛美君：《上海价格志》，上海社会科学院出版社1998年版。

第八章　晚清小说审查与教化政策的失败

光绪十二年四月二十九日《申报》刊登官府《禁刊印淫书示》："近闻上海有等淫棍丑类，竟将前禁《金瓶梅》《红楼梦》等项淫书工楷缮写，绘图付印。少年子弟见之，贻害实非浅鲜。所幸尚未印成售散，亟应预先查禁，以儆邪淫而维风化。合亟札饬。立即遵照出示，晓谕同文、积山各书局，无论西商、华商所开，或照请领事官，或传谕局主，均不得违禁代为刻印。其余活字之铅板、锡板并木板等一体禁止。务期多缮示谕分贴各书局书肆门首。凡淫书之类，一律毋许代印。倘敢故违，察出定干严惩等因到廨。合行出示晓谕为此示。仰各书局书肆人等一体遵照，倘敢故违，察出定干严惩，决不宽贷。其各禀遵毋违特示。"这一禁令无法阻挡西学在中国的传播，人们对小说的看法已经发生了翻天覆地的变化，光绪二十年《国闻报》发表《附印小说缘起》，使小说的地位得到空前提高，光绪二十四年梁启超发表《译印政治小说序》，一场具有现代意义的"小说界革命"骤然爆发。

光绪二十四年八月，戊戌变法失败，慈禧懿旨谓："莠言乱政，最为生民之害。前经降旨将官报《时务报》一律停止。近闻天津、上海、汉口各处仍复报馆林立，肆口逞说，捏造谣言，惑世诬民，罔知顾忌，亟应设法禁止。著各该督抚饬属认真查禁，其馆中主笔之人，皆斯文败类，不顾廉耻，即由地方官严行访拿，从重惩治，以息邪说而靖人心。"[1]因政治运动而产生的禁令对通俗小说进行严格打击，但已无法改变小说广泛流通的趋势，晚清各地书坊书局刊印了更多的小说售卖，连官书局也参与其中，如山东书局刊刻出售《聊斋志异》《红楼梦图咏》《西厢记》等。[2]民营书局申报馆、商务印书馆、扫叶山房、同文书局、上海书局、飞鸿阁、纬文阁、十万卷楼、鸿宝斋分局、申昌书局、宝善斋书庄、汲绠书庄、慈母堂、

---

[1]《清德宗实录》卷四二八，中华书局1986年影印本。

[2] 光绪年间，山东书局印《聊斋志异》售价洋五元二角，《红楼梦图咏》售价洋三元五角，《西厢记》售价洋三元二角。

广智书局、时中书局、嘉惠书林、理文轩、著易堂、古香阁、广益书局、广百宋斋、炼石印局、有益斋、萃文斋、文宜书局、源记书庄、文宝琳记、申昌书室、文富楼等均刊印小说公开出售，[1]其中包括大量禁毁小说，举例如下：

上海申报馆：
光绪二年铅印《红楼梦补》四十八回
光绪二年铅印《红楼复梦》一百回
光绪八年铅印《第一奇书野叟曝言》一百五十四回
光绪年间铅印《蟫史》二十卷
铅印本《浓情快史》十二回
铅印本《第五才子书水浒传》七十回
铅印本《品花宝鉴》六十回
上海熔经阁：
光绪元年铅印《绣像红楼梦补》四十八回
光绪二十五年石印《红楼梦补》四十八回
上海书局：
光绪元年石印《新镌全像通俗演义隋炀帝艳史》四十回
光绪元年石印《五美缘》八十回
光绪六年石印《绣像梦中五美缘》十五回
光绪十二年石印《绣像绿野仙踪全传》
光绪十八年石印《绣像绿牡丹全传》六十四回
光绪十九年石印《万花楼杨包狄演义》六十八回
光绪十九年石印《新增全图文武香球》六十四卷
光绪二十一年石印《蜃楼外史》三十回
光绪二十一年石印《清风闸》三十二回
光绪二十一年石印《全像通俗演义隋炀帝艳史》六卷

---

[1] 晚清各书局出售小说书目详见周振鹤：《晚清营业书目》，上海书店出版社2005年版。

光绪二十一年石印《嘉兴八美图》二十八回
光绪二十一年石印《今古奇观》
光绪二十二年石印《绿野仙踪》八十回
光绪二十二年石印《绘图牡丹奇缘》十二回
光绪二十三年石印《禅真逸史》四十回
光绪二十三年石印《全像红楼圆梦》三十回
光绪二十三年石印《桃花影》十二回
光绪二十四年铅印《绣像全图金玉缘》一百二十回
光绪二十四年石印《绮楼重梦》四十八回
光绪二十四年石印《水浒全传》七十回
光绪二十五年石印《新镌全像通俗演义隋炀帝艳史》四十回
光绪二十年石印《清风闸》三十二回
光绪二十七年石印《绣像绿牡丹全传》六十四回
光绪三十年石印《绘图双凤奇缘》八十回
光绪三十年石印《今古奇观》四十卷
光绪三十年石印《绣像绿野仙踪》八十回
光绪三十年石印《隋唐演义》一百回
光绪三十一年石印《精忠说岳全传》
光绪三十一年石印《品花宝鉴》六十回
光绪三十一年石印《绘图最新今古奇观》十六回
光绪三十二年石印《绘图增像第五才子书水浒全传》七十回
光绪三十三年石印《新镌全像通俗演义隋炀帝艳史》四十回
光绪三十四年石印《绘图今古奇观》
光绪三十四年石印《五凤吟》
石印《绣像增图绿野仙踪》八十回
石印《绘图双凤奇缘》八十回
石印《英烈全传》八十回

铅印《浪史》四十回
上海广益书局：
光绪三十三年石印《绘图精忠说岳全传》八卷
石印《绣像英烈全传》四卷
石印《绣像绘图隋唐演义》一百回
铅印《红楼梦》一百二十回
石印《绣像梦中五美缘》四卷
石印《精忠岳武穆王全传》十二卷
石印《绿野仙踪》八十回
石印《绿牡丹全传》八十四回
……

禁毁书目中的《双凤奇缘》《五美缘》《说岳全传》《隋唐》《绿牡丹》《红楼梦》《绮楼重梦》《龙图公案》《十二楼》《岂有此理》《女仙外史》等多次被刊刻发售。在新小说时代全面繁荣之前，晚清民间书坊和民营书局都抓住最后的机会大力刊刻传统通俗小说，禁毁小说的坊刻迎来了最后的辉煌。与此同时，一些专门刊登通俗小说的报刊杂志兴起并达到空前繁盛，如《月月小说》《小说林》《小说月报》《绣像小说》《新小说》等，更将通俗小说的发展向前推进一大步。

晚清小说审查禁令无法贯彻到底，还有另外一个重要原因，就是通俗小说与民间文艺样式之间的相互渗透，使得小说的传播速度和范围达到了无法掌控的程度。根据马宗学《识字运动：民众学校经营的理论与实际》统计研究，光绪三十年中国社会人口的识字率约为百分之一，而中国人口在乾隆末年就已经达到三亿一千三百万左右。[1] 也就是说，在清末社会教育范围不断扩大，受教育的人数也大幅度增加，识字人口至少有三百万以上。虽然从人口比例来看，

---

[1] 清代人口增长速度较快，康熙三十九年人口共有一亿五千万左右，发展到乾隆五十九年已达到三亿一千三百万左右，不足一百年的时间内增长了近两亿人口。详见何炳棣：《中国人口研究》，哈佛大学出版社1959年版，第278页。

仍然有大多数人不识字，然而明清两代的通俗小说却为市井百姓、乡愚村俗广为熟知，人们甚至对小说经典情节内容如数家珍。

清代钱大昕《潜研堂文集》卷十七云："古有儒、释、道三教，自明以来，又多一教曰小说。小说演义之书，未尝自以为教也，而士大夫、农、工、商、贾，无不习闻之，以致儿童妇女不识字者，亦皆闻而如见之，是其教较之儒释道而更广也。"[1]愚民愚妇之所以能够熟悉通俗小说的内容，大多是通过听书和看戏，清代中后期通俗文艺泛滥，说书者除了评话和弹词，"流行于北方的还有大鼓、竹板书和子弟书、山东快书、河南坠子，以及后起的山东、苏北的琴书等等，流行于南方的还有扬州的弦词，浙江的南词、鱼鼓，广东的木鱼书，四川的竹琴、相书等等"[2]。而说书和戏曲多取材通俗小说，评书、鼓词、子弟书、木鱼书、弹词等也多改编自通俗小说。

清代清凉道人《听雨轩笔记》卷三云："小说所以敷衍正史，而评话又所以敷衍小说。"在清代后期的各类通俗文艺中，《三国演义》《水浒传》《英烈传》《说岳全传》《隋唐演义》《绿牡丹》《济公传》《西游记》《施公案》《飞驼传》《清风闸》《五美缘》《龙图公案》《前后七国志》等，不但成为经久不衰的说书篇目，而且也是鼓词、子弟书、地方戏曲常演的剧目。仅《三国演义》一书，就存在60余种京剧改编剧目。周贻白《中国戏曲剧目初探》一文，对皮黄剧的剧目进行过较为系统的梳理，其中改编自通俗小说的剧目有：《封神演义》17种、《东周列国志》59种、《东西汉演义》27种、《三国志演义》115种、《东西晋演义》7种、《隋唐演义》32种、《薛家府演义》24种、《绿牡丹》9种、《粉妆楼》3种、《西游记》23种、《残唐五代史演义》14种、《飞龙传》24种、《杨家将》32种、《五虎平西》5种、《包公案》24种、《水浒传》51种、《精忠说岳》27种、《济公传》4种、《英烈传》11种、《铁冠图》7种、《彭公案》10种、《施公案》21种、《红楼梦》24种、《聊

---

[1]（清）钱大昕：《潜研堂文集》卷十七《正俗》，清光绪十四年上海书局刊本。

[2] 胡士莹：《话本小说概论》，中华书局1980年版。

斋志异》16种、《今古奇观》12种、《儿女英雄传》6种、《永庆升平》1种、《洪秀全演义》3种、《左文襄公征西演义》1种、《野叟曝言》1种。[1]

正因为通俗文艺的发达,使得官方执行查禁小说法令面临重重困难,大多数的通俗小说借助类型多样的曲艺进行传播,被地方性的剧目吸收,通过戏曲演出变得家喻户晓。通俗文艺的兴盛潮流无法遏制,在这种大环境之下,清廷的小说禁令形同虚设,显然无法以政治手段干预小说的蓬勃发展,这也正式宣告晚清小说审查与教化政策的失败。

---

[1] 周贻白:《中国戏曲剧目初探》,见《周贻白小说戏曲论集》,齐鲁书社1986年版。

附录　清代禁毁小说书目及坊刻版本叙录

　　清代前期查禁小说的类型多与政治相关，小说禁令多次声明严查"淫词小说"，但并未明确列出具体类型的小说书目，因而"淫词小说"的范围并不确定。晚清政府对于小说的限制和禁毁更为具体，将禁毁小说的类型分为几大类：第一，宣传叛逆谋反思想，鼓动犯上作乱，动摇统治秩序的小说作品，如《水浒传》《隋唐演义》《异说反唐全传》等。第二，涉及宣扬明朝、反清复明、异族统治、汉族与少数民族矛盾战争的小说作品，如《英烈传》《辽海丹忠录》《镇海春秋》《剿闯小说》《新世鸿勋》《樵史通俗演义》《说岳全传》《北史演义》等。第三，涉及邪教秘术、宗教淫逸、僧尼仙道等内容的小说作品，如《归莲梦》《女仙外史》《僧尼孽海》《灯草和尚》等。第四，描绘野史秘史、淫秽色情的小说作品，如《浓情快史》《绣榻野史》《禅真逸史》《昭阳趣史》《禅真后史》《隋炀艳史》《巫山艳史》等。第五，描绘才子佳人定情私奔，才子兼得众美，偏离正统伦理，充满虚无幻想的小说作品，如《好逑传》《五美缘》《金石缘》《灯月缘》等。第六，有碍民风教化，离经叛道，荒诞不经，讽刺时事，过度宣扬鬼魔神道法术异能的小说作品，如《子不语》《野叟曝言》《红楼梦》《岂有此理》《绿野仙踪》《笑林广记》《解人颐》等。

　　晚清小说禁毁范围较广，主要集中为"诲淫诲盗"小说，这两大类别的作品在通俗小说中最具代表性，深受士民读者的青睐，在民间传播较广，也是民间戏曲改编最多的类型。诲淫小说有碍社会风气的发展，诲盗小说有碍社会治安的稳定，都是清代统治者的眼中钉，却又无法彻底根除。晚清政府针对违碍小说作品特别颁布了禁毁小说书目，将民间流传的各类通俗流行小说打上"诲淫诲盗"的标签，列入禁毁书目。

晚清禁毁小说书目不止一种，道光年间至少出现两种禁毁书目，道光十八年《计毁淫书目单》录为淫书116种：

《昭阳趣史》《玉妃媚史》《呼春稗史》《风流艳史》《妖狐媚史》《春灯迷史》《浓情快史》《隋炀艳史》《巫山艳史》《绣榻野史》《禅真逸史》《禅真后史》《幻情逸史》《株林野史》《浪史》《梦纳姻缘》《巫梦缘》《金石缘》《灯月缘》《一夕缘》《五美缘》《万恶缘》《云雨缘》《梦月缘》《邪观缘》《聆痴符》《桃花艳史》《水浒》（即《五才子》）、《西厢》（即《六才子》）、《桃花影》《梧桐影》《鸳鸯影》《隔帘花影》《如意君传》《三妙传》《姣红传》《循环报》（即《肉蒲团》）、《贪欢报》（即《欢喜冤家》）、《红楼梦》《续红楼梦》《后红楼梦》《补红楼梦》《红楼圆梦》《红楼复梦》《绮楼重梦》《金瓶梅》《唱金瓶梅》《续金瓶梅》《艳异编》《日月环》《紫金环》《天豹图》《天宝图》《前七国志》（非《四友传》）、《增补红楼》《红楼补梦》《丝涤党》《三笑姻缘》《七美图》《八美图》（即《百美图》）、《杏花天》《桃花艳》《载花船》《闹花丛》《灯草和尚》《痴婆子》《醉春风》《怡情阵》《倭袍》《摘锦倭袍》《两交欢》《一片情》《同枕眠》《同拜月》《皮布袋》《弁而钗》《蜃楼志》《锦上花》（有解元吴文彦者）、《温柔珠玉》《八段锦》（非讲玄门者）、《奇团圆》《清风闸》《蒲芦岸》《石点头》《今古奇观》（抽禁）、《七义图》《花灯乐》《碧玉塔》《碧玉狮》《摄生总要》《梼杌闲评》《反唐》《文武元》《凤点头》《寻梦栎》（即《醒世奇书》）、《海底捞针》《国色天香》《拍案惊奇》《十二楼》《无稽谰语》《双珠凤》《摘锦双珠凤》《绿牡丹》《芙蓉洞》（即《玉蜻蜓》）、《乾坤套》《锦绣衣》《一夕话》《解人颐》《笑林广记》《岂有此理》《更岂有此理》《小说各种》（福建板）、《宜春香质》《子不语》（抽禁）、《何文秀》（新出改正真本不禁）、《野叟曝言》。[1]

---

[1]（清）余治：《得一录》卷十一，台北文海出版社2003年影印本。

附录　清代禁毁小说书目及坊刻版本叙录

道光二十四年《劝毁淫书征信录》载《禁毁书目》120种："本局奉宪设立收毁淫书板片书本，照估给价，业奉学宪吴给示晓谕，兹特将应禁各种书目开后，凡铺户人家，如藏有此等板本者，务劝尽数交出，送局收毁，幸勿遗漏自误。"[1]

《昭阳趣史》《玉妃媚史》《呼春稗史》《风流艳史》《妖狐媚史》《春灯迷史》《浓情快史》《隋炀艳史》《巫山艳史》《绣榻野史》《禅真逸史》《禅真后史》《幻情逸史》《株林野史》《浪史》《梦纳姻缘》《巫梦缘》《金石缘》《灯月缘》《一夕缘》《五美缘》《万恶缘》《云雨缘》《梦月缘》《雅观缘》《聆痴符》《桃花艳史》《水浒》（即《五才子》）、《西厢》（即《六才子》）、《何必西厢》《桃花影》《梧桐影》《鸳鸯影》《隔帘花影》《如意君传》《三妙传》《姣红传》《循环报》（即《肉蒲团》）、《贪欢报》（即《欢喜冤家》）、《红楼梦》《续红楼梦》《后红楼梦》《补红楼梦》《红楼圆梦》《红楼复梦》《绮楼重梦》《金瓶梅》《唱金瓶梅》《续金瓶梅》《艳异编》《日月环》《紫金环》《天豹图》《天宝图》《前七国志》（非《四友传》）、《增补红楼》《红楼补梦》《牡丹亭》《脂粉春秋》《风流野志》《七美图》《八美图》（即《百美图》）、《杏花天》《桃花艳》《载花船》《闹花丛》《灯草和尚》《痴婆子》《醉春风》《怡情阵》《倭袍》《摘锦倭袍》《两交欢》《一片情》《同枕眠》《同拜月》《皮布袋》《弁而钗》《蜃楼志》《锦上花》（有解元吴文彦者）、《温柔珠玉》《八段锦》（非讲玄门者）《奇团圆》《清风闸》《蒲芦岸》《石点头》《今古奇观》（抽禁）、《情史》《醒世奇书》（即《空空幻》）、《汉宋奇书》《碧玉塔》《碧玉狮》《摄生总要》《梼杌闲评》《反唐》《文武元》《凤点头》《寻梦托》《海底捞针》《国色天香》《拍案惊奇》《十二楼》《无稽谰语》《双珠凤》《摘锦双珠凤》《绿牡丹》《芙蓉洞》（即《玉蜻蜓》）、《乾坤套》《锦绣衣》《一夕话》《解人颐》《笑林广记》《岂有此理》《更岂有此理》《小说各种》（福建板）、《宜春香质》《子不语》（抽禁）、《北

---

[1] 王利器：《元明清三代禁毁小说戏曲史料》，上海古籍出版社1981年版，第122页。

史演义》《女仙外史》《夜航船》。

同治七年丁日昌开列禁毁小说书目122种：

《龙图公案》《品花宝鉴》《昭阳趣史》《玉妃媚史》《呼春稗史》《春灯迷史》《浓情快史》《隋炀艳史》《巫山艳史》《绣榻野史》《禅真逸史》《禅真后史》《幻情逸史》《株林野史》《浪史》《梦纳姻缘》《巫梦缘》《金石缘》《灯月缘》《一夕缘》《五美缘》《万恶缘》《云雨缘》《梦月缘》《雅观缘》《聆痴符》《桃花艳史》《水浒》（即《五才子》）、《西厢》（即《六才子》）、《何必西厢》《桃花影》《梧桐影》《鸳鸯影》《隔帘花影》《如意君传》《三妙传》《姣红传》《循环报》（即《肉蒲团》）、《贪欢报》（即《欢喜冤家》）、《红楼梦》《绮红楼梦》《后红楼梦》《补红楼梦》《红楼圆梦》《红楼复梦》《红楼重梦》《金瓶梅》《唱金瓶梅》《续金瓶梅》《艳异编》《日月环》《紫金环》《天豹图》《天宝图》《前七国志》（非《四友传》）、《增补红楼》《红楼补梦》《牡丹亭》《脂粉春秋》《风流野志》《七美图》《八美图》（即《百美图》）、《杏花天》《桃花艳》《载花船》《闹花丛》《灯草和尚》《痴婆子》《醉春风》《怡情阵》《倭袍》《摘锦倭袍》《两交欢》《一片情》《同枕眠》《同拜月》《皮布袋》《弁而钗》《蜃楼志》《锦上花》（有解元吴文彦者）、《温柔珠玉》《石点头》《奇团圆》《清风闸》《蒲芦岸》《八段锦》（非讲玄门者）、《今古奇观》（抽禁）、《情史》《醒世奇书》（即《空空幻》）、《汉宋奇书》《碧玉塔》《碧玉狮》《摄生总要》《梼杌闲评》《反唐》《文武元》《凤点头》《寻梦托》《海底捞针》《国色天香》《拍案惊奇》《十二楼》《无稽谰语》《双珠凤》《摘锦双珠凤》《绿牡丹》《芙蓉洞》（即《玉蜻蜓》）、《乾坤套》《锦绣衣》《一夕话》《解人颐》《笑林广记》《岂有此理》《更岂有此理》《小说各种》（福建板）、《宜春香质》《子不语》《北史演义》《女仙外史》《夜航船》《风流艳史》《妖狐媚史》。

同治七年续查禁淫书34种：

《隋唐》《九美图》《空空幻》《文武香球》《蝉史》《十美图》《五凤吟》《龙凤金钗》《二才子》《百鸟图》《刘成美》《绿野仙踪》《换空箱》《一箭缘》《真金扇》《鸾凤双箫》《探河源》《四香缘》《锦香亭》《花间笑语》《盘龙镯》《绣球缘》《双玉燕》《双凤奇缘》《双剪发》《百

花台》《玉连环》《巫山十二峰》《万花楼》《金桂楼》《钟情传》《合欢图》《玉鸳鸯》《白蛇传》。

禁毁书目中明显为戏曲作品的如《西厢记》《牡丹亭》《何必西厢》《唱金瓶梅》《白蛇传》等，不在考述之列，仅在存目中列出。书目中涉及戏曲作品，但也有小说版本的，如《姣红传》《弁而钗》《绿牡丹》《双凤奇缘》等，仅录小说版本，不涉及戏曲。另有《岂有此理》《更岂有此有理》等杂书，列入存目中考述。

清代禁毁小说坊刻及版本叙录，以提要目录的方式列出：

1. 本目录著录对象是清代顺治至清代宣统年间有明文禁毁的小说。

2. 无任何版本的禁毁小说只列书目名称，归入附录一。

3. 严格意义上的非小说作品，如戏曲、评书、杂著、弹词、唱本等归入附录二。

4. 提要不详述小说内容和故事情节，对禁毁原因有简单的推测分析，仅供参考。

5. 本目录主要著录各禁毁小说的坊刻版本，对于版本较少的小说，其抄本亦酌情著录，版本较多的小说如《红楼梦》等，抄本则不著录。

6. 本目录提要参考引用《中国古代小说总目》（石昌渝主编）、《中国禁毁小说百话》（李梦生著）、《中国古代小说百科全书》（刘世德主编）、《思无邪汇宝》（陈庆浩主编）、《元明清三代禁毁小说戏曲史料》（王利器辑录）、《日本东京所见小说书目》（孙楷第撰）、《戏曲小说书录解题》（孙楷第撰）、《中国通俗小说书目》（孙楷第撰）等，在此一并说明，致以谢忱。

一、草莽英雄：反叛谋逆类

1.《天豹图》

《天豹图》写的是明代成化年间事，众英雄被奸官逼迫聚义啸山林，替天行道，揭露奸相谋朝篡位阴谋，进京救驾，最后得蒙封赏的故事。书中没有提及撰写人，无法明确考证成书时间和作者。

本书中几乎没有淫秽场景的描写，但夹杂清官神仙救世等情节，因此可知此书遭禁，主要是因为反映现实民生疾苦，造成官逼民反，英雄聚义对抗朝廷，同时书中描述皇上、太子与草寇共处，天子与百姓称兄道弟的场面情景，有违封建纲常。道光十八年《计毁淫书目单》录为淫书，道光二十四年浙江官员列入《应禁各种书目》，同治七年四月丁日昌禁毁书目列此书。

此书现存嘉庆十九年半胜书坊刊本。书中开头的序中缺少了前半页，序中署"嘉庆阏逢阉茂畅月三影张氏题于鹭门醉月轩书屋"。"阏逢阉茂"是"甲戌"的别称，指的是嘉庆十九年，其中"鹭门"是今天的厦门。正文半叶十行，每行二十字，内封框上横题有"嘉庆十九年镌"，框内大字题"绣像天豹图传"。现此本在日本东洋文库、美国哈佛大学燕京学社汉和图书馆、北京大学图书馆都有藏本。

英秀堂刊小本，书中有道光丙戌年的张某序，现藏于国家图书馆。

民国二年萃英书局石印小本，书封面题名为"绣像剑侠飞仙天豹图"，全书六卷四十回，正文为半叶二十行，每行四十三字。有四叶的人物绣像，现藏于天津图书馆。

此书还有改编的戏曲和弹词演绎版本，如：

道光十年改编的序刊本弹词《天宝图》（又名《英雄奇缘传》），弹词将其中的时代改为了元代，人名也进行了些许的改动，情节更枝蔓衍生。同治八年《天宝图》有芥子园刊本，又有京剧《天宝图》，粤剧、闽剧《天豹图》等。

另外，演绎改编的曲本《天宝图》也屡次遭禁，道光十八年《计毁淫书目单》录为淫书，道光二十四年浙江官员列入《应禁各种书目》，同治七年四月丁日昌禁毁书目都列入其中。

2.《反唐》

《反唐》清代中期通俗小说，此书的异名很多，多为十卷一百回的简本，这些版本的题目主要有《大唐中兴演义传》《异说反唐演义》《反唐女娲镜全传》等，在其瑞文堂藏板本中又出现了《武则天改唐演义》《薛刚三祭铁丘坟全集》《异说武则天反唐全传》和《异说反唐全传》等名。关于本书的作者，在其瑞文堂藏板本十四卷一百四十回的末尾，题有"如莲居士"序，十卷百回本有题"姑苏如莲居士编辑"，但如莲居士的真实姓名不详。《异说后唐传三集薛丁山征西樊梨花全传》的经文堂刊本也有如莲居士序，而且序文与《异说反唐全传》序完全相同，但故事情节与《异说反唐全传》的差异较大，二书是否为一个人所作，还有待考证。

《反唐》的崇德堂藏板本、远景斋刊本、右文堂藏板本、三和堂刊本中有如莲居士序署时为"乾隆癸酉仲冬之月"，乾隆癸酉为乾隆十八年，因此可知此书的成书应在当年，或在当年稍前。

书中涉及英雄落草聚义谋反等事，又写武则天女子专权等，因而遭禁，道光十八年《计毁淫书目单》录为淫书，道光二十四年浙江官员列入《应禁各种书目》，同治七年四月丁日昌禁毁书目列入。

《反唐》版本众多，有瑞文堂藏板本，全书十四卷共一百四十回。内封框上横题"武则天改唐演义"，框内右栏题"评点薛刚三祭铁丘坟全集"，左栏大字题"异说反唐演传"，小字署"瑞文堂藏板"。首叶上有《叙》，在序末署有"如莲居士题于似山居中"。目录叶题"新刻异说武则天反唐全传"。正文卷首题"新刻异说反唐全传"。版心题"反唐全传"。正文半叶十行，每行二十字。行间有丝栏。现有上海古籍出版社《古本小说集成》影印本，藏于辽宁图书馆。

十卷一百回的简本为流行本，主要有：

崇德堂藏板本全书十卷一百回，内封题有"薛刚三扫铁丘坟""绣像反唐演义"，首"反唐演义序"，末署"乾隆癸酉仲冬之月如莲居士题于似山居中"，有十二叶图，十二幅像赞，正文半叶十一行，每行二十四字，藏南京图书馆。

三和堂刊本，全书十卷一百回，十二叶图，十二幅像赞，正文半叶十一行，每行二十八字。鲁迅故居所藏三和堂本，有鲁迅夹签题识云："三和堂版本，首叶作《反唐女娲镜全传》，两旁夹写'内附凤娇投水'、'徐孝德下山'。序末作'时乾隆癸酉仲冬之月如莲居士录于似山居中'。每卷第一行皆作《新刻异说反唐演义传》。"

似菊别墅刊本全书十卷一百回，图六叶，正文半叶十四行，每行三十字，现藏于中国社会科学院文学研究所、北京大学图书馆、天津图书馆。

十卷一百回本还有远景斋刊本、夏致和堂本、玉树堂刊本、书业堂刊本、京都立盛堂藏板本、京都文义堂藏板本、元茂堂藏板本、文奎堂藏板本、裕德堂刊本、右文堂藏板本、京都泰山堂刊本、江左书林刊本、丹桂堂刊本等。

另外，以此书改编的戏曲，也颇为流行，主要有《闹花灯》《铁丘坟》《徐策跑城》等。

3.《汉宋奇书》

《汉宋奇书》又名《英雄谱》，是明代《水浒传》和《三国志演义》的合刊本小说。《汉宋奇书》由两部书合刊而成，其中"汉"指叙汉朝事的《三国志演义》，"宋"指叙宋朝事的《水浒传》。每叶上部刊《水浒传》、下部刊《三国志演义》，合刊发行。此书合《三国》《水浒》两书为一书，主要是因为这两书都是反映英雄豪杰的"智勇忠义"的小说，读者喜欢一次性能阅读两部，序中载"两刻不合，购者恨之"，于是书馆就"上下其驷，判合其圭"。

道光二十四年浙江官员将其列入《应禁各种书目》，同治七年四月丁日昌列其入禁毁书目。这主要是针对"诲盗"之书《水浒传》而禁。

此书版本有明崇祯年间雄飞馆刊本，书中题为"精镌三国水浒全书"，全书二十卷，每叶分上下栏，上栏刊刻《水浒传》（一百一十回），下栏刊《三国演义》（二百四十回），中间附有插图一百叶。书前有熊飞序。此明刊本中在《水浒传》中所附的评语有"李贽"的署名，在《水浒传》版本史上颇具研究价值。

清代刊本，此本多坊间本，在当时非常流行，书前有熊飞序，书中题作"绣像汉宋奇书"，正文中上栏为《水浒传》，下栏为《三国志演义》，前者共有一百十五回，后者是清初毛宗岗的评本，全书

附录 清代禁毁小说书目及坊刻版本叙录

附有图四十叶。

此外，明崇祯年间雄飞馆刊本和清代刊本中，都有书的别题《英雄谱》，在民间流传时也以此为名。但《英雄谱》中收录的《水浒传》都是简本。

4. 《北史演义》

《北史演义》是清代中期的一部通俗历史演义小说。《北史演义》书中题有："玉山杜纲草亭氏编次，云间许宝善穆堂氏批评，门人谭载华南溪氏校订。"可知作者为杜纲（约1740~1800年）。杜纲，乾隆时期著名的通俗小说作家，字振山，别号草亭老人，江苏昆山人。杜纲有感于古之演义，编有《北史演义》与《南史演义》。书中《凡例》称凡正史中记载的，此书无不备录。《北史演义》记述了我国南北朝时期，北魏、东魏、西魏、北齐、北周、隋六个政权的分裂与更迭的历史，其中政治军事事件、人物经历等变化频繁。书中将野史逸事与正统史传相结合，既晓人以理，又动人以情。作者在情节结构叙述过程中，也是颇费心思，在塑造人物上，注重主要人物独特性格的展示。

《北史演义》有明显的时代局限，时值文字狱盛行的时代，作者为使小说得以广泛流传，在叙事中冠以纲常名教之说，强调因果报应，其《凡例》中大谈去淫重节的道理，落入俗套。

细观全书，《北史演义》中除了采自野史的宫廷秽事外，没有严重的淫秽描写，但书中多涉及一些荒诞的情节，如法术怪异等事，并且由于《北史演义》大量描写胡人，清统治者见到"胡"字就心生忌讳，所以此书在道光二十四年由浙江巡抚查禁，浙江官员开列《应禁各种书目》，将其列入禁书书目，后于同治七年再次被丁日昌列入禁毁书目中。

此书版本有乾隆癸丑年（乾隆五十八年）原刊本，全书六十四卷，书前署有"吴门甘朝士写刻"字样。扉叶上题有："乾隆癸丑年镌""北史演义"。卷上首题有"乾隆五十八年岁在癸丑端阳日愚弟许宝善撰"叙，文中有"北史演义凡例"二十条。有图像并赞十六幅。正文半

217

叶九行，每行二十字。现藏于浙江图书馆、南京图书馆、上海图书馆、山东图书馆、中国社会科学院、大连图书馆、天津图书馆、延边大学图书馆、日本东京大学文学部、日本东京大学东洋文化研究所仓石文库、日本京都大学文学部铃木文库、日本静嘉堂文库、日本天理图书馆等处。

嘉庆二年自怡轩重刊本，全书正文半叶九行，每行二十字，现藏中国社会科学院文学研究所、首都图书馆。

道光二十二年敬业山房刊本，全书正文半叶九行，每行二十字，图十六叶，现藏中国国家图书馆、辽宁图书馆。

5.《隋唐》

《隋唐》又名《隋唐演义》《通俗隋唐演义》，全书二十卷，一百回。编者褚人获（1635年～？）字学稼，一字稼轩，号石农、没世农夫等，长洲（今江苏苏州）人，生活在明末清初。关于《隋唐演义》的成书，从褚人获的自序可知，《隋唐志传》创自罗贯中，纂辑于林瀚，而此书的情节也是以《逸史》为框架，参照《隋唐两朝志传》，合《隋史遗文》和《隋炀帝艳史》而成。

《隋唐》以隋炀帝和唐明皇因果轮回为主线，不厌其烦地描绘宫闱的奢侈糜烂，醉生梦死，争权夺宠，尔虞我诈的生活，揭露了封建统治阶级争权夺宠，阴险狡诈的本质，在整个隋唐故事系列中，《隋唐演义》是影响最大的一部小说。雍正、乾隆年间北京评书名家邓光臣，清末民初的评书名家双厚坪都以说《隋唐》一书著称于时。在南方的苏州评话中，《隋唐》也是一部名作，在民间说唱艺术中不断改进，刻画更为生动、火炽。此外，少数民族的曲艺，如蒙古族的好来宝、哈萨克族的冬（东）不拉弹唱等，都有《隋唐》这个传统曲目。

因书中大量描述帝王荒淫无道，乱世英雄起义谋逆，鼠妖转世，因果报应等，故同治七年四月丁日昌禁毁书目将《隋唐》列入其中。

《隋唐》版本有四雪草堂本。首叶有编纂者褚人获的《序》，末署"康熙乙亥（三十四年）冬十月既望长洲褚人获学稼氏题于四雪草堂"。书中有图五十叶,共一百幅。第一百回插图署有画工刻工之名:"康熙甲子仲春古吴赵澄华""王祥宇刻""郑予文刻"。正文卷首题"四雪草堂重订通俗隋唐演义",署"剑啸阁齐东野人等原本、长洲后进没世农夫汇编、吴鹤市散人鹤樵子参订"。版心题"隋唐演义",下署"四雪草堂"。正文半叶十行,每行二十三字。有《隋唐演义原序》,末署"正德戊辰(三年)仲春花朝后五日,赐进士出身、资政大夫、南京参赞机务、兵部尚书致仕、前吏部尚书、国子监祭酒、左春坊左谕德兼经筵日讲官、同修国史三山林瀚撰"。林瀚序又在明刊《隋唐两朝志传》中有见,只是作为伪托。有《四雪草堂重编隋唐演义发凡》,说明编者编纂此书的宗旨、原则和过程。

四雪草堂刊本的覆刻本很多,但第一百回插图上无画工、刻工署名。中国国家图书馆(郑振铎旧藏)、首都图书馆都有藏本,但是否为原刊,尚难认定。

文盛堂覆四雪草堂本,文中第一百回插图中有画工、刻工的署名,此本藏于浙江图书馆、中国社会科学院文学研究所、日本山口大学人文学部、日本广岛大学文学部、日本天理图书馆、日本静嘉堂文库、日本广池博士记念文库等。

文锦堂覆四雪草堂本,其第一百回插图有画工、刻工的署名,现藏中国国家图书馆、日本东北大学狩野文库等。

嘉庆十年白厚堂《四雪草堂重订通俗隋唐演义》。

道光三十年维扬堂刻《通俗隋唐演义》。

同治三年奎璧堂《隋唐演义》。

同治十一年联墨堂《隋唐演义》。

光绪三十年上海书局石印本《隋唐演义》。

晚清文奎堂刻《隋唐演义》。

6.《水浒传》(《五才子》)

《水浒传》是清代禁毁小说的重点书目之一,晚清禁毁小说目录中有《五才子》一书,即为金圣叹评点《第五才子书水浒传》。

《水浒传》是中国古代最重要的白话长篇小说之一。以叙述"宋江三十六人"为主，作品在具有广阔背景的社会舞台上，展示了北宋王朝社会黑暗、政治腐败，导致忠良正直之士"有家难奔、有国难投"，终致亡国的沉痛悲剧，使作品具有了丰富、深刻的时代历史意义。编写过程在虚构的基础上大量采用史实，并注入了"英雄传奇"的创作构思，讴歌"除暴安良，替天行道"的理想，也影响了明清两代"侠义小说"作品的发展。

《水浒传》在众多版本中都题有"施耐庵罗贯中编纂"字样，众多考证也承认作者应为施耐庵，名慧，字君承，元、明年间，杭州人。

《水浒传》在清代多次遭禁，康熙五十三年被列入淫词小说，禁止在坊肆售卖。乾隆十八年七月上谕内阁："近有不肖之徒，并不翻译正传，反将《水浒》《西厢》等小说翻译，使人阅看，诱以为恶。……如愚民之惑于邪教，亲近匪人者，概由看此恶书所致。……将现有者查出烧毁，再交提督从严查禁，将原板尽行烧毁。"江西按察司衙门刊《定例汇编》卷三《祭祀》载，乾隆十九年，吏部转呈福建道监察御史胡定奏请将其禁毁："阅坊刻《水浒传》，以凶猛为好汉，以悖逆为奇能，跳梁漏网，惩创蔑如。乃恶薄轻狂曾经正法之金圣叹妄加赞美，梨园子弟更演为戏剧，市井无赖见之，辄慕好汉之名，启效尤之志，爰以聚党逞凶为美事，则《水浒》实为教诱犯法之书也。"道光十八年《计毁淫书目单》将《水浒传》录为淫书。咸丰元年有官员认为民间出现的反叛邪教都源自《水浒传》的引诱，它有蛊惑愚民的作用，并且《水浒》中忠义之说，使人文俱乱、盗贼繁兴，邪说横态，识者有忧之，《大清文宗显皇帝圣训》卷九十载："该匪传教惑人，有《性命圭旨》及《水浒传》两书，湖南各处坊肆皆刊刻售卖，蛊惑愚民，莫此为甚。并着该督抚饬地方官严行查禁，将书版尽行销毁。"同年七月《水浒传》再次被申禁销毁。同治七年丁日昌列《水浒传》为禁毁书目，丁日昌《抚吴公牍》卷七曰："淫书小说，最为蛊惑人心。童年天真未漓，偶得《水浒》《西厢》等书，遂致纵情放胆，因而丧身亡家者多矣。"清代《钦定吏部处分则例》卷三十《礼文词》中也对禁毁《水浒传》做出了严格的规定，对一切违禁贩卖和造刻者都有严厉的处罚措施。清统治者除了禁毁《水浒传》小说外，对涉及《水浒传》的戏曲也严查禁止，余治《得一录》卷十五载江苏按察使裕谦训俗条约："如有将《水浒》《金瓶梅》《来福山歌》等项奸盗之出在园演唱者，地方官立将班头并开戏园之人，严拿治罪。"

《水浒传》的版本比较复杂。以《水浒全传》的成书过程进行划分，现存版本主要有"初稿未定本""初定本""全传本""腰斩本"四类。其中"初稿未定本"有：

双峰堂刊本《京本增补校正全像忠义水浒志传评林》二十五卷，一百零四回。书前无目次，有"万历（二十二年）甲午岁腊月吉旦"《题水浒传叙》（未署名）。正文有卷数，有回目，三十一回后无回数。卷首署"中原贯中罗道本名卿父编集，后学仰止余宗下云登父评校，云林文台余象斗子高父补梓"。半叶十四行，每行二十一字。

日本"日光晃山慈眼堂"藏本，《内阁文库》残本（第八卷至第二十五卷）；国内有文学古籍社影印本，中华书局《古本小说丛刊》本，上海古籍出版社《古本小说集成》本。这个版本的共同特征是文字粗疏谱陋，故事情节歧乱芜杂，章回长短不均，回目命名尚欠规范，正文内容大多回数排列都没有编就，因此该版本可能是作者未完成的"未定稿本"。余氏"双峰堂"在刻印此书时，从阅读的角度，把内容排列进行了改动。

黎光堂刊本，此本名为《新刻全像忠义水浒志传》，全书二十五卷，一百十五回。封面上栏为"忠义堂图"，图框高度为总高度的五分之二；下栏为书名"全像忠义水浒"，左右分刻两行；中间刻"黎光堂藏版"五字。书前有《水浒忠义传叙》。首有"梁山辕门图"，半叶文中嵌出像。

刘兴我刊本，此本系"翻刻黎光堂本者"，书名为《新刻全像水浒传》，全书二十五卷，一百十五回。书前有《叙水浒忠义志传》。半叶十五行，每行三十五字，但图下为二十七字。存日本长泽规矩也"千页文库"旧藏本，现藏日本"文渊阁"。

《全像水浒》（残页）存第二十二卷的十四叶中的"宋江解押王庆回京""徽宗御赏宋江俊义"两回，文字较简拙。明万历年间闽刻本，黑口，双鱼尾。版心上口题"全像水浒"。上图下文，半叶十三行，每行二十三字。存英国伦敦牛津大学藏本。

《全刻三国水浒全传英雄谱》（英雄谱本），此本为明崇祯末年广东熊飞雄馆二刻本，全书二十卷，一百十回。

大道堂本《五才子书水浒全传》，全书十二卷，共一百二十四回。书首为"古杭陈枚"《水浒全传序》，序文用朱墨写刻。次回目，回目卷首分题"吴门金人瑞圣叹、温陵李贽卓吾鉴定，东原罗贯中参定"。次图像十叶，二十幅。半叶十五行，每行三十二字。存有上海赵景深藏本，中国社会科学院文学研究所藏"清光绪五年坊间翻刻本"。

现存一百回"初定"本，主要有：

《京本忠义传》（残页）二十卷，为明嘉靖年间刻本，是出版时间最早的一百回"初定"系统，是非常珍贵的《水浒传》版本资料。上海图书馆残存其第十卷到第十七、三十六背面两叶。半叶十三行，每行二十八字。版心上端标书名简写"京本忠义传"。鱼尾下标卷数，下端或鱼尾下标叶码。叶面分上下两栏：上栏为总括每叶内容的提要细目，下栏为正文。

郭武定版《水浒传》全书一百卷，一百回。据马蹄疾《水浒书录》，可知此本应为明嘉靖时武定侯郭勋家刻。在明晁瑮《宝文堂书目》以及明清笔记都有记载。明汪道昆曾为其作《忠义水浒传序》，明杨定见作《忠义水浒全传发凡》。

三槐堂刊《全像水浒传》，明万历初海虞三槐堂刊。

新安黄诚之刻本《大涤余人序本忠义水浒传》，全书一百回。书前有大涤余人《刻忠义水浒传缘起》。明万历间安徽黄诚之、刘启先刻。序后有精图五十叶，共一百幅，版心左右题有篆书回目提要，三四五字不等，图中偶记刻工姓名，曰"黄诚之刻"。正文有眉评、圈点、旁勒。此本是以郭本为底本的新安刻本，从回目文字及插图上看，古朴但欠工雅，回目与其他版本也有所不同，从版本的回目可判断此本的时间略早于"天都外臣序"本和"容与堂"本。

《新安刻天都外臣序忠义水浒传》全书一百卷一百回。明万历十七年天都外臣序、新安刻。今新安所刻《水浒传》善本，为武定侯郭勋家传，前有汪太函（道昆）序，托名"天都外臣"。现原本已佚。有清康熙五年据新安刻版补修重印的《石渠阁补修忠义水浒传》，首有"天都外臣"《水浒传序》。次为《水浒传像》，像九十六幅，这些为万历原刻本所无。正文首有"忠义水浒传引首"，分题"李卓吾评阅""施耐庵集撰""罗贯中纂修"。书口底间或有"康熙五年石渠阁补"等字。半叶十二行，每行二十四字。

《张凤翼序刻武定版忠义水浒传》，全书一百回。此本未见，但其《水浒传序》在张凤翼（1527～1613年）的《处世堂集·续集》卷六四中有载。此序中有"刻本惟郭武定为佳，坊间杂以王庆、田虎，便成添足，赏音者当辨之"等语，可知此本应与郭武定本刻于同一时期，而据《处世堂集》推定，此序应撰写于明万历十六年前后，是现存最早的《水浒传序》。

容与堂本《李卓吾批评忠义水浒传》全书一百卷，一百回。此本书前有李贽《忠义水浒传序》，"明万历三十八年杭州容与堂刻"，日本薄井恭一在《明清插图本图录》中说此本"为百回本中最早出现的版本"。卷首为小沙弥怀林《批评水浒传述语》《梁山泊一百单八人优劣》《水浒传一百回文字优劣》，再次为《又论水浒传文字》。版口鱼尾上题"李卓吾批评水浒传"，鱼尾下为卷数、页码，口底有"容与堂藏版"五字；每回有二幅插图，共二百幅。文本为半叶十一行，每行二十二字。每叶上有眉批，行间有评语，回末有总批。现有日本内阁文库藏本（卷首有"李卓吾序"）、中国国家图书馆藏本（无"李卓吾序"）、中国社会科学院文学研究所藏本（半部）、中华书局《古本小说丛刊》本、上海古籍出版社《古本小说集成》本。

积庆堂本《钟伯敬评忠义水浒传》，全书一百卷，一百回。现存有日本神山润次藏本。

四知堂本《钟伯敬评忠义水浒传》，全书一百卷，一百回。存有法国巴黎图书馆藏本，首有钟伯敬《水浒传序》。人民文学出版社藏"刘修业校"本。神山润次藏其明刊本，正文半叶十二行，每行二十六字。

袁无涯本《出像评点忠义水浒全书》，此本为一百二十回"全传"。全书三十二册。明万历四十二年安徽袁无涯刊。此本是在"双峰堂本""黎光堂本""刘兴我本""英雄谱本"等初稿原本的基础上，进一步修改、完成的"定稿本"。封里版记横书"卓吾评阅"，直书"绣像藏本水浒四传全书"，下署有"本衙藏板"的字样。内容为半叶十行，每行二十二字。书中有李贽《读忠义水浒全传序》，杨定见《忠义水浒全传小引》，袁无涯《出像评点忠义水浒全书发凡》，《宣和遗事》，《水浒忠义一百八人籍贯出身》，《新镌李氏藏本忠义水浒全书引首》，题"施耐庵集撰，罗贯中纂修"。又有《忠义水浒传目录》。次为六十页插图，以及"刘君裕刻"字样。现存有中国国家图书馆藏本。

《水浒四传全书》一百二十回本也有其他的版本，如："郁郁堂"刊本，扉页端横题"卓吾评阅"，直题"绣像藏版水浒四传全书"，下书"郁郁堂梓行"。正文内容为半叶十行，每行二十二字，半叶的书口下角还刻有"郁郁堂四传"字样，其余部分与"袁无涯刊本"相同。此本在孙楷第《中国通俗小说书目》有著录。现存南京图书馆藏本。

"宝翰楼刊本"，刊行于明崇祯间。全书有图六十叶，行款与"袁无涯本"同，孙楷第《中国通俗小说书目》有著录。此书现存有日本宫内省图书寮藏本。

《新刊京本全像插增田虎王庆忠义水浒全传》，全书二十四卷，一百二十回。明万历初福建建阳余氏双峰堂刊，白口有双鱼尾。书中图文排版为上图下文，上截为插图，占全叶面积的四分之一，下截为正文，占全叶面积的四分之三，其内容半叶十三行，每行二十三字。

《全像水浒》（残叶，存第二十二卷之十四叶"宋江押王庆回京"），明万历中福建建阳余氏双峰堂刊。黑口双鱼尾。上图下文排版。正文半叶十三行，每行二十三字。版心上口题《全像水浒》。现英国伦敦牛津大学藏残存卷二十二之第十四叶，内容为"宋江解押王庆回京""徽宗御赏宋江卢俊义"两面。

七十一回"腰斩"本有：

《金圣叹批评第五才子书施耐庵水浒传》，明崇祯十四年"贯华堂刊"本，全书七十五卷，共七十回。署"施耐庵撰"。书中无图。正文半叶八行，每行十九字。版心鱼尾上题名为《第五才子书》，鱼尾下记有卷数，版卷下题"贯华堂"。卷一目为《圣叹外书》，有《第五才子书水浒传序一》，《第五才子书水浒传序二》，《第五才子书水浒传序三》。卷二目为《宋史纲》《宋史目》，卷三为《读第五才子书法》，卷四为金圣叹伪托施耐庵《水浒传序》，卷五以下开始为正文。

明崇祯间重刻本，正文半叶八行，每行十九字。内容与初刻本同，卷一为金圣叹撰的三篇序，卷二为《宋史纲》《宋史目》，卷三为《读第五才子书法》，卷四为金圣叹伪托施耐庵作的序，卷五为"楔子"，卷六至卷七十五为正文第一至第七十一回。现藏中国国家图书馆。

清初贯华堂重刻《贯华堂重刻五才子水浒传》。现藏南京图书馆。

清初金阊叶瑶池刊《第五才子书施耐庵水浒传》。现藏中国国家图书馆。

清道光间延月草堂精钞本《水浒传》，现藏复旦大学。

清嘉庆、道光间"醉耕堂刊、桐庵老人序"《重刊王壮云评本五才子水浒传》。现藏中国国家图书馆、南京图书馆、上海图书馆、北京大学图书馆。

"芥子园重刻句曲外史序"本《四大奇书水浒传》。现藏浙江省图书馆。

7. 《绿牡丹》

《绿牡丹》又名《四望亭全传》《宏碧缘》，撰者不详。首序署"二如亭主人谨书"，后叙署"长洲爱莲居士漫题于芥子园"。此书亦题《续反唐传》《后唐后传》，成书在《异说反唐全传》之后，当作于嘉庆初年。小说为《异说反唐全传》续编，自清代道光年间广受读者欢迎，产生了较大影响。许多地方剧种都曾取其部分情节改编成戏剧上演，如《大闹桃花坞》《四望亭》《嘉兴府》《龙潭镇》《扬州擂》《四杰村》《巴骆和》等。京剧《宏碧缘》，即以《绿牡丹》为蓝本，加以改编创作而成。

《绿牡丹》以行侠仗义为基调，叙述当时佞邪当道，权奸仗势欺人，鱼肉乡里，激起山东"旱地响马"花振芳、江南"江湖水寇"鲍自安的义愤，他们集结了一批江湖义士，除暴安良，锄奸扶弱；并辅助宰相狄仁杰起兵，迫使武则天退位，迎庐陵王还国登基，众人均受封赏。书中蕴含着强烈的反叛意识，因而遭禁。道光十八年《计毁淫书目单》录为淫书，道光二十四年浙江官员开列《应禁各种书目》，同治七年四月丁日昌禁毁书目均列入此书。

　　此书现存有嘉庆五年三槐堂刊本，图二十四叶，正文半叶九行，行十八字，小本，藏日本国会图书馆。

　　道光九年厦门文德堂藏板本六卷六十四回，图十二叶，正文半叶十一行，行二十五字，小本，藏日本东京大学图书馆狩野文库。

　　道光十一年芥子园藏板本六卷六十四回，写刻。正文半叶十行，行二十四字。

　　道光十一年序京都文善堂藏板本六卷六十四回，图十二叶，正文半叶十行，行二十四字，藏首都图书馆、日本东京大学东洋文化研究所。

　　道光十二年益友堂刊本六卷，藏美国哥伦比亚大学图书馆。

　　道光十二年大文堂刊本六卷，图十二叶，正文半叶十一行，行二十五字，藏辽宁图书馆。

　　道光十八年崇文堂刊本八卷六十四回。

　　道光十九年忠信堂刊本八卷六十四回。

　　道光二十七年经纶堂刊本八卷六十四回，内封题"绣像绿牡丹全传"，右上题"道光丁未年镌"，图十二叶，绣像二十四幅。正文半叶十一行，行二十五字。藏首都图书馆。

　　道光二十七年宝翰楼刊本。

　　咸丰八年成都藜照书屋刊本。

　　咸丰十年宏道堂刊本。

　　同治元年一也轩刊本。

　　同治九年厦门多文斋藏板本。

　　光绪八年泰山堂刊本。

光绪十一年京都琉璃厂刊本。

光绪十二年山西合阳崇兴会刊本。

二、明清易代：民族矛盾类

1.《说岳全传》

清代小说《说岳全传》作者钱彩、金丰，是一部以描写岳飞抗战的故事为主线的英雄历史小说，小说常用口语和粗线条描写，情节多有重复，明显保留了民间话本的痕迹。但因特别强调封建伦理色彩，故而忽视了历史悲剧的社会原因。

《说岳全传》全称为《精忠演义说本岳王全传》，全书共二十卷八十回。书中题为"仁和钱彩锦文氏编次"，"永福金丰大有氏增订"。卷首有金丰序，序中署年"甲子"，"甲子"为康熙二十三年或乾隆九年，因此可知该书大约成书于康熙至乾隆时期。作者钱彩、金丰二人，虽生卒年代不详，但从禁书的时间背景推测，应为雍正、乾隆年间人。

《说岳全传》于清代乾隆年间被查禁。乾隆四十七年七月十三日，江西巡抚郝硕奏缴，指出《说岳全传》中"仁和钱彩编次，内有指斥金人语，且词内多涉荒诞，应请销毁"。《说岳全传》因此被列入安姚氏刊《禁书总目》，乾隆五十三年《应毁各种书目》，乾隆五十五年浙江巡抚查缴禁书清单之中。

因雍正、乾隆年间大兴文字狱，在这个敏感时期，《说岳全传》却以突出民族矛盾为主线，书中大斥金人为"胡""番狗"，丑化金人，而满清是金人后裔，自然不能容忍，因此遭到禁毁。

本书今存嘉庆三年本衙藏板本，藏于中国国家图书馆。正文半叶十行，一行二十字。

锦春堂藏板本，藏大连图书馆。正文有半叶十行，每行二十字。另有锦春堂刊本，现藏美国哈佛大学燕京学社汉和图书馆。正文半叶十一行，每行二十五字。

大文堂刊本，藏于日本大谷大学。正文有半叶十一行，行二十五字。另有大文堂刊本，藏日本天理图书馆。其正文半叶十二行，行二十五字。

此外还有嘉庆六年福文堂刊本、道光二十三年圭璧堂刊本、同治三年维扬爱日堂刊本、同治九年上洋务本堂刊本、同治十一年金沙剑光阁刊本、光绪三十一年上海书局石印本等诸多版本。

2.《无声戏二集》

《无声戏二集》作者李渔，清初话本小说专集。

顺治十七年，张缙彦遭弹劾牵连，被夺官逮讯，御史萧震疏劾张缙彦编刊《无声戏二集》，自称"不死英雄"，惑人心，害风俗。入为工部侍郎，又复包藏祸心，交结党类。王大臣会审，籍其家，流徙宁古塔，寻死于戍所。这就是著名的《无声戏二集》案，可推知《无声戏二集》的编刊时间，在张缙彦浙江布政使任内，即顺治十一年到顺治十五年间。张缙彦，字坦公，河南新郑人，崇祯四年进士，自知县行取授主事，再授编修，擢兵部尚书。先降李自成，后归附南明，总督河南山东军务。南明弘光朝廷覆亡，曾在安徽华阳山抗清，最后投降清朝。顺治十年，任山东右布政，十一年任浙江左布政，十五年擢工部侍郎，七年降授江南徽宁道，同年因《无声戏二集》案受牵连罢官。

在《无声戏二集》前，李渔尚有《无声戏》，首有《无声戏序》，署"伪斋主人漫题"，钤有二印章："伪斋主人"，"掌华阳兵"。目录题"无声戏小说"，不分卷十二回。图赞十二叶，正面为图，反面为赞。正文每回首署"觉世稗官编次，睡乡祭酒批评"。正文半叶八行，行二十字。有眉批、行间夹注和回末总评。版心题"无声戏"。每回系一篇短篇小说。《无声戏》的刊刻曾得到张绪彦的资助，而张缙彦曾有华阳山抗清的经历，亦与伪斋主人的印文"掌华阳兵"照应，因而所谓"伪斋主人"便是张缙彦本人。"觉世稗官"即李渔（1611～1680年），"睡乡祭酒"即杜濬（1611～1687年）字于皇，号茶村，别署钟离濬水、睡乡祭酒等，湖北黄冈人。杜濬为《无声戏》作评，还为李渔的《十二楼》作序加评。

《无声戏二集》遭禁原因是书中有一篇小说以张缙彦经历为题材，描述"吊死在朝房，为隔壁人救活"的情节，被指为张缙彦投降李自成砌词开脱。《大清世祖章皇帝实录》载疏文曰：

> 原任工部侍郎张缙彦，曾任明季兵部尚书，交通闯贼，开门纳款，士民共为切齿。我皇上定鼎之后，缙彦跟跄投诚，不惟待以不死，且加录用。为缙彦者，正当洗心革面，以图报称，乃守藩浙江，刻有《无声戏二集》一书，诡称为不死英雄，以煽惑人心。入为工部侍郎，又复包藏祸心，交结党类。今为刘正宗一案已提至京师，伏乞皇上俯赐乾断，明正典刑，庶人伦正而纪纲张矣。

疏文中不但将张缙彦视为投靠闯贼、反复无常的奸邪小人，更认为他"包藏祸心，交结党类"，留"掌华阳兵"印文，以标榜自己的抗清事迹，"煽惑人心"。张缙彦因此获罪，由张缙彦资助刊刻，并收录其相关故事的《无声戏二集》也受到牵连遭禁。

《无声戏二集》现存顺治年间写刻本，全书十二回，藏日本尊经阁文库，是海内外仅存的孤本。

3.《樵史演义》（《樵史》）

江左樵子《樵史演义》为清初时事小说，作者站在东林、复社的立场上，叙述明末天启、崇祯、弘光三朝这一段江山倾覆，社稷变迁的历史时事。因作者采用征引了大量史料文献，因此其历史文献价值远高于小说的艺术价值。清代一些禁毁小说目录将《樵史演义》简称为《樵史》。

《樵史演义》一书在回末评语提到《剿闯小说》和《新世弘勋》，因《新世弘勋》刊于顺治八年，故该书的写作时间不会早于顺治八年，也不会晚于康熙初年，应为顺、康年间的作品。作者"江左樵子"，孟森《重印〈樵史通俗演义〉序》中认为："细绎作者之为人及其时代，其人盖东林之传派，而与复社臭味甚密，且为吴中人而久宦于明季之京朝者。其时代则入清未久，即作是书，无得罪新朝之意，于客、魏、马、阮，则抱肤受之痛者也。"因此，有一些论者认为江左樵子是陆应旸（约1572~约1658年），字伯生，松江府青浦县人，但有待考证。其评者"钱江拗生"，据其评语，有人怀疑是作者的化名。

书中扉叶识语记："明衰于逆珰之乱，坏于流寇之乱，两乱而国祚随之。"此书叙明末天启、崇祯及弘光朝二十五年间的历史时事，其中涉及李自成造反，吴三桂引满洲清兵入关，南京福王建立南明朝廷等事件，全书以时事为重，作者广采旧闻，录入明末的诏书、表章、檄文、信牍等，其史料价值对后代作品影响较大，如孔尚任《桃花扇》征引书目中便有《樵史演义》。从《樵史演义》的描述能够看到，书中字里行间流露出对明朝深厚的感情。

出于政治原因，江左樵子《樵史演义》在乾隆时期被列为禁书。乾隆四十三年被江宁布政使列入《违碍书籍目录》。据《纂修四库全书档案》载，乾隆四十六年二月初八日，两江总督萨载奏缴《樵史演义》："此书不载著书人姓名，记天启崇祯事实，中有违碍之处，应请销毁。"乾隆四十六年十一月七日，湖南巡抚刘墉奏缴，此书"无撰人姓氏，虽系小说残书，于吴逆不乘名于本朝，多应冒犯，应销毁，计一本"。乾隆四十六年被湖南巡抚刘墉列入查缴应毁书籍奏折清单；乾隆四十七年山西巡抚列入汇缴应禁书籍清单。

《樵史演义》存清初顺治年间写刻本，但此本非原刊本，为禁书之前的覆刻本。全书共八卷四十回，内封框内中栏大字为"樵史演义"，右栏小字"绣像通俗"，左栏作者识语。图有二叶。首叶《樵史序》，末署"花朝樵子自序"。目录叶题"樵史通俗演义"。正文卷首题为"樵史通俗演义"，署"江左樵子编辑，钱江拗生批点"。正文半叶十行，行二十二字。行间夹有评和回末总评。藏日本无穷会织田文库。

北京大学图书馆藏本（马廉旧藏）亦藏有《樵史演义》写刻本，无图，版式与日本无穷会织田文库藏本同，亦非原刊本。

《樵史演义》还有上海古籍出版社的《古本小说集成》影印本。

陶湘《故宫殿本书库现存目》卷下记"清文书目"，其中有《樵史演义》满文译本，说明此书曾受到清统治者的重视。

4.《万花楼》

《万花楼》又名《万花楼演义》《万花楼杨包狄演义》，全称《大宋杨家将文武曲星包公狄青演传》，又称《后续大宋杨家将文武曲星包公狄青初传》，全书共十四卷六十八回，题有"西湖居士手编"，叙署"时戊辰之春自序于岭南汾江之觉后阁云。鹤邑李雨堂识"，可知作者为清代李雨堂，但生平不详，嘉庆十三年前后成书。

小说为杨家将故事的续书，是《五虎西平》的前传，内容全部虚构，书中情节以狄青为主，叙述狄青、包公和杨宗保三人的故事，也有参照史传中一些情节。书中描述北宋与西夏、辽国、金人之间纷争，涉及夷华问题，又有借助神怪、施用法宝咒语等情节，夸大神秘宗教的作用，因而遭禁，同治七年四月丁日昌禁毁书目列入此书。

此书版本有经纶堂藏板，内封框内大字题"万花楼演义全传"，无图，正文卷署"吴西瑞云斋原本、羊城长庆堂新梓"。正文半叶十一行，行二十四字。藏中国国家图书馆、北京大学图书馆、首都图书馆、大连图书馆等地。

聚文堂刊本，无图，正文半叶十行，行二十字，藏复旦大学图书馆。

道光十五年近文堂重刊本、图十二叶，正文半叶十二行，行二十二字，藏北京大学图书馆、日本天理图书馆。

咸丰八年庆云楼刊本，图十二叶，正文半叶十二行，行二十二字，藏辽宁大学图书馆。

又有咸丰八年禅山福安堂刊本，咸丰九年右文堂刊本，光绪四年文奎堂刊本，光绪十九年上海书局石印本，晚清福文堂刊本等。

5.《双凤奇缘》

《双凤奇缘》全书一共八十回，题有"雪樵主人撰"，作者是清代人，真实身份不详。此书取于马致远《汉宫秋》，书中主要是为昭君立传，故又名为《昭君传》。书末云："前有昭君，后有赛昭君，续姻报仇，始终异梦，总不外忠孝节义四字，青史标名，人人钦仰，千古奇女子出于一家姊妹，故云《双凤奇缘》。"书中史实有很多混淆，如李广、李陵、苏武等人并非元帝时人，此书却强加的将他们混合在一起。书中昭君姐妹年龄相差很大，却共事元帝，是庸俗怪诞的故事套路，成为满足低劣娱乐趣味的作品。

书中以大汉族主义自居，丑化番邦胡人，讽刺番王，故事结局是王昭君之妹赛昭君封汉元帝皇后，武艺超群，大败番兵，重振汉朝国威。书中明显涉及"胡虏"问题，因而遭禁。同治七年四月丁日昌将其列为禁毁书目。

现存嘉庆十四年序忠恕堂藏版本，缺六十五至八十回。书中序署"嘉庆十四年春月上浣之三日，雪樵主人梓定"，书中有十六叶图像，图赞各占半叶。藏于英国博物院。

嘉庆二十一年兆敬堂刊本，内封题"绣像双凤奇缘昭君传""说汉奇书""兆敬堂藏板""嘉庆丙子年镌"。首《昭君传序》署"嘉庆十四年春月上浣之三日，雪樵主人梓定"。图十五叶，正文半叶十行，行二十字。藏中国社会科学院文学研究所、日本早稻田大学、法国巴黎国家图书馆。

英国博物院所藏刻本，全书分八卷，缺卷一，板心刻有"昭君传"三字，正文半叶十行，每行二十字。

嘉庆二十四年序玉茗堂刊本，图六叶，正文半叶十行，行二十五字。现藏首都图书馆、日本天理图书馆。

道光七年霞漳文瑞堂刊本，图十六叶，正文半叶十行，行二十二字，藏国家图书馆。

道光二十三年卧云书阁藏板本，内封框内题"绣像双凤奇缘"，署"卧云书阁藏板"，图八叶，正文半叶十行，行二十一字。藏复旦大学图书馆。有《古本小说集成》影印本。

道光二十三年启元松藏板本。藏山东大学图书馆。

道光二十六年经元堂藏板本，图八叶，正文半叶十行，行二十一字。藏辽宁图书馆。

咸丰四年重刊经纶堂藏板本，图八叶，正文半叶十行，行二十一字。藏辽宁大学图书馆。

道光二年本兹堂刊本。

道光二十一年维扬二酉堂刊本。

道光二十三年经元堂刊本。

道光二十三年京都琉璃厂刊本。

道光二十六年宝华楼刊本。

咸丰十年佛山连元阁藏板本。

光绪十一年维经堂藏本。

光绪十七年文奎堂刊本。

光绪三十年上海书局石印本。

另有三让堂木活字本、崇经堂藏本等。

6.《精忠传》

《精忠传》又名《武穆精忠传》，是明代的一部白话通俗演义，熊大木编撰，此书是熊大木《大宋中兴通俗演义》一书的删节翻刻本。熊大木，福建建阳人，明代嘉靖时期人，编撰的小说有《大宋中兴通俗演义》《唐书志传通俗演义》《南北两宋志传》等。《武穆精忠传》六卷六十八回，题"吉水邹元标撰"，回目用骈语，原文中按语和作者评论都被删除，正文较《大宋中兴通俗演义》更简略粗率。

《纂修四库全书档案》载，乾隆四十七年七月十三日，江西巡抚郝硕奏缴应禁书籍，指出此书："坊间刻本，多有未经敬避字样，及指斥金人之语，应请销毁。"乾隆五十三年江西巡抚查办违禁书籍书目，有邹元标编《精忠传》，即熊大木的《武穆精忠传》。此书多次被禁主要是因为金人和满洲人的特殊渊源关系，书中描写岳飞英勇抗金，保家卫国，触怒了满洲人。但这部小说在清代多次出版，而且极为流行，即便遭禁，也仍然有众多版本流传于世。

此书现存最早版本为明代天启七年宝旭斋刻本，图十六叶，首有岳飞和韩世忠二人绣像，题"全像武穆精忠传"，八卷八十回。藏人民文学出版社。

天德堂藏板本，八卷，内封中栏大字"精忠全传"，框内右栏小字"李卓吾评"。图十六叶，半叶图上下二幅，共有图六十四幅。正文半叶十行，行二十一字。藏国家图书馆、南京图书馆、上海图书馆、历史博物馆、首都图书馆等。

清初萃锦堂刊本，八卷，图三十二叶，半叶一图，共图六十四幅，藏大连图书馆。

清初映秀堂刊本，八卷，图三十二叶，半叶一图，共图六十四幅。藏北京大学图书馆、大连图书馆。

三让堂刊本，小本八卷，图十一叶，藏北京大学图书馆。

经元堂刊本，小本八卷，图十一叶，藏国家图书馆。

两仪堂刊本，小本八卷，图十叶，藏国家图书馆。

藜光楼藏板本，内封题"藜光楼藏板"，其余同清初映秀堂刊本。

乾隆三十六年宝仁堂刊本，图十六叶，六卷六十八回，现藏国家图书馆。

乾隆四十一年文光堂重刊本，六卷六十八回。另外还有尚论堂藏板八卷本，聚盛堂刊八卷本、大文堂刊六卷本等。

7.《英烈传小说》

《英烈传小说》即《英烈传》，是明代的一部章回体英雄传奇小说，初名《皇明开运英武传》，在明万历年间修改更名为《云合奇踪》，是将明代民间流传故事改编而成，以叙述明代的开国之君朱元璋的传奇故事为主，如流行的评书《明英烈》也是由此加工而成。《英烈传小说》又名《英烈传》《云合奇踪》《皇明英烈传》等，全书共八十回，作者不可考，有说是郭勋。明人沈德符所著的《万历野获编》中说，郭英的后代郭勋为突出祖先功绩而请人编写此书。后在清代刊本中有说是明代徐渭有感自己怀才不遇，感太祖平民以起兵，而登大宝，愤而做此书，虽有人为此编次书序，但也很难令人信服。又因小说中广泛摘取其他众口流传，相沿以成的小说，因此可以推知作者可能为民间艺人，或是下层文人。有刊本署"书林余君召刊"，余君召也可能是本书的编撰者。

《英烈传》第一卷中第一至第六回,开卷处都有玉玲珑主人和东山主人所作的序。大略述及徐文长怀才不遇的生活经历。序后接有各卷的回目,以及朱元璋、徐达、刘伯温等文臣武将的绣像,绣像有点酷似民间门神、财神的造型,没有太大的特色,不足取。在内容和写作手法上,《英烈传》和明代的《三国演义》《水浒传》等书极其的相似,有学者认为这一现象是抄袭的结果所致,在书的抄袭部分甚至会有直接的来源和出处。不过文中也有大量的内容是参照史著,如《明实录》《明史》《明良纪》等一些正史、野史,还有一些来自民间传说等内容而作。在内容的编排上,为使情节紧凑有趣中间适当的添加了一些虚构的细节,但大部分内容都是按照历史事实和演义小说的结构进行构架的。在语言文辞上,此小说大量运用俚俗、套词等,甚至一些情节有似明代传奇之感。

《英烈传》叙述朱元璋开国的传奇故事,雷梦辰《清代各省禁书汇考》载,乾隆四十六年十一月初七奏准湖南巡抚刘墉搜缴《英烈传》,因"系传奇小说、语句混杂,又多邪说,应销毁",《英烈传》自此在清代遭到全面的禁毁。但实际被毁的原因不外乎,书中屡称朱元璋系真龙天子,其后代更是承应天帝之命,而清统治者夺占明江山,无疑是鸠占鹊巢,逆天行事。清朝统治者有对明代开国者的反感,又怕汉人激起反清的浪潮,就多次声明清室江山得自李自成之手,非但不是夺朱明天下,反而是替朱明王室报仇。为巩固政权,更好的掩饰这种心理,愚弄百姓,凡写明代的史书,无论正野稗奇,清朝都会以各种借口将其禁毁。《英烈传》当然也在劫难逃。乾隆四十六年十一月,湖南巡抚刘墉奏缴八十二种书籍,有《英烈传小说》,归安姚氏刊《禁书总目》中亦收录"君召余应诏刊《英烈传》"。

现存版本有明代《新刻皇明开运辑略武功名世英烈传》,该书是最早的刊本,刊刻精美,书前有《皇明英烈传序》,书中配有明世系、功臣名录,还有插图,此本现藏日本。

万历四十四年序刊本,此本题有《云合奇踪》,书前有《云合奇踪序》,此序中称此书为徐渭手笔,但缺乏根据,序末署"万历岁在柔兆执徐(丙辰,四十四年)阳月谷旦,赐进士朝列大夫边关备兵观察使者古虞徐如翰伯鹰甫谨撰",钤有"徐如翰印""辛丑进士"二印。目录上题有"绣像云合奇踪",每则标题都是由四言联对组成。书中有图二十叶。正文卷首题有"绣像云合奇踪",署"稽山徐渭文长甫编、玉茗堂评点"。版心题"云合奇踪"。正文半叶十行,每行二十字,行间有丝栏。上海图书馆、中国国家图书馆、大连图书馆、台湾"中央图书馆"、美国国会图书馆均有收藏。

名山聚藏板本,书中有二十叶图,正文半叶十行,每行二十字。现藏大连图书馆,日本无穷会织田文库、日本东京都立中央图书馆特别买上文库。

拥万堂刊本,内封题"徐文长先生演义",书中有图二十叶,正文半叶十行,每行二十字。现藏日本东京大学图书馆。

十六卷本,书中题有"皇明云合奇踪",有万历四十四年作的序,正文半叶十行,每行二十字。现藏日本国会图书馆。

余古斋刊本,此本共十二卷八十回,书中题"石渠阁精订皇明云合奇踪",前有崇祯十六年序,二十一叶图,正文半叶八行,每行十七字。藏于日本东京大学东洋文化研究所双红堂文库。

载道堂刊本,全书共十二卷八十回,书中有崇祯十六年序。

秣陵朱氏三多斋刊本,图二十叶,正文半叶九行,行二十二字。中国国家图书馆、日本大阪府立图书馆、日本京都大学人文科学研究所、日本大谷大学图书馆都有藏。

嘉庆十三年一也轩藏板本《绣像英烈全传》。

清代刊刻的《英烈传》,因当时官府查禁严紧,多以《云合奇踪》的名字刊行。有道光十七年务本堂刊本《云合奇踪》,道光十七年大文堂刊本《云合奇踪》,道光十八年书业成刊本《玉茗堂评点绣像云合奇踪》,金阊书业堂刊本《绣像京本云合奇踪玉茗英烈传》。

清同治年刊刻《大明云合奇踪全传》,此本的文字内容较简明,纸劣字差,刻印粗糙,由江苏小书坊刊刻。

清同治壬申年如皋义林堂新刻本《英烈传》,全书分为十卷,此本上有注明编者是徐文长,但仍有存疑,有待考证。

除此之外,《英烈传》的清代版本还有德聚堂刊本、英德堂刊本、致和堂刊本、怀德堂刊本、连元堂藏板本、醉六堂藏板本、文秀堂刊本、种秀堂藏板本、藻春堂藏板本、宏道堂刊本、京都文和堂刊本、鸣盛堂刊本、文英堂刊本、金陵大观堂刊本、文达堂刊本等。

8.《镇海春秋》

《镇海春秋》二十回，明代吴门啸客撰，根据明末邸报传闻编撰而成，情节构思粗糙，但具有一定的史料价值。吴门啸客生平不详，另著有小说《孙庞斗志演义》。

据《纂修四库全书档案》，乾隆四十三年江宁布政使刊《违碍书籍目录》列入《镇海春秋》："查《镇海春秋》原本不著生名，但题吴门啸客撰，乃通俗小说，凡二十回。叙袁崇焕杀毛文龙始末，乃辽东攻战之事。书前并有图像，大抵荒唐悖谬之谈，指斥字句之处，不可殚述，应请销毁。"雷梦辰《清代各省禁书汇考》载，乾隆四十六年六月十四日，兼管浙江巡抚陈辉祖奏缴四十五种书籍中有《镇海春秋》，"吴门啸客编。事词指，俱多违碍"。同书另载，两江总督奏缴书目中《镇海春秋》又名《东隅恨事》，"此书起万历三十二年甲辰至崇祯三年己巳止。专叙袁崇焕杀毛文龙始末。通身狂吠"。此书写明末清初战争，与清兵持敌对立场，故而被禁。

仅存孤本残卷第十回至第二十回，书前有图像，题吴门啸客撰，正文半叶九行，行二十字。藏中国社会科学院文学研究所。

9.《辽海丹忠录》

《辽海丹忠录》作者陆人龙，是明末的一部时事小说，也是一部有插图的章回体通俗小说。

《辽海丹忠录》的内容按照年代和战事发展的情况编写，材料来源于明末清初史实，具有一定史料性，属于时事小说的范畴，但有作者的主观感情和艺术加工，真实再现明与后金的战斗。此书的作者为陆人龙，此书在翠娱阁刊本序中有题"时崇祯之重午翠娱阁主人题"的字样，其中"翠娱阁主人"指的是陆云龙，他是作者陆人龙的哥哥，陆云龙字雨侯，明末浙江钱塘（今杭州市）人。"崇祯之重午"则是崇祯庚午年端午日。而书中所说"钱塘陆人龙君翼甫""钱塘君翼陆人龙""钱塘陆人龙""钱塘陆君翼"指的是作者陆人龙。陆人龙字君翼,浙江钱塘人,崇祯时著名的小说撰写者、评点者、刊刻者。此外,陆人龙还刊刻有很多小说作品,其中最有名的为小说《型世言》,书中所署的"平原孤愤生",也是指陆人龙。

《辽海丹忠录》的主要内容是描写明朝大将毛文龙在辽东与后金(清)军队作战的情景,书中以后金军队为大反派,因而被清代统治者查禁。清归安姚氏将其刊入《禁书总目》。

现存崇祯三年翠娱阁刊本。全书共八卷四十回,首有陆云龙作的序。正文卷首题"新镌出像通俗演义辽海丹忠录",署"平原孤愤生戏笔、铁崖热肠人偶评"。版心题"丹忠录"。书中有图二十叶共四十幅。正文半叶九行,每行十九字。由于后来战事的发展情况超乎了作者的预料,因而小说内容也未完结,此本现藏于日本内阁文库。中华书局《古本小说丛刊》也有影印本。

10.《剿闯小说》

《剿闯小说》是明末清初的一部通俗时事小说。又名《剿闯小史》《剿闯孤忠小说》《戡闯小史》《忠孝传》等,全书共十回,《剿闯小说》题"西吴懒道人口授",作者真实姓名不详。此书以叙崇祯十七年甲申之变为主线,雷梦辰《清代各省禁书汇考》载其内容"残缺不全,无著作姓氏"。《剿闯小说》虽名为小说,但内容实际上是史料汇编,其中有小说的艺术加工特点,但主题还是晚明的史料编辑,作者对历史进行总结和评点,并对民间传说进行收集整理,其艺术价值不是很高。

从书中的整体历史观来说,作者的立场和态度暧昧不清,尤其在涉及清军的问题上,作者为形势所慑,不敢正面立论,而在小说的结尾,在满清文字狱的威逼之下,都是直接断章取义。除此之外,此书在书写的时候明清还处于战争期间,书中对吴三桂进行了盛赞,但在此书出版时,吴三桂已反叛清廷,此书也逃脱不了被禁的命运。乾隆四十三年江宁布政使刊《违碍书籍目录》列入此书,另乾隆四十五年正月初十两江总督萨载奏缴二十四种书籍中有《剿闯小说》。

现存明弘光元年兴文馆刊本，书前有西吴九十翁无竟氏序，题"新编剿闯通俗小说"。图五叶，正文半叶八行，行二十二字。藏日本内阁文库。

清初刻本，此本版心题有"忠孝传"三字。

清写刻本，图三叶，正文半叶九行，行二十五字。藏美国哈佛大学燕京学社汉和图书馆。

玄览堂丛书本，五卷五回，改题《馘闯小史》，署"润州葫芦道人避暑笔""龙城待清居士漫次评"。

清抄本，题为"剿闯小史"。

11.《定鼎奇闻》(《新世鸿勋》《铁冠图全传》)

《定鼎奇闻》又名《新世鸿勋》《铁冠图全传》《新史奇观》《顺治过江全传》，为明末清初的一部时事小说，共二十二回，题"蓬蒿子编"，蓬蒿子姓名不详。现存清初刊本署"顺治辛卯天中令节蓬蒿子书于耨云斋中"，其中顺治辛卯为顺治八年，因书中不避康熙帝的名讳，可见作者蓬蒿子应生活于顺治帝统治期间，康熙帝登位之前，即1662年之前。《樵史通俗演义》中曾提及此书，证明蓬蒿子《小引》署时为顺治辛卯年（顺治八年），则此书应成于顺治八年，但原刊本未见。

《新世鸿勋》来源于十回本的《新编剿闯通俗小说》，敷衍成为二十二回的章回体例的小说，是明末清初的时事小说。两者内容基本相同，在篇章结构上作了些微的调整，并删去原有的犯清朝忌讳的字。两书的立场有所不同，《新编剿闯通俗小说》站在明朝的立场上，《新世鸿勋》站在清廷的立场，称颂清廷，并把李自成称为"狐妖""逆寇""妖异""跳梁跋扈之徒"等。内容充满虚构想象，配有作者诗赞，语言更具小说性，在结构上也模仿《水浒传》，有编造神话的情节，使小说具有浓厚的文学味道。后又松滋山人对《新世鸿勋》作了改动，写成了《铁冠图全传》，全书五十回。《剿闯小说》在写作时，也抄录采用了很多蓝本，如《国变录》，《泣鼎录》等。总体说来，《新世鸿勋》艺术性较《新编剿闯通俗小说》高。

因为政治原因，《新世鸿勋》在乾隆年间遭禁，《剿闯小说》也曾被列入《禁书总目》中，《铁冠图全传》则有较多流传。《纂修四库全书档案》载，乾隆四十三年江宁布政使刊《违碍书籍目录》云："查《定鼎奇闻》，不著撰人，乃通俗小说，本属诞妄。且书作于本朝，而封面题'大明崇祯传'，书中又称'大明神宗皇帝'，殊为悖谬，应请销毁。"此书曾两次被列入《违碍书籍目录》和《禁书名目》之中，另乾隆四十三年九月十八日，两江总督桂林奏缴，乾隆四十四年两江总督列应禁毁书籍清单奏缴，都有此书之名。后《定鼎奇闻》为躲避查禁，更名为《新世弘勋》《新史奇观》《顺治过江全传》等，又为避乾隆帝的讳，将《新世弘勋》改为《新世鸿勋》，在嘉庆之后多次出版。

现存庆云楼刊本，扉叶框内中栏题有"定鼎奇闻"，内封框外横署"盛世鸿勋"，正文题"新世鸿勋"，署"蓬蒿子编"，框内右栏题"绣像小说"，白口，四周单边，告白下署"庆云楼藏板"，卷前有五幅插图，卷首有《小引》，末署"顺治辛卯天中令节蓬蒿子书于耨云斋中"，目录叶题"定鼎奇闻"，版心题"新世弘勋"。而内封和《小引》文本避乾隆帝讳，在乾隆年间将"弘"挖改印刷为"鸿"。正文半叶九行，每行二十字。从版式字体和版心书题看，今存本为乾隆重印本，现藏大连图书馆、北京大学图书馆。

清初姑苏嫁史轩刊本，题"新世鸿勋大明崇祯传定鼎奇闻"，四卷二十二回，无序，现藏美国哈佛大学燕京学社汉和图书馆。

清初兴文馆刊本，其名为《新编剿闯通俗小说》，卷首有序，后署"西吴九十翁无竞氏题于云溪之半月泉"，中间有将吴三桂称作"平西"的序，可知，此书的写书和印刷都在清初，时间先于《新世鸿勋》，但此版本内容与《新世鸿勋》基本相同，藏日本内阁文库。

乾隆年间载道堂刊本，扉叶题"新世弘勋"，横署"铁冠图全传"，卷前无插图，正文半叶九行，每行二十字，白口，四周单边。此版与庆云楼刊本的版式、字体完全一致，刷印字迹较庆云楼藏板本模糊，推断可知他们应当是用同一付印板先后印刷而成的。藏大连图书馆、上海图书馆。

嘉庆八年集古居刻本，改题《新史奇观演义全传》，题"蓬蒿子编"，共二十二回，分四册，无图，正文半叶九行，每行二十字，藏天津图书馆、日本东京大学东洋文化研究所仓石文库、日本早稻田大学图书馆、日本大谷大学图书馆。

嘉庆十一年一笑轩刊本，书中题《新史奇观演义全传》，无图，正文半叶九行，每行二十字。藏中国国家图书馆、首都图书馆、日本国会图书馆。

嘉庆十四年聚贤居刊本，无图，正文半叶九行，每行二十字。现藏中国国家图书馆、中国社会科学院文学研究所、北京大学图书馆、北京师范大学图书馆。

道光十六年文渊堂刊本，改题为《新史奇观全传》，内封改为"山樵道人编"，全书共二十二回，分四卷，目录叶首题"定鼎奇闻"，正文卷首题"新世鸿勋"，署"山樵道人编"。其新镌的四卷本在北京大学图书馆、南京图书馆有藏。

道光二十九年文渊堂刻本，改题《顺治过江全传》，共二十二回，分四卷。

姑苏稼史轩清初刊本，改题《新世鸿勋大明崇祯传定鼎奇闻》，四卷二十二回，无序，正文半叶二十行，行二十四字，有足本和节本两种，现藏鲁迅故居图书馆。

同治甲子刊本，改题《新史奇观全传》，共二十二回，分四卷，题"蓬蒿子编"，书首题"新史奇观序"，尾署"中江居士书"，正文半叶十行，每行二十字，白口，四周单边，藏于南京图书馆。

光绪壬辰邗上文运堂刊本，改名为《新史奇观》，共二十二回，分四卷，无蓬篙子《序》有申江居士《序》，正文半叶十行，每行二十字，白口，四周单边。藏于鲁迅故居图书馆。

12. 《梼杌闲评》

《梼杌闲评》，又名《明珠缘》，是明末一部以揭露宦官魏忠贤为主的小说。全书分五卷五十回，每卷的卷首有一卷总论，此书的刊刻年代在清朝康熙、雍正年间，避康熙名讳"玄"。其作者为明代人李清（1602~1683年），字映碧，一字心水，晚号天一居士，江苏兴化人。天启元年举人，崇祯四年进士，后仕崇祯、弘光两朝。明亡不仕，闭门著书，颇有史学造诣，也擅长文言小说。书中称崇祯帝为"怀忠"，是京师人士私下给崇祯的谥号，后南明朝廷谥号崇祯为"思宗"，因而本书应作于崇祯十七年。

此书以魏忠贤一生经历为主要线索，展示明末的社会历史状况。《梼杌闲评》中使用大量史料描述魏忠贤进宫后弄权的细节，在一定程度上起到补正史之阙的作用。本书的虚构描写有真实历史背景作衬，历史感强烈，具有时效性、新闻性。又因《梼杌闲评》作于明末清初，对明亡抒发感慨和追思之情，因而遭到禁毁。道光十八年被《计毁淫书目单》录为淫书，道光二十四年被浙江官员列入《应禁各种书目》，同治七年丁日昌查淫词小说依然列入此书。

现存康熙雍正间刊本，题"绘图梼杌闲评全传"，图十六叶，正文半叶九行，行二十字。藏人民文学出版社资料室。

京都藏板本，图十六叶，正文半叶九行，行二十字。藏大连图书馆、中国社会科学院文学研究所。

清刊本，藏于复旦大学图书馆。

清刊影印本，上海古籍出版社于1991年将此书收入《古本小说集成》。1983年人民文学出版社据清刊本点校此书，收入《中国小说史料》丛书。

清末光绪二十年上海书局石印本，书名改题为《梼杌闲评明珠缘》，或题《明珠缘》。

三、宗教内容：邪教秘术类

1. 《僧尼孽海》

《僧尼孽海》全书共三十六则，存题"南陵风魔解元唐伯虎选辑"。书中标有万历己丑、万历乙未、万历丁酉的纪年，但唐伯虎卒于嘉靖癸未，因此像这种"唐伯虎选辑"的说法，明显是伪托。崇祯四年刊古吴金未散人所编的《鼓掌绝尘》中第三十九回，曾引用这本书中的故事情节，因此可知此书应当是出于天启前后。《僧尼孽海》是将一些流行小说中涉及僧尼淫行的情节内容汇辑成书，其故事来源有《如意君传》《金瓶梅》《百家公案》《鸳鸯灯传》等。

此书题材涉及出家人淫乱，描写房中术等内容，情节多污秽不堪，不被正统所容，因此被禁。道光十八年《计毁淫书目单》录为淫书，道光二十四年浙江官员列入《应禁各种书目》，同治七年四月丁日昌列入禁毁书目。

现存两部抄本，均藏日本。书前有"僧尼孽海题词"，上有题字"吴唐寅字子畏撰"，次为"新辑出相僧尼孽海目录"。接下来是正文，在正文的卷端题有"新镌出相批评僧尼孽海"，署"南陵风魔解元唐伯虎选辑"。正文开头的内容是一支《僧家乐》曲子，附辑正文开头有一首嘲女尼词。正文故事多是用浅近的文言写成，也有一些文白相间甚至全用白话写成的故事。在正文中间夹杂有评语。

2. 《呼春野史》（附《玉蜻蜓》）

《呼春野史》又称《呼春稗史》，清代小说，全书共十六回，又有署名《传记玉蜻蜓》，据推测此本应取自《玉蜻蜓》的弹词。但对于此书的由来，有说法是此书在经香楼的残书堆中发现，被人捡回后，仔细检查，发现里边除了残缺首回的三叶和第十六回的最后几叶外，其余内容都很完整，是一本全书。

《玉蜻蜓》弹词又名《芙蓉洞》，清代道光年间陈遇乾撰，描写书生与尼姑淫乱，纵欲而死。阿英在《小说闲谈》中道："《呼春野史》又署《传记玉蜻蜓》，盖本事则取于《玉蜻蜓》弹词，而以极秽淫之笔调出之，是一部尼庵秽史也。"阿英认为《呼春野史》即是道光同治年间禁书目录中的《呼春稗史》。

《呼春野史》在内容上讲的是尼庵秽史，中间涉及极其秽淫的笔调，因此被禁。道光十八年《计毁淫书目单》录为淫书，道光二十四年浙江官员列入《应禁各种书目》，同治七年四月丁日昌列入禁毁书目。

《呼春野史》现存阿英旧藏本，残。

另外，弹词《玉蜻蜓》又名《芙蓉洞》《绣像芙蓉洞全传》，一共有十卷四十回，二言书目。此书扉叶上题名"陈遇乾先生"，"陈士奇先生评论"，"俞秀山先生校阅"，"惜阴居士"作序，还有一名曰《新增全图玉蜻蜓奇缘》。

《玉蜻蜓》即《芙蓉洞》，同治年间丁日昌查禁书时，将两个书名列为同一内容，谓"《芙蓉洞》即《玉蜻蜓》"。作者陈遇乾，是清代著名说唱家，当时所唱《白蛇》《蜻蜓》名噪一时，大受欢迎。其说唱底本被刊印，名《白蛇传》《玉蜻蜓》。《芙蓉洞》书首所提陈士奇、俞秀山二人均是当时弹词五大家之一，现在弹词业的陈调和俞调均是二人所创。陈遇乾艺术活动时期在清乾隆末至道光年间，清嘉庆时僻耽山人《韵鹤轩笔记》曾记其人，嘉庆十四年刊本《义妖传》、十八年刊本《双金锭》，道光十六年重刊本《芙蓉洞》，均提陈遇乾编。

关于《芙蓉洞》(《玉蜻蜓》)故事的来源，清朝徐承烈《听雨轩笔记》卷四中记载了绍兴漓渚隔尘庵尼慧音与朱绮园的恋爱故事，后面有一批注："今吴中《玉蜻蜓》弹词移其事于申文定公时行之父，其实则本此。"此外，平步青的《霞外捃屑》提到，文定公登第时姓徐，弹词中说是徐公宰，可能是影射申文定公，申府门前一直禁演《玉蜻蜓》，肯定事出有因。邓之诚的《骨董琐记》则又是一种说法，他认为："万历间吴县申时行，太仓王锡爵两家私怨相构，王作《玉蜻蜓》以抵申，申作《红梨记》以报之，皆两家门客所为，相传至今。"

惜阴居士在《芙蓉洞》卷首的序中提到：

> 盖世之青楼翠馆，本迷人之洞，而无人可出者。然霍家之小玉，南朝之苏小，亦不可尽然者，至若青年削发，受戒空门，灯火蒲团，三更人静，七情不断，宿障难除，引少年而入室，丧性命于幽闺，其害有不可胜言者。若《芙蓉洞》一书虽为小说，而实寓创惩之意。其中英雄儿女，缕缕言之，阅之未尝不懔然也。大旨在于悲欢离合，戒人之堕落迷津，岂得概以淫书目之哉！惜阴居士漫作。

惜阴居士认为《芙蓉洞》是一本劝诫世人的书，并不能单一地将它看作是一本淫书。但这本弹词写的是尼姑庵女子与俗人偷情生子之事，故丁日昌查禁此书时，列为淫书。除了丁日昌禁书期间曾打击过《芙蓉洞》以外，苏州府也多次禁此书，嘉庆十四年苏州府的告示："为崇敬先贤，禁止弹唱《玉蜻蜓》事，……郡属先贤申文定公，身掇巍科，望隆鼎铉；文章相业，一代名臣。崇礼名宦，府志昭然；敬梓恭桑，即在属细民所当共凛，外间向有《玉蜻蜓》小说流传，毋论法华秽迹，诬蔑清名；即弹词淫词，亦关风化。现据申启等呈称：街坊近有弹唱人等，殊属不敬。本府严行查逐外，合并通晓各书铺，务销销旧版，弹唱家亦不许更唱《玉蜻蜓》故事。如有违抗，一经查察，一并重处不贷！"道光十八年《计毁淫书目单》录为淫书，道光二十四年浙江官员开列《应禁各种书目》，同治七年四月丁日昌禁毁书目均列入。

《芙蓉洞》现存清朝道光年间刊本，十卷四十回，二言书目。此书扉叶上题名"陈遇乾先生"，"陈士奇先生评论"，"俞秀山先生校阅"，"惜阴居士"作序。道光丙申年重新刊刻，共有十册。

清光绪己亥年间上海书局石印本，共有四本，名《新增全图蜻蜓奇缘》，二卷四十回，作者陈遇乾，作序的是指迷道人，但序的内容、字句完全与"惜阴居士"序相同。

清光绪乙巳年上海紫来阁节记书庄石印本，共四本，六卷四十回，名《新增全图玉蜻蜓奇缘》，作序的也是指迷道人。

另外，《西谛所藏弹词目录》收录同治癸酉刊本《玉蜻蜓》，又署《芙蓉洞》。

3.《归莲梦》（附《绣屏缘》）

《归莲梦》是一部以明末清初的白莲教起义为题材，将才子佳人和历史、神怪等故事混合在一起的小说。反映了作者对农民起义和其命运的同情。

《归莲梦》成书于康熙年间，全书共十二回，题"苏庵主人新编""白香居士校正"，正文卷首题"新镌绣像小说苏庵二集归莲梦"，因其内容以叙述明末山东白莲教的故事为主，可知其大约产生在明末清初。作者苏庵主人，姓名不详无考证。据乾隆四十九年，湖北巡抚查获书目中有《归莲梦》，但他称此书"刊本无编辑姓氏"。又因作者所著作品《绣屏缘》中，序署康熙庚戌九年，可知作者为清初人。据日本《商舶载来书目》中记载，宝历四年甲戌（中国乾隆十九年）有商船载来一部四本的《归莲梦》。另日本秋水园主人的《小说字汇》也有关于此书的记载。《小说字汇》一书成于日本天明甲辰，即中国乾隆四十九年。

《归莲梦》是唯一目前可见虚构的教门起义小说，将才子佳人、历史事件、神怪妖异等元素融合其中，并综合了明清两代诸种教门领袖和民间宗教事件的特征。小说作者对民间宗教的起义事业持肯定态度，并赞美白莲教的女教主白莲岸，对白莲教起义失败抱有同情和惋惜。《归莲梦》中女主人公白莲岸是佛前莲花转世，获得天书，法力无边，救济饥民，这些内容都反映历史上民间宗教首领创立宗教门派的特征。

乾隆年间湖北巡抚姚成烈奏缴《归莲梦小说》（即《归莲梦》），另乾隆四十六年四月二十四日，两江总督萨载奏缴。《归莲梦》中叙述白莲教与官府抗衡的故事，并且作者对白莲教女大师予以了同情，流露出反清之意。另外，书中描写大量邪教妖法，白莲教首领神通广大，法宝在身，在法场借尸遁避等事，宣扬民间宗教力量，这些内容都是清统治者反感忌讳的。

《归莲梦》现有清初刊本，藏于上海图书馆，法国巴黎国家图书馆。正文半叶八行，行二十字。正文卷端题"新镌绣像小说苏庵二集归莲梦"，署"苏庵主人新编、白香居士校正"。

得月楼藏板的日本抄本，此抄本藏于大连图书馆。书的封面题有"苏庵主人编次"，目录叶题"苏庵主人新编、白香居士校正"。

泉州尚志堂藏板本，今藏于北京大学图书馆、日本东京大学文学部、日本早稻田大学图书馆。

苏庵主人的另一部小说《绣屏缘》，共二十回，有康熙庚戌弄香主人序，成书在康熙九年或稍前。第十二回回末"附言"说："余困鸡窗有年，今且为绛帐生涯，旦夕侍佛。"可知作者生活清寒，曾以设馆教读为生。为顺治、康熙时人。《绣屏缘》第十四回回末"附言"说："忆余往时，读书城东小楼，与白香居士讨论时义得失雅相善也。白香一夕感古名媛事并手拈一题，并采新稿见示，读之令人快心。"白香居士是《归莲梦》的校正者，原是苏庵主人的好友。《凡例》云："秽亵诸语，时习所尚，虽于大段主脑，不杂理语，然间散点缀，时或有之。"本书叙元顺帝时，赵云客与王玉环、孙蕙娘、吴绛英、秦素卿、韩季苔五位女子的婚恋故事。此书表面上是才子佳人的题材类型，但书中于男女爱情描写穿插淫秽内容，并标榜以淫止淫，实则与淫秽小说无异。

《绣屏缘》书中表达了封建末世知识分子的情爱幻想，同时又宣扬一种叛逆的情爱逻辑，以平等的多妻制取代妻妾制，富有反封建情绪。书中攻击封建礼教所规定的"父母之命媒妁之言"，又刻意违背传宗接代的封建婚姻性目的。乾隆年间吴航野客《驻春园小史》第一回云："至于屈身奴隶如《情梦柝》《绣屏缘》《一笑姻缘》诸本，无非蝶恋花丛，从未有假道于其邻者，迹愈幻而想愈奇。"书中"男子卖身为奴""以诗征婚""标榜女子才能"等情节均标新立异，为当时世俗所难容。静怡主人《金石缘》序道："堂堂男子，乔扮妇女，卖人作婢，天下有是理乎？韶龄闺媛，诗篇字法，压倒朝臣，天下又有是理乎？且当朝宰辅，方正名卿，为女择配，不由正道，将闺中诗词索人倡和，成何体统？"书中充斥大量情色描写，虽未出现在晚清禁书目录中，但从目前版本稀少的情况来看，此书当在清初就曾遭受禁毁。

《绣屏缘》篇幅不长，但现存版本极少，有日本抄本二十回。首《绣屏缘序》，末署"康熙庚戌端月望、弄香主人题于丛芳小圃之集艳堂"。次《绣屏缘凡例》七则，末署"苏庵漫识"。次《苏庵杂诗八首》（实为五首），《九疑山》南吕散曲一套。正文卷首题"新镌移本评点小说绣屏缘"，署"苏庵主人编次"。正文半叶十行，行二十字。每回回末有作者自撰的总评，偶附作者自撰的绝句、小调、八股文等。第十九回"绣屏前粉黛成双，花楼上画图作对"系《驻云飞》

词八首配图七幅，如《凡例》第一则所说，"此集词中有画"，共五叶，绘有六幅画屏和一幅琵琶图。正文实为十九回。日本抄本为高罗佩旧藏，今藏荷兰莱顿大学汉学院图书馆。另有养浩堂刊本四卷十九回，正文半叶十行，行二十五字，藏北京大学图书馆。

4. 《女仙外史》

《女仙外史》是清代长篇小说，全书共一百回，作者吕熊，字文兆，号逸田史，昆山吴县（今江苏苏州）人。李果在《咏归亭诗钞》卷八《感旧诗十三首·吕处士逸田》中注："（逸田）名熊，昆山人。与吴乔修龄友善，颇悉明末事。于忠襄公（于成龙）尝称其经济才。久客督抚大吏幕。于吴门梅隐庵购得一椽以居。子孙皆物故，君年八十二卒。即葬于庵旁。著有诗文稿及《女仙外史》。"吕熊生于明崇祯六年至崇祯八年之间，卒于清康熙五十三年至五十五年之间。吕熊在《自序》中署"古稀逸田叟吕熊文兆"，因此可知《女仙外史》应成书在康熙四十二年间，付刻在康熙五十年。

此书主要叙述了明代永乐年间山东蒲台县农民起义领袖唐赛儿的事迹，选材命意虽有新异之处，但极力声讨朱棣篡位，并将农民起义纳入封建正统轨道，甚至将魔、仙、佛并称三教，因而堕入明代神魔小说的旧套，文笔也不甚佳。此书依据一定的史实，借助《明史》中的故事，因此命名为《女仙外史》。

《女仙外史》中作者以明代永乐年间造反女英雄唐赛儿为依托，把她与建文帝连在一起，赞扬唐赛儿的率众造反，寄托了对建文帝的追思，这种情感暗示了汉族士人对清朝不满的政治倾向。其中主人公唐赛儿与白莲教起义有关，而清代乾隆嘉庆年间以后，白莲教多次起义，令清廷焦头烂额。另外，本书中多倡导神异怪诞、行军布阵、道术养生的描写，都在清代禁书的范围当中。《女仙外史》的序跋，卷首《评论》《品题》等，都出于知府以上的大官僚之手，以及一些著名的文人学者和艺术家，每回之后还有众多的评语，都被清廷所忌惮，此书也因此遭禁，道光二十四年浙江官员开列《应禁各种书目》收为禁书，同治七年四月丁日昌列为禁毁书目。

此书版本有康熙钧璜轩刊本，首有"江西南安郡守陈奕禧香泉序"和"古稀逸田叟吕熊文兆自序"。又有"广州府太守叶害南田跋语"，末署"康熙岁次辛卯（五十年）中秋望日"，吕熊自跋末署"岁次辛卯人日，吕熊文兆氏自跋于后"。内封框内上横题为"新大奇书"，框内中栏题名"女仙外史"，框内右栏署"古稀逸田吕叟"，框内左栏署"钧璜轩贮板"。书中无图。正文卷首题有"新刻逸田叟女仙外史大奇书"。正文半叶十行，每行二十二字。现首都图书馆、上海图书馆、天津图书馆、中国社会科学院文学研究所、北京师范大学图书馆、中国人民大学图书馆、复旦大学图书馆、台湾大学图书馆、英国博物院、美国哈佛大学燕京学社汉和图书馆、日本内阁文库、日本国会图书馆、日本东京大学东洋文化研究所等处都有藏本。

光绪二十一年上海积山书局石印本。又有清末多种坊间石印本。

5.《禅真逸史》

《禅真逸史》明代小说，全称《新镌批评出像通俗奇侠禅真逸史》，全书八卷四十回，整体构架是一个佛教故事，鲜明地打上宗教思想的印记。作者为清溪道人，一说"清溪道人"是方汝浩，字履先，明末人，生卒年不详，其号得之于南京的青溪，本书自序中作者署"毅水方汝浩清溪道人识"。

此书讲述南北朝时北魏的林时茂从杀人如麻到削发为僧的佛门修行故事，中间穿插一些神鬼、乱世英雄、治世贤臣、道士僧人的故事，对不良的社会现象加以指责。故事情节诞异不经，也多杂秽亵的描写，并批判正统佛教的清规戒律，因而在清代多次被列为禁书。道光十八年《计毁淫书目单》录为淫书，道光二十四年浙江官员开列《应禁各种书目》，同治七年四月丁日昌禁毁书目，《禅真逸史》都榜上有名。

版本有邃雅斋书铺明刊本，书中附八十幅图。

天启间刊本，全书八卷四十回，每卷为一集，集以"乾、坎、艮、震、翼、离、坤、兑"标名，每集分五回。首有"古杭爽阁主人履先甫识"。正文卷首题"新镌批评出像通俗奇侠禅真逸史"，署"清溪道人编次心心仙侣评订"。版心题"禅真逸史"。书中有图四十叶，缺九叶，记有刻工姓名"素明刊"。正文半叶九行，每行二十二字，文中有圈点，行间有丝栏。每集后有总评，署名不一，如"心心仙侣""笔心居士""两湖渔叟""烟波钓徒""空谷先生""雕龙词客""绣虎文魔""梦觉狂生"等，这些署名也可能是作者的化名，此本现藏日本日光轮王寺慈眼堂。

清初白下翼圣斋藏板本，行款与日本日光轮王寺慈眼堂藏本同，应当为同版重印，书中有图二十叶，内封和书坊堂号都是新刻更改而来。藏北京大学图书馆。

清初本衙爽阁藏板本，行款与日本日光轮王寺慈眼堂藏本同，为同版重印。无图，其台湾藏本，文中无圈点，可能是在此之后又重印而得。现藏大连图书馆、东北师范大学图书馆、天津图书馆、台湾师范大学图书馆、日本东京大学文学部、日本大谷大学图书馆等、台湾"中央图书馆"。

寄畅楼刊本，为覆明刊，无图。藏中国国家图书馆、北京师范大学图书馆、天津师范大学图书馆。

文新堂刊本，仿明刊，图九叶。藏天津图书馆、辽宁图书馆、台湾大学图书馆。

本衙刊本，图九叶，正文半叶十行，每行二十四字。藏中国社会科学院文学研究所、复旦大学图书馆、英国博物院、日本东京大学东洋文化研究所、日本早稻田大学图书馆、日本大阪府立图书馆。

明清堂藏板本，图九叶，正文半叶十行，每行二十四字。藏首都图书馆、日本内阁文库。

三益堂藏板本，全书十卷，图九叶，正文半叶十行，每行二十四字。藏大连图书馆。

6.《禅真后史》

《禅真后史》全书共十卷六十回，书中署"清溪道人编次，冲和居士评校"，《禅真后史》续接在《禅真逸史》之后，首有翠娱阁主人的《禅真后史序》，署"崇祯己巳兰盆日翠娱阁主人题"，"清溪道人"为明人方汝浩,"翠娱阁主人"为明人陆云龙,字雨侯。《禅真后史》序曰:"后史皆所以补逸史未备,所为继之而起夜。若夫清溪道人试提醒于前茅,已作南车之指;猛钳锤于后劲,尤为暗室之灯。"

《禅真后史》中有淫秽文字,且描述主人公除妖治病,惩治恶霸,飞升成仙,攻击正统佛教,宣扬民间宗教,因而被认为是淫词小说,道光十八年《计毁淫书目单》录为淫书,道光二十四年浙江官员开列《应禁各种书目》,同治七年四月丁日昌禁毁书目,《禅真后史》都名列其中。

此书有崇祯二年峥霄馆刊本,全书十集十卷,从甲到癸,每集(卷)六回,共六十回。藏日本日光轮王寺慈眼堂。正文卷首题"新镌批评出像通俗演义禅真后史"署"清溪道人编次,冲和居士评校",不著撰人,首有《禅真后史序》,末署"崇祯己巳(二年)兰盆日翠娱阁主人题",钤"翠娱阁主人""雨侯"二印,次为《禅真后史源流》,文中有图三十叶,记刻工姓名"洪国良",版心题"禅真后史"。正文半叶九行,每行二十字,行间有丝栏,有眉评。

钱塘金衙刊本,实际上是崇祯二年峥霄馆刊本的清初覆刻本,内封框内中栏题有"禅真后史",右栏题"清溪道人批评演义",左栏上题"续有后世(史)一书,其间愉美刺回,闲邪崇正,迹则真,事则核,总有裨于世教。编辑既成,无敢自隐,用公同志,识者鉴之,下署"钱塘金衙梓"。正文半叶九行,每行二十字,行间有丝栏。现存各本,保存图叶数量不等,大连图书馆藏本有图二十八叶,中国国家图书馆藏本有图二十六叶,日本无穷会天渊文库藏本有图二十六叶,日本东京大学东洋文化研究所藏本、日本东京大学文学部藏本、日本国会图书馆藏本有图二十叶,英国博物院藏本有图十叶,台湾师范大学图书馆藏本无图,内封框内左栏上仅题"用公同志,识者鉴之"。

同人堂藏板本,此本为五十三回本,有图二十叶,正文半叶十行,每行二十四字,现藏山东大学图书馆、荷兰莱顿大学汉学院、日本东北大学图书馆、日本无穷会织田文库。

清末本衙藏板本,书中无图,正文半叶十行,每行二十四字。

藏辽宁图书馆、中国社会科学院文学研究所、复旦大学图书馆、台湾大学图书馆、日本大谷大学图书馆等。

7.《前七国志》（非《四友传》）

《前七国志》即《孙庞斗志演义》，《孙庞演义》，全称《前七国志孙庞演义》，成书于明末清初，全书共二十卷二十回，作者为明末清初的"吴门啸客"，其真实姓名不详，本书以《史记》中记载的战国时期孙膑与庞涓斗智的故事为底本，杂以历代的说部、戏曲等，在内容和人物塑造上都有一定的文学性和可读性，但也因大量的虚构存在着史实错杂、内容荒诞等问题。

《孙庞斗志演义》中充满了神仙道化的内容，穿插大量神仙灵怪的描写，脱离历史真实，有违情理，宣扬神魔鬼怪和道教迷信，情节荒诞无稽，唐突诞妄，曾一度遭禁，道光十八年《计毁淫书目单》录为淫书，道光二十四年浙江官员开列入《应禁各种书目》，同治七年四月丁日昌列入禁毁书目。

禁书目录中强调所禁之书名为《前七国志》，非《四友传》，两书所述人物大体相同，但情节内容有明显差异。《四友传》又名《鬼谷四友传》，讲述鬼谷子四位弟子孙膑、庞涓、苏秦和张仪的故事，现存有文渊堂版本，扉叶题"孙庞演义""绣像七国志传"。书前有乾隆六十年东卯杨澹游序和《凡例》，全书共三卷，每卷又分上下。书中《凡例》云："坊刻有《孙庞演义》一书，甚属唐突诞妄，非惟不揣情理，兼文势鄙陋层出。……今辑是传，虽未能尽当日之事，是非与否，然于情理揣度，庶几有得，施之于今，亦可醒心，度之于古，不谓无因。"将《四友传》和《前七国孙庞演义》进行对比，可见二者差异较大。

现存明末刊本，卷首题"新镌全像孙庞斗志演义"，署"吴门啸客述"，全书四卷二十回，前有"望古主人序"及"崇祯丙子新秋七月七日戴氏主人书于挹珠山房"序，以及二十叶的插图，分左右两截，共四十幅，正文半叶九行，行二十字。书末还有"丙子秋七月锦城居士偶题"跋。现藏日本内阁文库。

岐山园藏板本，书中题"孙庞演义"，共四卷二十回，无图。正文半叶十行，每行二十七字，现藏日本内阁文库。

啸花轩刊本，将此书与《乐田演义》合刻为一书，书上题《前后七国志》，《前七国孙庞演义》，四卷二十回，书前有康熙丙午梅士鼎公燮序，不题撰人，正文半叶十行，每行二十五字，无图，现藏大连图书馆。

啸花轩写刻本，书中有康熙五年序，现藏大连图书馆、北京大学图书馆等。

此外，还有芸生堂刊本、致和堂刊本、文和堂刻本等。

四、秘史野史：淫秽色情类

1. 《金瓶梅》

《金瓶梅》故事托言于北宋，而所写实为明代，特别是嘉靖一朝。以西门一家为中心，扩展至市井、至社会各阶层。所写有地痞流氓、无赖泼皮、贩夫走卒、僧道医卜、三姑六婆、文士官吏，乃至帝王将相，而着意写家庭妇女及家庭之日常生活，开启了后来明清人情小说的大流。其叙述方式，由以往的白话长篇的联缀式变为单体式，由线性结构变为网状结构。

关于《金瓶梅》的作者，学界有数十种说法，涉及的明代文人有王世贞、李开先、屠隆、贾三近、汤显祖、谢榛、李先芳、冯梦龙、王稚登、冯惟敏、唐寅、徐渭、沈德符、陶望龄、丁耀亢、丘志充、赵南星、薛应旂等。《金瓶梅》在明代有"词话本"和"绣像本"两种系统，也有人认为《金瓶梅词话》是书会才人的集体创作，或者是艺人世代累积型的集体创作。

就内容反映的时代来看，《金瓶梅词话》系列版本产生较早，于嘉靖年间就已经创作。从第六十一回起大量引用李开先《宝剑记》推测，前半部成形时间在《宝剑记》流传以前，后半部或成于《宝剑记》盛行以后。万历二十年左右，已有《金瓶梅》抄本在文士圈中流传。

《金瓶梅》自《水浒传》武松杀西门庆与潘金莲为兄武大报仇故事敷衍而出，取书中主角西门庆妾潘金莲、李瓶儿及婢女庞春梅三人名中一字，合为书名。叙北宋徽宗年间，山东清河县破落户财主西门庆勾结官府，巧取豪夺，娶了六房妻妾，顿成巨富，又以财富贿赂，成为清河县掌刑副千户，后升为千户。以官营私，横征暴敛，其壮年时以纵淫过度暴毙，家道衰落，诸妾及家人散去。

　　道光十八年《计毁淫书目单》录为淫书，道光二十四年浙江官员开列《应禁各种书目》，同治七年四月丁日昌禁毁书目均列此书。

　　《金瓶梅》遭禁原因：

　　其一，内容涉及色情，是明代淫秽小说的代表作品。书中从两性关系为着眼点，进而展示男女之间、家庭成员之间、社会成员之间的各种肮脏交易与欲望膨胀，以欲兴，以欲亡。

　　其二，书中时代背景涉及宋金频繁战乱，虽然未直接痛斥金人，但从人物命运来看，金人入侵宋朝所带来的祸患和民不聊生是显而易见的。满清统治者为金人之后，号称后金，对以往大宋与金人之间的战争最为敏感，故而遭禁。

　　其三，《金瓶梅》虽产生于明末，但内容中揭露各种社会矛盾、官商勾结、奸商行径、官府腐败等，具有强烈的抨击和讽刺意味。而晚清政府所面临的社会问题比晚明更甚，书中的诸多内容在很大的程度上刺痛当朝统治者的软肋。

　　其四，《金瓶梅》与《水浒传》之间关系密切，且内容中的时代和展现的社会状况相同，《水浒传》是从清初开始就遭禁的诲盗之书的代表，与《水浒传》有姻亲关系的《金瓶梅》也逃脱不了干系，到了晚清成为诲淫之书的代表。

　　其五，《金瓶梅》的内容除了淫秽、反动之外，尚有一些描写荒诞和民间宗教迷信的情节，如尼姑和尚向西门家献药等，这些内容易蛊惑民心，正是晚清时期朝廷最为反感忌讳的。

　　《金瓶梅》遭禁后书价升值，解弢《小说话》载："《金瓶梅》一书，政府厉禁，故印刷者绝少，偶有古本，则为值颇昂。"上海卿云图书公司刊《古本金瓶梅》，有同治三年蒋敦艮序："于书肆架中见抄本《古本金瓶梅》，书贾索价五百金，乃谋诸应观察，以三百七十金购得之。"

传世明刊本《金瓶梅》有下列两种系统之版本：《新刻金瓶梅词话》十卷本，每卷十回，共一百回；《新刻绣像批评金瓶梅》二十卷本，每卷五回，共一百回。兰陵笑笑生撰。两本皆有东吴弄珠客序及廿公跋，十卷本又有欣欣子序。而兰陵笑笑生、弄珠客、廿公、欣欣子等皆无考。

《新刻金瓶梅词话》十卷一百回，简称为"词话本""十卷本"，其中有"万历丁巳季冬东吴弄珠客"序，故又称"万历本"。《〈金瓶梅词话〉序》，谓"兰陵笑笑生作《金瓶梅传》"云云，称笑笑生为其友。末署"欣欣子书于明贤里之轩"。次《〈金瓶梅〉序》谓："《金瓶梅》秽书也。袁石公亟称之，亦自寄其牢骚耳，非有取于《金瓶梅》也。"次为跋署"廿公书"，谓"《金瓶梅传》为世庙时一钜公寓言，盖有所刺也"。正文半叶十一行，行二十四字。四周单框，丝栏。版心单白鱼尾，上作"金瓶梅词话"，下为回次和叶次。此书现存全本三部，现存台北"故宫博物院"图书馆，1933年马廉等以古佚小说刊行会名义影印，影印本增入通州王孝慈所藏《新刻绣像批评金瓶梅》插图二百幅。

《新刻绣像批评金瓶梅》，计二十卷一百回。此本有绣像，有评语，又少了很多说唱的成分，更接近案头读物，故简称为"说散本""像评本""廿卷本""绣像本""评改本"等；又因正文避崇祯讳，故又称"崇祯本"。

此本现有王孝慈藏本，正文半叶十行，行二十二字，眉批每行二字。本书版本为杭州版，刊行的时代当为崇祯间，此本有东吴弄珠客的序文。此书插图凡一百叶，都是出于当时新安名手。

北京大学图书馆藏本，马廉原藏，上有"不登大雅之堂"阴文方章。缺扉叶。首《金瓶梅序》署"东吴弄珠客题"。次《新刻批评绣像金瓶梅目录》。各回前有插图一叶，全书计图一百叶。插图同王孝慈藏本，而较粗简。正文半叶十行，行二十二字。有眉批、夹批，眉批每行四字。

另外还有首都图书馆藏本、天津图书馆藏本、上海图书馆两种藏本、周越然藏本及吴晓铃藏抄本等,又有若干残本。

除明刊本之外,清刊本张竹坡评点的《第一奇书金瓶梅》在《金瓶梅》的流传史中十分重要,此书于康熙三十四年出版,以后有许多的重刊本和删节本。即便满文和其他文字的《金瓶梅》译本,也是以《第一奇书金瓶梅》为底本的。现存"本衙藏版"本,一般认为原刊本。扉叶框内右上方作"彭城张竹坡批评金瓶梅",中间大字"第一奇书",左下方作"本衙藏板,翻印必究"。首《第一奇书序》,署"时康熙岁次乙亥清明中浣秦中觉天者谢颐题于皋鹤堂",谢颐为张潮的化名。次《第一奇书凡例》《杂录》《竹坡闲话》《冷热金针》《〈金瓶梅〉寓意说》《苦孝说》《第一奇书〈金瓶梅〉趣谈》《批评第一奇书〈金瓶梅〉读法》等。各回正文前有总评,另叶刊出,置正文前。《第一奇书本》有眉批、夹批及双行批注。正文四周单框,半叶十行,行二十二字。版心无鱼尾,上作"第一奇书",下为回次、叶次。又有摹刻崇祯"廿卷本"插图一百叶,另册装出。《第一奇书金瓶梅》据崇祯初刊或较早翻刻本的"廿卷本"为底本加评,有些评语引用"廿卷本"的评语再加评论的。所谓"原评"云云,指的就是"廿卷本"的评。《第一奇书金瓶梅》正文相当忠实原底本,甚至"廿卷本"错误的地方,两本亦同误。只有极少数"廿卷本"有明显错失的地方作修正,此外就是改去底本上清朝的碍讳字,如"虏患"作"边患"、"夷狄"作"边境"之类。

早在《金瓶梅》刊本还没问世前,即有续书。写于万历四十五六年年间谢肇淛《金瓶梅跋》末谓"仿此者有《玉娇丽》……君子无取焉"。沈德符记他在万历四十八年借读《玉娇丽》。丁耀亢于顺治十七年作《续金瓶梅》,以《金瓶梅词话》为前集,《续金瓶梅》为后集。此书面世后,有人就将它和《玉娇丽》混为一谈。但照沈德符的描述,两书除皆谈因果报应一点相同外,其他内容相差甚远。

在此稍后,出现了《新镌古本批评三世报隔帘花影》四十八回。不题撰人,首四桥居士序。《隔帘花影》虽自称为"继正续两编之作",而实为《续金瓶梅》的删削窜改本。此书后又改为《花影奇情传》

等名称出版。

此外又有《金屋梦》，亦为《续金瓶梅》的另一种删削本。

道光元年务本堂主人编辑《三续金瓶梅》，以《隔帘花影》为继《续金瓶梅》后的二续《金瓶梅》，故名其所写之书为《三续金瓶梅》，此书又名《小补奇酸志》，可知其所续为张竹坡评本《金瓶梅》。《第一奇书金瓶梅》前有《苦孝说》谓"作《金瓶梅》者，一曰含酸，再曰抱阮，结曰幻化，且必曰幻化孝哥儿，作者之心，其有余痛乎。则《金瓶梅》当名之曰奇酸志、苦孝说"云云。

2.《续金瓶梅》

《续金瓶梅》题名紫阳道人编，湖上钓叟评，一书共十二卷，卷一至卷五各六回，卷六至卷十二中，除卷十为四回外，其余各卷皆为五回，共计六十四回。

本书第六十回回前诗的末联中有一句："紫阳问道无余答，止记前身鹤是丁。"道出作者紫阳道人就是丁耀亢。丁耀亢（1599~1669年）字西生，号野鹤、紫阳道人、木鸡道人，山东诸城人。

《续金瓶梅》中各回署"湖上钓叟评"，书前有《续金瓶梅集》，署"顺治庚子季夏西湖钓史书于东山云居"，后有"查选臣印"阳文篆方章及"伊璜氏"阴文篆方章。"西湖钓史"是查继佐（1601~1676年），初名继佑，又名省，字伊璜，一字敬修，号左尹、左尹非人、东山、钓叟、钓史、东山钓叟、东山钓史、与斋、朴园、敬修堂、钓玉轩等，浙江海宁人，明末清初浙江著名文人。《续金瓶梅》各回眉批，都出自查氏手笔，评论各名著之间的联系照应，并与《金瓶梅》《水浒传》《西游记》诸书作比较。

康熙三年，《续金瓶梅》被告发"语涉不道"，次年丁耀亢被捕入京，后得好友相助赦免，但《续金瓶梅》遭焚毁。此后《续金瓶梅》以《三世报隔帘花影》的名称出现，书中将人物姓名窜改，实则是《续金瓶梅》的删削本。《续金瓶梅》在道光十八年《计毁淫书目单》中被录为淫书，道光二十四年浙江官员开列《应禁各种书目》，同治七年四月丁日昌禁毁书目中都被列为禁书。此书被禁，有涉及明清史事的缘故，即丁耀亢所说的"隔代安知悔立言"。另外，顺治年间丁耀亢因改写《鸣凤记》，其中对明代朝廷颇多批评，妄论朝政，隐射清朝的言论已引起顺治皇帝的不满，但丁耀亢又不愿改易，也为以后《续金瓶梅》被禁的遭遇埋下了种子。

然而《续金瓶梅》真正遭禁的原因，其一是"语涉不道"，清代刘廷玑《在园杂志》卷二中载："《金瓶梅》亦有续书，每回首载《太上感应篇》，道学不成道学，稗官不成稗官，且多背谬妄语，颠倒失伦，大伤风化；况有前本奇书压卷，而妄思续之，亦不自揣之甚矣。"说的是丁耀亢续淫书《金瓶梅》，冠以御序善书《太上感应篇》的称号，实是"背谬妄语，颠倒失伦"。西湖钓叟《续金瓶梅集序》道："《续金瓶梅》者，惩述者不达作者之意，尊今上圣明颁行《太上感应篇》，以《金瓶梅》为之注脚，本阴阳鬼神以为经，取声色货利以为纬，大而君臣家国，细而闺壸婢仆，兵火之离合，桑海之变迁，生死起灭，幻入风云，因果禅宗，寓言亵昵，于是乎谐言而非蔓，理言而非腐，而其旨一归之劝世。"其中涉及的"阴阳鬼神""声色货利""君臣家国""闺壸婢仆""因果禅宗""寓言亵昵"等内容，都是清统治者查禁淫词小说的主要类型。

其二是书中有《太上感应篇阴阳无字解序》，署"时顺治庚子孟秋，西湖鸥吏、惠安令琅琊丁耀亢谨序"。表明丁耀亢想把《续金瓶梅》作为《太上感应篇》的无字解，强调天道不可违及因果报应的历史观和人生观，并借对宋金史事的描述，反映明清易代的史事。书中虽为写金，却出现"蓝旗营"（第二十八回）、"旗下"（第三十五回）等清朝建制字样，这和他在顺治十年写《西湖扇》用了同一手法。《西湖扇》也是通过写当代故事而假托背景于宋、金易代之时，并通过"镶黄旗""正蓝旗"等名称，反映出真正的时代背景。《续金瓶梅》第五十三回中写扬州陷金，美人题壁《满江红》，其中"清平三百载，典章文物，扫地俱休"的语句，凭吊的不是北宋王朝，而是被清朝所灭的明朝。

《续金瓶梅》之所以引用《太上感应篇》，实际是借助劝诫教化之名，避免遭禁。其书前《凡例》道："坊间禁刻淫书，近作仍多滥秽。

兹刻一遵今上颁行《太上感应篇》，又附以佛经道箓，方知作书之旨，无非赞助圣训，不系邪说导淫。"借《太上感应篇》为书中淫秽内容开脱。

《续金瓶梅》有下列重要版本：

傅藏本。傅惜华原藏，现藏于中国艺术研究院戏曲研究所。刊本六十四回，间有失佚，则以影抄本补入（详下）。这是现存所知的最早的刊本，孙楷第等人都认为它是顺治原刊本。正文半叶九行，行二十字。此本有上海古籍出版社的影印本，被收入《古本小说集成》中。

影抄本。《续金瓶梅》顺治原刊本被康熙下令焚毁，刊本影抄的本子流传居多，北京、辽宁、山东等图书馆皆有影抄本。影抄本抄录甚早，用明刊本《皇明大政记》为衬纸，又不避"玄"字讳。巴黎法国汉学图书馆也藏有一部影抄本。影抄本的行款格式均与刊本相同，但是抄录有精粗之别。傅藏本从扉叶到目录为影抄，巴黎藏影抄本质量极佳，很似原本。

务本堂本。此本为删减本，藏于英国伦敦图书馆。半叶十行，行二十四字。务本堂本《续金瓶梅》第十四回避乾隆讳，将"万曆"改为"万厤"。可知丁亥年已有此版的删削本，且已为"重镌"。

嘉庆刊本。此本删减很多，在法国国家图书馆、日本东京大学图书馆都有收藏。扉叶题有"嘉庆（道光？）丁亥年重镌"。各卷没有规律，回次不等，随意分合。图版摹仿务本堂本者，六叶计十二面，每面皆上文下图，图文合为一面。

此外，还有"本衙藏板本"，此本图二十四叶，正文半叶十行，行二十四字，在格式和内容上和务本堂本很接近。山东图书馆和中国国家图书馆有两种珍贵的抄本。中国国家图书馆所藏的抄本与顺治刻本完全相同，而山东图书馆所藏抄本，更接近原稿的早期抄本。

康熙四年底《续金瓶梅》被焚毁后，曾在琉球还保留有一部《续金瓶梅》，丁耀亢有诗《胶东王逸庵侍御甲辰册封琉球过东武，时值端阳，纵饮达旦，今五年矣。其国王留余〈续书〉于岛中。今焚书无存者，寄诗志感》，可见丁耀亢认为《续金瓶梅》已不存人间，因此，当他听到消息，自然十分兴奋。

3. 《隔帘花影》

《隔帘花影》又名《三世报》，实际上是对丁耀亢的《续金瓶梅》删改而成，是《金瓶梅》三种续书中最受"好评"的一种。《续金瓶梅》共六十四回，《隔帘花影》全书共四十八回，删去十六回。《续金瓶梅》在清初曾遭到禁毁，作者丁耀亢因此入狱。所以《隔帘花影》未署名作者，只在卷首写有"四桥居士"的序言，据推测此人大概是《隔帘花影》的编者，其真实姓名不详。《隔帘花影》是《续金瓶梅》之后出现的另一续《金瓶梅》书，四桥居士《序》谓："此《隔帘花影》四十八卷所以继正续两编而作也。"

据胡士莹考证，四桥居士或为程自萃，康熙年间，此人在七十岁时（雍正十三年）校订过《琵琶记》。此外，在日本的《商舶载来书目》中著录"安永八年己亥《隔帘花影》一部一套"。而"安永八年"就是清乾隆四十四年，由此可知《隔帘花影》的成书应在乾隆四十四年之前，作者也应为康熙年间人。

莺花杂志社印行的《金屋梦》，也是《续金瓶梅》的另一种删削本。它是仿《续金瓶梅》，参考《隔帘花影》，稍加删削而成的，本身没有太多的价值。道光年间有人续《隔帘花影》，题为《三续金瓶梅》，抄本存于北京大学。

孙楷第《中国通俗小说书目》卷四中称，顺、康间的作家"天花才子"所编辑的《快心编》，其前题有"四桥居士评点"，如果这二者说的是一人，那么《隔帘花影》应该是在《续金瓶梅》遭禁后不久，就应当有刊行。

《谭瀛室笔记》评价《隔帘花影》中说："《隔帘花影》确系《金瓶梅》后传……叙述汴京遭金人蹂躏，西门一家流离困苦，以及妻妾淫荡猥亵之事，描写颇淋漓尽致。唯究以淫秽处太多，坊间不敢公然发售，故欲求其书，亦殊不易也。"这里指出了《隔帘花影》确实是《金瓶梅》的续书，但是由于作者没有见过《续金瓶梅》，也不能确定这本书到底是不是把《续金瓶梅》删改后而成的。小说除了对《续金瓶梅》中的人物姓名进行更改外，对一些政治性的内容，也进行了大量的删改。对比《续金瓶梅》，《隔帘花影》有以下改变：

第一，改写书中回目，并将主要人物改名换姓，如西门庆改为南宫吉，吴月娘改名楚云娘，潘金莲改名红绣鞋等。

第二，书中删除《太上感应篇》，以及一些佛道经文、劝善报应的说教文字。

第三，书中删改与小说情节主线无关的内容，如阴司冥报，韩世忠和梁红玉等人的故事。

第四，简化并删改金人屠杀抢掠江南百姓的故事情节，略写金人侵宋的暴行。

第五，改写原书的淫秽内容，调整故事结构，理顺情节脉络。

《隔帘花影》削弱了《续金瓶梅》原有的强烈的民族意识和爱国感情，使此书在思想价值上远远不及原书。《隔帘花影》有大量露骨的性爱描写，以及女子间的"女同性恋"情节，故道光十八年《计毁淫书目单》，道光二十四年浙江官员开列《应禁各种书目》，同治七年四月丁日昌禁毁书目，《隔帘花影》都榜上有名。

《隔帘花影》在清代很流行，有湖南大字版，各大图书馆多有收藏。本衙藏板题《三世报隔帘花影》，藏于南京图书馆、英国伦敦博物馆、荷兰莱顿大学汉学院图书馆、美国耶鲁大学图书馆、美国哈佛大学燕京学社汉和图书馆、日本内阁文库、日本国会图书馆、日本东京大学文学部、日本东北大学图书馆狩野文库等。书中无图，正文半叶十一行，行二十四字，正文卷端题有"新镌固本批评绣像三世报隔帘花影"。光绪己亥年上海书局出版石印本《隔帘花影》，并将其改名为《花影奇情传》。

4.《妖狐媚史》

《妖狐媚史》又名《妖狐艳史》，是一部描写神鬼妖狐的艳情小说。清代小说，署"竹松轩编"，但作者不详。《妖狐艳史》或称《新编妖狐艳史》，共十二回，每两回一卷，共六卷。在李梦生《中国禁毁小说百话》中记道："《妖狐艳史》署'松竹轩编'。书的写作年代及刊刻年代均不详，清代各禁书目中有《妖狐媚史》，当即本书。从书自道光年间已遭禁来看，当作于清中叶或中叶以前。"由此可知，该书大概成书于清代中期或中期以前。此书形式、用字和引诗等与《桃花艳史》相近，二书或同出一人之手。

道光十八年《妖狐媚史》被《计毁淫书目单》录为淫书，道光二十四年被浙江官员列入《应禁各种书目》，同治七年四月又被丁日昌列入禁毁书目。据齐如山《小说勾陈》的跋中记录："此书不见著录，亦未见刊本，或因被禁，罕有流传耶？然禁书目亦皆未载。内容虽涉导淫，实乃骂世，惜结构不嘉，似出俗手所编，而白字误字皆极多。"由此可知，本书遭禁的原因主要有三个方面：第一，内容荒诞离奇。小说中讲述了书生明媚与女狐的不同交往故事，本身就具有虚幻和离奇性。第二，书中涉及大量的淫秽情节。本书共十二回，其中就有四回之多连续描写人狐之间交相淫乐的场面。第三，书中涉及讽刺贪官、冤狱等事，揭露社会黑暗现实。因而，历次被列入清代禁书。

存世的《妖狐媚史》有松竹轩刊本过录本，现藏于日本东洋文化研究所。共十二回，扉叶中间的版心题有"妖狐艳史"四个大字，右偏上写有"开卷一笑"，左偏中的地方写着"松林轩编"字样。书的正文前印有"新编妖狐艳史目录"。正文半叶八行，每行二十字。书中没有序或跋，也没有图像。

又有天津图书馆的藏本六卷，前三卷为抄本，后三卷为刊本。

又有哈佛藏抄本，齐如山原藏。

5.《春灯迷史》

《春灯迷史》凡十回，题"青阳野人编演"。著作成书年代不详。作者青阳野人的生平亦无考。但书中大量使用俗字、简字、白字等，语言低俗幼稚，行文辞不达义，可推知作者应为民间下层文人。

后人存疑日本《小说字汇》中著录的《春灯闹》，即为《春灯迷史》。但李梦生在《中国禁毁小说百话》中记载："吴晓玲《哈佛大学所藏高阳齐氏百舍斋善本小说跋尾》案云：'孙子书先生《中国通俗小说书目》据丁日昌《禁书目》著录于存疑目类，以未见其书故.'说明在吴晓玲看来孙楷第因没有见《春灯迷史》，才将它入存疑目，而他自己更没有见到过《春灯闹》，才将其疑为《春灯迷史》。说明了《春灯闹》与《春灯迷史》其实是毫不相干的，并且《春灯闹》现是藏日本的。"

《春灯迷史》自清代道光年间以来，历次禁书都被提及。道光十八年，江苏按察使设局禁止淫词小说，将此书列入禁目。道光二十四年列入浙江官员开列的《应禁各种书目》，同治七年四月被丁日昌列为禁毁书目。

书中对"玄""历"等有关皇帝名讳的字都不加避讳，可见此书不出自清代康乾年间。书文用词鄙俗，其中多夹杂有猥亵之词和风云场景的描写，过多地描写淫乱，成了宣淫的机器，是"老少不宜"的隐晦色情之书。书前叙曰："俗语云，淫为万恶首，三纲败坏五常休。若非天缘造就，定然性命难周。惟此《春灯迷史》，实系生前配偶，三纲不败，五常不休。……虽偶尔淫幸，乃今古奇观，飘飘乎快事也，扬扬乎风流矣。"书中以淫佚为风流，为色情描写寻找开脱借口。因而，此书在当时被禁毁，也在情理之中。

现存清代坊刻本，藏哈佛大学哈佛燕京学社图书馆。此版本中简体字俗体字甚多，又多用同音字。书中十回不分卷。正文半叶八行，行二十四字。而道光年间被列入禁毁书目中的《春灯迷史》，为清初刊本或嘉庆年间刊本。

坊刊本，录入孙楷第的《中国通俗小说书目》中，未标明藏书处。此书正文半叶八行，行二十四字。

清抄本，高罗佩原藏，现存于荷兰莱顿汉学院图书馆。目录叶题有"新编春灯迷史"，正文卷端题"春灯迷史"，无序跋。此本抄写字迹幼稚，新增许多俗字、白字，省略偏旁的地方更多，其中对"玄"字缺末笔，"历"字不避讳。

影印抄本，现今有台湾天一出版社影印，书中题写有"青阳野人编演"，但里面没有序与跋。

6.《巫山艳史》

《巫山艳史》又称《意中情》，书中多次出现"虏"字，且有版本刻意避"玄"字讳，估计应为康熙年间作品。但是书中没有提及撰人，也无叙跋。书中一些情节，比如李芳窥探仆人与其妻交媾，以及木箱被盗等情节，与《桃花影》《浓情快史》《玉楼春》等书有多处相合，有拼凑的嫌疑。

《巫山艳史》写男主人公多次艳遇，拥有八房妻妾，享尽艳福，是明清艳情小说常见的套路。因多处描写过于淫秽，在清代多次遭禁，道光十八年江苏按察使设局查禁淫词小说，此书被录入《计毁淫书目单》淫书，道光二十四年浙江巡抚、学政查禁淫词小说，开列《应禁各种书目》将其列入，同治七年四月江苏巡抚丁日昌查禁淫词小说，《巫山艳史》榜上有名，被列入禁毁书目。

现存《巫山艳史》有六卷本，藏于日本东京大学东洋文化研究所双红堂文库，共二册六卷十六回。正文半叶九行，每行二十四字。双红堂本正文中有多处残阙，有后人补抄、加眉批和行间批的部分。批者在书中有圈点，封面上题"丁酉仲夏下院"，也许是批者所题。台北天一出版社的影印《巫山艳史》就是跟据双红堂本印制的。

又有四卷本啸花轩刊本，现藏北京大学图书馆，有四卷十六回，正文半叶九行，每行二十七字，内封题"意中情""巫山艳史"，不题撰人，没有序跋。

7.《株林野史》

《株林野史》现存四卷本和六卷本，各本中或有编者署名或不署名。所署的名称也不统一：有称"艳春居士编"，也有称"痴道士编辑"。据推测原书中可能不署名，名字是后来书商随意加上的。《株林野史》中的一些故事情节受到康熙年间作品《巫山艳史》的影响，并且书中第二回中称"时宪历"为"时宪书"，来避清高宗弘历的讳，因此可知，此书应该成于乾隆年间或稍后。嘉庆十五年御史奏请查禁《株林野史》，可见此书至少在嘉庆初年已成书。另外，《株林野史》六卷刊本和四卷石印本中避宣宗旻宁的讳，可推知这两种版本最早应当刊于道光年间或稍后。

阿英曾得一本小说，封面是《株林野史》，而里面却是《绣榻野史》。后来他又各得一本《绣榻野史》和《株林野史》，但《株林野史》的内容仍是《绣榻野史》，《绣榻野史》却又变成了《蜃楼志》，阿英由此在《小说三谈》中推断："《蜃楼》或即是《株林》，后人因《株林》是禁书，故冠以《蜃楼》之名，以欺掩蔽。……惟在获得原本之前，此种假定，余仍不敢以为可靠。"上海中西书局出版《中国民间传说爱情小说大系·中国恋爱的故事》，其中《绣榻野史》提要中的故事指的就是《株林野史》，然《株林野史》与《绣榻野史》并非同一书。另外，红豆书屋排印的《玲珑本聚珍小丛书》十种中的《株林镜》，也是《株林野史》的异名。

《株林野史》讲叙的是发生在春秋时期的一个艳情故事，情节中注入了很多粗俗的描写，着意铺排一些淫乱的场面，出现交换妻子淫乐的情节，又涉及仙术神怪，荒诞不经。《株林野史》在作品结构上、语言上都无特别之处，文笔粗劣，格调低下，在清朝多次被禁毁。清嘉庆十五年六月，御史伯依保奏此小说中有专门描写"秽亵不端之事"，将其列入奏禁小说中，道光十七年苏郡设局收毁淫书目，将其列入，道光十八年《计毁淫书目单》录其为淫书，道光二十四年浙江官员将其列入《应禁各种书目》中，同治七年四月丁日昌禁毁书目中，也有此书。

现存《株林野史》有旧抄本，共四册，未署撰者，无序跋题署。

又有四卷本的石印本，有高罗佩原藏，现在荷兰莱顿大学汉学研究院图书馆和南京图书馆都有收藏。书中不著撰者和出版者的名字。正文半叶十四行，每行有三十二字，有图像二幅。目录叶题有"艳情小说株林野史"，扉叶上写："此书得于内庭秘本，刊印非易，同世幸勿翻刻。"

又有六卷本。所见最早的是民国六年上海小说社的排印本，以后翻印本甚多。全书有六卷十六回，十六回不分卷。正文半叶十二行，每行三十字。其中题为"痴道人编辑"。

8.《绣榻野史》

《绣榻野史》一书，版本甚多，各版本分卷不同，著录的撰人姓名也不同。经多方考证，目前普遍认为此书作者为吕天成（1580～1618年），字勤之，明代戏曲家，戏曲评论家，浙江余姚人。此书当作于万历二十五年前后，成书未久便有多个刊本流通。

《绣榻野史》全书共四卷，书前有序，书末有残缺。卷首署"卓吾子李贽批评，醉昵阁憨憨生重梓"，目录题"李卓吾先生批评绣榻野史传奇"。版心下刻"醉眠阁藏版"。书前有总目一百零五目，无序次。

《绣榻野史》是一部有名的淫秽小说，也是目前所知中国历史上第一部文人独创的白话长篇小说。书中写扬州秀才东门生与多名妇人之间的偷情故事，其间的性爱细节描写露骨。此书的醉眠阁本中屡有涉及金、女真及虏廷等词，其中有很多对女真大不敬字样。清刘廷玑《在园杂志》中指出此书与《肉蒲团》《痴婆子传》等书同列，是"流毒无尽"。泰昌元年张无忌叙《天许斋批点北宋三遂平妖传》中指此书与《浪史》等是"鸱鸣鸦叫，获罪名教"。清道光十八年《计毁淫书目单》录为淫书，道光二十四年九月浙江湖州知府开列《应禁各种书目》，同治七年四月丁日昌禁毁书目，都将此书列入其中。此书的文字幼稚粗糙，但在人物的说话口气和主观叙述的方式上，对白话小说有独特贡献，用第三人客观叙述方式描写，书末引入议论，对清代艳情小说的发展，影响甚多。

《绣榻野史》的版本很多，而现存的《绣榻野史》版本大都来自日本人波多野太郎的收藏本。

醉眠阁刊本，全书四卷，不分回，每卷分若干则。首有"《绣榻野史》叙"。叙后为"李卓吾先生批评《绣榻野史传奇》目录"。次为十叶精细的插图，正文首叶有"李卓吾先生批评《绣榻野史》卷之一"，"卓吾子李贽批评"，"醉眠阁憨憨子重梓"等题字。版心为单黑鱼尾，上作"批评绣榻野史"，下卷叶次，最下端作"醉眠阁藏版"。正文半叶九行，每行十八字，四周单栏，各则首有字数不等的小题，次为故事，各则故事长短不一。书有眉批和则末批，末例有一首词，接下来为"评"和"断略"，但"断略"不是每则皆有。此书各卷中虽题有"卓吾子李蛰批评"或"卓吾子批评"字样，但没有证据证明此书的"评"及"断略"是李卓吾所作。只在叙述中指出，这些都是作叙者所为，因此，或可视为"醉眠阁憨憨子"所为。明末清初的小说，喜欢用李卓吾的批评作招牌，这也成为书商推销的一种伎俩，此书也有之嫌。

高罗佩藏本，此书的抄本抄者水准不高，误字颇多。此本原为日本东京文求堂田中庆太郎所有。田中氏于东北故家得此书的二、四两卷，又据元鹿岛氏藏本补卷二的前一部分，1950年田中氏让书于高罗佩。此本现藏荷兰莱顿大学汉学院图书馆。

波多野藏本，此书正文间有缺叶，后据高罗佩本补，曾为日本元鹿岛氏收藏。

种德堂本，上下两卷，不署撰人，扉叶大字双行作"新刊图像绣榻野史"，中间小字作"种德堂谨依京版"，次为"绣榻野史小叙"，署"戊申秋日五陵豪长书"，后有两阴文隶书方章，作"有情痴"，"漫澨"。正文首叶首行作"图像绣榻野史上卷"，署"江篱馆校"，后有"西江月"及正文。正文单栏，半叶九行，每行二十字，行间有丝栏。上下卷各十二幅，图版夹于正文中间左右两半叶合成一幅。版心无鱼尾，靠上署卷次，下署叶次。此书日本山口大学栖息堂文库及中国社会科学院文学研究所图书馆均有收藏。

本藏本，此本分八卷，无目录，扉叶左栏下方有小字"本藏版"，署"醒世主人校阅""李卓吾先生评"。首卷叙刁士鹤故事为引子，卷二起入正文，正文半叶十二行，行二十一字。后有校阅者有改编此书，但未能贯彻，因此书中文字有不同处。现藏台湾"中央研究院"傅斯年图书馆。

另外，《绣榻野史》也曾改名《怡情阵》，而道光十八年《计毁淫书目单》、道光二十四年浙江官员开列《应禁各种书目》和同治七年四月丁日昌禁毁书目均将《怡情阵》列入其中。《怡情阵》对《绣榻野史》进行删改，换去原书中的人名，删除书中的文言韵语，修改部分情节使之更为合理，将原书中嘲讽戏谑金人、女真的语句删除。经过删改之后,《怡情阵》比《绣榻野史》更为通俗,此书本为逃避禁毁而改头换面,但书中充满淫秽描写,最终仍没逃出被禁的下场。

9.《巫梦缘》

《巫梦缘》全称《新镌小说巫梦缘》,全书有十二回小分卷。书中未署作者姓名,也没有刊刻时间。《巫梦缘》第十一回有《太平歌》五首,而《太平歌》实是清渊的一位才女所作,共七首,然而清渊离临清不远,在清代同属东昌府,根据本文中引入的吴地民歌,可推知其作者为吴地人。另外,《巫梦缘》有啸花轩的印本,而啸花轩为顺治康熙年间的书肆,所印行的小说,特别是艳情小说最多,因此可假定为康熙末年的作品。该书在道光年间被禁后,书商将其改名为《恋情人》,刊刻出版,颇为流行。但《恋情人》为删节本,又称为《迎风趣史》,全书有六卷十二回。其删去了原本回前的诗词和卷末联语,每回前对诗歌的述评,正文中的词曲及相关评论,以及回后的总评。

《巫梦缘》的最大价值在于书中收录了当时许多吴地民歌,充满生活气息,反映当时社会的民俗民风。但书中津津乐道于床笫之事,充满淫秽描写,内容比较平庸,因而多次被禁毁。道光十七年苏郡设局收毁淫书,道光十八年江苏按察使设局所禁书目《计毁淫书目单》均录《巫梦缘》为淫书,道光二十四年杭州府设局收毁淫书,浙江官员开列《应禁各种书目》,同治七年四月丁日昌查禁淫词小说,《巫梦缘》都名列其中。

由于《巫梦缘》多次遭禁,且格调不高,故现存版本较少。有啸花轩刊本,现在日本佐伯市立图书馆佐伯文库和中尾松泉堂有藏。全书六卷十二回,正文半叶九行,行二十二字。书中有回末批,但不题撰人名,也无序跋,卷首题"新镌小说巫梦缘",内封题"风月佳期""巫梦缘"。

《巫梦缘》的删节本《恋情人》啸花轩刊本,现中国国家图书馆有藏,吴晓铃、高罗佩皆藏有其坊刊本。天津图书馆有抄本,可能是将吴晓铃的藏本影抄。

10.《桃花艳史》

《桃花艳史》内封题"新刻桃花艳史","合影楼编",每卷两回。首为"新编桃花艳史小说目录"。正文半叶八行,每行二十字,书中没有插图,也没有序跋。书的写作以及刊刻的年代均不详,因其在清道光年间已遭禁毁,书中又提及苏州商人成为洋船船主的事情,当在乾隆朝之后,所以估计该书应该是清朝中叶以前所作。此书多简体字、白字、错字,其形式用字及引诗等皆与《新编妖狐艳史》相近,大约为同一时期作品,或出自同一书坊。

《桃花艳史》为坊间应制之作,文笔粗劣,趣味低下,其中有大量淫秽的性描写,并涉及神仙怪异,夹杂市井公案,书末引入神魔仙缘,其价值不高,且有害世风,故道光十八年《计毁淫书目单》录其为淫书,道光二十四年浙江官员开列《应禁各种书目》下令禁毁该书,同治七年江苏巡抚丁日昌所开列的禁书目录中,也将该书列为淫秽小说,禁止流传。禁毁书目中列《桃花艳》,当为此部《桃花艳史》。

《桃花艳史》现存合影楼刊本,藏于荷兰莱顿汉学院图书馆、北京大学图书馆、天津人民图书馆。全书一共六卷十二回,上不题撰人,有署"合影楼编"字样。

11.《桃花影》(《牡丹奇缘》《桃花影快史》)

《桃花影》又名《牡丹奇缘》《桃花影快史》《浓情快史》,全书共四卷十二回,书中题有"樵李烟水散人编次"。孙楷第《中国通俗小说书目》、谭正璧《中国文学家大辞典》、胡士莹《话本小说概论》、戴不凡《小说见闻录》中,都认为烟水散人为徐震的号。

关于徐震的生存年代,人们说法不一,有人认为是明末清初人,也有认为是康熙年间人。烟水散人编著或校订的小说有十种左右,如《女才子书》《赛花铃》《桃花影》《春灯闹》《灯月缘》《珍珠舶》《梦月楼》《合浦珠》《鸳鸯配》《后七国乐田演义》等。其中可能有书坊冒名，也有人认为烟水散人和天花藏主人为同一人，但目前资料有限不能证实。

《桃花影》模仿文言小说《天缘奇遇》，又借鉴《浪史》情节内容，以才子佳人小说的套路写一男多女的情爱淫乱，其中有大量对淫秽场面的细致描写，兼及道法修炼等事，因此被列入禁书之目。道光十八年被作为淫书录入《计毁淫书目单》，道光二十四年浙江官员开列其入《应禁各种书目》，同治七年四月被丁日昌列入禁毁书目。

《桃花影》现存清刊本，全书共四册十二回，不分卷，正文半叶九行，每行十八字。第一回中都有一条行间夹批，又因里面简别字较多，有人推测这一版本可能不是原刊本，书中的其他批注也可能被删去了。各回的回末有总评，在第十二回末的总评前写有烟水散人自跋。有人估计作批的人也是烟水散人。

畹香斋刊本，全书共四卷，分四册，每卷三回，共十二回。正文半叶十行，每行二十五个字。此本经人删改，书中错字别字较少。除第一回外，各回前恶诗评和回末的评语大多被删去，内文中也有大段大段的删削改补。畹香斋写刻本，其卷首有题字"新镌桃花影"。

坊刊石印本或活字本，多改名为《浓情快史》，或《牡丹奇缘》，其中《浓情快史》本最为流行，自清末民初开始，就一直不断的刊印。此《浓情快史》与嘉禾餐花主人著的《浓情快史》是同名书，但二书内容不同。如日本鬼魔子影印民国十二年上海书局活字本《浓情快史》，香港的古佚小说刊行会和台湾的《中国古艳稀品丛刊》，都以其为底本大量翻印。而光绪年间上海书局石印本，改名为《牡丹缘》。

12.《浓情快史》

《浓情快史》全书四卷，共三十回，原题《新镌浓情快史》，署嘉禾餐花主人编次，西湖鹏鹗居士评阅，两人的详细情况已失考，现从文中署名来看，一位为浙江嘉兴人，一位为杭州人。书中所说"评阅"，实际并无评语。

另外，在明朝万历年间成书的《玉妃媚史》序言中，曾提到"快史"，指的是《浓情快史》，则可推知此书应成于万历年间之前。也有推测该书约成书于清朝，现存各版本的《浓情快史》中都不避明末诸帝讳，却单避康熙讳，或此书为康熙年间的作品，或是康熙年间刊行。日本的《舶载书目》五十七记中还有提及，在宝历甲戌运入《浓情快史》一部四本。清刊本的《媚史》再版时引《快史》，书前有乾隆辛巳年兰佩主人序。嘉庆十二年刊本《蜃楼志》中也引有此书。

《浓情快史》展示大量男女情爱，热衷于宫闱秘闻内容的描写，有违封建礼教。故事多采自明末流行的隋唐历史演义故事，也有很多直接从其他书中抄录而来。在内容和题材上，与《如意君传》近似。书中以武则天为主要人物，讲述其放荡又充满欲望的故事。此书在清代多次遭禁，但屡禁不绝，可知其在当时非常流行。嘉庆十五年御史伯依保奏禁书目，道光十八年《计毁淫书目单》录为淫书，道光二十四年浙江湖州知府禁淫词小说书目，同治七年江苏巡抚丁日昌查禁淫词小说书目等，都列有此书。

《浓情快史》现存聚古堂刊本，全书共计三十回，不分卷。每回回前有图一叶两面，这些插图和文本内容无关，只是模仿崇祯本《金瓶梅》的刊刻。正文半叶十行，每行二十一字。此本种不避"常""由""校"等明末诸帝讳，但避康熙讳，对"玄"字缺末笔，然有数处"玄"字不缺笔，可见避讳仍不严格。此本现除第二十回缺末叶计二行，后被人抄补外，其余都保存完好，藏于日本京都大学图书馆陶庵文库。

啸花轩本，此本为聚古堂刊本的删改本，其字数接近六万五千字，与聚古堂本约九万六千字相比，此本大致为聚古堂本的三分之二。其中有绝大多数的回前诗等韵文被删去，也删除或改动了一些故事细节和若干情节。因修改的不错，在聚古堂本出现的错字此本都已尽量避免，故亦有可参考处。其正文半叶十二行，每行二十八字。现藏于北京大学和英国剑桥大学。

醉月轩刊本，全书计六卷，每五回为一卷。此本为啸花轩刊本删去四分之一的节本，其回目和正文也有改动。正文半叶十二行，每行二十八字。此书现藏美国哈佛大学哈佛燕京图书馆。

有思堂刊本，此本在《舶载书目》中有著录，但编者未见过原书。

旧刊本，其目录和正文前都署有"嘉禾餐花主人编次，西湖鹏鹦居士评阅"的字样，书中无序跋。

13.《杏花天》

《杏花天》又称《红杏传》《闺房野谈录》，全书共十四回，有分为四卷，也有不分卷。由古棠天放道人编次，曲水白云山人批评。关于天放道人和白云山人没有足够的资料可考。孙楷第在《中国通俗小说书目》中称此书的"作者似张姓"，因在《杏花天》的第二回中，主角封悦生到古棠时，遇到一道士，就自我介绍道"学生姓张，世居古棠，忝入玄教，贱号万衲子。"所说的古棠，位于江苏六合县。

此书末称书中的主角封氏的后裔昌盛，"为北地御商第一家……有裕于大明，续赋于盛京"。盛京是满族入关前的旧都，也就是今天的沈阳市。努尔哈赤在后金天命十年的时候从辽阳迁都到此，至皇太极天聪八年，开始称为盛京。因此从对地名的称呼上看，小说应该是在天聪八年之后才写成。

朝鲜完山李氏在1762年序本《中国小说绘模本》中提到过这本书，可知这本书当时已经流传到了朝鲜。秋水园主人于日本宽政三年（乾隆五十六年）刊《小说字汇》里有过提及，由此可见，这时此书已向东传到日本等地。刘廷玑在康熙壬辰年《在园杂志》中有一些与友人论小说的笔记，其中提及的小说甚多，尤其是一些言情小说，但是却没有《杏花天》，当时这本小说可能还没有面世。

此书的本衙本在日本宝历甲戌年（乾隆十九年）的九番船载渡小说《舶载书目》中有记载，因此可知，此书最迟刊印于乾隆年间。书中遇到"玄"字都在字末有缺笔，因此可知它应该出现于康熙年间。本衙藏本的简本拂云阁本，文中不避"玄"和"宁"字，大概刊于嘉庆年间。

《杏花天》受到明代中篇传奇《天缘奇遇》影响，以道士授房中术引诱诸女淫乱，书中有大量的淫秽场景描写，因此在清代多次遭到查禁。道光十八年苏郡设局收毁淫书，将其列入《计毁淫书目单》，道光二十四年浙江巡抚开列《应禁各种书目》并设局查禁淫词小说书目、同治七年江苏巡抚丁日昌续查禁淫书书目都录入此书。

本书现存啸花轩刊本。全书共四卷十四回，正文半叶十行，每行二十五字，是日本千叶掬香的旧藏。

本衙藏本，全书共十四回，约七万字，分前后四卷，前两卷各四回，后两卷各三回。正文半叶十行，每行二十五字。第二、三、十四回的回末有评者简短的总评，每回的正文前有诗词，回末有三条回末批。本衙藏本因刊刻不善，文中多有错字和白字出现，质量不是很好，现在台湾"中央研究院"的历史语言研究所、荷兰莱顿大学汉学院图书馆等处都有收藏，但是都有一些残缺的地方。

拂云阁本，全书十四回，书中目录和正文都没有分卷的标记，只在版心处有一些卷次的排列，并且每卷的划分非常的随意，第一、二回为一卷，第三、四、五回为二卷，第六、七回为三卷，第八、九回为四卷，第十至十二回为五卷，第十三、十四回为六卷。正文半叶九行，每行二十四字。拂云阁本还是一种简本，本衙藏本，每本的字数不足四万字，情节不连贯，除第一回开头处有诗词外，其余的诗词全被删除，在其第十四回后有回末批。但此书刊刻马虎，有很多的俗字、白字以及错字。该本原由齐如山氏藏，现藏于哈佛大学哈佛燕京学社汉和图书馆。

坊刊本。此书坊刊本很多，每本都为四卷十四回，但大多书都是删节本，还有很多肆意改动的地方，没有太大的价值。其中光绪丙申香港赏奇书局的石印本中，有五叶插图，正文半叶十三行，每行二十八字。《杏花天》的易名书《绣像闺房野谈录》的石印小本，现藏与于日本天理大学图书馆。其掌心本的《红杏传》，也是石印本，正文半叶十四行，每行有三十一字。

因原本被禁，后坊间将书拆分为二，改名刊刻。如《浓情秘史》抄本就是《杏花天》的下半部，现藏于美国哈佛大学图书馆。可能此书在流传时是以抄本的形式出现，不曾刻印出版，因此在清代禁书的数目中没有《浓情秘史》的名字。

14.《梧桐影》

《梧桐影》全名为《新编梧桐影词话》，又名《新编觉世梧桐影》。全书共十二回，不著撰者姓氏。其首回全抄自《肉蒲团》第一回，因此推知此书应作于《肉蒲团》风行之后，大约为康熙末、雍正年间。本书有啸花轩刻本，应该是刊于康熙年间，作者生平不详，但从内容上看，作者应为由明入清的苏州人，而此书应该是其晚年所作。

书中以明末清初为环境背景，涉及李自成起义，满清入关得天下等事，又写清初三拙和尚以及戏子王子嘉在苏州被枷死等事，都据史实进行演绎。《丹午日记》载："国初有三妖：金圣叹儒妖，三拙和尚僧妖，王子嘉戏妖。三人俱得其死。"此书主角写三拙和尚和戏子王子嘉，详叙寺庙和戏班之事，描写清初社会市井生活较为细致。

《梧桐影》小说就创作手法而言较为粗糙，内容斑驳陆离，芜杂不堪，涉及和尚道士淫占妇女、龙阳采战、厉鬼缠身等荒诞不经的情节。书中引《肉蒲团》语："具一片婆心，要为世人说法，劝人窒欲，不是劝人纵欲；为人秘淫，不是为人宣淫。"所谓以淫止淫之法，无非是喋喋不休的空泛说教而已。本书有过度的淫秽描写，虽然作者是想倡导"以淫止淫"的思想，但是仍不能摆脱是一部淫书的性质。因此多次被禁。道光十八年《计毁淫书目单》录为淫书，道光二十四年浙江官员开列为《应禁各种书目》之一，同治七年四月名列丁日昌的禁毁书目之中。

《梧桐影》现存版本不多，有啸花轩刊本，藏大连图书馆及东京大学东洋文化研究所。另外也有刊本和抄本行世。全书十二回，正文半叶八行，每行十八字。扉叶上署有"发私觅趣""梧桐影""啸花轩藏板"字样。回前题"新编觉世梧桐影"，目录题有"新编梧桐影词话目次"。

又有某氏藏抄本，全书为素白纸抄，正文半叶十行，每行十八字。有空格缺抄处，有缺叶，可知它移录所用的底本有破损，或不全。书中的文字经过校改，可知其正刊本可能已经丢失。

15.《醉春风》

《醉春风》扉叶上题有"自作孽醉春风",以此作为全书的主旨,描写顾三娘从知书达理的良家女子堕落的过程,借此强调封建礼教道德的因果报应。日本《舶载书目》著录"元禄八乙亥年(清康熙三十四年)《醉春风》一部二本",证明此书至少在康熙三十四年时已经传到了日本。因此此书的完成时间应该在这之前。书中宣扬"淫人妻女者,亦使其妻女偿人淫债",又以"自作孽"为主题,带有一定的世俗劝诫思想。

道光十八年《计毁淫书目单》录为淫书,道光二十四年浙江官员开列《应禁各种书目》收录此书,同治七年四月丁日昌禁毁书目列入此书。书中内容除了大量描写顾三娘堕落的淫秽情节,也叙述了顾三娘走向灭亡的原因,讲述一个典型的知书达理的贤妻良母,而丈夫却是寻花问柳的浪荡公子,顾三娘百般劝阻无效,便产生报复心理,从此以淫乐进行对抗,最终堕落街头,腹痛而亡。顾三娘完全是封建社会男尊女卑制度的牺牲品,其悲剧令人深思。因此,书中的情节安排和思想倾向也是遭禁的原因。

此书现存啸花轩藏板本,全书共八卷,每卷一回,内叶的封题为"自作孽醉春风"。文前无序,无目录,无图。正文卷的大标题为"醉春风",署有"江左谁庵述",版心题"醉春风"。正文半叶八行,每行十八字,单鱼口下署有卷次叶次。此本为海内外孤本,是马廉的旧藏,现藏于北京大学图书馆。

16.《一片情》

《一片情》全书共十四回,书中没有提及撰书人的名字。《一片情》的部分故事,是将"醒世居士编集""樵史参订"的短篇小说集《八段锦》的醉月楼刊本改头换面而得。就《一片情》内容来看,它所讲述的故事"赞周访选淑女于杭州"发生在顺治年间,而题记中有言"据书中所记,知是顺治刊本。尽管有书名,但图像阙如。又见目次,不知十四回是否完结"。由此可知这本书在顺治年间之前就已经问世。此书不避天启、崇祯讳字"由""检",也不避康熙讳字"玄",

可以推知是顺治年间的刊刻。

《一片情》兼及《八段锦》在道光十八年《计毁淫书目单》录为淫书，道光二十四年浙江官员将其列入《应禁各种书目》，同治七年四月丁日昌列为禁毁书目。书中讲述的故事均是市井生活的男女情事，展现广泛地社会现象和弊病，有一定的警示劝诫意义。书中情节内容涉及和尚谋奸寡妇，老少婚配，美女嫁瞎子，男宠畸恋，选秀乱婚等事件，由此引发的家庭矛盾和淫乱后果，内容淫秽且批判社会不公现象，因而遭禁。

日本天明甲辰年，即1784年出版的《小说字汇》引用《一片情》书目。

现存《一片情》刊本有十四回，共四卷，在书的首序后署有"沛国挎仙题于西湖舟次"，正文半叶八行，每行十八字。目录和卷前都题有"新镌绣像小说一片情"，书中有少量的作者手笔的行中批注，并都加以注音。全书刊刻精美，书中有若干处文字磨损的痕迹，又有印章阳文"好德堂印"，好德堂是明末清初的书坊，刻有《好逑传》等书。此版本藏于日本千叶掬香，如今归日本东京大学东洋文化研究所双红堂文库所有。

啸花轩藏板本，实系十四回本的一个选本。书的函套上题有"明刊本一片情残卷"，内封的右上方为"奇阅快览"的字样，中间为书名"一片情"三字，左下方署"啸花轩藏板"。在次叶上有目录，在"目次"二字上，有"新镌小说"字样，共标为九回。正文残缺，只存前三回，三回中亦有缺叶，如第十二叶缺。正文中无绣像，半叶九行，行二十字。现藏中央美术学院。

17.《玉妃媚史》

《玉妃媚史》二卷，明代小说，署名古杭艳艳生，亦为《昭阳趣史》的作者。《昭阳趣史》至今存明刊本，书中有序道："向刻《玉妃媚史》，足为玉妃知己。"据此可知《玉妃媚史》成书于《昭阳趣史》之前。"古杭艳艳生"姓名不可考，或为晚明书商。《玉妃媚史》此书版本今已不传，阿英曾有旧藏，现下落不明。阿英《小说闲谈》记录：

《玉妃媚史》，《中国通俗小说书目》"媚史"条云："未见。《在园杂志》卷二引。丁日昌禁书目有《玉妃媚史》，不知是此书否？"按《玉妃媚史》确系猥亵小说，凡二卷，古杭艳艳生著，古杭情痴生批，刊于乾隆。艳艳生即《昭阳趣史》之作者。书中极写贵妃之荒淫。大半是敷衍《太平广记》中所记杨贵妃故事，及《绿窗新话》中所载贵妃事而成。《新话》中有"杨贵妃私安禄山""杨妃窃宁王玉笛"……等目，故即谓为全据《新话》亦无不可。所征引诗歌，大都从李杜等唐人集中来。书凡三万余言，近百十叶。余所得者，讹误极多，或系翻印本。

《玉妃媚史》描绘杨贵妃荒淫生活，内容猥亵，刘廷玑《在园杂志》卷二《历朝小说》曰："至《灯月圆》《肉蒲团》《野史》《浪史》《快史》《媚史》《河间传》《痴婆子传》，则流毒无尽。"其中《媚史》指《玉妃媚史》，此书内容有伤风化，因而在清代屡次遭禁。道光十八年《计毁淫书目单》录为淫书，道光二十四年浙江官员开列《应禁各种书目》录为淫书，同治七年四月丁日昌禁毁书目列入其中。

《玉妃媚史》现无版本流传。

18.《昭阳趣史》

《昭阳趣史》是明代的一部艳情小说，二卷六十五则。情节以道教的吸精补精术为主，中间夹杂着妖、道、仙、宫廷、历史等多种故事，一些情节还取材于唐朝的性小说《赵飞燕外传》，"脱阳""春药"也是其中比较滥套的内容。被誉为"后世性欲小说的泉源"，前继《飞燕外传》，后承明清两代的通俗小说。《昭阳趣史》书中还题有"艳艳生编，情痴生批"。此书坊刊本很多，可知明清以来，此书都非常流行。

《昭阳趣史》一书除了一些色情诗还有大量的描写赵氏姐妹淫行时污秽文字，极力夸张飞燕姊妹的淫行，以及因果轮回的思想和道家的采补思想，多谈宫闱秽事，因而被禁。此外"艳艳生"还有其他作品，如《玉妃媚史》等，也因内容荒淫成为禁书。道光十八年苏郡设局收毁淫书在《计毁淫书目单》将《昭阳趣史》录为淫书，道光二十四年浙江官员开列《应禁各种书目》将其录入，同治七年四月丁日昌也将其列入禁毁书目。

　　此书现存墨庄主人本，此本为高罗佩原藏，卷首题有"新编出像赵飞燕昭阳趣史"，署"古杭艳艳生编，情痴生批"。扉叶有"墨庄主人识。"次为《趣史序》，但后有残缺，与作者的自序相似。目录的上卷列有二十八目和十一回像目，下卷为三十七目及十一回像目，目后为绣像，首是一单幅的《理琴图》，接下来有十图双幅连图。在第十一叶的背面，标有"辛酉岁孟秋写于有祝居"。辛酉为明代天启元年。正文分为两卷，其中不分回目，上下两卷都有眉批，卷下也有一行间夹批。上卷的卷末题有"怎生行乐，怎生结局？且听下回分解"。下卷共十一叶，卷首有单幅的《弄纨图》，此后为十叶双幅的连图，卷末有情痴生和无住道人批各一条。现存荷兰莱敦大学汉学院图书馆。台北的《中国古艳稀品丛刊》第四辑也有此书的影印本，但缺扉叶，图版也不完整。

　　英国图书馆藏抄本，全书分四卷，每卷十二则，共四十八则，分十二册装。除第四卷外，各卷末都有"请听下卷分解"字样。无叶眉和夹批，只在书末有"墨庄主人本之无住道人"的总批，其余没有署名，但书的内容除卷一第二十六叶缺一面外，其余都抄写完好。柳存仁在《伦敦所见中国小说书目》著录中称，此书为明抄本。因为书中各叶都有衬叶，还有明刻本大题传文，诗经，明文小题贯等。最早此本只有第七至第十二册，即卷三卷四，后才又找到前六册，合成全部。现此抄本在台北天一出版社有影印本。

　　玩花斋刊本，此本为明刊本，全书共六卷，正文半叶九行，每行二十字。此本在孙楷第《中国通俗小说书目》有著录，并称此书为日本关天彭藏，现已不知藏于何处。

　　周越然藏本，此书为二卷本，书中署有"艳艳生编，情痴生批"。周氏在《书书书》中称："明刊本，白口单栏，半叶九行，每行二十字。行间有直线，有圈点，眉上有批评。卷首有芙蓉主人序（缺首叶）。

又精图四十二面。下卷之末缺约三叶。"

19.《隋炀艳史》

《隋炀艳史》是一部描写隋炀帝宫廷生活的艳情小说。又名《风流天子传》，全称《新镌全像通俗演义隋炀帝艳史》，八卷四十回，作者为"齐东野人"，明崇祯年间人，在"委蛇居士"的《题辞》中曾称他"东方裔也，素饶侠烈，复富才艺，托姓借字，构《艳史》一编"，但其真实姓名不详。在内容上，本书以叙述隋炀帝杨广荒淫败国的一生为故事的主要内容。依据大量的正史和稗史笔记，重点演述隋炀帝穷极荒淫奢侈的生活。

《隋炀艳史》中多描写荒淫奢侈之事，是宣淫之书，多写宫闱秘事，其中也显示出某些讽世规谏帝王之意，在清代多次遭禁。道光十八年《计毁淫书目单》将其录为淫书，道光二十四年浙江官员开列《应禁各种书目》，同治七年四月丁日昌禁毁书目中，都有此书之名。

现存版本有崇祯四年序人瑞堂刊本，内封框内中栏题有大字"艳史"，右栏题"绣像批评"，左栏署"人瑞堂梓"。卷首有《隋炀帝艳史叙》，序末署"笑痴子书于咄咄居"。次为《艳史序》，末署"崇祯辛未岁（四年）清和月野史主人漫书于虚白堂"。接下来为《艳史题辞》，末署"崇祯辛未朱明既望携李友人委蛇居士识于陶陶馆中"。次为《艳史凡例》十三则，《隋艳史爵里姓氏》。目录叶题"隋炀帝艳史"，书中还有八十叶的图，其正面为图，背面为集古人诗句的赞。图叶版心上署回目标题的画题。正文中每回有两幅插图，文卷首题"新镌全像通俗演义隋炀帝艳史"，署"齐东野人编演""不经先生批评"。版心题"艳史"，正文半叶九行，每行二十字。每卷的卷末有总评。现此书在中国国家图书馆、上海图书馆、大连图书馆、上海博物馆、华东师范大学图书馆、美国哥伦比亚大学图书馆、日本内阁文库、日本东洋文库、日本东京大学图书馆、日本京都大学图书馆、日本天理图书馆、日本宫内厅书陵部、日本静嘉堂文库，日本足利文库有藏。

乾隆五十三年本衙藏板本，图二十叶，正文半叶九行，行二十字。

藏日本天理图书馆。

清末石印本，改题《风流天子传》。

20.《循环报》（《肉蒲团》）（《艳芳配》《群佳乐》）

《循环报》是清代的一部章回体艳情小说。又名《肉蒲团》《觉后禅》《耶蒲缘》《玉蒲团》《钟情录》《巧姻缘》《风流奇谭》《野叟奇语》等，其中《觉后禅》为原书的副名外，其他名称都是此书在禁毁后，出版者为逃避官方禁毁另立的新名。《肉蒲团》的书名较为著名，全书共二十回，分《春》《夏》《秋》《冬》四卷，每卷五回。书前署"情痴反正道人编次""情死还魂社友批评"，又有"西陵如如居士"的序。此书点评曰："知我者其惟《肉蒲团》乎，罪我者其惟《肉蒲团》乎！"可以知道书中的批者就是作者。此书是李渔在清朝顺治十四年所著，刘廷玑《在园杂志》卷一云："李笠翁渔，一代词客也，著述甚夥，有传奇十种，《闲情偶寄》《无声戏》《肉蒲团》各书，造意创词，皆极尖新。"1705年（日本宝永二年）传入日本，广泛流传，此后屡遭禁毁，但仍有私刻本。《肉蒲团》在情节上受明代文言传奇中篇小说的影响很大，也有很多相似的地方，对清代艳情小说的影响很大。

清朝屡禁"琐语淫词"的小说戏剧，在李渔生前，顺治九年、康熙二年皆颁布禁书令，而《肉蒲团》在出版后就多次被禁。嘉庆十五年御史伯依保奏禁小说，道光二十四年浙江湖州府知府禁淫词小说《计毁淫书目单》录为淫书，苏郡设局收毁淫书公启开列《应禁各种书目》，同治七年江苏巡抚丁日昌查禁淫词小说等书目中，《肉蒲团》和《循环报》的书名都赫然在列。然而此书屡禁不绝，不断更换书名，在民间流通。

《肉蒲团》的版本极多，重要的版本有：

旧本抄本，现藏于东京大学东洋文化研究所双红堂文库。此本为抄本，是根据其他版本和原刊本校记修订的版本，书中有眉批和为数不多的行间夹批，眉批除校记外，很重要的是关于内容的七十条评论，以及日本人所写的一些注音、释词、校正误字等。然因为抄者的水平不高，所以在文本中错别字随处可见。

日本东京大学东洋文化研究所、哈佛大学哈佛燕京图书馆、北京吴晓铃及巴黎班文干等藏刊本，据研究，此本就是日本宝历甲戌年（乾隆十九年）《舶载书目》"九番船持渡小说三十部"中的《肉蒲团》，此刊本与其他的版本相比，刊印的时间较早，文本也较完整，只是文中也有错字。

同治年间木活字本，是上述一些刊本的删削排印本，现在哈佛大学燕京图书馆及东京都立中央图书馆都有藏本。

凤山楼本，此本为高罗佩原藏，现藏于荷兰莱顿大学汉学院图书馆。

写春园本，排印本，全书共四册，此本根据木活字本校日本刻本，因此错漏颇多。正文有图像十三面。

宝永本，此为日本删削本的刊本，近年来日本、香港、台湾，仍在多次进行不断翻印，除各卷首回开头有诗词外，其他各回的诗词都已删去，文中的回末批比底本少。

21.《贪欢报》（《欢喜冤家》）

《欢喜冤家》又名《贪欢报》《欢喜奇观》《艳镜》《三续今古奇观》《四续今古奇观》等，这些署名都是为逃避禁书而改。全书二十四回，书前不题撰人，序中有题"西湖渔隐主人著"，"题于山水邻"，可知作者为西湖渔隐主人，其生平不详，"山水邻"指的是杭州的一书铺名，其叙写于崇祯十三年。此书在内容上受晚明哲学思潮的影响，有很多关于"人欲""人性"等人的本质价值的思考。《欢喜冤家》的故事采自多种笔记小说、文言小说等，在中国文学发展史上有很大的价值，也对后来很多艳情小说影响甚大，被杂凑抄改为多种小说，如《巧缘艳史》《艳婚野史》《两肉缘》《换夫妻》等。

《欢喜冤家》中有很多淫猥描写，全书过半的章节涉及性行为描写，有的场景甚至连篇累牍，因此在清代屡屡名列禁毁淫书书目之中，一再改头换面，仍屡禁不绝，说明此书很受读者欢迎。《欢喜冤家》每篇故事都与情事有关，多渲染不正当的男女情事，表现中下阶层的社会生活，展示世态人情，揭露社会黑暗，长期以来一直被视为"淫书"的代表。道光十八年《计毁淫书目单》录为淫书，道光二十四年浙江官员开列《应禁各种书目》，同治七年四月丁日昌禁毁书目，此书都榜上有名。

此书版本：日本《舶载书目》记宽保元年（1741年）《欢喜冤家》二部各八本，宝历甲戌（1754年）赏心亭本，一部共六本，抄有西湖渔隐叙。日本天明甲辰（1784年）秋水园主人序本《小说字汇》也有援引《欢喜冤家》。

明末山水邻原刊本，此版的正续集各十二回，书前有叙，有图像二十四幅，藏日本东京大学。

朝鲜完山李氏壬午（1768年）序刊本，在《中国小说绘模本》所列书目中有出现。

赏心亭一部本，现藏英国图书馆。书中有二十四幅图像。每回一图，上标回目。正文四周单栏，半叶十行，每行二十二字。书中有行间夹批，各回都有回末总批。其叙文作于崇祯十三年，或为明刊本。书中避"玄"字讳，有清刊的痕迹，但又不避乾隆讳。文中有部分版片是明代旧版，或照旧版重刻或用旧版修订，但事实上是清初刊本。封面书名为"贪欢报"，"新镌绘图古本欢喜冤家"。

赏心堂正续本，藏日本东京大学东洋文化研究所双红堂文库。此本为二十四回，分成两部，后十二回称为续集，因此以"正续本"命名。首有"欢喜冤家叙"，"欢喜冤家图像"，每面分上下两栏，各有图像一幅，半叶四幅，共十二幅。每回一图，上标回目。正文四周单栏，半叶十行，每行二十二字。书中有行间夹批，各回也有回末总批。"续集"首插图三叶，版式如"一部本"，版心作"欢喜冤家图像"，叶次为后来重编。"正续本"因分为两部，图版有所移动，常被误为明本，但实为清刊本。

坊刊石印本《欢喜奇观》，全书四卷二十四回，署"淮安陈涤凡书首"，有图像十幅。

又有《艳镜》本，全书二十回，前有慧僧居士序。

此外，还有联绎堂刊本等。

22.《灯草和尚》

《灯草和尚》一名《灯花梦全传》，又题《和尚缘》《奇僧传》《和尚奇缘》，全书十二回，各版本分卷不一。书中题有"元临安高则诚著""云游道人编次""明趋周求详评"。高明（？～1359年）字则诚，号菜根道人，浙江瑞安人。瑞安旧时属永嘉郡，永嘉又称东嘉，故后人称为高东嘉、东嘉先生。高则诚为元末著名诗人及戏曲家。而书中引及《野史》《艳史》等作品，一般认为是清初创作，雍正庚戌年序本《姑妄言》也提及此书，可知此书为康熙年间之作品。因而书中所谓的"元临安高则诚著"云云，皆是假托，编者云游道人及评者周求详也都无考，现存各本也没有点评。

小说内容的核心思想是肯定人欲的合理性，蔑视礼法，将男女交好之事，看做是命中注定，书中对女性的"淫行"予以原谅，人物不会因淫而受报应，而惩淫的人反而受到了报应。主旨是鼓吹性的开放，并对禁欲主义表示不满。有些情节趣味低下，内容污秽，被认为是淫秽色情小说的代表，在清代多次遭禁，除列入嘉庆十五年御史伯依保奏禁小说目外，道光十七年苏郡设局收毁淫书目、道光二十四年杭州府设局收毁淫书目、同治七年江苏巡抚丁日昌查禁淫词小说书目皆有著录。

现存版本有英藏抄本，此本为素白纸抄本，分六卷，每卷二回，此本抄录的质量较差，有大量错字、白字、脱字、脱行、重行，也多有错简，误抄，重抄，错漏，不全的现象。藏英国国家图书馆。

游戏轩本，此本分二卷，卷六回，在许多图书馆都有藏，又曾有日本鬼磨子书房、台湾丹青等书局影印。

东亚本，此本为石印巾箱本，分两卷，卷六回，封面正中作"绘图灯花奇缘"，因此为删节本，文中错字误字很多，就校勘材料显示，此本是按有缺字的游戏轩本校补修订排印的。正文半叶十九行，每行四十四字。

油印本，此为钢版蜡纸油印本，全书十二回，不分卷。为遮人耳目，封面书题标为《高僧传》。但该本的抄录底本为削删本，近似游戏轩本,又因抄写者的文化水平较高,部分文字和韵文都可供校勘,估计是20世纪50年代在北京抄录的,书中还有"常于此间得佳趣"的阴文小隶方章,正文半叶十三行,每行约二十四字。

马廉旧藏之清和轩刊本,此本为北京大学图书馆所藏。

天津图书馆有周绍良旧藏的钞本,此书题名为"醒世和尚奇缘(二卷本)"。

周越然旧藏的清刊小字本。

23.《浪史》

《浪史》又称《浪史奇观》《巧姻缘》和《梅梦缘》。全书共四十回,其抄本中署有"风月轩又玄子著",啸花轩本或之后的其他版本有作"风月轩人玄子著"。因此再结合书中各回的回末总批,可知批者常自称"又玄子","人"是"又"字之讹,署"风月轩又玄子著"与"风月轩人玄子著"的版本相同。据此书前《浪史叙》,知又玄子又为刻书者。《浪史》的创作应当在泰昌元年之前。书中署"泰昌元年长至前一日陇西张誉无咎父题",此书的第十三回中有提及"法狼矶",又称作"佛郎机",指西班牙、葡萄牙所制或仿制的火炮。佛郎机是在正德、嘉靖年间才传入中国,因此此书应成于此之后。而《浪史》的创作明显受到嘉靖末至万历初的作品《李生六一天缘》的影响。

《浪史》中叙述一些不正当的男女关系,如换夫妻、和尚计娶已婚妇为妻,浪子以重金企图勾引贵妃之事等,还有若干富有朋友赠妻妾及家财出家修道,道成,又回来点醒家人,终于阖府成仙之类的艳情小说写法,均为一些典型的古代男性读者心中的白日梦故事。《平妖传》及五湖老人在宝翰楼本《忠义水浒传》叙中都指《浪史》为淫书。刘廷玑在《在园杂志》卷二称《浪史》是流毒无尽之作。因此《浪史》在出版以后,就被冠以淫书之名。道光十七年苏郡设局收毁淫书、道光二十四年杭州府设局收毁淫书、同治七年江苏巡抚丁日昌查禁淫词小说书目皆录此书。

此书现存双红堂抄本,为素白纸抄本,全书四十回,各册不按原底本的方式分册，回数不一。正文半叶九行，每行二十字。此本抄写工整，然错字颇多，行间有校字，眉批也记有别本作为校记的标志，但其校改者大部分同啸花轩本。书末有《花案》十一则，月旦书中人物，又有一则《附莺莺》。次为"浪子跋"，署"又玄子跋"。现藏东京大学东洋文化研究所双红堂文库。

啸花轩刊本，此书刊刻甚差，错字多，每回的回次也有误刻处。因文中"玄"字缺末笔，可知为康熙或稍后刻本。现吴晓铃及美国哈佛大学燕京图书馆皆有藏本。

活字本，此为光绪年间排印本，是根据啸花轩本进行重排，其分卷、各叶的行款都同啸花轩本，只是此本在中间增加一些新错误，现藏日本东京大学东洋文化研究所双红堂文库。

清末京报房坊印活字本，书名为《梅梦缘》。

24.《闹花丛》

《闹花丛》是清代姑苏痴情士的小说。《闹花丛》全称为《新镌批评绣像闹花丛快史》，四卷十二回，姑苏痴情士编撰。痴情士无考。朝鲜《中国小说绘模本》完山李氏壬午序提及，可知此书应刊行于乾隆二十七年前。书开头即谓"明朝弘治年间"，很显然是清人口吻。书中两次提及主角庞文英典试盛京，亦是清朝才可能有的事。据此书刊本可能刻于顺治年间，则此书为清初作品。此书有明显抄袭《桃花影》《春灯闹》的痕迹，应写成于此两书之后。

此书序谓"今岁孟秋，友人以庞刘事倩予作传。予援笔草创，两旬编就。……予适抱病间，起传庞刘事，只以自怡。友人必欲寿之梨枣，予亦不能强"云云。跋亦有类似说法。然《闹花丛》其实是拼凑抄袭之作，本书原始意念来自《天缘奇遇》，其根源且可追溯至《浪史》。然就文字论，则近《桃花影》。而此书抄录最多者则为《鼓掌绝尘·雪集》，改变人物姓名，节简文字，增添艳情文字。由于拼凑，文气和故事都不如《鼓掌绝尘》顺当合理。

此书叙述明代弘治年间，南京应天府上元鼎官家子弟庞文英，与五个女子的恋爱婚姻和风流韵事。庞文英才高学富，貌美年少，美女纷至沓来，主动地投怀送抱，于是一妻四妾，欢乐美满。作者对性的描写过于直露，道光十八年《计毁淫书目单》录为淫书，道光二十四年浙江官员开列《应禁各种书目》录为淫书，同治七年四月丁日昌禁毁书目列入。

《闹花丛》有下列三种版本：

姑苏痴情士序刊本。藏东京大学东洋文化研究所双红堂文库。残本，正文半叶八行，行十八字。有行间夹批及回末总批。此书"玄"（第十二回）字、"弘"（第一回）字、"历"（第三回）字皆不避讳，故可定为顺治间刊本。

本衙刊本。正文半叶十行，每行二十五字。无序及图，有跋。此为孙楷第《中国通俗小说书目》著录之坊刊本。北京大学图书馆藏。

抄本。藏英国图书馆。正文半叶十行，行二十五字。卷内各回连抄。此本可能据本衙刊本抄录。抄本"玄"字缺末笔，避康熙讳。"弘""历""宁"字皆不避，为康熙、雍正间抄本，抑或道光后抄本。抄本篇幅不足姑苏痴情士序刊本之半，大致据序刊本删削，然亦有修改、校正处。比较序刊本，抄本夹批全删，回末总批或删或不删，正文削节更多。因序刊本有错漏、缺叶及漶漫处，抄本虽为简本，且错字甚多，仍可供订补校正。

25.《载花船》

《载花船》为短篇小说集，共四卷十六回，每卷演一故事。题"西泠狂者编次"，"素星道人评"，书中叙事地点多为杭州及其附近，作者似为杭州人。书首有己亥冬月朗人序，疑为清顺治十六年。《传奇汇考》卷八《双错晋》释题云："剧中之事，本之稗史《载花船》。"《双错晋》即《鱼篮记》，作者自署鱼篮道人，或云李渔所作，未有确据，其人当为康熙时人。小说当在康熙之前，今序题己亥，或为顺治己亥。据《载花船》中年代之称谓及"金虏"之类文字可知，此书应为明末清初作品。

此书描绘了一些宫廷淫乱情节以及民间的性爱故事，多处都有露骨的色情描写，故此书道光十八年苏郡设局收毁淫书目、道光二十四年杭州府设局收毁淫书目、同治七年江苏巡抚丁日昌查禁淫词小说书目皆有著录。

现存各刊本、抄本皆不全，有仓石藏本，此书现藏日本东京大学东洋文化研究所仓石文库，只得八回，此本有少量夹入正文内之行间批注，又有不少行间夹批。第八回末有总评。孙楷第所见仓石藏本有"己亥冬月郎人序"，他怀疑这是顺治十六年。

北大藏本，计八回，无序及图。此书马廉原藏，现归北京大学图书馆。

英国藏抄本，此本柳存仁《伦敦所见中国小说书目提要》著录，存四回（相当于北大藏本之第一至四回，即仓石本卷三）。

俄藏抄本，存四回，现藏俄罗斯圣彼得堡大学。

五、私定终身：才子佳人类

1.《红楼梦》(《石头记》《金玉缘》)

《红楼梦》可分为前八十回和后四十回两个部分，通行的一百二十回本《红楼梦》作者不止一人，前八十回的作者是曹雪芹，而程伟元和高鹗则是一百二十回全书的编辑者、修改者。

曹雪芹（1715～1763年），名霑，字梦阮，号雪芹，又号芹溪、芹圃，祖籍辽阳（今属辽宁），原为汉人，后属满洲正白旗"包衣"。雍正五年其家获罪抄家，曹雪芹随全家迁回北京后，开始从事《红楼梦》的写作，于乾隆二十七年除夕逝世。曹雪芹在世时，《红楼梦》前八十回已基本上定稿，他也写出了八十回以后大部分的情节和文字初稿，但没流传下来。现在所看到的《红楼梦》后四十回，不是出于曹雪芹的手笔。

程伟元（1745？～1819？），字小泉，苏州（今属江苏）人。在其流寓北京时，竭力搜罗《红楼梦》原书、续书的各种抄本。高鹗（1758～1815年），字云士，号秋雨，别号兰墅，别署红楼外史，铁岭（今属辽宁）人，隶内务府镶黄旗汉军。乾隆五十六年，程伟元与高鹗共同将《红楼梦》前八十回和后四十回拼接在一起，编辑出版《新镌全部绣像红楼梦》，就是习惯上说的"程甲本"。次年，他们又在程甲本的基础上修订，改版印行了"程乙本"。

道光十八年《计毁淫书目单》录其为淫书，道光二十四年浙江官员将其列入《应禁各种书目》，同治七年四月列入丁日昌禁毁书目。《红楼梦》中虽然没有露骨的淫秽描写，但仍被时人视作淫书之首，梁恭辰《北东园笔录》四编道："《红楼梦》一书，诲淫之甚者也。……摹写柔情，婉娈万状，启人淫窦，导人邪机。"同治年间《翼化堂条约》载："《红楼梦》等戏，近人每以为才子佳人风流韵事，与淫戏有别，不知调情博趣，是何意态。迹其眉来眼去之状，已足使少年人荡魂失魄，暗动春心，是诲淫之最甚者。"胡林翼《抚鄂书牍》道："一部《红楼梦》，教坏天下之堂官，掌印司官，督抚司道首府，及一切红人，专意揣摩迎合，吃醋捣鬼。当痛除此习，独行其志。"汪堃《寄蜗残赘》道："《红楼梦》一书，始于乾隆年间，后遂遍传海内，几于家置一编。聪明秀颖之士，无不荡情佚志，意动心移，宣淫纵欲，流毒无穷。"书中思想打破封建统治伦常规范，并倡导男女自由恋爱，富有民主精神，因而屡次遭禁。

《红楼梦》的版本可以分为脂本（八十回）、混合本（脂本前八十回程本后四十回）、程本（一百二十回）三类。其中脂本出于曹雪芹的原稿，多以抄本流传于世。大多附有脂砚斋等人的批语，有的抄本题名为"脂砚斋重评石头记"，故而称为"脂本"。现存的脂本系统的版本，有：甲戌本、己卯本、庚辰本、戚本（包括有正本、张本、泽存本三种）、舒本、彼本、梦本、郑本。

混合本，指八十回本和一百二十回本的混合本，也多为抄本。其中前八十回属于八十回本系统，正文内容没有经过程伟元、高鹗等人的改动。后四十回属于一百二十本系统。混合本现存两种：杨本，蒙本。

程本（一百二十回本），最早是经程伟元、高鹗二人整理刊刻。在出版前先对前八十回的正文进行了大量的修改，并删去了其中的批语。后才将搜集到的后四十回和前八十回拼接、整理在一起，才使得《红楼梦》成为一部有头有尾的完整的小说。

程甲本，是乾隆五十六年由萃文书屋发行的木活字印本，全书一百二十回，共四卷，十四册。书封面题有"绣像红楼梦"，扉叶题"新镌全部绣像红楼梦""萃文书屋"，卷首、版心题"红楼梦"。在书末叶末行的左下角还题有"萃文书屋藏板"。书中有程伟元序，高鹗"乾隆辛亥（五十六年）冬至后五日"序。书中有二十四叶绣像，布局为前图后赞，无批语。正文半叶十行，每行为二十四字。现由中国社会科学院文学研究所藏。

程乙本，即乾隆五十七年萃文书屋木活字印本，全书一百二十回。封面题"绣像红楼梦"，扉叶题"新镌全部绣像红楼梦"，卷首、版心题有"红楼梦"。有高鹗"乾隆辛亥（五十六年）冬至后五日"序和程伟元、高鹗"壬子（乾隆五十七年）花朝后一日"引言。二十四叶的绣像，前图后赞，无批语。正文半叶十行，每行二十四字。与程甲本相比，程乙本的正文内容改动较多。此本为吴晓铃旧藏，后归首都图书馆所有。

程甲本系统的版本，主要可分为白文本、批评本两类。其系统的白文本，主要有东观阁刊本、藤花榭刊本。

东观阁刊本，是最早的程甲本翻刻本。全书一百二十回，扉叶上题"新镌全部绣像红楼梦"，"东观阁梓行"，有识言，程伟元序、高鹗序。书中有二十四叶绣像，前图后赞。半叶十行，每行二十二字。

东观阁刊本系统还有"本衙藏板"、抱青阁刊本、东观阁重刊本。其中"本衙藏板"和抱青阁刊本有很多的相似之处，比如：都为一百二十卷，有高鹗序、程伟元序，有绣像二十四叶，按照前图后赞顺序排列，半叶有十行，每行有二十四字。但因版本不同也有些许的不同，"本衙藏板"本，扉叶题"新镌全部绣像红楼梦"，"本衙藏板"，有类似东观阁刊本的题记，但无"东观主人识"五字。抱青阁刊本，扉叶题"绣像红楼梦"，"嘉庆己未年镌"，"抱青阁梓"字样，无题记，其他的与"本衙藏板"本相同，此本于嘉庆四年刊行。

东观阁重刊本，其不同之处在于它是在初刊本的基础上增加了圈点和一些简略的批语。东观阁重刊本有三种：

（1）嘉庆十六年重刊本，此本有题记，程伟元序、高鹗序，以及二十四叶绣像,前图后赞。扉叶题"新增批评绣像红楼梦","嘉庆辛未重镌,东观阁梓行"。正文半叶十行,每行二十二字。其中还有圈点、重点、重圈、行侧评。

(2)嘉庆二十三年重刊本,扉叶上题有"新增批评绣像红楼梦","嘉庆戊寅重镌,东观阁梓行"等字样。

(3)道光二年重刊本,其扉叶题"新增批评绣像红楼梦","道光壬午重镌,东观阁梓行"。

此外,属于东观阁重刊本系统的,还有宝文堂刊本、善因楼刊本、三让堂刊本。

宝文堂刊本,全书一百二十回。扉叶题"新增批评绣像红楼梦","同治壬戌(元年)重镌,东观阁梓行,宝文堂藏板",有题记和程伟元序,序末署"小泉程伟先(元)识"。其中有绣像六十四叶,各配有"西厢"和花名,排版为前人后花。正文半叶十行,每行二十二字,文间有圈点、重点、重圈、行侧评。

善因楼刊本,全书一百二十回。扉叶题"批评新大奇书红楼梦","善因楼梓行"。书中有程伟先(元)序、高鹗序。二十四叶绣像,排序为前图后赞。正文半叶十行,每行二十二字,书中有圈点、重点、重圈、行侧评。另一种善因楼刊本,扉叶上题有"批评新奇绣像红楼梦","善因楼梓"字样。

三让堂刊本,全书为一百二十回。扉叶题字"绣像批点红楼梦","三让堂藏板"。每回的首叶版心题字"三让堂"。书前有程伟元序。书中有绣像十五叶,前图后赞。正文半叶十一行,每行二十七字或二十八字不等,文中夹有圈点、重点、重圈、行侧批的痕迹。

三让堂刊本系统下,还有同文堂刊本、纬文堂刊本、三元堂刊本、佛山连元阁刊本、翰选楼刊本、五云楼刊本、文元堂刊本、忠信堂刊本、经纶堂刊本、务本堂刊本、经元升记刊本、登秀堂刊本等。这些版本,都是一百二十回版,有程伟元作序,有绣像,以前图后赞的形式排列,正文半叶十一行,每行二十七字或二十八字不等,在必要的地方还有圈点、重点、重圈、行间批的痕迹。但也有细微的差别，如：

同文堂刊本，扉叶题"新增批点绣像红楼梦"，"曹雪芹原本"，"古文堂发兑"，"同文堂藏板"字迹，同东观阁刊本相似，书中还有题记，版心偶题"三让堂"这一字标，有绣像十五叶。

纬文堂刊本，扉叶题"绣像批点红楼梦"，"纬文堂藏板"，版心偶题"三让堂"，有绣像十五叶，前图后赞。

三元堂刊本，扉叶题"新增批评绣像红楼梦"，"东观阁梓行，三元堂藏板"的字样，版心偶题"三让堂""三元堂板"的标志，有绣像十五叶。

佛山连元阁刊本，扉叶题"新增批点绣像红楼梦"，"曹雪芹原本"，"佛山连元阁藏板"。版心中偶题"三让堂""三元堂板"的字样，有绣像十五叶。

翰选楼刊本，扉叶题字为"绣像红楼梦"，"翰选楼藏板"，版心偶题"三让堂"的字样，有绣像十五叶。

五云楼刊本，咸丰九年刊行，扉叶上有题"绣像红楼梦"，"咸丰己未新镌"，"五云楼藏板，光华堂发兑"的标志，板心偶题"三让堂"三个字来表明版本，有绣像十五叶。

文元堂刊本，扉叶题字为"绣像批点红楼梦"，"文元堂藏板"。板心偶题字"三让堂"，有绣像十五叶。

经纶堂刊本，扉叶题有"绣像批点红楼梦"，"经纶堂藏板"，有绣像十五叶。

务本堂刊本，扉叶题"绣像批点红楼梦"，"务本堂藏板"，绣像十五叶。

经元升记刊本，扉叶题"绣像批点红楼梦"，"经元升记梓"，有绣像十四叶。

登秀堂刊本，扉叶题"绣像批点红楼梦"，"登秀堂藏板"，有绣像十五叶。

藤花榭刊本，全书一百二十回，约为嘉庆二十三年刊行。扉叶题字"绣像红楼梦"，"藤花榭藏板"。有程伟元序和十五叶的绣像，绣像与正文按照前图后赞的顺序排列，正文半叶十一行，每行二十四字。

藤花榭刊本的重刊本，扉叶题有"重镌全部绣像红楼梦"，"藤花榭藏板"字样。

藤花榭刊本系统的有耘香阁刊本、凝翠草堂刊本、咸丰九年刊本。

耘香阁刊本，全书共一百二十回，同治三年刊行，扉叶题字为"绣像红楼梦"，"藤花榭原板，耘香阁重梓"，还有题记和程伟元序，书中穿插有绣像十五叶，前图后赞，正文半叶十一行，每行二十四字。

属于藤花榭刊本中耘香阁刊本系统的，有济南会锦堂刊本、济南聚和堂刊本。这些版本，都为一百二十回版，书中有程伟元序，以及十五叶的绣像，前图后赞，正文半叶十一行，每行二十四字。除此之外，济南会锦堂刊本，扉叶题有"绣像红楼梦"，"济南会锦堂藏板"，并有同耘香阁刊本相同的题记。济南聚和堂刊本，扉叶题"绣像红楼梦"，"济南聚和堂藏板"，并有耘香阁刊本的题记。

凝翠草堂刊本，于道光十一年刊行，扉叶题"绣像红楼梦""道光辛卯孟冬""凝翠草堂监印"。

咸丰九年刊本，扉叶题"绣像红楼梦"，"咸丰己未年秋镌"。

程甲本系统的批评本也有很多，主要的一类是王希廉、张新之、姚燮、蝶芗仙史四家的单评本和合评本。它们大多数都是流行比较普遍的刊本，有王希廉评本，张新之评本，王、姚合评本，王、张、姚合评本，王、蝶合评本。

王希廉评本，有双清仙馆刊本、聚珍堂刊本、翰苑楼刊本、芸居楼刊本。这些刊本都为一百二十回，内有王希廉序、程伟元序，以及六十四叶绣像，前人后花，正文半叶十行，每行二十二字。

双清仙馆刊本，刊行于道光十二年，扉叶题"新评绣像红楼梦全传"，"道光壬辰岁之暮春上洗开雕"。有王希廉序，末署"道光壬辰花朝日吴县王希廉雪萝氏书于双清仙馆"，元序。各配"西厢"及花名，前人后花，有读花人《红楼梦论赞》七十四首，《红楼梦问答》二十三则，《大观园图说》，周绮《红楼梦题词》十首，王希廉《红楼梦总评》，"音释"。回首题"洞庭王希廉雪香评"，回末有评语。

聚珍堂刊本，刊行于光绪二年，扉叶题"绣像红楼梦"，"光绪丙子年校印"，"京都隆福寺路南聚珍堂书坊发兑"，书中有聚珍主人序，读花人《红楼梦论赞》，王希廉《红楼梦总评》，周绮《红楼梦题词》，《红楼梦问答》，"音释"，《大观园图说》，每回的回首题"洞庭王希廉雪香评"，回末有评语。

翰苑楼刊本，刊行于光绪三年，扉叶题有"新评绣像红楼梦全传"，"光绪丁丑岁之暮春上浣开雕"，版心题"翰苑楼藏板"。有读花人《红楼梦论赞》，《红楼梦问答》，《大观园图说》，周绮《红楼梦题词》，王希廉《红楼梦总评》，"音释"。回首题有"洞庭王希廉雪香评"，回末有评语，另一本扉叶的版心题字为"龙藏翰苑楼藏板"。

芸居楼刊本，光绪三年刊行。扉叶题"新评绣像红楼梦全传"，"光绪丁丑岁之暮春上浣开雕"，版心题"芸居楼藏板"。有读花人《红楼梦论赞》，《红楼梦问答》，《大观园图说》，周绮《红楼梦题词》，王希廉《红楼梦总评》，"音释"，回首题"洞庭王希廉雪香评"，回末有评语。

张新之评本，有抄本、卧云山馆刊本。

卧云山馆刊本，全书一百二十回，共十二册，刊行于光绪七年。扉叶题"绣像石头记红楼梦"，"光绪辛巳新镌"，"妙复轩评本"，"卧云山馆藏本"等字，文中有程伟元序，孙桐生"同治癸酉（十二年）季秋月下浣"序，和孙桐生"光绪二年岁在丙子十一月二十日"跋，孙桐生"光绪辛巳（七年）季秋下浣"题诗，太平闲人的《红楼梦读法》和自题诗，还有二十叶绣像，布局为前图后赞，正文半叶十行，每行有二十五字，每回后有回末总评，正文有双行小字夹批的标记。

王姚合评本，即王希廉、姚燮两人的合评本，有广百宋斋铅印本、光绪十二年铅印本、诵芬阁刊本、上海石印本、光绪二十六年石印本、日本铅印本、日本金港堂编印本、商务印书馆《万有文库》本、商务印书馆《国学基本丛书》本、铸记书局铅印本。这些印本都是由王希廉、姚燮两人合评的一百二十回卷本。

广百宋斋铅印本，于光绪年间印行，扉叶题"增评补图石头记"，卷首题"悼红轩原本，东洞庭护花主人评，蛟川大某山民加评"。有程伟元序，护花主人序，护花主人总评，护花主人摘误，大某山人总评，明斋主人总评，或问，太平闲人读法附补遗，订误，读花人论赞，周绮题词，大观园影事十二咏，大观园图及图说，音释，书中还有绣像十九叶，前图后赞，正文中每回前有两幅回目画，正文半叶十四行，每行三十一字，在一些地方还有评者的圈点、重点、重圈、行侧批、眉批、回末总评。光绪十二年铅印本，在光绪十二年印行，扉叶题字"增评绘图大观琐录"，"光绪十有二年六月校印"，其他的题字和内容等与广百宋斋铅印本全同，只是缺少了大观园图，每两回有回目画二幅以及绣像，回目画版心题字"增评补图石头记"，正文半叶有十四行，每行三十一字。

诵芬阁刊本，于光绪十八年刊行，扉叶题"石头记"，"古越诵芬阁藏板，护花主人黄（王）原批，大某山民姚加评"，"泉唐毛承基署"，"光绪十八年岁次壬辰重校刊印"。正文为半叶十五行，每行四十字。

上海石印本，光绪二十四年印行，扉叶题有"增评补图石头记"，"光绪戊戌季夏上海石印"，卷首题有"悼红轩原本，东洞庭护花主人评，蛟川大某山民加评，海角居士校正"的介绍，总目前题"悼红轩原本，海角居士校正"。书中只有绣像，后有回目画一百二十叶，其余正文半叶六行，每行四十字，还有一些圈点、重点、重圈、双行小字夹批、眉批、回末总评。

光绪二十六年石印本，此为光绪二十六年印行本，扉叶上题有"绣像全图增批石头记"，"悼红轩原本，钟山居士题"，"光绪廿有六年庚子石印"，回中版心题"增评补图石头记"，卷首题"悼红轩原本，东洞庭护花主人评，蛟川大某山民加评，海角居士校正"，总目前题有"悼红轩原本，海角居士校正"字样。其绣像有二十四叶，除首两叶外，其余的都配有"西厢"和花名，每四回有回目画八幅，正文半叶十六行，每行四十字，有评者的圈点、重点、重圈、双行小字夹批、眉批、回末总评。

商务印书馆《万有文库》本，最早印行于民国十九年，题"石头记"，除在太平闲人读法后附又补遗、订误有目无文外，其他的与前面版本相同，内有绣像十九叶，前图后赞，正文每回前有回目画二叶，内容按半叶十六行，每行三十四字的规格排版。

商务印书馆《国学基本丛书》本，在民国二十二年印行，其他的都与商务印书馆《万有文库》本同。

铸记书局铅印本，封面有题"原本重刊大字全图石头记，"，此外还有一本上题有"精校全图足本铅印金玉缘"，"铸记书局铅印"，扉叶上有题字"精校全图铅印评注金玉缘"，"蛰道人题"，版心题"红楼梦"，卷首标注"悼红轩原本，东洞庭护花主人评，蛟川大某山民加评"。其他图文都与广百宋斋前印本相同，只是太平闲人读法后的补遗、订误，用刘家铭杂记九条加以替代，书中每回前有回目画二幅，正文半叶为十五行，每行二十九字，夹有评者的圈点、重点、重圈、双行小字夹批、眉批、回末总评。

王、张、姚合评本，即王希廉、张新之、姚燮评三人的合评本。此本有同文书局石印本、沪上石印本、上海石印本、文选石印本、上海书局石印本、求不负斋石印本、上海石印本、江东书局石印本、文明书局铅印本。

同文书局石印本，全书一百二十回。此版本有两种通行的印本，一是光绪十年石印本，此本扉叶题"增评补像全图金玉缘"，"光绪十年甲申仲冬上海同文书局石印"。书前有华阳仙裔"光绪十四年小阳月望日"的序，太平闲人的《〈红楼梦〉读法》，护花主人序，护花主人摘误，护花主人总评，明斋主人总评，大某山民总评，读花人论赞，或文，大观园影事十二咏，周绮题词，音释，以及大观园图加图说，书中有绣像一百二十叶，布局为上赞下图，每回前有两幅回目画，正文半叶十七行，每行三十九字，其中在需要解读处加有圈点、重点、重圈、双行小字夹批、回末总评的内容。二是光绪十五年石印本，此本的封里题有"铁城广百宋斋藏本，上海同文书局石印"的简介。扉叶题"己丑仲夏上海同文书局石印"字样。有绣像四十二叶，正文半叶有十八行，每行三十九字。其余同前。

沪上石印本，全书共一百二十回。主要有两种印本：一是光绪十四年石印本，扉叶题"增评补像全图金玉缘"，"戊子仲冬沪上石印"。正文半叶为十七行，每行三十九字。其余同前。二是光绪十五年石印本，扉叶题"增评补像全图金玉缘"，"己丑仲夏沪上石印"。其余同前。

上海石印本，此本最早刊印于光绪十八年，扉叶题字"增评补像全图金玉缘"，"壬辰仲夏上海石印"。正文半叶十七行，每行三十九字。其余同前。

文选石印本，光绪十八年印行，扉叶题"壬辰仲夏文选石印"。其余部分同前。

上海书局石印本，印行于光绪二十四年。扉叶题有"绣像全图金玉缘"，"光绪戊戌孟夏上海书局石印"。有绣像十二叶，图赞同叶，文中每二回中会有两幅回目画。正文半叶二十二行，每行五十字，还加有评者圈点、重点、重圈、双行小字夹批、回末总评的痕迹。其余同前。

求不负斋石印本，光绪三十四年印行，扉叶上题有"增评全图足本金玉缘"，"光绪戊申九月求不负斋印行"。此本在华阳仙裔序中没有署年月、人名，只多了六条评论，书中有十八叶绣像，每回前还有两幅回目画，正文半叶十八行，行四十字，文中加有圈点、重点、重圈、双行小字夹批、回末总评。其余同前。

上海石印本，印行于民国十四年，其扉叶题有"增评加注全图红楼梦"，"一名《增补石头记》，一名《图注金玉缘》"。在每单数回中有两幅回目画，正文半叶十六行，每行三十四字。有圈点、重点、重圈、双行小字夹批、回末总评。此本与同文书局光绪十五年的石印本，除了有十二叶的绣像外，其余的都相同。

江东书局石印本，扉叶题"评注加批红楼梦全传"，"上海江东书局石印"。同前。书中没有华阳仙裔的序，有绣像二十二叶，除了首二叶外其他地方都没有赞，在每四回中都会有回目画四幅。正文半叶二十二行，每行为五十字，文中有圈点、双行小字夹批、回末总评。

文明书局铅印本，版本有三：一是民国十六年上海印行，书前有程伟元序、评论六条，没有华阳仙裔序、绣像、回目画，其余同前。

正文中半叶有十四行，每行三十三字。文中有新式标点，双行小字夹批、回末总评。二是民国十七年再刻版本。三是民国十九年三刻版本。

王、蝶合评本，由王希廉、蝶芗仙史评点。此本主要有桐荫轩石印本、阜记书局石印本、海上石印本。

桐荫轩石印本，全书一百二十卷，印行版本有二：第一种是光绪三十二年印行版，扉叶上题有"全图增评金玉缘"，"光绪丙午九秋石萝"，"光绪丙午菊秋月上海桐荫轩石印"。卷首题"增评加批金玉缘图说"，"蝶芗仙史评订"，书前有华阳仙裔序，末署有"光绪三十二年九秋既望华阳仙裔识"，多了六条评论，有绣像六十叶，上赞下图。每二回有回目画二幅。正文半叶二十一行，每行四十字。有圈点、重圈、双行小字夹批、回末总评。其余内容与同文书局石印本相同，只是在次序上有一点差异。第二种版本同前，扉叶题"足本全图金玉缘"。

阜记书局石印本，在宣统元年印行，共一百二十卷，"全图增评金玉缘"，"宣统元年季冬上海阜记书局石印"，封面题"绘图石头记"。卷首有"增评加批金玉缘图说"，"蝶芗仙史评订"字样。同前，有绣像六叶。文本每四回有二幅回目画。正文半叶二十二行，每行四十八字，文中有评者圈点、重圈、双行小字夹批、回末总评。

海上石印本，共一百二十卷。印本有二：一是民国三年石印本，封面、扉叶上题"全图增评金玉缘"，卷首题"增评加批金玉缘图说"，"蝶芗仙史评订"，版心题"增评绘图石头记"。同前，有华阳仙裔序，末署"民国甲寅年夏月后学王浩书于海上"，此外，加有程伟元序和绣像十八叶。每二回有回目画两幅。正文半叶二十六行，每行五十六字。有圈点、双行小字加批、眉批。二是石印本，除无华阳仙裔序外，其余全同。正文半叶二十七行，每行五十八字。

此外，还有中华书局的"索隐本"，由王梦阮、沈瓶庵索隐，中华书局（上海）1916年铅印，书名为"红楼梦索隐"，题"悟真道人戏笔"。此书以王、姚合评本为底本，删去了卷前的图文以及正文的批注，但保留了回后的总评。正文中夹注索隐，回末又有索隐。有"清世祖五台山入定真相"彩色插图、悟真道人1913年序、例言、提要等内容。

程甲本系统，还有另一类的批评本。这些批评本的特点是：评者在自己收藏的刊本上用朱、蓝、墨笔写下了大量的评语，或转录他人评语。这一类的评本书，主要有孙超之评本，黄小田评本，过浩、顾曾寿合评本，张汝执、菊圃合评本，徐传经评本，刘履芬评本，以及各种有过记载的评本。

黄小田评本，以东观阁刊本系统的宝文堂刊本（同治元年刊行，一百二十回）为底本。书中有黄小田评语三千零一十四条，评语约作于道光二十年至咸丰三年间，同治元年至光绪二年间，杨葆光将其过录，另有杨葆光评语十三条，央斋评语一条。书中还有总评、眉批、行侧批、回末总评，但以眉批为主，眉批共一千九百九十二条。此评本藏于南京博物院。

过浩、顾曾寿合评本，底本是藤花榭刊本（一百二十回）。书中有顾曾寿题记和过浩所写的大量评语，同治三年此本归顾曾寿收藏，他在两年间分别用蓝、朱笔作了四次评点。书中有总评、眉批、行侧批、地角批，约二十余万字，现由姚炜藏。

张汝执、菊圃合评本，底本是程甲本（存一至八十回），书中有张汝执序，朱、墨两色眉批，朱笔行侧批及回后总评。部分回后总评署名"菊圃"，其余评语全为张汝执所写。郑振铎旧藏，现归中国国家图书馆。

徐传经评本，底本是双清仙馆刊本（道光十二年，一百二十回）。有徐传经于"咸丰五年岁次乙卯秋七月""丁巳（咸丰七年）春三月"所写朱、墨两色评语。间或过录若溪渔隐评语，现由苏州市图书馆藏。

刘履芬评本，底本是东观阁重刊本（嘉庆十六年，一百二十回）。书中有刘履芬所写眉批、行侧批、地角批九百余条，以及二百余条转录王希廉的评语。

程甲本系统的铅印本，还有上海文明书局《大字标点红楼梦》、上海文明书局《绣像绘图大字红楼梦》、上海大达图书供应社《红楼梦》（1929年）、上海新文化书社《红楼梦》（1929年）、上海广益书局《红楼梦》（1934年）等。

2.《续红楼梦》

《续红楼梦》道光十八年《计毁淫书目单》录为淫书，道光二十四年浙江官员开列《应禁各种书目》，同治七年四月丁日昌禁毁书目均有《续红楼梦》。而《续红楼梦》至少存在四种全然不同的作品，因作品的不同，对其禁书原因的考证都有待探究。

其一：作者为彭宝姑。孙桐生在《国朝全蜀诗钞》卷六十二中收录了彭宝姑诗歌四首，其中关于作者的小传云："字月遗，成都人。平武教谕维植女。父母殁任所，女只身扶柩归里，守贞不字。著有《续红楼梦》等书。"由此可知，彭宝姑应为清咸丰、同治年间的四川人。这里只提到她有《续红楼梦》，但具体的内容和情况都没有详细交代。

彭宝姑的《续红楼梦》一书至今未见，没有现存版本，据推测可能是因为当时禁书时被毁尽没有流传，也可能是因被禁而改名，在流传的过程中丢失，但无足够的资料来证实。

其二：此书二十卷，作者为张曜孙，字仲远，武进人，是张惠言之子，道光年间的举人，曾任湖北道员，并著有《谨言慎行之居诗集》。

《续红楼梦》有稿本二十回，未完，接《红楼梦》第一百二十回续写，书中无回目，正文半叶八行，每行二十五字。书中内容叙宝玉还俗，黛玉还魂，宝钗病死，宝黛二人最后成婚，振兴家业。

其三：此书作者为秦子忱，号雪坞，陇西人，曾任兖州都司。接原书第九十七回写。因书中郑师靖在序言中提到："未操笔，他氏已有《后红楼》之刻，事同而旨异。"可知，这本书应在逍遥子的《后红楼梦》刊刻后才创作的。据《续红楼梦》弁言中所讲，作者秦子忱在嘉庆二年春读《红楼梦》时，因沉浸在宝黛之情缘中不能释怀，因此随后开始进行续书的创作，此书在嘉庆三年正月脱稿。《续红楼梦》一书刊行于嘉庆己未（四年），也就是自乾隆五十六年《红楼梦》刊行后的第八个年头，应该是迄今为止的三十多种红楼续书中最早的一本。

吴克岐在《忏玉楼丛书提要》中提到："是书作于《后红楼梦》之后，人以其说鬼也，戏呼为'鬼红楼'。……余按是书，神仙人鬼，混杂一堂，荒谬无稽，莫此为甚。"《海沤闲话》亦道："《水浒》之后有《荡寇志》，其主人则《水浒》中人之还魂夜。《红楼梦》之后有《续红楼》，其主人皆《红楼梦》中人还魂也。此等思想，可厌已甚。"由此可以推测，此书遭禁的可能性极大，因书中出现一些隐晦的描写外，书中神鬼混乱，人鬼同堂，荒谬无稽的内容，不被清廷所容。

此《续红楼梦》有刊刻本、石印本和排印本三种。

刊刻本有嘉庆四年抱瓮轩初刊本，全书共三十回，扉叶上题有"嘉庆己未新刊，《续红楼梦》，抱瓮轩"。书前有郑师靖作的序文，凡例六则，半叶九行，每行二十字。现藏于浙江图书馆等地。刊本还有光绪八年抱瓮轩本，经训堂本，光绪十四年善友堂本等。

民国十年上海大成书局的石印本，书中增加了八叶回目图，附有一幅续红楼梦全图，这在一粟的《红楼梦书录》中有记载。

民国二十九年上海新文化书社的铅印本等。

其四：作者为海圃主人。书中内容热衷于官场，写宝玉宝钗后代平步青云，授文渊阁大学士。此书有嘉庆年间刊本，扉叶题"续红楼梦新编"，弁言题有"嘉庆十年岁在旃蒙赤奋若阳月上浣"。正文半叶九行，每行二十字。又有光绪十九年成德堂刊本，扉叶上都题有"增补红楼梦"，弁言目录和正文上题"增红楼梦"，版心题字"续红楼梦"。又有文秀堂刊本。

3.《后红楼梦》

《后红楼梦》作者署名逍遥子，或作白云外史撰。但撰者的真实姓名不详。然而在潘炤的《〈红楼梦词〉自序》《〈西泠旧事〉跋》中得知，逍遥子，字钜卿，斋名为梅花香雪，江南苏州或常州人，嘉庆十四年时仍在世。又据仲振奎《〈红楼梦传奇〉跋》可知，本书成书的时间是嘉庆元年或者再稍前一点。

逍遥子序云："雪芹尚有《后红楼梦》三十卷，遍访不能得，艺林深惜之。顷白云外史、散华居士竟访得原稿,并无缺残,……爰以重价得之,与同人鸠工梓行,以公同好。"由此可知《后红楼梦》是在曹雪芹原稿的基础上写成的。而裕瑞在《枣窗闲笔》云却说"至于《后红楼梦》三十回,又和诗等二回,则断非雪芹笔,确为逍遥子伪托之作。"姚燮在《读红楼梦纲领》中云:"此书白云外史著,托名曹雪芹原稿。"吴克岐《忏玉楼丛书提要》中云:"考原书与此书文字之优劣悬殊,稍识之无者能辨之,虽雪芹江郎才尽,亦不至如此。解盦居士《石头丛话》以为某广文作,必有所本,然究未详其谁氏。"

吴克岐《忏玉楼丛书提要》全盘否定该书,称它:"余按是书,泥定前书,代黛玉作不平之鸣,笔意枯寂,若无生发,其口吻绝不相肖,且多不近人情处。"书中为了写"情",落入了才子佳人小说的俗套。并且这里将原书中的宝玉追求的是与自己共同有反叛理想的黛玉的情爱,改变为宝玉为得到黛玉,而不顾理想的彻底变化,单纯转向儿女私情,而且多有涉及淫秽之处。梁章钜在《劝戒四录》中评论:"(《后红楼梦》)以开卷之秦氏为人情之始,以卷终之青为点睛之笔,摹写柔情,婉变万状,启人淫窦,导人邪机。"《后红楼梦》因此受到了清廷的查禁。道光十八年《计毁淫书目单》录为淫书,道光二十四年浙江官员开列《应禁各种书目》皆榜上有名。

此书有乾隆、嘉庆年间白纸刊本,扉叶题有"全像后红楼梦",有"曹太夫人寄曹雪芹先生家书",逍遥子序,白云外史、散华居士题词,凡例五则,有绣像六十叶,前赞后图,绛珠仙草以及炼容金鱼图一叶。半叶九行,每行二十字。

乾嘉间白纸本《后红楼梦》初刊本,内封题"全像后红楼梦"。书前有假托曹太夫人寄曹雪芹书的原序,逍遥子序,白云外史散华居士题词,五则凡例,摘叙的红楼梦简明事略,贾氏世系表和世表、目录、六十叶绣像,绛珠仙草和炼容金鱼图一叶,图像前赞语。正文半叶九行,每行二十字。现藏于北京图书馆等处。

郑振铎所藏白纸残本,有六十叶绣像。

郑振铎所藏黄纸本,有绣像六十叶,书中吴下诸子(李子仙等)

和大观园菊花社原韵诗及吴下诸子（董琴南等）为大观园菊花社补题诗三卷。

本衙藏版本，有绣像四十叶。

石印本有宣统二年上海章福记本，有绣像五叶，绘图七叶。

铅印本有民国十九年上海大通书局本等。

4.《补红楼梦》

《补红楼梦》全书四十八回，书中有作者自署的"娜嬛山樵"，但其名不详。此书直接借鉴《红楼梦》原书的内容，先刻有四十八回，后又有增补三十二回。扉叶上有题词，介绍书的由来，因此书现留的最早的版本为乾嘉刊本，并且书中第四十八回云提到，《补红楼梦》是在《后红楼梦》《续红楼梦》《绮楼重梦》《红楼复梦》之后出现的，所以按推测此书应当成于清嘉庆十九年。

《补红楼梦》中多有神仙鬼怪之事。姚燮《读红楼梦纲领》中评价它说："是书多荒谬语。"虽然情节不乏精彩，语言也较清新流畅，富有表现力，但是此书的构思布局又与秦子忱的《续红楼梦》雷同，没有什么独创和值得借鉴之处。道光十八年《补红楼梦》被《计毁淫书目单》录为淫书，道光二十四年浙江官员开列入《应禁各种书目》，同治七年四月丁日昌列其入禁毁书目。

《补红楼梦》现存嘉庆二十五年刊本。

5.《红楼圆梦》

《红楼圆梦》全书三十一回，由梦梦先生撰。此书在情节内容上设置圆满，是"大快人心"的杰作。在艺术上文采陆离，词意缠绵，与《红楼梦》可称是"双绝"。书中也没有大堆的吹捧的序言，更没有作者自我标榜的自序，只用书前的楔子代替了所有的功能，概括了本书的写作目的和文旨，受到很多人的称赞，书中也不存在淫秽的内容，因此可以知道它的遭禁，纯属是受到《红楼梦》遭禁的影响。

道光十八年《计毁淫书目单》，道光二十四年浙江官员开列《应禁各种书目》，同治七年四月丁日昌禁毁书目，《红楼圆梦》都列入其中。

此书现存嘉庆十九年红薔阁写刻本,书内有封题:"嘉庆甲戌(十九年)孟冬新镌"。首叶有楔子,自称作者为"梦梦先生",本号"了了"。

光绪二十三年上海书局石印本,相对于其他的版本,此书增加了六如商孙序及图像七叶。序中称此书的作者为"长白临鹤山人"。

光绪二十四年上海书局刊印本,内容大致与光绪二十三年本相同,但书中的序在序末署名为"江左好游客",并且书名也改题为《绘图金陵十二钗后传》。

光绪三十一年本,序末改署为"聊寄子书于沪江。"书中楔子称,本书超过《红楼复梦》《续红楼梦》《后红楼梦》《绮楼重楼》,可见此本成书在这四部续书之后。

6.《红楼复梦》

《红楼复梦》是《红楼梦》续书中篇幅最长的一部。接《红楼梦》一百二十回写,全书共一百回,通过各种事件将贾祝两家联系在一起。此书与其他续书有所不同,其作者在序中自称"断无彼人之梦而我亦依样葫芦梦之之理",并且又在《凡例》中申明:"此书本于《红楼梦》而另立格局,与前书迥异。"

书中有题为"红香阁小和山樵南阳氏编辑,款月楼武陵女史月文氏校订"。校订者陈诗雯作有序,序中说:"吾兄红羽,实稗史白眉。"在序末题署:"嘉庆己未秋重阳日书于羊城之读画楼,武陵女史月文陈诗雯拜读。"可在序中得知作者为"吾兄红羽"。而在作者自序末有题"时嘉庆四年岁次己未中秋月,书于春洲之蓉竹山房",又"红楼复梦人少海氏识"。由此可以推知,作者姓陈、字少海、南阳、号小和山樵、红楼复梦人,广东肇庆阳春人。陈叟,字月文,号武陵女史。

此书情节安排荒唐,染上了当时流行小说的通病。写才子佳人各有所能。不管情节是否合理都借用神仙说法的俗套,又强加无数异梦或神仙点拨,使小说人物出现或建立关系,呈现出许多琐碎多余的枝节。书中虽以儿女情长之事来作风化劝诫之说，但也涉及大量的风月之事。

原书各有际遇的十二金钗，在这里都归祝梦玉一人，情节荒诞，使此书失去了现实意义。姚燮在《读红楼梦纲领》评价其说："按是书气魄颇大，虽不及前，亦多可惊可喜者。"裕瑞《枣窗闲笔》中云："《红楼复梦》笔意亦颇有意致，愈作愈离，至后卷竟不成书矣。"吴克岐《忏玉楼丛书提要》云："是书人数增多，几及两倍，画蛇添足，杂乱无章。……解盦居士以痴婆呓语讥之，诚然诚然。"道光十八年《计毁淫书目单》，道光二十四年浙江官员开列《应禁各种书目》，同治七年四月丁日昌禁毁书目皆将《红楼复梦》列入。

此书现存嘉庆十年金谷园刊本。书内有封题"嘉庆乙丑新镌红楼复梦金谷园藏板"，接着依次为序，自序，绣像共十六叶，十六项凡例，目录。正文半叶九行，每行二十二字。

此外有嘉庆十年本衙藏板本等三种板本，以及光绪二年上海申报馆仿聚珍版本、民国六年上海荣华书局、民国十二年启新书局等石印本。

7.《绮楼重梦》

《绮楼重梦》是接《红楼梦》原书第一百二十回写，书的目录上题"西泠兰皋居士戏编"，根据《无稽谰语》《福建通志》，可知兰皋居士姓王，名兰沚，杭州人。在乾隆三十一年正处少年，居京师。乾隆四十五年为北闱中式，后官至福建寿宁知县。乾隆五十年调任台湾赤嵌，乾隆五十六年居温州，此时已六十有余。乾隆五十九年撰《无稽谰语》。

在《绮楼重梦》第一回中作者自述："丁巳夏，闲居无事，偶览是书《红楼梦》，因戏续之，袭其文而不袭其义，事亦少异焉。"因丁巳是嘉庆二年，由此可知，该书应作于嘉庆二年夏，大约于嘉庆四年成书。

书中将大家闺秀塑造成文武双全的形象，在日常聚会笑谈中往往夹杂淫秽内容，并表现出怪异的"恋物癖"倾向，多涉及荒诞与淫靡的情节。书中多有痴人说梦，闺秀小姐诉说离奇古怪的谈资作为消遣，有悖封建正统伦常。故而道光十八年《计毁淫书目单》，道光二十四年浙江官员开列《应禁各种书目》，同治七年四月丁日昌禁毁书目均列此书。

此书现存嘉庆乙丑年季夏重编本。又有嘉庆年间写刻本。目录上题名为"绮楼重梦"，首回和末回又称其为"红楼续梦"，书中有嘉庆四年西泠荆园漫士的序。正文半叶八行，每行二十字。

嘉庆十年瑞凝堂刊本，书中题："是书原名《红楼续梦》，因坊间有《续红楼梦》及《后红楼梦》二书，因此将其改名为《绮楼重梦》。"该书现藏于北京大学图书馆。

嘉庆二十一年文会堂刊本，目录上题名为"蜃楼情梦"，序末改署为"嘉庆乙丑孟夏重编"。

石印本，回目图七叶。

石印本，序末署"嘉庆乙丑孟夏之月重编，岭南逸叟匏公书"，书中有人物图六叶或四叶。

光绪聚珍堂藏本。

民国三年铅印本。

民国十七年受古书店铅印本，题名《新红楼梦》，人物图四叶。

8. 《增补红楼》

《增补红楼梦》全书共三十二回，由娜嬛山樵撰写，但其作者的真实姓名无资料可考。此书是接《补红楼梦》最末第四十八回开始续写，首叶上载有槐眉子的序，讷山人序，以及作者自序，介绍此书的成书过程和序者的一些评价。

此书虽在《补红楼梦》的基础上添加了很多内容，但是情节发展不够合理，较为荒谬，人神混行，杂乱无章。姚燮《读红楼梦纲领》评价说："自续其《补红楼梦》而广之，其荒谬与《补红楼梦》等。"道光十八年《计毁淫书目单》，道光二十四年浙江官员开列《应禁各种书目》，同治七年四月丁日昌禁毁书目均列入。

此书现存道光四年刊本，扉叶上题有"增补红楼梦"，"本衙藏板"。三篇序后都署有"嘉庆庚辰"。

9.《金石缘》

《金石缘》为清代作品，是一部涉及忠孝节义，奸盗邪淫，贫贱富贵，悲欢离合等多层次的才子佳人小说。全书共计二十四回，书中序文署有"静恬主人戏题"字样，而静恬主人还撰有小说《疗妒缘》。书末总评后题有"乾隆十四年岁次己巳旦日省斋主人重录"，而"省斋主人"可能是作者的又一个笔名。按照题署可知，此书的成书于清乾隆年间，但不会晚于乾隆十四年。

本书以男女主人公金云程和石无瑕两人之姓凑成书名《金石缘》，模仿一般才子佳人的套路，其中又掺杂贼寇叛乱、仙道神医等情节，都是清廷敏感的内容。序中自称为"劝善惩恶"的完美之作："《金石缘演义》则忠孝节义，奸盗邪淫，贫贱富贵，离合悲欢，色色俱备，且征引事迹，酌乎人情，合乎天理，未尝露一毫穿凿之痕。中间序次，天然联络，水到渠成，未尝有半点遗漏之病。虽不敢称全璧，亦可为劝惩之一助。……则是书也充于《太上感应篇》读也可。"清初《续金瓶梅》借《天上感应篇》自我标榜，遭到禁毁。《金石缘》也以此自我吹捧，因而也未逃出遭禁的命运。在道光十八年《计毁淫书目单》，道光二十四年浙江官员开列《应禁各种书目》，同治七年四月丁日昌禁毁书目中都将其列入。

《金石缘》现存文光堂刊本，藏于中国社会科学院文学研究所。此本不分卷共二十四回，正文半叶九行，每行十七字。首有《序》，书末署有"静恬主人戏题"。目录和卷端题有"金石缘全传"。书末总评后题有"乾隆十四年岁次己巳旦日省斋主人重录"，版心题"金石缘"。

又有嘉庆五年鼎翰楼刊本。

嘉庆十九年鹭江崇雅堂藏版本，藏日本东北大学。不分卷共二十四回，图十六叶，正文半叶九行，每行十七字。

咸丰元年文粹堂藏板本现在北京大学图书馆、北京师范大学图书馆、日本内阁文库、日本佐伯文库、日本无穷会织田文库都有藏本。

全书不分卷二十四回，正文半叶九行，行十七字。

嘉庆十二年经元堂刊本，现藏于中国国家图书馆。全本八卷二十四回，正文半叶十一行，每行二十六字。

此外，还有八卷本的嘉庆二十年石渠山房刊本、嘉庆二十一年英德堂刊本、嘉庆二十一年同盛堂刊本、道光六年文锦堂刊本（鸿文堂）、道光二十八年大文堂藏板本、同治四年羊城古经阁藏板本、同治四年华经堂藏板本等。

10.《灯月缘》（《春灯闹》）

《灯月缘》又名《灯月缘奇遇小说》，全书共十二回。紫宙轩刊本的《灯月缘》有翻版小说《春灯闹》之嫌，两者主线相同，内容略有改动，署名为"槜李烟水散人戏述，东海幻庵居士批评"，有推论"烟水散人"是浙江嘉兴人徐震，字秋涛，明末清初人，而幻庵居士为烟水散人的好友。因此，有人推测徐震就是《灯月缘》的作者。《春灯闹》刊于入清后不久，书中有"果是新朝第一"的字样，其中"新朝"二字另行顶格，由此可推知《灯月缘》也应成书于明末清初。

清雍正初年颁行法令在书中应避讳孔子"丘"字，而《灯月缘》全书不避讳"丘"字，可知此书不是雍正朝所刊。另外，刘廷玑《在园杂志》中记载："至《灯月缘》《肉蒲团》《野史》《浪史》《快史》《媚史》《河间传》《痴婆子传》，则流毒无尽。"刘廷玑是康熙年间的人，《在园杂志》也成书于康熙末年，可知在康熙年间已有《灯月缘》一书，所以《灯月缘》刊本最晚也是在康熙年间出现。

将《灯月缘》和《春灯闹》对比，全书仅有个别字句做改动，很难确定孰先孰后，也有可能同时刊刻。而刘廷玑《在园杂志》提及此书，嘉庆九年刊刻的《蜃楼志》第三回载素馨"在灯下看了一本《灯月缘》真连城到处奇逢的故事"。真连城正是《灯月缘》男主人公姓名，此书在当时与《浓情快史》等齐名，都是《蜃楼志》中提及的色情淫书。《灯月缘》内容借才子佳人之名，实写男女色欲淫奔，涉及狐妖怪异、龙阳之癖等情节，又写明末清初李闯王造反入京，南明福王建国，满清旗兵入关烧杀掳掠，展现出社会现实景象，因而多次遭禁。

另外，又有一部重名《灯月缘》小说，又称《瑞云华》，写才子李瑞玉与小姐碧云、丫鬟月华之间的爱情故事，情节类似《西厢记》，是一部典型的才子佳人小说。乾隆年间又有弹词《灯月缘》，写才子朱子辰与表姐玉贞、表妹瑞珠定情的才子佳人故事。依据内容推测，清廷历朝所禁《灯月缘》，当是以真连城为主人公，描写明末清初时代背景的淫词小说。

《灯月缘》为清代禁毁淫词小说之一，在汪棣香的《劝毁淫书征信录》、余治的《得一录》、道光十八年的录淫书《计毁淫书目单》、道光二十四年浙江官员开列的《应禁各种书目》、同治七年四月丁日昌的禁毁书目中，均列有《灯月缘》。

《灯月缘》版本较少，现存啸花轩写刻本，藏上海图书馆。十二回，书中无序、跋和图像。书的扉叶题有"醒世奇观灯月缘"，回前题"新镌批评绣像灯月缘奇遇小说"，署名为"烟水散人戏述，东海幻庵居士批评"。内封框内中栏大字题"灯月缘"，右栏题"醒世奇观"，左栏署"啸花轩藏板"。目录叶题"灯月缘"。正文半叶九行，行二十字。有上海古籍出版社《古本小说集成》影印本。

清康熙间紫宙轩刊本，名为"新镌批评绣像春灯闹奇遇小说"，藏于日本佐伯文库。其作者与评者都与《灯月缘》相同，内容也几乎相同。在此书的扉叶题有"桃花影二编"，右题"烟水散人新著"，左边有紫宙轩主人的识语"《桃花影》一编久已脍炙人口，兹复以《春灯闹》续梓，识者鉴诸"，又有"东海友弟幻庵居士题"的序言。故而此书又称"桃花影二编"。

11.《五美缘》

《五美缘》又名《再生缘》，书首有叙署名为"寄生氏"，末题"壬午谷雨前二日寄生氏题于塔影楼之西榭"。可知此叙作于道光壬午年。全书共八十回，书中不题撰人。但寄生氏尚有小说《争春园》，刊于嘉庆二十四年，两部小说作者可能为同一人。

道光十八年《计毁淫书目单》，道光二十四年浙江官员开列《应禁各种书目》，同治七年四月丁日昌禁毁书目都将其列入其中。书中描述明代正德年间一才子与五位佳人的姻缘，情节曲折，才子佳人最终奉旨完婚。《五美缘全传叙》："美人者，天之灵秀所钟，得一已难，况倍之而复蓰之乎！……信乎天生才子配佳人，钟灵毓秀，天之所以成全美人也，如《五美缘》。"写尽文人的白日梦。书中有边关御番，连娶五妻的情节，且五妻地位平等，有悖现实封建伦常，故而遭禁。

《五美缘》现存道光年间刊本，现藏于复旦大学图书馆，日本筑波大学图书馆和日本东京文理科大学图书馆。书首有《五美缘全传叙》，署有"壬午谷雨前二日寄生氏题于塔影楼之西榭"字样，书中有图八叶。

又有道光二年刊本，现藏国家图书馆。

道光三年敦堂藏板本，藏于国家图书馆。其中图八叶，正文半叶八行，行十八字。

道光四年楼外楼刊本。题"绣像大明传"，分十二卷。

道光六年文奎堂刊本。

道光八年芸香阁刊本。

道光九年宜文堂刊本。

道光十二年武林三余堂《新刊五美缘全传》。

道光二十三年英德堂刊本。

道光二十三年慎德堂本。现藏南京图书馆。书中先有叙，末题"壬午谷雨前二日寄生氏题于塔影楼之西榭"。《叙》后有像八幅，都有像赞，各半叶。

道光二十五年味经堂刊本。

道光二十五年聚文堂刊本。

道光二十八年授受堂刊本。

道光二十八年宝华顺刊本。

道光二十八年九如堂刊本。

咸丰四年文安堂刊本。

光绪元年上海书局石印本。

光绪二年厦门多文斋藏板本,后改题《再生缘》,现藏于日本东京大学文学部。分十卷,图四叶,正文半叶十二行,行二十四字。

光绪六年上海书局石印《绣像梦中五美缘》。

光绪年间石印本《五美再生缘》。

上海锦章书局石印《新刊全图再生缘全传》。

12.《鸳鸯影》(《飞花艳想》)

《鸳鸯影》,又名《梦花想》《幻中梦》《飞花艳想》《幻中春》,书中署"樵云山人编",末署"岁在己酉菊月未望樵云山人书于芍药溪"。因此,作者为清朝的樵云山人,其真实姓名不详,孙楷第在《中国通俗小说书目》中指出"樵云山人"为《斩鬼传》的作者刘璋。但刘璋的《斩鬼传》中黄越序署的时间为康熙五十九年,而《飞花艳想》刊行的时间与《斩鬼传》约相距五十年,故作者不可能是刘璋。同治《深泽县志·名宦传》有传,刘璋字于堂,号介符,别号烟霞散人、樵云山人,山西太原人,约生于康熙六年,为康熙三十五年的举人,雍正元年起任直隶深泽县知县四年,后被解职。

此书不讳"玄""弦""泫"等字,也不使用减笔,作者自序中署年为"己酉","己酉"当为康熙己酉八年,并且此书有啸花轩刻版,此社在康熙初年刻有小说多种,可知此本刊行时间也在康熙初年。而吴晓玲在《哈佛大学所藏高阳齐氏百舍斋善本小说跋尾》中指出:"樵云山人撰有《钟馗平鬼传》及《飞花艳想》,是顺康间人。"因此可知此书应定稿于顺治年间或者康熙初年。

《飞花艳想》是一部才子佳人小说,提倡男女平等的婚姻,写佳人面试才子,提高女性的地位,书中并未涉及大量男女艳情。道光年间《飞花艳想》改名为《鸳鸯影》,改动一些正文字句,将原书中的才子佳人所作诗词歌赋删改得更为简练。自《鸳鸯影》一出,便被列入禁毁书目,原因是书中展现了一些明清官场的黑暗状况,比如达官权宦奢侈淫逸、威势显赫、颐指气使、胡作非为等,揭露奸臣宦官腐败的共同特点,是作者对封建官僚们淫滥奢靡生活特点的有力鞭挞。这些都触犯了朝廷的忌讳,因而屡次遭查禁。道光十八年此书被《计毁淫书目单》录为淫书，道光二十四年在浙江官员开列的《应禁各种书目》中，以及同治七年四月丁日昌的禁毁书目中，都列入此书。而原书《飞花艳想》反而被世人忽略。

《飞花艳想》清初写刻本，现藏于大连图书馆、日本京都大学图书馆和今西文库。正文半叶九行，行二十字。回目单句，第三回至第八回为八言，其余均为七言。内有行侧批，首有作者自序，末署"岁在己酉菊月未望樵云山人书于芍药溪之口口"，目录叶题"新编飞花艳想"，内封题"飞花艳想"。

刊本，书名改为《梦花想》，此本为齐如山的旧藏，现归美国哈佛大学汉和图书馆。其版式同大连图书馆和京都大学图书馆藏本，正文半叶九行，每行二十字，正文卷首题有"新镌绣像小说梦花想"，署"樵云山人编次"。

啸花轩刊本，其改题为《幻中春》，与其他版式相似，正文半叶九行，每行二十字。

道光二年刊本，此本为齐如山旧藏，改题为《鸳鸯影》，其正文字句颇有出入，删节简练。

道光十五年刊《鸳鸯影》。此本又名《幻中春》。

写刻本《飞花艳想》，日本京都大学图书馆藏，有《古本小说丛刊》影印本。

13.《锦香亭》

《锦香亭》清代小说，是一部以历史大事件作为爱情故事的背景，寓温柔儿女之情于悲壮气节之中，把历史演义和才子佳人糅合为一体的小说。作者生平不详，书中原题"古吴素庵主人编，茂苑种花小史阅"。主要叙述唐天宝年间，新科状元钟景期与宦官之女葛明霞的爱情故事，中间穿插有安史之乱和权奸构陷的事件，作品文字清隽晓畅，细节描写精致。《锦香亭》故事有借鉴宋元间《孟月梅锦香亭》戏文，但人物姓名有所不同。根据《锦香亭》小说改编的戏曲传奇也较为流行，大都成书于乾隆年间。日本宝历甲戌（乾隆十九年）

《舶载书目》中已著录《锦香亭》，说明此书应作于清初。

书中内容颂扬才子佳人自由恋爱，反对封建包办婚姻，并涉及历史事件和胡华战争，因而遭禁，同治七年四月丁日昌禁毁书目列入其中。

此书有歧园藏板本，为日本宝历申戌（乾隆十九年）《舶载书目》著录，其题署、版式不详。

清初写刻本，在《画引小说字汇》中引有此书，现今未知藏于何处。

鼎翰楼本（即歧园藏板本），是中国现存的早期的刻本，书中缺第二卷中的第五回至第八回，后用某一清刊本进行补配，原为北京大学藏书（有北大藏书印记），现此本的影印已收入上海古籍出版社的《古本小说集成》。

爱莲斋刊本，为古本，镌刻颇精，未能确知出版日期，藏于日本东京大学东洋文化研究所，该所也藏有爱莲斋本的复刻。

大经堂本，书中有残缺，现藏于日本天理大学。

小字本，本堂藏板，与歧园藏版本大致相似。正文半叶十一行，每行二十五字，藏于伦敦大学亚非学院。

哈佛燕京图书馆本堂藏本，扉叶题作"钟景期全传：锦香亭"。

《锦香亭》戏曲现存版本有，清乾隆间清素堂刻本，凡三卷三十八出，现在《石询斋传奇四种》中有收录，里封题《锦香亭》，署乾隆辛卯（三十六年）春日新镌""吴趋石恂斋著""清素堂藏板"。正文首题"锦香亭"（注云："一名《香罗帕》"），署"吴趋石琰恂斋紫佩编次"，藏于中国艺术研究院戏曲研究所资料室。

台北傅斯年图书馆藏有《锦香亭》木鱼书两种。

14. 《绣球缘》

《绣球缘》清代小说，又名《烈女惊魂传》《巧冤家》，全书四卷二十九回，书中不提撰人姓名。《绣球缘》一书，故事情节俗套，讲述奸臣害人，志士落难，最后天理昭彰，好人中状元，报仇雪恨，姻缘美满的故事。有些情节是从杂说小史中来，也有见于纪昀《阅微草堂笔记·姑妄听之》的情节,如铁威打捞石狮。

  作者是出自下层的浅薄文人,文字水平低,此书结构、构思、情节多有不合理和凑合之处,如九门提督的外甥公然为寇,又公然出入公门等。这些内容极其荒谬不经。同治七年四月丁日昌将其列入禁毁书目。

  版本有咸丰元年广东富桂堂刊本,全书共三十回,封面上端横刻"咸丰元年新刻",题"大明全传绣球缘",右栏为"内附钦赐状元",左下双行小字"学院前富桂堂"。书前无序跋,有图八幅,正文半叶十行,每行二十字,现藏北京大学图书馆。

  光绪辛丑年上海江南书局石印本,改题《绘图列女惊魂传》,有图,有序,署"江南李节斋",现藏浙江省图书馆。

  光绪丙午年上海洋左书局石印小本,书中有序和图,内封题"绘图巧冤家",现藏安徽芜湖市图书馆。

  15.《玉连环》

  《玉连环》又名《玉莲环》《钟情传》《钟情录》,清代无名氏著。小说描写男女主人公美玉和宝珠之间的爱情悲剧,结局宝珠吞金,美玉绝食身亡,感动天地,朝廷下令将二人合葬以表彰钟情,为之立祠,故而称"钟情录"。

  小说抨击了"父母之命,媒妁之言"的封建婚姻礼教,支持青年男女自由恋爱,并表露出对朝廷表彰"男女钟情"的渴望和期待,挑战封建伦理秩序,因而遭禁,同治七年四月丁日昌禁毁书目列入《玉连环》,同时又禁《钟情传》,实与《玉连环》为同一部作品。

  此书当成书于清代后期,有光绪年间石印本,正文有回批和眉批。

  又有根据小说改编的民间说唱曲艺《玉连环》,结合评书和曲艺特点,内容丰富,情节曲折,形式活泼,语言生动,具有一定的娱乐性,是一部优秀的民间文学作品,它具有正统文学所缺乏的自然、清新的气息。清代中期以后,中国民间说唱文学,包括评书、鼓词、弹词、宝卷等,日趋繁荣,为广大人民群众所喜闻乐见,《玉连环》就是这其中的代表作品之一,内容反映了当时的社会现实,具有娱乐性和教育意义。

16.《蜃楼志》

《蜃楼志》，又称《蜃楼志全传》《情中奇》，全书共二十四回。书中托言明嘉靖年间的故事，描写的内容实际上是清代中期的社会生活。例如书中的人物乌必元所任海关盈库大使的官职，是在乾隆五十七年设立的，而书中影射了嘉庆四年和珅一家抄家赐死一事，同时也有模仿《红楼梦》情节的套路，因此可知此书应成于嘉庆四年至嘉庆九年之间。此书以才子佳人的小说模式写朝廷奸良斗争，其序曰："《蜃楼志》一书，不过本地风光，绝非空中楼阁也。其书言情而不伤雅，言兵而不病民，不云果报而果报自彰，无甚结构而结构特妙，盖准乎天理国法人情以立言，不求异于人而自能拔戟，别成一队者也。"

《蜃楼志》影射当朝政治事件，揭露官场黑暗，又有部分色情描写，因而遭禁。道光十八年《计毁淫书目单》录为淫书，道光二十四年浙江官员开列《应禁各种书目》录淫书，同治七年四月丁日昌禁毁书目列入。

现存嘉庆九年刊本，全书二十四回，书上题有"庾岭劳人说"，"愚山老人编"，正文半叶十行，每行二十五字。

嘉庆九年本衙藏板本，有"蜃楼志小说序"，正文半叶十行，行二十五字。

嘉庆十二年刊本，内封上题字"蜃楼志全传"，"嘉庆丁卯新镌"，书末署"虞山卫峻天刻"。其正文半叶十三行，每行三十字。

咸丰八年刊本，内封上题有"蜃楼志全传"，"咸丰八年新镌"，正文半叶十行，行二十五字。

清刊本，无内封，正文半叶八行，行十八字。

石印本，题"盖世无双情中奇"。

17.《九美图》

《九美图》清代小说，作者不详，全书以唐伯虎与秋香的恋爱故事为主线，共十二卷。第一卷包括游山、遇美、追舟、唱歌、惊艳。第二卷包括舟梦、当扇、三笑、乔扮、投靠、初会。第三卷包括叩赏、触装、谒师、拷扑、盘秋、触师、二会。第四卷包括绣纳、代父、辞馆、代倩、插容、证诲。第五卷包括索夫、激避、谒周、除文、呼对、邀儒、闹堂。第六卷包括扮美、戏母、误认、看灯、乔抱、寄闺等。第七卷包括戏姣、盘踪、露情、激美、私订、掠踪。第八卷包括巧合、许亲、激母、议订、索酬、忆夫。第九卷包括舟问、谎美、诗唐、思秋、谎约、调秋、吴醋。第十卷包括负约、触情、访踪、谒相、遇友、设计。第十一卷包括赏婢、点秋、赏秋、结姻、私逃、夜遁。第十二卷包括哭秋、归里、藏秋、认女、送妆、团圆。

书中叙才子唐寅为得丫鬟秋香而乔装卖身华府，行为乖张荒谬，有私定终身和私奔等情节，不符合封建伦理道德标准，同治七年四月丁日昌列《九美图》入禁毁书目。另外，根据《九美图》改编的戏曲、评书《合欢图》（也称《笑中缘》）也于同治七年四月被丁日昌列其入禁毁书目。《合欢图》全书共十二卷，七十五回，由曹春江编。演述唐伯虎从在虎丘与无锡太师府婢女秋香邂逅相遇，到两人历经曲折，得到爱情的故事。这一部分民间艺人称为"东亭书"。另外，在主线的中间也插叙了祝枝山、周文宾的故事，这一部分民间艺人称为"杭州书"。

《合欢图》的故事最早由清代乾隆、嘉庆年间的艺人吴毓昌进行演唱。情节生动活泼，富于喜剧色彩，很受大众喜爱，以后的演唱者有嘉庆、道光年间的顾绍昌、曹玉秋、吴凤台；咸丰、同治年间的马秀英；同治、光绪年间的顾雅庭、王丽泉；以及清末民初的王少泉、谢少泉两大流派。

现存清道光二十三年四友轩刊本，是由吴毓昌撰的《三笑新编》，全书十二卷，共四十八回。

18.《十美图》

《十美图》为清代小说，作者不详。书中叙明代正德年间苏州才子张灵与美人崔莹之间的爱情悲剧。张灵一心恋慕《西厢记》崔莺莺，寻求此佳人为配，崔莹也爱慕张灵为真才子。后两人无法结合，张灵呕血去世，崔莹自缢殉情。"十美图"的故事在明代中期已经盛传，唐寅、黄周星等人都曾描绘此故事。《小说考证》续编卷五引《花朝生笔记》曰："明人有《十美图》说部，纪其事。"然而此书卷首讨论才子佳人，提及《无声戏》中丑男娶佳人的事迹，《无声戏》作于清初顺治年间，故而《十美图》必定晚于《无声戏》。另外，本书"玄"字不避讳，刊刻时间要么在顺治年间，要么在乾隆嘉庆年间以后。

此书借用《西厢记》为引，描述才子佳人故事。因《西厢记》在清代屡次被列为禁书，大概《十美图》受此牵连遭禁。同治七年四月丁日昌禁毁书目将《十美图》列入其中。另外，《十美图》改编的弹词《何必西厢》在清代也是禁书，道光二十四年浙江官员开列《应禁各种书目》录入，同治七年四月丁日昌禁毁书目也列入《何必西厢》。

此书存有孤本，为清代旧刊本，吴晓铃所藏，有上海古籍出版社《古本小说集成》影印本。此书作者和书坊名号不详，为写刻本，正文半叶九行，行二十字，版心题"十美图"，全书刊刻文字不统一，有可能是旧版重印或覆刻。

19.《空空幻》

《空空幻》又称《鹦鹉唤》《醒世奇言》，是清初一部宣扬出世思想和劝惩果报的才子佳人小说。全书共十六回，书题"梧岗主人编次，卧雪主人评阅"，作者"梧岗主人"，其真实姓名无考。据清道光年间的《梅兰佳话》的书序所言其作者为曹梧冈，而且这两本书在文字风格上相仿，人物的命名也多选用草木。但缺少证据，不知两书作者是否有关。

《空空幻》借梦中遭遇而警醒世人，在写作手法上与中国传统的小说戏曲非常相似，写主人公花春面貌丑陋，却极好风情，由于不满现状，常期盼有艳遇奇缘，终形诸于梦寐。因果轮回，受尽磨难，忽被鹦鹉唤醒，才知是一场梦。自此安于现状，终得圆满结局。《空空幻》在劝诫风月之事时，依然以偷情和淫合为主要的描写对象，在文中有大量的调情和淫秽描写。同治七年四月丁日昌将其列入禁毁书目。另外，道光二十四年浙江官员开列《应禁各种书目》，同治七年四月丁日昌禁毁书目，内有《醒世奇言》一书，实与《空空幻》异名同书。

此书有本衙藏板本，扉叶上方有横题的"新镌鹦鹉唤"，下有三栏文字，右上栏刻"李卓吾刻"，中行题"醒世奇言"，左偏下行镌"本衙藏板"，书前有序言，序尾题"梧岗主人"识。扉叶上题的"李卓吾评"应为书坊主造假的结果。正文半叶八行，每行十六字，每回后有评语，行间常有漏字、空字及小字。现在辽宁省图书馆和中国社会科学院文学研究所资料室有藏。

20.《五凤吟》

《五凤吟》是一部才子佳人小说，并将古代的才子佳人小说和艳情小说融合一起，全书四卷二十回，作者是清朝时期的嗤嗤道人，署步月主人订，二人生平不详。嗤嗤道人编有《警悟钟》，有万卷楼刊本，康熙十七年编订。步月主人有《蝴蝶媒》等书，也是康熙初年作品，因而推测《五凤吟》大约作于康熙初年。本书载于日本宝历甲戌（乾隆十九年）《舶载书目》，由此断定此书定完成于乾隆十九年前。

《五凤吟》写才子与五位美女的爱情遭遇和悲欢离合，其中有很多的淫秽描写，甚至还有对情欲露骨的详细描述，同治七年江苏巡抚丁日昌续查淫书，将它列入其中，定为"淫词小说"，"一体严行查禁"。但《五凤吟》在清代极为流行，屡禁不止。

此书版本有乾隆年间草闲堂刊本影印本，书前有序，序尾署有"古越苏潭道人题"。次目中题"草闲堂新编绣像五凤吟"，卷首题"草闲堂新编五凤吟"，"云阳嗤嗤道人编著，古越苏潭道人评定"。也有题"步月主人订"。首卷有"引场细事"，次目中有图六叶。正文半叶九行，每行二十字。现藏于大连图书馆。

凤吟楼刊本，题"新续刻六才子书"，四卷二十回，《凤吟楼新刻续六才子书》正文半叶十一行，每行二十六字，在秀高的《增补

317

中国通俗小说提要》中有记载，现此本在日本内阁文库、哈佛大学哈佛燕京图书馆都有藏。其影印本，现已收入上海古籍出版社的《古本小说集成》第四辑。

日本藏本，卷首目录题"凤吟楼新刻续六才子书"。目录版心题"凤吟楼"，但在其他的地方有题"五凤吟"。目录及卷一署有"云间嗤嗤道人编著，古越苏潭道人鉴定"。文中有六叶图，先图后赞，并有类似于楔子的"引场"。正文有行侧评注。文中第十六回卷首有《田中文库》之印，也有人怀疑此本是影自凤吟楼刊本。

清末石印袖珍本，题《绣像素梅姐全传》。

稼史轩刊本，四卷二十回，内封右栏偏上署"步月主人订"，中栏题"五凤吟"，左栏偏下镌"稼史斋藏板"，正文半叶十行，每行二十六字。现藏北京图书馆。

稼史斋刻本《草闲堂新编绣像五凤吟》，目录与凤吟楼本有差异，书中署有"步月楼主人订"。现藏于大连图书馆。

小字本，现藏于牛津大学、布德廉图书馆、巴黎国家图书馆。

同治四年醉月楼刊本。

同治十年醉月楼藏版本，此书后改名《素梅姐传》，今在上海复旦大学有藏。

同治十三年雪梅居士刻本。

光绪三十四年上海书局石印本。

21.《倭袍》(《绣戈袍》)

《倭袍》又名《绣戈袍》《绣戈袍全传》《真倭袍》《果报录》等，清代章回小说，四十二回，题"江南随园主人著，古番曾放翁校正"。后世刊本有题"钱塘袁枚著"，序署"乾隆五十二年馆后学蒋苔生拜序"。随园主人即袁枚，蒋苔生即蒋士铨，袁枚为乾隆初期人，蒋士铨卒于乾隆五十年，不可能在乾隆五十二年作序。另外据郑振铎考证，此书由《倭袍传》弹词改编而成，于嘉庆年间之后成书，因此，袁枚和蒋士铨编著作序都是伪托之词。

目前所见最早的版本为福文堂刊本，书中内封题"大明奇书"，此种提法只可能出现在文禁松弛的嘉庆末期以后，而福文堂的版本大约出自道光、咸丰年间。书中讲述明代有戈国进贡绣戈袍，因而在朝中引发的一场矛盾和争斗，写嘉靖年间忠良遭到陷害，并将一些真实的历史人物写进小说，这种写法不可能出现在清代乾隆朝以前。

此书根据弹词《绘图校正果报录》（亦名《倭袍传》）改编，胡士莹《弹词书目》载嘉庆醉墨轩刊本，十二卷，又有嘉庆柳溪书屋刊本，光绪年间又有石印本，八卷。而嘉庆以后的宝卷、鼓词、戏曲都有《倭袍》或《果报录》等。

小说中描写才子佳人、英雄侠士落难的情节，大力抨击奸臣当道，忠臣好人遭难，但几番坎坷之后，最终邪不胜正。同时，凡奸邪害人者，不但阳间遭报，而且死后到了阴间也要受惩罚，因而书名另署"果报录"。此书延续才子佳人大团圆的俗套，又怒骂奸臣抨击影射时政，因而遭禁。道光十八年《计毁淫书目单》录为淫书，道光二十四年浙江官员开列《应禁各种书目》录入，同治七年四月丁日昌禁毁书目录入。又有《摘锦倭袍》一书，道光十八年《计毁淫书目单》录为淫书，道光二十四年浙江官员开列《应禁各种书目》录入，同治七年四月丁日昌禁毁书目录入。《摘锦倭袍》今未见，但二者内容上或许有一些关联。

本书有福文堂刊本，内封框内中栏题"绣戈袍全传"，右题"内附斗宝鸡"，左题"福文堂梓"，框上横书"大明奇书"，正文卷题"绣戈袍真本"，署"江南随园主人著，古番曾放翁校正"，正文半叶十行，行二十字。藏法国巴黎图书馆、伦敦英国博物院。

清刊本，首有序，无题署。目录叶题"绣戈袍真本"，图十叶，共二十幅人物绣像，下图上文，文为人物评赞。正文卷端题"绣戈袍真本"，署"江南随园主人著，古番曾放翁校正"，正文半叶十行，行二十字。吴晓玲藏，共一函八册。

民国上海大中华书局排印本，改题《真倭袍》，又名《果报录》，题"钱塘袁枚著"，首有序，署"乾隆五十二年馆后学蒋苔生拜序"，有回评。

22.《好逑传》(《二才子》)

《好逑传》又名《二才子》《义侠好逑传》《风月传》等,四卷十八回,清代才子佳人小说,书中署"名教中人编次,游方外客批评",编者和评者均无考,此书当成于康熙初年,是才子佳人类小说代表作品。

书名取自《诗经》之《周南·关雎》,书中男女主角是侠士和才女的结合,虽讲述男女婚恋,却强调婚姻的礼教原则,"理义"高于"情思"。一般的才子佳人小说以谈情说爱为主,而《好逑传》以谈理守礼为主,通篇讲述通权达变和任侠仗义,将才子佳人小说的套路与英雄传奇模式相结合。乾隆年间小说《驻春园小史》第一回称赞《好逑传》:"别具机杼,摆脱俗款,如秦系偏师,亦能自树赤帜。"

此书于同治七年四月丁日昌列入禁毁书目,遭禁的书名为《二才子》,遭禁原因或许是过于宣扬道学,小说将男主人公塑造成为恪守儒家礼教道德,文武双全无所不能的完美人物,成为正义和道德的化身。而女主人公也是一个女道学家,在追求道德上力图做到完美无瑕,全书道貌岸然,对男女情事大加鞭挞,过度标榜"名教中人",有代替统治者树立道德权威之嫌。

《好逑传》目前可见最早的版本有清初写刻本,正文半叶八行,行二十字,阿英旧藏。

乾隆年间凌云阁刊本,正文半叶十行,行二十七字,藏大连图书馆。

乾隆五十二年振贤堂藏板,内封框中栏大字题"好逑传",右栏题"精刊古本两才子书",左栏署"乾隆丁未年镌""振贤堂藏板"。正文半叶十一行,行二十二字。藏荷兰莱顿大学汉学院图书馆、日本东京大学东洋文化研究所仓石文库。

乾隆五十二年青云楼藏板本,正文半叶十一行,行二十二字,藏日本东京大学东洋文化研究所仓石文库。

圣德堂刊本,内封题"金圣叹批评绣像第二才子好逑传",署"圣德堂板"。正文半叶十一行,行二十二字。藏荷兰莱顿大学汉学院图书馆。

咸丰九年丹桂堂刊本，正文半叶十一行，行二十二字，藏日本无穷会织田文库。

咸丰十年光华堂刊本，藏辽宁大学图书馆。

同治二年独处轩藏板本，正文半叶十行，行二十七字。藏中国国家图书馆、首都图书馆、天津图书馆、辽宁图书馆、北京大学图书馆、北京师范大学图书馆、天津师范大学图书馆等。

坊刊写刻本，正文半叶十三行，行二十六字，藏荷兰莱顿大学汉学院图书馆。

又有玉尺堂藏板本、佛山翰宝楼藏板本、萃芳楼藏板本、三让堂刊本、重庆善成堂刊本、经国堂藏板本、文光堂刊本、大文堂刊本、映雪轩刊本、达古堂刊本、啸花轩刊本、拥万堂刊本、焕文堂刊本、经元堂刊本等。

23.《玉鸳鸯》（《鸳鸯配》《鸳鸯媒》）

《玉鸳鸯》，又名《鸳鸯配》《鸳鸯媒》等，清初才子佳人小说，四卷十二回，烟水散人撰。烟水散人即清初小说家徐震，字秋涛，嘉兴人，著有才子佳人小说《春灯闹》《桃花影》《珍珠舶》《合浦珠》《女才子书》《赛花铃》等。

《玉鸳鸯》于同治七年四月被丁日昌列入禁毁书目，遭禁原因大概是书中背景写宋代战乱，两对才子佳人悲欢离合，忠臣遭陷害，奸臣当道，贼寇横行，以男女情感写山河破碎，此书又出自顺治年间，故而带有政治敏感，最终遭禁。

顺治间写刻本，四卷十二回，内封题"鸳鸯配"，书坊名称被削去。目录署"檇李烟水散人编次"。书中版式为清初写刻风格，但"玄"字不避讳，故而断定刊自顺治年间。正文半叶九行，行二十五字。版心题"鸳鸯配"。藏于日本内阁文库浅草文库、日本天理图书馆和日本国会图书馆。

康熙间刊本，四卷十二回，内封题"鸳鸯媒"，署"天花藏主人订，檇李烟水散人编次"，正文半叶十行，行二十四字。书中"玄"字有缺笔，当为康熙年间刊本。此本藏美国哈佛大学，书尾有齐如山识语："此书国内外小说书目等皆未见著录，亦不著撰人，只题檇李烟水散人编次，书目题天花藏主人订，则著者当在清初。刊版系出自平常书坊，然行阔字稀，较后来坊刻之挤密者不同。且'玄'字末笔有缺有不缺，似为康熙间所刻。若雍乾以后避讳之令已严，虽坊间草刻本恐亦不敢如是之随便矣。"

又有光绪二十一年上海书局石印本，三卷十二回，改题"绣像第三奇书玉鸳鸯"，藏中国国家图书馆。

24.《巫山十二峰》(《十二峰》)

《巫山十二峰》又名《十二峰》，清代小说，署名"心远主人"撰。此书在日本元禄年间已经流通，日本元禄间（1688~1703年）《舶载书目》著录，书首有"戊申巧夕西湖寒士序"，"戊申"当为康熙七年，说明成书于康熙初年。此书作者心远主人尚编有话本小说集《二刻醒世恒言》，大概为明末清初人。

《十二峰》讲述巫山有十二座山峰，由十二位仙女管理。灵虚真君被贬凡间投胎为明朝林尚书的公子，十二位仙女受牵连也遭贬，投胎为白尚书家十二位小姐。林公子和十二位小姐分别通过偶然机会得以相遇，留诗传情，十二位小姐盟誓共侍一夫。满清入侵，林尚书留守金陵，林公子状元及第，封大将军抗清，并迎娶十二位小姐。满清灭明朝，林公子与十二位夫人自杀殉国，同归天庭。

此书内容涉及十二女共侍一夫的情节，是明末清初典型的才子佳人结合艳情小说的模式。书中又有投胎转世、龙王搭救等荒诞情节，尤其是带有明显的反清政治倾向，敌视满清，不愿与满清新朝合作。这些内容都使《十二峰》成为禁书，同治七年四月丁日昌禁毁书目将其列入。

《巫山十二峰》未见其版本。

六、离经叛道：荒诞无稽类

1.《十二楼》

《十二楼》在顺治间原刊本题《觉世名言》，全书共三十八回。每回以联语标目。每卷为一篇小说，卷名都是三字标题，每卷分一、二、三、四、六回不等。此本署有"觉世稗官编次""睡乡祭酒批评"，首有"顺治戊戌（十五年）中秋日钟离濬水"序。其中觉世稗官是李渔，睡乡祭酒、钟离濬水是杜濬。李渔（1611～1680年），浙江兰溪人，原名仙侣，后改名渔，字谪凡，一字笠鸿，号笠翁、笠道人，也有署为新亭客樵、觉世稗官等。

李渔居杭州时创作了大量的戏曲和小说，其中包括《十二楼》，成书当在小说集《无声戏》之后，杜濬在本书第六卷中引《无声戏》第六回《男孟母教合三迁》的尤瑞郎事，就可以佐证。

《十二楼》全书每篇故事都讲述一座楼的故事，因此题书名"十二楼"。小说以自叙的方法讲述了不同的故事，但大多数故事都出自李渔自己的意构，如《十二楼》中除《归正楼》是由恒灯剪裁而成，《合影楼》在抄本未刻的《胡氏笔谈》的基础上写成，《鹤归楼》来源于段氏家中的《鹤归楼记》，其余九篇，都是作者根据生活编撰的。

小说《十二楼》在写法上依据戏曲的创作方法，以纤巧取胜，结构单纯，但由于作者偏重于情节，人物性格叙述不够丰满，缺乏深度。而且故事中展现的生活方式是传统生活的反叛，一些观念不被现实所接受，如龙阳之癖，千里镜偷窥，娶妻石女等。书中也涉及国破家亡百姓流离的惨遇，因而遭禁。道光十八年《计毁淫书目单》，道光二十四年浙江官员开列《应禁各种书目》，同治七年四月丁日昌禁毁书目，该书都名列其中。

《十二楼》有顺治十五年原刻本，书中题有标题"醒世恒言十二楼"，现藏于法国巴黎国家图书馆。

消闲居写刻本，有序，序末署有"顺治戊戌中秋日钟离溶水题于茶恩阁"，十二叶图。正文卷的卷首题有"十二楼"，署"觉世稗官编次""睡乡祭酒批评"。版心题卷名。正文半叶九行，每行十九字。此书现藏于中国社会科学院文学研究所、北京大学图书馆、吴晓铃、日本天理图书馆。

吴晓铃藏本，现有上海古籍出版社在《古本小说集成》中的影印本。

顺治十五年序刊本，为后修本，其版式行款同消闲居本，无图。现藏北京大学图书馆、法国巴黎国家图书馆。

经元升藏板本，为小本，书中无图，正文半叶九行，每行二十字。藏于中国国家图书馆、日本大阪府立图书馆朝日新闻文库。

乾隆五十五年重刊文宝堂刊本，无图，正文半叶十行，每行二十六字。藏于北京大学图书馆、天津图书馆、辽宁省图书馆、日本岛根大学金坂文库。

嘉庆五年重刊会成堂刊本六卷，大本，无图，正文半叶十行，行二十四字。藏中国国家图书馆、天津图书馆、北京大学图书馆、中国社会科学院文学研究所、山东大学图书馆、台湾大学图书馆、日本东京大学文学部、日本京都大学文学部、日本京都大学人文科学研究所、日本大阪府立图书馆、日本东京都立中央图书馆特别买上文库。此外还有宏道堂刊本、英秀堂刊本等。

嘉庆九年重刊宝宁堂刊本，无图，正文半叶九行，行二十字。藏北京大学图书馆、日本东京大学东洋文化研究所仓石文库。

文芸堂藏板写刻本，为小本，无图，正文半叶九行，每行二十字。现藏复旦大学图书馆。

广顺堂写刻本，小本，无图，正文半叶九行，每行二十字。现藏北京大学图书馆。

上海文宜书局石印本《绘图天缘巧配十二楼》。

2.《野叟曝言》

《野叟曝言》是清代的长篇小说，是一部包罗万象的封建社会的百科全书，也是一部宣教型的作品，有天下"第一奇书"之称。书中主人公文素臣是美德懿行的化身，道德的楷模，全书围绕他的发迹展开，熔古今中外，天文地理，医卜星象，帝王将相为一炉，历史小说、神魔小说、艳情小说、侠义小说为一体，被鲁迅誉为是"以小说见才学者"之首的小说。全书共一百五十四回，约一百四十万字。原本不题撰人。据光绪八年刻本的西岷山樵序，可知此书是出自"江阴夏先生"之手。

鲁迅在《中国小说史略》中引《江阴艺文志》的凡例，认为《野叟曝言》是夏敬渠所作。夏敬渠，字懋修，号二铭，江苏江阴人。著有《纲目举正》《浣玉轩诗文集》《唐诗臆解》《医学发蒙》《野叟曝言》等。生于康熙四十四年，卒于乾隆五十二年，享年八十三岁。《野叟曝言》约在夏敬渠七十五岁前后完成，也就是乾隆四十四年左右。最初以抄本流传，直到清代后期，清余治《得一录》载《计毁淫书目单》列《野叟曝言》，勒令"藏有此等板本者，务劝尽数交出"，因此，至少在道光、同治年间就有了刊本。

书中《凡例》道："书中间有秽亵，似非立言垂教之道。然统前后以观，而秽亵之中仍归劝诫，故亦存而不论。"本书序曰："其大旨以崇正辟邪为主，以智仁勇为用，以孝弟忠信、礼义廉耻为条目。其议论之精辟，叙事之奇诡，足以跨跞古今，倾倒一世，洵天下第一奇书也。或有以猥亵夸诞为此书病者，予应之曰：'正大者天理，猥亵者人情。天理即寓乎人情之中，非即人情而透辟之，即天理不能昌明至十二分也。'"此处明显为秽亵描写开脱。鲁迅《中国小说史略》评价道："（此书）与明人之神魔及才子佳人小说，面目似异，根柢实同，惟以异端易魔，以圣人易才子而已。意既夸诞，文复无味，殊不足以称艺文，但欲知当时理学家之心理，则于中颇可考见。"书中多有涉及淫秽描写和猥亵夸诞之处，以及一些污秽皇宫妃嫔的匪夷所思而且荒谬怪诞的情节，是此书遭禁的原因。道光十八年被《计毁淫书目单》录为淫书。

此书的版本有光绪四年戊寅抄本，全书一百五十四回。

光绪七年毗陵汇珍楼活字本，共二十卷，一百五十二回，与光绪四年抄本相比，缺了第三回和第四回的情节。版心上题有"第一奇书"，有光绪辛巳知不足斋主人序以及凡例。书中无图，在很多地方有双行夹批及回后总评。回目上标有一百五十二回，但正文实际上又缺了四回，在第一百三十二回有注说："以下四回原稿全缺。只录卷数回目，如俟觅得完璧补梓。"

光绪八年申报馆排印本，全书二十卷，一百五十四回，回目与光绪四年抄本相同，文字不缺，并补出了第三回和第四回两个章节。

3.《龙图公案》

《龙图公案》是明代的一部公案小说，又称《龙图神断公案》，全名为《京本通俗演义包龙图百家公案全传》，安遥时编，全书共十卷，有一百则故事，故事丰富多彩，主要讲述宋代包拯审案断狱的故事。今通行本有繁简本两种，繁本一百则，简本六十二则、六十三则、六十六则不等，序署"江左陶烺元乃斌父题于虎丘之悟石轩"。书中都有听五斋（或题李贽）的评语，大部分的故事抄自现成的公案小说，只将原书中的官员改成包公，文字稍作改动。从内容可知此书成书于明代公案诸书《百家公案》《廉明公案》《详刑公案》《律条公案》之后，但具体成书时间不详。

清代有说书艺人石玉昆，以说《龙图公案》闻名。石玉昆，字振之，天津人。在道光年间以唱单弦轰动一时，后人把他的表演记下来，题名为《龙图耳录》，后来的刊行本《龙图公案》与《龙图耳录》回目一样，文字上也没有太大的出入，都署名"石玉昆序"，或题为《三侠五义》，或名《忠烈侠义》。

石玉昆序的《龙图公案》(《三侠五义》)以包公审理恃强凌弱、谋财害命以及奸盗诈骗等案为基本内容，其中有些故事，判斩皇亲国戚，揭露土豪恶霸的狠毒，讥讽势利之徒，抨击科举试官等，塑造一代清官形象，并安排一群江湖侠士辅佐清官除暴安良，这些内容显然不被统治者所喜。又因《龙图公案》中的故事曲折生动，但全书题材冗杂，语言呆滞，多神灵显圣、鬼魂告状、鸟兽报恩之类的情节，使全书显得荒诞无稽。

后来被丁日昌所禁的《龙图公案》大概就是石玉昆作序的版本，即在明末《龙图公案》基础上改写、翻旧出新而作的《龙图耳录》和《三侠五义》。而明代《龙图公案》情节内容简单，只具有公案故事的雏形，况且清代前期至道光年间的大规模禁书都未提及《龙图公案》，而此书被禁是在同治七年四月，这时清代《龙图公案》非常流行，可见禁书不是针对明代版本。当然，明清两种《龙图公案》具有传承发展的关系，不能完全割裂。

明代《龙图公案》现存版本有陶烺元序《包龙图神断公案》本，全书十卷一百则。首叶上题有"包龙图神断公案序"，末署"江左陶烺元乃斌父题于虎丘之悟石轩"，目录叶题"新评龙图神断公案"，图十幅，正文半叶九行，每行十九字，有眉批和听五斋评语。藏于中国社会科学院文学研究所，日本东京大学东洋文化研究所仓石文库。

益智堂写刻本《绘像龙图公案》五卷一百则。内封框内大字题"绘像龙图公案"，右栏题"听五斋先生评定"，左栏题"新增百案"，署"益智堂梓行"，首有"龙图公案序"，末署"江左陶烺元乃斌父题于虎丘之悟石轩"，目录叶题有"龙图公案对偶目次"，署"听五斋评点"。图五叶，十幅插图，正文写刻，半叶十三行，每行二十八字。现在日本内阁文库、日本天理图书馆、日本东北大学图书馆狩野文库都有藏本。

金阊种书堂刊，八卷一百则本，内封题"金阊种书堂校梓"，图五叶共十幅，正文半叶十行，行二十二字。

敬业堂藏板本，八卷一百则。书中题名为"百断奇观绣像龙图公案"，正文半叶十二行，行二十六字。现藏韩国高丽大学图书馆六堂文库。

两余堂刊本，八卷一百则。朝鲜景宗一年（清康熙六十年）刊《五伦全备谚解》引用书目中著录有《龙图公案》，说明此前《龙图公案》已经传入朝鲜。现藏韩国成均馆大学图书馆。

乾隆四美堂《龙图公案》，十卷一百则本。内封题"姑苏原板"，"李卓吾先生评"，"绣像龙图公案"，"四美堂梓行"。首有"龙图公案序"，末署"江左陶烺元乃斌父题于虎丘之悟石轩"，版心下署"种书堂梓"，图五叶十幅，正文半叶十行，每行二十二字。现被国内外多家图书馆收藏。

嘉庆十四年序刊三让堂藏板本，十卷一百则。内封中题字"龙图公案"，"包孝肃公百断"，"三让堂藏板"，首叙末署"嘉庆十四年戊辰春月孝冈李西桥题"，正文半叶十一行，行二十六字。

同治十三年即墨庄藏板本，全书五卷一百则。内封中栏题有大字"绣像龙图公案"，右栏题"同治甲戌年孟春重新镌"，署"姑苏原本"。正文半叶十二行，每行二十八字。

一百则的版本还有：贵文堂刊本、天德堂刊本、嘉庆十三年序刊藻文堂板本、务本堂重刊本、嘉庆十五年增美堂藏板本、嘉庆二十一年一经堂刊本、嘉庆年间两余堂刊本、同治七年维经堂藏板本、敬书堂刊本、光绪十八年潍阳成文信记刊本等。

六十二则版本有：乾隆四十年书业堂藏板本、道光二十九年三让堂刊本、光绪十六年三余堂刊本等。

卷数不详的版本有：乾隆二十七年文益斋藏板本、嘉庆间大文堂刊本、嘉庆十三年序刊经文堂刊本、道光二十三年重刊藜照楼刊本、文德堂刊本、文华楼刊本、光绪十九年以文堂刊本等。

清代《龙图公案》(《三侠五义》《忠烈侠义》)现存版本：

光绪五年北京聚珍堂活字本《忠烈侠义传》，不分卷一百二十回。首有序文三篇：问竹主人忠烈侠义传序、退思主人序、入迷道人序，均署光绪己卯（五年），正文半叶十行，行二十二字。

光绪八年活字本，改题《三侠五义》。

光绪九年文雅斋覆刻本《三侠五义》。

光绪十五年俞樾序本，改题《七侠五义》，增补第一回内容。

光绪十六年上海广百宋斋印本《七侠五义》，署"旧题石玉昆述"，"曲园重定"，"光绪庚寅仲夏广百宋斋校印"，首有"重编七侠五义传序"，末署"光绪己丑七月既望曲园居士俞樾书"，正文半叶十七行，行三十二字。

4.《品花宝鉴》

《品花宝鉴》是中国近代的一部狭邪小说，开启了近代狭邪小说的先河。《品花宝鉴》又名《怡情佚史》，亦题《群花宝鉴》，全书共六十回。全书以清代乾隆时期京师朝贵名公的狎优生活为背景，以青年公子梅子玉和男伶杜琴言的同性恋爱为中心线索，描写了所谓"情之正者"与"情之淫者"两种人，反映一种病态生活的现实，以寓劝惩之意。作者陈森（约1797~1870年），字少逸，江苏常州人。他科举不得意，在道光年间寓居北京，熟悉梨园旧事，于是以清代乾隆、嘉庆中优伶生活为题材，写出《品花宝鉴》前三十回。后在道光二十九年写成全书，以抄本行世。

此书在笔法上明显模仿《红楼梦》，卧云轩老人题词有"闺阁风流迥出群，美人名士斗诗文，从前争说《红楼》艳，更比《红楼》艳十分"的评语。书中多隐晦之处，并有大量的描写清乾隆、嘉庆年间，京城中"狎优之风冠绝天下，朝贵名公，不相避忌，互成惯俗"的风气，揭露乾嘉时期上层社会好尚男风，狎玩优伶的病态现象和腐败风气，遭到统治者的查禁，在同治七年四月被丁日昌列入禁毁书目。

此书版本有道光己酉年刊本，正文半叶八行，每行二十二字，首有作者自序和幻中了幻居士序，署"戊申年十月幻中了幻斋开雕，己酉四月工竣"。

宣统元年幻中了幻斋刊本。

上海申报馆铅印本。

光绪三十一年上海书局石印本。

民国元年石印本，六卷，改题名《燕京评花录》。

民国石印本，改题名《怡情佚史》。

5.《绿野仙踪》

《绿野仙踪》是乾隆年间一部熔铸神魔、武侠、世情小说为一体的小说。今存百回抄本和八十回刻本，其作者为李百川，生平事迹不详，书前有作者自序，从自序中得知，作者生于康熙五十八年左右，卒于乾隆三十六年，于乾隆十八年开始创作《绿野仙踪》三十回，至乾隆二十七年完成，最初此书是以百回抄本流传，直到道光十年才付刻印行，而刻本为八十回。虽抄本与刻本相差二十回，但故事情节大体相同。刻本是将抄本压缩删节并进行修饰之后才形成的。因此有人推测八十回很可能是作者的定本。

此书因过多描述神魔怪诞，荒谬不堪，主人公访道成仙，度人济世，涉及宣扬清代民间宗教，为统治者所忌讳。书中又有描写官场黑暗，吏制腐败等现实生活情节，并有部分淫秽色情描写，故同治七年四月丁日昌禁毁书目列入其中。

此书版本有道光十年刊本，是今存较多的最早的八十回刻本，此本内封框外上端横题"道光十年新镌"，框内题"绣像绿野仙踪全传"。有图八叶，半叶为一人绣像及图赞，正文半叶九行，每行二十一字。书首有陶家鹤、侯定超序。现南京师范大学图书馆、英国博物院、吴晓铃都有藏。

道光二十年少映雪山房藏板本。

道光二十年武昌聚英堂刊本。

光绪七年宝善堂藏板本。

光绪十二年上海书局石印本。

光绪二十年上海书局石印本。

光绪二十一年重庆集谊会刊本，以及京都敬业堂藏板本、艺林山房藏板本等等。

此书另有抄本五种：北京大学图书馆藏本、中国国家图书馆藏本、中国社会科学院语言研究所藏本、美国俄亥俄大学图书馆藏本、吴晓铃藏残本（仅存上函前五十回）。

6.《八段锦》（非讲玄门者）

《八段锦》清代话本小说，是由八段故事构成，写的是八种劝诫，每段故事都能独立成篇，彼此之间没有太大的联系，这八篇作品基本上都是从明末清初话本小说集中选出来的，将其中人名略加改动，情节稍作删减和改动。书中题有"醒世居士编辑"，"樵叟参订"。可知作者为醒世居士，但其姓名未详，此书当成于清代中期或以前。

"八段锦"原本为古代一种健身术，书借此名宣称本书有益于身心。其每段故事之前会先列三字总题，再列一联对语作回目，然后叙述故事情节，有似短篇小说集的样式。此书书目中所列的八个总题分别为："惩贪色""戒惧内""赌妻子""对不如""徼容娶""悔嗜酒""戒浪嘴""蓄寡妇"等。

此书描写男女恋情时，多有猥亵文字，略显淫秽，又宣扬佛教因果报应，因此遭禁毁。刘廷玑在《在园杂志》卷二中说："悉当碎枣梨，遍取已印行世者，尽付烛龙一炬。"自道光年间起，历次禁书都把这本书列入禁目。在道光十八年被《计毁淫书目单》录为淫书，道光二十四年浙江官员开列入《应禁各种书目》，同治七年四月江苏巡抚丁日昌列本书于查禁书目中。由于晚清市面上亦有一种玄门八段锦健身术，为了与禁毁小说进行区分，禁毁书目中特别标注"《八段锦》（非讲玄门者）"。

此书现存醉月楼刊本。内封有"新编八段锦""醉月楼梓"字样，目录叶题"新镌小说八段锦"，署"醒世居士编辑，樵叟参订"。正文卷端题有"新镌小说八段锦"，版心题"八段锦"。书中无序跋、无图像，正文半叶十行，每行二十六字，行款紧密不疏朗，字迹模糊不清之处很多。第二段中有三条对书中人物的夹批，评者不知。藏于北京大学图书馆。上海古籍出版社《古本小说集成》中有其影印本。

7. 《石点头》

《石点头》又名《醒世第二奇书》，是明代的拟话本集，全书十四卷，每卷有小说一篇，共十四篇。小说题材的来源，或为摭拾旧闻，或改编历史故事，或将野史笔记敷衍成篇，主旨宣扬忠孝节义、封建伦理道德，有劝世说教之意。目录叶题"天然痴叟著"，作者生平事迹不详。书中还有龙子犹（冯梦龙）序，又有"墨憨主人"冯梦龙评。《石点头》成书在冯梦龙"三言"之后，约为崇祯初年，最初由金阊叶敬池刊刻。

《石点头》一书多载野史，有少数故事反映了官场的黑暗，暴露抨击社会弊端，自清道光十八年以来，一直被列入淫词小说禁目中。

道光十八年《计毁淫书目单》，道光二十四年浙江官员开列《应禁各种书目》，同治七年四月丁日昌禁毁书目都有此书之名。

现存崇祯间金阊叶敬池刊本，内封框上横题"绣像传奇"，框内中栏题"石点头"，右栏题"墨憨斋评"，左栏署"金阊叶敬池梓"。首有龙子犹（即冯梦龙）序，末署"古吴龙子犹撰"。目录叶题"石点头"，署"天然痴叟著""墨憨主人评"。文中有图十四叶，正文有眉评，正文半叶九行，每行二十字。藏中国国家图书馆、首都图书馆、大连图书馆、日本东京大学东洋文化研究所、日本京都大学人文科学研究所、日本东京大学图书馆、日本天理图书馆、日本大阪天满宫御文库。

带月楼刊本，无图，正文半叶十一行，行二十二字，藏北京大学图书馆、天津图书馆。

同人堂刊本，书中无图，正文半叶十一行，行二十二字，藏北京大学图书馆、中国社会科学院文学研究所、日本东京大学东洋文化研究所仓石文库、日本京都大学文学部、日本天理图书馆。

敬书堂刊本，内封框上题"新刻传奇"，框内中栏题"石点头"，右栏题"墨憨主人评"，左栏署"敬书堂梓"。书中无图，正文半叶十一行，每行二十二字，藏荷兰莱顿大学汉学研究院、美国哈佛大学燕京学社汉和图书馆、日本广岛大学文学部。

道光四年叙府竹春堂藏版本，全书六卷十四回，正文半叶十二行，每行二十四字，藏中国国家图书馆、天津图书馆、北京大学图书馆、日本天理图书馆、日本大谷大学图书馆。

光绪间石印本，书中题"醒世第二奇书"。

8. 《今古奇观》（抽禁）

《今古奇观》是明末的一部话本集，署名抱瓮老人辑，其故事多从"三言""二拍"中选录，汇集了明代社会中广泛流传的各种传奇轶事掌故趣闻。书中以淫文载正道，奇书鉴真情，共选入了四十篇故事，其中八篇选自冯梦龙编纂的《喻世明言》，十篇选自《警世通言》，十一篇选自《醒世恒言》，八篇选自凌濛初的《拍案惊奇》，三篇选自《二刻拍案惊奇》。最早的刊本出现在崇祯五年《二刻拍案惊奇》发行后至崇祯十七年之间。

由于《今古奇观》是白话短篇小说集，内容驳杂丰富，除了一些优秀动人的市井故事之外，还有大量的男女风月之情的露骨描写，因而屡遭查禁，长期以来被统治阶级列为禁书。此书在清代的禁书目中标明是"抽禁"书目，禁毁的内容多是荒诞不经的神仙故事，农民起义斗争，女扮男装有碍风化之事，或有辱骂皇帝诋毁朝廷的言语，这些内容为统治者所不容，故被划入抽禁之列。道光十八年《计毁淫书目单》，道光二十四年浙江官员开列《应禁各种书目》，同治七年四月丁日昌禁毁书目，都列有此书。

此书现存锦心斋刊，此本从《今古奇观》四十回本中选出了二十回刊出，其余皆删除，被删的部分则都是遭禁毁的内容。

吴郡宝翰楼刊本，明末的早期刊本，书中题"抱瓮老人订定"，内封有"墨憨斋手定"，序中有"皇明"二字另行顶格，每篇有眉批，图四十幅，正文半叶十行，行二十字。藏于法国巴黎国家图书馆。

国内藏早期刊本有上海图书馆藏本，此本刊行于明末或明末清初，内封已佚，不知刊刻堂名，书前有"姑苏笑花主人题"的序，题"姑苏抱瓮老人辑，笑花主人阅"，序中"皇明"二字另行顶格，书中有插图八十幅，为上下两截板。笑花主人的真实姓名无可考，但可知他与抱瓮老人、冯梦龙、凌濛初等人都是江浙一带的人。

同文堂刻本，全书四十卷。

清同治六年刻本，共十卷四十回。

清光绪十二年聚元堂刻本，为四十卷。

此外还有，上海广雅书局石印全图足本、上海亚东图书馆民国三十八年铅印本、上海尚古山房铅印本、上海六达图书供应社铅印本等。

9.《拍案惊奇》

《拍案惊奇》为明代的一部话本小说专集，全书四十卷，每卷一篇小说，共有小说四十篇。作者凌濛初（1580~1644年），字玄房，号初成,亦名凌波,别号"即空观主人",浙江乌程(今属浙江湖州)人。《拍案惊奇》是步冯梦龙"三言"后尘之作,此书创作于天启七年,当时凌濛初正处于科场失意之时。次年即崇祯元年由尚友堂刊刻问世。

书中表露反传统的婚姻恋爱观念,对情欲的描写大胆放纵,批判社会黑暗,挖苦假道学,讽刺攻击为富不仁的士子官僚,也有一些淫秽描写和荒诞不经的情节,故而道光十八年《计毁淫书目单》,道光二十四年浙江官员开列《应禁各种书目》,此书均列入其中。

现存版本有崇祯元年尚友堂原刊本,全书四十卷。内封框内中栏大字题"拍案惊奇",右栏题"即空观评阅出像小说",左栏有识语,书的卷首有《拍案惊奇序》,署"即空观主人题于浮樽",序文版心题"惊奇序"。次为《拍案惊奇凡例》五则,题有"崇祯戊辰初冬即空观主人识",目录叶题"拍案惊奇"。文中有图八十幅,共四十叶,即每卷插图二幅。正文半叶十行,行二十字,但缺卷十二第十四叶、卷三十五第八叶。文中有眉批、行侧小字批一千余条。版心题"拍案惊奇",下署"尚友堂",藏日本日光轮王寺慈眼堂,有中华书局《古本小说丛刊》影印本。

本衙藏板覆尚友堂刊本,全书三十九卷,内封框上横书"初刻",框内中栏大字题"拍案惊奇",右栏题"即空观主人手定",左栏署"本衙藏板翻刻必究"。首有《拍案惊奇序》,末署"即空观主人题于浮樽"。次《拍案惊奇凡例》(计五则),末署"崇祯戊辰初冬即空观主人识"。目录叶题"拍案惊奇"。书中有图三十叶共六十幅。藏日本广岛大学文学部,有上海古籍出版社1985年影印本。

金阊藏板(东溪)覆尚友堂刊本,全书三十六卷,为原书的前三十六篇,图三十六叶,文中使用了尚友堂板片的一部分,现藏日本佐伯文库、北京大学图书馆。

富文堂藏板覆尚友堂刊本,全书三十六卷,藏英国皇家亚洲学会。

消闲居刊本,全书三十六卷,图三十六叶,正文半叶十一行,每行二十四字。

苏州松鹤斋藏板本，为清刊本，全书三十六卷，无图，正文半叶十二行，每行二十五字。

苏州万元楼刊本，为清刊本，全书三十六卷，无图，正文半叶十二行，每行二十五字。

乾隆四十九年聚锦堂刊本，全书三十六卷，正文半叶十二行，每行二十五字。

道光十六年启元松藏板本，三十六卷，正文半叶十二行，每行二十五字。

此外，三十六卷本还有鳢飞堂藏板本、同文堂刊本、万轴楼刊本、文秀堂刊本。

十八卷本（三十六篇）的有嘉庆二十一年书业堂刊本、同人堂刊本、消闲居精刊本等。

敬业堂藏板本，共九卷三十五回。

光绪二十三年烟台成文信刊本，全书八卷二十二回。

长春阁刊本。

10.《五色石》

《五色石》是一部话本小说专集，共八卷，每卷讲述一个故事。书中题"笔炼阁编述"，自序署"笔炼阁主人题于白云深处"。因《禁书总目》有"徐述夔《五色石》"，故而疑"笔炼阁主人"即为徐述夔。乾隆年间两江总督萨载奏缴十二种书中有十种徐述夔著作，其中有《五色石传奇》。徐述夔原名赓雅，字孝文，江苏扬州府东台县拼茶场人，乾隆戊午（三年）举人，生于康熙四十年，卒于乾隆二十七、二十八年间。徐述夔获罪，据乾隆四十三年十一月大学士阿桂等奏折，因其"诗集、讲义等书，敢将逆犯吕留良业经销毁邪说，引为宗据"，并从他的诗句中索隐出反满意识。

此书现存清前期写刻本，全称《笔炼阁编述五色石》，首序末署"笔炼阁主人题于白云深处"。图三幅，正文半叶九行，行二十字。藏大连图书馆。此本有上海古籍出版社《古本小说集成》影印本。

日本刊本。题"笔炼阁主人编述"。首有二序，一署"笔炼阁主人题于白云深处"，一署"抚松居士识"。卷首署"服部诚一评点"。

本衙藏板本，仅《五色石》卷一至卷四，改题《遍地金》，藏大连图书馆。

紫云阁刊本，仅《五色石》卷五至卷八，改题《补天石》，藏北京大学图书馆（马廉旧藏）。

11.《宜春香质》

《宜春香质》全称为《新镌绣像批评宜春香质》，或称《笔耕山房宜春香质》，书中内容以男性同性恋为题材，分风花雪月四集，每集五回，各演一故事，全书二十回，"醉西湖心月主人著""且笑庄芙蓉僻者评""般若天不不山人参"。《宜春香质》花集写到铁一心因辽阳失陷而避地山东的故事，据计六奇《明季北略》卷二云："天启元年三月二十日，辽阳陷。"可推断此书的故事，应当写于天启以后，书中写到的一些故事，是在明朝时才能见到的现象，因此写作时明仍未亡。其月集第四回有芙蓉僻者回末评语，其中提到的平房灭寇的事迹，为明末的情况。因此可推测《宜春香质》为崇祯末年所作。书中所提到的醉西湖心月主人，是明末杭州笔耕山房书肆的老板。

《宜春香质》自刊印以来就被认为是淫秽小说，刘廷玑《在园杂志》中评点此小说，提到《宜春香质》被焚毁，是大快人心之事。道光十八年《计毁淫书目单》录其为淫书，道光二十四年浙江湖州知府禁淫词小说书目、苏郡设局收毁淫书公启、同治七年）江苏巡抚丁日昌查禁淫词小说书目皆列《宜春香质》，可见此书在清代十分盛行。

此书现存明崇祯间笔耕山房刊本，目录题有"新镌绣像批评宜春香质"，卷首题"笔耕山房宜春香质"，署"醉西湖心月主人著，且笑庄芙蓉僻者评，般若天不不山人参"。书前有图，回后有自评及芙蓉僻者，般若天不不山人评。此书的各回有一叶两面的插图，全书有插图二十叶四十面。书中插图为项南洲作品，项南洲是明末杭州地区名刻工，此书正文半叶八行，每行十八字。此书有行间夹注回末总批，回末批较正文低一格，其表明主要的评者为芙蓉主人、不不山人等，其中有作者的"自评"。此本现藏日本天理图书馆。

马廉原藏本，各集的正文首叶有"不登大雅之堂"阴文方章，风集首叶有"隅卿藏珍本小说戏曲"的阳文方章。其中的"隅卿"指的是马廉的字，"不登大雅之堂"是其藏书的书室名，最早藏于北京大学图书馆，后流落日本，现藏于日本天理大学图书馆。

天理藏本，其中缺雪集的第五回、月集的第三至五回的书前存图十六叶。

吴晓铃藏行款同刊抄本及周绍良藏抄本（现存天津图书馆），都是根据刊本影抄而来，其中马氏本残缺的地方，抄本中都将其空出，难免会出现不同之处。然影抄本较刊本清晰，在马氏本未流入日本之前就已抄出。

中国国家图书馆藏有的旧刊本，在孙楷第的《中国通俗小说书目》中有记载，此本有图，正文半叶九行，每行十八字。

12.《弁而钗》

《弁而钗》四卷二十回，题"醉西湖心月主人著，奈何天呵呵道人评"。作者与评者均不可考。《弁而钗》全称为《醉西湖心月主人编弁而钗》，分《情贞纪》《情侠纪》《情烈纪》《情奇纪》四纪，每纪各五回，演一故事，全书计二十回。作者"醉西湖心月主人"，另作有小说《宜春香质》，亦为笔耕山房所刊。笔耕山房另刊小说《醋葫芦》，署"西子湖伏雌教主编""且笑庄芙蓉癖者评"。"且笑庄芙蓉癖者"亦为《宜春香质》之评者，《醋葫芦》序署"笔耕山房醉西湖心月主人题"，醉西湖心月主人极可能为笔耕山房主人。笔耕山房所出三书皆在崇祯年间。《醋葫芦》第四回且附录"己卯花朝"所作诗，知其刊行当在崇祯十二年之后。《弁而钗》四则故事中，三个明指发生于"国朝"，《情侠纪》第二回末何抚台告王飞豹"此去援辽，剿退囚虏，恢复辽阳，封侯指日可得"云云，知写于辽阳既陷之后，即天启元年之后。《情奇纪》第五回末玉华真人言及国事，谓"开元、广宁、辽阳一带，将来多事"。言及内事，"虽有八千女鬼，无能为也"。作者在书尾谓"未几而开元、广宁、辽阳俱陷焉。八千女鬼却应在魏忠贤魏字上"。辽东为满洲所陷,是天启年间事,魏忠贤事发,则为崇祯即位之后。知书写于崇祯年间。按此书"由"皆作"爵",避崇祯讳。

《弁而钗》与《宜春香质》一样,都是以龙阳为主要描写对象的,二者的不同之处在于,《宜春香质》虽有少许对龙阳的赞赏之情,但从总体上看是采取批判态度的,其中几个故事也都是将龙阳作为反面角色来塑造。而《弁而钗》则一反《宜春香质》中的立场,同情同性恋者,并且认为在他们之间也存在真正的情感,作者将各卷题目标以"贞、侠、烈、奇",本身就表明了作者认同这种情感的态度。作者借故事中人物风翔的话说:"情之所钟,正在我辈。今日之事,论理自是不该,论情则男可女,女亦可男,可以由生而之死,亦可以自死而之生。局于女男死生之说者,皆非情之至也"。

除了表现同性之间的恋情之外,书中大量描写关于同性男子淫秽场面,趣味低俗淫秽,故而被禁。道光十八年《计毁淫书目单》,道光二十四年浙江官员开列《应禁各种书目》,同治七年四月丁日昌禁毁书目均将此书列入其中。这类以龙阳为题材的作品在明末还有一些,如《龙阳逸史》等,均为当局所禁,刘廷玑在《在园杂志》中载:"更甚而下者,《宜春香质》《弁而钗》《龙阳逸史》,悉当斧碎梨枣,遍取已印行者,付烛龙一炬,庶快人心。"但是这一类书还是对后世产生了很大影响,清代的《品花宝鉴》《花月痕》等小说就是以此发展而来的。

现存《弁而钗》有笔耕山房刊本,无序,正文卷端题"笔耕山房弁而钗",有图三十幅,全书分四集,分别冠以"情贞记""情侠记""情烈记""情奇记"之名,每集五回,原藏北平图书馆,现藏台北"故宫博物院"图书馆。此版本另有马廉藏本,后归北京大学图书馆。

日本东京都立中央图书馆文库藏有《弁而钗》序目及图十七叶。

阿英旧藏残本,存《情烈纪》《情侠纪》及图四叶,阿英藏书散失,此残本亦不明下落。

郑振铎原藏《弁而钗》,现藏中国国家图书馆。

故宫藏刊本无序，有"醉西湖心月主人编弃而钗目录"，分列四纪各回回目，次插图，每纪四叶，计十六叶，前图后题，置书前。正文半叶九行，行十八字。偶有增字时则双行刻印，如批注形式，然每二字一格，亦有不规范处。有很多行间夹批，大部分回有回末评，署"呵呵道人评"或"自评"。本书间有缺叶。

13.《锦绣衣》

《锦绣衣》，清代小说集，编撰者"萧湘迷津渡者"，真实姓名不详。中国社会科学院文学研究所藏《换嫁衣》题"纸上春台第三戏新小说锦绣衣第一戏"，《换嫁衣》是小说集《锦绣衣》中的一种，除此之外还有《都是幻》《笔梨园》等。书中回末题"欲知后事，且看下文演出"，将小说作品当做案头戏曲，正文首题"纸上春台"，"春台"为春季祈农祥之戏，于旷野搭台演出，称"春台戏"，日本《舶载书目》元禄间（1688～1703年）著录《纸上春台》，当为《锦绣衣》此书，可证在康熙前期已经成书。

书中描绘市井生活，多写男女情爱，被列为禁书。道光十八年《计毁淫书目单》，道光二十四年浙江官员开列《应禁各种书目》，同治七年四月丁日昌禁毁书目均列入《锦绣衣》。

现存孤本为清代写刻本，藏中国社会科学院文学研究所。

七、文言小说禁书

1.《虞初新志》

《虞初新志》是一部文言短篇小说集。由清初张潮编辑，书中搜集明末清初人的文章汇为一编，共二十卷。编著者张潮，字山来，新安人。张潮生活于康熙年间，书中洋溢着具有时代悲剧的民族情绪。除编《虞初新志》外，张潮尚著有《幽梦影》《花鸟春秋》《补花底拾遗》等，主持编辑刊刻《昭代丛书》《檀几丛书》等。小说以"虞初"命名，始见于班固《汉书·艺文志》所载的《虞初周说》，后又出现《虞初志》《续虞初志》《广虞初志》《虞初续志》等短篇小说选集。

《虞初新志》收有钱谦益的《徐霞客传》和《书郑仰田事》两篇，吴伟业的《柳敬亭传》和《张南垣传》两篇，而钱谦益、吴伟业被乾隆帝指为贰臣，其著作应一律销毁。于是乾隆四十三年被江宁布政使刊《违碍书籍目录》列为禁书，乾隆四十四年四月，江西巡抚郝硕奏缴《虞初新志》："内有钱谦益吴伟业著作，应铲除，抽禁。"故被列为禁书，乾隆四十五年被暂署两江总督列为续缴应禁书籍之一。但因其本身并不是一部抒发政治情感的小说集，在查禁中只被做抽毁处理。后在乾隆嘉庆年间又有大量模仿它编成的小说集，虽处于禁书高峰时期，这些作者也没有受到政治迫害。

《虞初新志》现存康熙原刊本，书前有自叙，末署"康熙癸亥新秋心斋张潮撰"。康熙癸亥为康熙二十二年，书中有凡例十则，末署"心斋主人识于广陵之诒清堂"。卷前题"新安张潮山来辑"，书末有跋，署"康熙庚辰初夏三在道人张潮识"，从跋中可知此书始辑于康熙二十二年，竣事于康熙三十九年。

又有乾隆年间刊本。

2.《孤树裒谈》

《孤树裒谈》是明代文言小说丛抄，作者李默。《四库全书》小说家类存目录入《孤树裒谈》，评价为"例则编年，体则小说"。《孤树裒谈》中引用大量的资料而且"所引用群书凡三十种"，可以算作是一部有资考证的书籍。

《孤树裒谈》在禁书期间因其内容"录有明事迹"，多次被地方官员列入禁毁书目。《纂修四库全书档案》载，乾隆三十九年，江苏巡抚萨载查办违碍书籍奏折中说："……又《辽金小史》《酌中志》《孤树裒谈》《苍霞草》《吾学编》五种，亦有妄诞字句。……奏请销毁，以期净尽。"乾隆四十年，被江苏巡抚萨载列入应毁书籍清单。乾隆四十一年，两江总督高晋续解违碍书籍奏折中，《孤树裒谈》列为应毁书籍。乾隆四十一年，又在萨载的续缴违碍书籍奏折中，列入应毁书籍。乾隆四十二年五月，在两江总督高晋的续解违碍书籍奏折中，列入应毁书籍。乾隆四十三年，闽浙总督钟音查缴应销各书奏折中，被列入应毁书籍。乾隆四十四年，在江苏巡抚杨魁的续缴应毁书籍奏折中，又入应毁书籍之列。乾隆四十四年，山东巡抚国泰汇解违碍书籍奏折中，列为应毁书籍。乾隆四十六年，两江总督萨载奏缴书籍奏折，再次列为应毁书籍。

《孤树裒谈》，虽多次被列入禁毁书目中，但并未遭到禁毁，最根本原因是这本书虽看上去像是史书，但他实际上是古小说体制，"大抵皆委巷之谈"。《四库全书》小说家类存目收录了《孤树裒谈》，总目提要中评价这本书："是书录有明事迹，起自洪武，迄于正德，所引用群书凡三十种，例则编年，体则小说，大抵皆委巷之谈。"这些评价看似轻视，却让《孤树裒谈》得以保存，没有遭受销毁。

现存明嘉靖原刊本《孤树裒谈》十卷，题李默撰。

又有明万历年间游朴重刻本，五卷，书前有游朴序，称作者李默字古冲，福宁人，曾任广东巡盐使。

又有《续说郛》收录《孤树裒谈》一卷，为摘录本。

3.《觚剩》

清代文言小说《觚剩》，作者钮琇，康熙时期的贡生，官至知县，颇有政声。《四库全书》小说家类存目中收录《觚剩》八卷和《觚剩续编》四卷，共十二卷。

《觚剩》主要描写了明清之际的社会状况和奇闻逸事，但其中写到钱谦益和柳如是的故事时，"内多违悖"，因此遭禁。又因乾隆皇帝对钱谦益极为反感，而此书有记载钱谦益的事迹和与他有关的诗文，而遭到了禁毁。乾隆四十四年，江西巡抚郝硕奏缴书籍奏折中将其列为应毁书目。乾隆四十六年，江西巡抚郝硕的解毁书籍奏折中再次被列入应毁书目。乾隆四十七年二月，闽浙总督陈辉祖缴应禁书籍奏折中，列《觚剩》和《觚剩续编》为应毁书目。乾隆四十七年八月，《觚剩》在闽浙总督陈辉祖的第二十二次缴应禁书籍奏折中列为应毁书目。乾隆五十四年，浙江巡抚琅玕奏呈查缴禁书清单，列其为应毁书目。乾隆五十五年，浙江巡抚琅玕的查缴违碍书籍奏折又列为应毁书目。

《觚剩》中虽记录了明清之际奇闻逸事，但并未宣扬反清思想，对满清统治并未造成负面影响。因此虽被列入"禁书"送至乾隆帝处御批时，却得以保全，在删除其中与钱谦益有关内容后，收录《四库全书》存目。总目提要论《觚剩》："叙述是编，幽艳凄动，有唐人小说之遗。"

《觚剩》最早的版本是康熙四十一年临野堂刻本，为足本。

又有《说铃》本节录一卷。

晚清有《笔记小说大观》本。

4.《解人颐》

《解人颐》是清代一部类书性质的文言杂编。作者是钱德苍，字沛恩，号慎斋，江苏长洲人，生平不详。书前有作者的自序，篇末署"乾隆二十年前孟春上浣长洲钱德苍沛思氏书于宝仁书屋"。据此可推断，《解人颐》一书大约刊刻于乾嘉年间。

《解人颐》一书共计八卷二十四集，里面收录的都是箴言、格言、诗词、歌赋，也有少量的趣谈、谜语、笑话等，中间又夹杂着一些戏谑、笑谈等，内容以治国齐家、修身养性以及陶冶情操为主。本书在分类上也没有固定的标准，每集的部分内容在性质上有相似之处。书从序言到内容都经过了作者的精心选择。小说有序言："坊本向有《解人颐》初集、二集，搜索古今，摭拾厄辞，最脍炙人口，诵其歌咏，深可感发人心，洗涤尘臆。观其谈谐，真堪抚事捧腹，悦性怡情。胡子澹庵病其赘疣重复，玉石浑收，已从而删繁就简，都为一集，名之曰新。今予不揣愚陋，复为去陈集新，又从而广益之。"由此可知，在这本书之前，《解人颐》至少还写有初集、二集，以及《新订解人颐》三部书，但如今都不得见，不知是否还存于世。但由此可知本书最初的编撰者并非钱德苍，或者并非钱德苍一人编撰。

此书的内容既无政治反叛的煽动，又无荒诞淫秽的描写，郑弘烈序称："然则《解人颐》之书尚矣，其脍炙人口者有年，予之佩服于心者亦匪朝夕。自《初集》《二集》，历观悉览，诵读咏歌，俱言性命，嬉笑怒骂，皆成文章，最足兴感人意。"此书违碍之处大概在于"嬉笑怒骂"，道光十八年《计毁淫书目单》，道光二十四年浙江官员开列《应禁各种书目》，同治七年四月丁日昌禁毁书目，都将此书收入了禁毁小说书目之中。清廷禁毁本书的初衷，已不得而知。也有人怀疑另有一种《解人颐》，但至今无人见到。

现存世有乾嘉年间旧刊本，卷首题有"新订解人颐广集"，书内目录署有"云溪胡澹庵定本，吴门钱慎斋重增订"，正文前题写"吴门钱德苍沛恩氏重订"。

又有顺治、康熙年间《解人颐二集》残本，存卷七至卷十二，巾箱写刻本，署"宝稽堂闲居偶录解人颐二集"，各卷署名"鉴湖钓叟赵恬养涉笔"。

5.《笑林广记》

《新镌笑林广记》又名《笑林广记》，是清代署名游戏主人收集而成的文言故事集，其真实姓名不详。全书分十二部，每部都有自己独特的主题，内容上主要为古艳、腐流、术业、形体、殊禀、闺风、世讳、僧道、贪吝、贫窭、讥刺、谬误十二部分。其语言风趣，文字简练隽秀，表现手法成熟。书中主要内容可分为四类：一是讥讽贪官昏官，二是讽刺庸医误人，三是嘲笑秀才迂腐无用，四是低级庸俗的市井笑料。《笑林广记》的素材，或选自其他的书籍，或编者自行撰稿。此书以短小精悍的形式为主，据周作人的《苦茶庵笑话选》（北新版）考证，《笑林广记》一书的内容多是从冯梦龙《笑府》、李卓吾《笑倒》、石天基《笑得好》等书中选辑出来的。

《笑林广记》对芸芸众生里常见的贪淫、鄙吝、虚伪、昏昧、失言、惧内等现象，多所嘲讽，但也多挖苦戏弄某些生理有缺陷的人，书中偶尔也有一些黄色笑话。整体而言，此书扣紧社会动脉，全面显示了平民的日常生活，呈显民间风俗，对世态人情充满讥讽，多使用实录的手法，也有很多夸诞描写。

清代时笑话类的书并没有遭到禁止，但是因为《笑林广记》书中的某些笑话谈论男女私情之事，涉嫌低级趣味，在《笑林广记》中，这种隐晦的内容，在"闺风部""贪吝部""殊禀部"中随处可见，而且多有讽刺官僚和读书人的戏谑笑话，因此此书遭到禁毁，在道光十八年《计毁淫书目单》被录为淫书，道光二十四年浙江官员开列《应禁各种书目》，同治七年四月丁日昌禁毁书目，都被列入其中。光绪年间，程世爵有编撰同名的《笑林广记》，这部书并没有被列入禁毁之列。

《笑林广记》存世的有乾隆四十六年金闾书业堂刻本，十二卷，此书在书中题写有"游戏主人纂辑，粲然居士参订"。书前还有"掀髯叟漫题于笑笑轩"的序。扉叶上题写"新镌笑林广记""金闾书业堂梓行"。

又有乾隆五十六年三德堂刊本，十二卷，署"游戏主人纂辑，粲然居士参订"，前有掀髯叟序。

又有光绪十三年三义堂刊《正续增补笑林广记》，卷首的一部分为《新增闲谈笑记》，实为乾隆年间十二卷本的最后三卷。正文各卷署"游戏主人纂辑，粲然居士参订"，卷末有《百花新咏》，系红豆轩主人为燕台雏妓兰香所作。

6.《子不语》

《子不语》是清朝中期袁枚撰写的一部文言笔记小说集。《子不语》又名《新齐谐》，全书共二十四卷，又有续集十卷，共三十四卷，约一千则，以记述奇闻逸事、奇人鬼怪为主，全篇行文流畅动人。在写法上，《子不语》文笔清新自然，朴实无华，自然流畅，情节曲折，一波三折，而且章法多变。在袁氏自序中介绍此书乃他的自娱之作。袁枚（1716～1797年），字子才，号简斋，晚年自号仓山居士、随园主人、随园老人。清代著名诗人、诗论家，浙江钱塘（今浙江杭州）人。袁枚是乾隆、嘉庆时期代表诗人之一，与赵翼、蒋士铨合称为"乾隆三大家"。

《子不语》的正集大约成书于乾隆五十三年前，后来又陆续出现了一些篇章，汇为续集，《续子不语》十卷在乾隆末嘉庆初期开始刊刻。《子不语》的书名本为《论语·述而》"子不语怪力乱神"名，但后来发现元人新部中已有此书名，就将其改为了《新齐谐》。

《子不语》有些篇目内容，同时也见于他书。如卷十三《关神下乩》，卷十四中的《鬼怕冷淡》，以及《续子不语》卷五、卷六、卷十五、卷二十三中的许多故事，都被纪晓岚编撰入《阅微草堂笔记》之中。《子不语》一书，在卷一《常格述冤》开头就注明"乾隆十六年八月初三日，阅邸抄"，可知此书的成书时间应在乾隆十六年之前。

《子不语》中虽然没有明确的思想倾向，但在记录的奇特怪异的传闻故事中，时而流露出了作者诙谐而放达的性格，以及反对旧传统的思想，作者对程朱理学和封建礼教强烈不满，大量嘲讽假道学和腐儒，主张人欲合理，对官吏的贪暴进行讥刺，对汉宋两学充满排斥之情，对科举制的诸多弊端进行揭露。《子不语》中有不少篇章还揭露了当时社会的黑暗状况，以及官场阴暗面，借鬼神怪异故事来针砭时世，敢于对一些人物进行批判和讽刺，具有很深刻的现实意义。

《子不语》全书内容较为芜杂，有些故事记男女之事显得过于随意，其中也有不少宣扬封建伦理道德的糟粕之作，而且有的内容淫秽，下笔轻率，所以清廷对其加以抽改禁毁，现今一些行之于世的版本，也都是将内容进行删减的删节本。道光十八年《计毁淫书目单》，道光二十四年浙江官员开列《应禁各种书目》，同治七年四月丁日昌禁毁书目均列入抽毁范围，被抽毁的部分有卷二十四《探鹤监秘记》二则等。

此书现存版本有：乾隆五十三年原刊本；嘉庆间刊《随园三十种》本；嘉庆三十年美德堂刊本；光绪十八年排印《随园三十八种》本；《清代笔记丛刊》本；《笔记小说大观》本；1914年上海锦章书局石印本。

7.《夜航船》

《夜航船》是一部文言小说集，清代破额山人撰，作者生平不详，据书中内容可知作者姓沈，乾隆嘉庆间吴江人，曾就读于县松陵书院。

书中自序称吴越间夜有客船，乘客为长夜消遣，往往各谈传闻异事，作者蒐以结集，而成此书。因此《夜航船》一书便于人们在夜间航船的场合使用，以解闷娱乐。全书记述多则趣事异闻，天文地理、三教九流、神仙鬼怪、政治人事，广采博收，多有讽刺世风之意。因书中涉及怪诞，个别篇章淫秽猥亵，故道光二十四年浙江官员开列《应禁各种书目》，同治七年四月丁日昌禁毁书目皆将此书列入。

此书版本有嘉庆五年刊本，八卷，署破额山人。

又有民国广益书局铅印本，署"吴江庄邊庵撰"，作者有误，据书中内容庄邊庵是作者的同窗好友。

8.《蟫史》

《蟫史》是中国古代最长的一部文言长篇小说。全书共二十卷，清代乾、嘉年间的文人屠绅（号磊砢山人）所作。屠绅（1744～1801年），字贤书，江阴人，乾隆二十八年进士，历任云南师宗知县、寻甸州知州、广东通判等职。《蟫史》以清代少数民族（主要是苗民）起义为背景，描写大量的战争场面，其中吸收了神魔小说斗法斗宝的写法，此书带有神奇的色彩。但此书写得并不通俗，奇崛而无深意，华艳而乏天趣，诘屈拗口，难以卒读。

《蟫史》大约成书于嘉庆初年，情节内容本类似于"神魔小说"，又有"世情小说"的影子，但作者没有借助白话的形式，反将其写成长篇文言小说，兼有章回小说和文言史书二体，造成了《蟫史》的内容情节虽然通俗，但行文"古涩艳异，晦其义旨"，鲁迅《中国小说史略》称屠绅"特缘勉造硬语，力拟古书，成诘屈之文，遂得掩凡近之意"，导致其小说"虽华艳而乏天趣，徒奇崛而无深意也"。

《蟫史》有大量的描写神魔妖异，连同西洋巧术，内容五花八门，但过于荒诞不经。书中时有猥亵段落，又有影射时事之嫌，因此被禁。震钧在《天咫偶闻》卷三中评价此书道："世行《蟫史》一书，不著姓名。以荒唐之辞，肆诋诽之说。详其命意，似指三省教匪之役。当时将相，任意毁刺，且有上及乘舆处。……然则此书泄怨之作，胡足存乎？"书中以影射隐喻的手法反映了乾隆、嘉庆年间白莲教起义以及朝廷镇压西南少数民族起义的历史，故同治七年四月此书被丁日昌列为禁毁书目。

现存版本庭梅朱氏藏板嘉庆五年"磊砢山房原本"，各大图书馆均有藏。全书分上下两卷，书前有序署"龙集上章涒滩余月既望小停道人书于听尘处"，"杜陵男子拜撰"，卷前有六十一叶图，分上下两卷，上卷署"虞山卫峻天制"，下卷署"琴川恺仙氏写"，末署"姑苏遇清氏制"。

又有光绪上海申报馆铅印本。

9.《觚不觚录》

《觚不觚录》明代文言小说，作者王世贞，书中多收录史事以及军国政务事迹，乾隆四十二年湖广总督三宝奏缴禁毁，乾隆四十四年安徽巡抚闵鹗元奏缴禁毁，但《四库全书》小说家杂事类著录。《四库全书总目》云："……自序谓伤觚之不复旧觚，盖感一代风气之升降也。虽多记世故，颇涉琐屑，而朝野轶闻往往可资考据。……盖世贞弱冠入仕，晚成是书，阅历既深，见闻皆确，非他人之稗贩耳食可比。故所叙录，有足备史家甄择者焉。"此书最终不但没有被禁毁，还得到了较高的评价。

现存明刊本，又有《广百川学海》《宝颜堂秘笈》《续说郛》《五朝小说》《借月山房汇钞》《指海》《泽古斋丛钞》《式古居汇钞》《古今说部丛书》《说库》《胜朝遗事初编》等丛书本。

10.《笑赞》

《笑赞》为明代的一部文言笑话集。作者赵南星（1550～1627年），字梦白，号侪鹤，别号清都散客。高邑（今属河北）人。万历年间进士，明朝政治家、文学家，东林党重要人物。因直言上疏，得罪魏忠贤多次遭诬陷被贬。其所作的散曲淋漓酣畅，小曲也颇有成就，笑话集《笑赞》也多有讽世之作，其创作还有《赵忠毅集》《味檗斋文集》《芳茹园乐府》《史韵》《学庸正说》等。

《笑赞》共计七十二则，附《孟黄鼠》一则，书前题辞云："书传之所记，目前之所见，不乏可笑者，世所传笑谈乃其影子耳。时或忆及，为之解颐，此孤居无闷之一助也。……漫录七十二则，各为之赞，名《笑赞》云。"书中笑话不完全是作者自创，有许多录自前代传闻或文人笔记。

清归安姚氏刊《禁书总目》中列赵南星《赵忠毅集》入"乾隆朝禁毁小说戏曲总目"，并在"乾隆四十七年四库馆刊本抽毁书目"中有《笑赞》，书中内容广泛，多尖刻犀利的讽刺故事，从政治角度揭露贪官污吏的丑行，并有抨击传统文化中糟粕思想的故事情节，讽刺欺世盗名的儒者"圣人"，因而遭抽禁。

现有明刊《赵南星全集》本，共七十三则，附录一则。

又有《味檗斋遗书》和《明清笑话四种》本。

北京星云堂刊印本。

11.《如意君传》

《如意君传》，又名《阃娱情传》，是明朝一部艳情小说，体制类型为中篇文言传奇小说，作者署名为"吴门徐昌龄"，但此人无考证。书前有华阳散人的序，有人认为华阳散人是明末清初《鸳鸯针》的作者吴宸垣。在明朝嘉靖年间进士黄训《读书一得》中的《读如意君传》一文，由小说中的用词和被后世的引用情况，可推断该小说应当成于明朝宣德、正统之后，其创作年代不会晚于正统九年。小说中诗词的穿插，半文半白的语言，也与明代中期众多的中篇言情传奇有相通之处。在《金瓶梅词话》的欣欣子序中也将《如意君传》与《钟情丽集》等并提为"前代骚人"之作。

《如意君传》写武则天与男宠们之间的淫乱事，侧重于写武则天晚年与薛敖曹的淫乱，对后世艳情小说的影响极大。如《绣榻野史》《痴婆子传》《素娥篇》《金瓶梅词话》《僧尼孽海》《续金瓶梅》《肉蒲团》《桃花影》《载花船》《媚娘艳史》等艳史小说中都有提及或模仿或抄袭《如意君传》。《如意君传》对性爱的态度和语调的描写都非常客观冷静，并将性与政治、国事联系，借男女性爱之事揭示历史真相，对唐王室淫乱之风进行嘲讽。如华阳散人在《如意君传序》

中，评论小说中武则天宫廷丑闻"虽则言之丑也，亦足以鉴乎"。黄训在《读如意君传》中感叹："唐之昏风甚哉！"因此清代将其列为淫秽小说进行销毁。嘉庆十五年伯依保奏禁小说，道光十八年《计毁淫书目单》，道光二十四年浙江官员开列《应禁各种书目》，同治七年四月丁日昌禁毁书目，均将此书列入其中。

现存版本有美国国会图书馆藏刊本，此本为一册装，内容不分卷，内封题"如意君传"，卷首有如意君传序，序中署有"甲戌秋华阳散人题"，正文卷头题"阃娱情传"，末叶有"阃娱情奇传"字，和"庚辰春相阳柳伯生"跋。

日本宝历十三年，即1763年，清秘阁本，内封共分四格，在中间两格上题有"则天皇后如意君传"，左栏镌"东都清圈阁"，右栏署"吴门徐昌龄著"，书前有甲戌华阳散人序，署名"东都牛门隐士书"，正文卷端题"阃娱情传"，末有柳伯生跋。

《思无邪汇宝》刊本，此本由法国国家科学研究中心，台湾大英百科股份有限公司合作出版。

此外，还有另种版本的同名小说《如意君传》，又称《第一快活奇书》，乃不得志文人书写人生梦想，内容为一男多女的才子佳人感情纠葛。作者陈天池，山西泽州人，清道光年间人，乡试不第，落拓潦倒。作《如意君传》以发泄忧闷之情。此书有撷华书局排印本，首叶有道光年间徐傲、刘象恒、陶日林等人作的序，以及道光十三年作者自序，道光十八年作者《与友人书》，梅雨田、王家宾等题词，李恒《读如意君传略言》。北京大学图书馆、中国艺术研究院戏曲研究所收藏此刊本。

12.《国色天香》

《国色天香》明代传奇小说，全书共十卷，吴敬所编写。吴敬所，号养纯子，江西抚州金豀人，生平无考证。书中收录了二十多篇文言小说及部分诗话、琐记、佚事、笑谈等。其中的《刘生觅莲记》《花神三妙传》《天缘遇》《钟情丽集》等小说，堪称中国小说史上中篇小说的佳作。该书对后代的文人艳情小说也有很大的影响，其散韵结合、典雅华丽的语言，更是为士人津津乐道。

《国色天香》是一部娱乐性很强的艳情小说，因专写市俗男女之事，觊觎偷香窃玉的艳行，也不回避描写具体的性行为过程，情节内容香艳大胆，所以屡次被官府认定为"诲淫"小说而遭禁毁。道光十八年《计毁淫书目单》，道光二十四年浙江官员开列《应禁各种书目》，同治七年四月丁日昌禁毁书目，《国色天香》都名列其中。

现存明万历刊本，卷首题"新刻京台公余胜览国色天香"，各卷题"新锲幽闲玩味夺趣寻芳"，署"抚金养纯子吴敬所编辑"，"书林万卷楼周对峰绣锲"，书末牌记"万历丁酉春金陵书林周氏万卷楼重锲"。卷首有序，题"万历丁亥夏九紫山人谢友可撰于万卷楼"。

明代注释本，书中有"刻公余胜览国色天香序"，卷首有序，题"万历丁亥夏九紫山人谢友可撰于万卷楼"。

乾隆年间石兰书屋刊本《国色天香》。

晚清金阊书业堂《国色天香》。

13.《痴婆子》

《痴婆子》又名《痴妇说情传》，明代文言小说。全书二卷共三十三则，题"芙蓉主人辑"，"情痴子批校"。可知作者为芙蓉主人，但其名及履历不可考。明末清初李渔作的《肉蒲团》和三馀堂覆明本《东西晋演义》的无名氏序，以及康熙间刘廷玑《在园杂志》中都曾引及此书，因此将此书定为明人作品。

在写作手法上，此书用浅显文言写成，在艺术表现上，基本上用第一人称倒叙写成，颇有特色，因此在表白主人公的性心理时描写也颇为细腻。此书主要描写了女子性心理的发展变化过程，堪称是古代的一本性心理教科书。因描写的过程中涉及很多淫秽的内容，所以在清代多次被禁。道光十八年《计毁淫书目单》录为淫书，道光二十四年浙江官员开列《应禁各种书目》，同治七年四月丁日昌禁毁书目，此书都在被列入。

现存版本有日本京都圣华房刊本，此书分上下两卷，书中有框，题"情痴子批校、芙蓉主人辑"，卷端有三十三则目录，正文没有回目和标题。书前有乾隆二十九年桃浪月序，署"乾隆甲申岁桃浪月书于自治书院"，序末有短跋，作"明治辛卯春木规子题"。正文半叶十行，每二十字，左右双边，白口，单鱼尾。

日本木活字印本，其中讹字甚多。

日本皮纸印本，共计二十九叶，封面有签条，印"痴婆子传完"。第二十九叶末有"洛阳耳口王艸化户方寿延年植字"一行。

乾隆二十九年刻本，首有序，署"乾隆甲申桃浪月书于自治书院"，正文首题"新刻痴婆子传"，正文半叶七行，行十五字。文中避康熙名讳，"玄"作"元"。

日本刻本，书名为"痴婆子传"，作者题"情痴子批校，芙蓉主人辑"。

宣统二年上海新新小说社铅印本，此本封面题"新痴婆子传"，卷端题"痴婆子传"，书中《总论》用来劝诫世人。

又有粤东小说社石印本，改名《痴妇说情传》。

14.《三妙传》

《三妙传》是明代一部艳情小说，作于明代中叶以前，又名《花神三妙传》《白生三妙传》《白潢源三妙传》《三妙摘锦》《三妙传锦》《白锦琼奇会遇》等，此小说在《国色天香》《绣谷春容》《万锦情林》《花阵绮言》《风流十传》《燕居笔记》等小说总集中都有收录。其作者不详，有版本说此书的作者为养纯子吴敬所，此人为《国色天香》的编者，具体生平无考证。

小说内容以叙述白景云与赵锦娘、李琼姐、陈奇姐三表姐妹的艳情事为主。因书中有大量详细的淫秽描写，在清代多次被禁。道光十八年《计毁淫书目单》录此为淫书，道光二十四年浙江官员将其开列入《应禁各种书目》，同治七年四月为丁日昌禁毁书目之一。

《三妙传》的明代版本又名《花神三妙传》，在《国色天香》《万锦情林》中载录较全，《燕居笔记》（二种）、《花阵绮言》《风流十传》等书删节选录。

清代《三妙传》版本，全书共六卷，有竹轩藏板，书中题有"养纯子编集"字样。

15.《艳异编》

《艳异编》是一部明代传奇小说、文言小说集。共四十卷，收作品三百六十一篇，分十七部（类）。现存除四十五卷本外，又有四十卷本和十二卷本。《千顷堂书目》小说类著录此书三十五卷，《贩书偶记续编》收录四十五卷本三种，一些版本中题此书为息庵居士撰，或题王世贞撰，后人或疑此书并非王世贞所作，也有可能所说的息庵居士就是王世贞。一些版本假托汤显祖之名，注时间为万历戊午年，而此年是在汤显祖卒后的二年，不能成立。

考天都外臣万历十七年的《水浒传叙》中言及《艳异编》，则作者也应实嘉靖前后之人。《续艳异编》从历代的笔记传奇、史传杂记中撷取爱情与怪异两类故事，合为一书。《艳异编》收录唐宋传奇、稗官野史，内容涉及怪诞淫艳，并公然为妓女和男宠立传，因而遭禁。道光十八年《计毁淫书目单》，道光二十四年浙江官员开列《应禁各种书目》，同治七年四月丁日昌禁毁书目，《艳异编》均在被列范围之内。

此书版本有嘉靖间刊本，其前有息庵居士序。

隆庆间刊本，题息庵居士撰。

万历刊本正集四十卷，续集十九卷，题"新镌玉茗堂批选王弇州先生艳异编"，书前序署"玉茗居士汤显祖题"，作序时间为万历戊午（万历四十六年）。

天启年间玉茗堂刊本，收录《玉茗堂批评续艳异编》十九卷，题汤若士（显祖）评选，王世贞撰。

16.《一夕话》

《一夕话》，又名《山中一夕话》，是明代的笑话集。卷前署"卓吾先生编次"，由笑笑先生增订，哈哈道士校阅。全书共分十二卷，内有笑话《翻绰入水》《张氏雀鼠》《畏馒头》等。此书卷三署"卓吾先生编次，一衲道人屠隆参阅"，书前有序署"三台山人题于欲静楼",序云:"春光明媚,偶游句曲,遇笑笑先生于茅山之阳,班荆道及,因出一编,盖本李卓吾先生所辑《开卷一笑》,删其陈腐,补其清新……曰《山中一夕话》。"

书中提"卓吾先生编次"等,显然是伪托。有说笑笑先生指的是徐渭,因与徐渭同时代的吴而待有《兰皋集》说徐文长每下第时,作谐谑语、谜语,名《一夕话》,徐渭具有在茅山遇到三台山人并托付手稿的可能性,并且《一夕话》下集有五十余则笑话,也是徐渭根据《刻徐文长先生秘集十二卷》增订的。

明代凡是李卓吾的书均被列入禁书,明神宗曾下诏令:"李贽敢倡乱道,惑世诬民,便令厂卫五城严拿治罪。其书籍已刊未刊者,令所在官司尽搜烧毁,不许存留。如有徒党曲庇私藏,该科及各有司访参奏来,并治罪。"李贽曾评点过《水浒传》等通俗小说作品,而《水浒传》禁书的名声极大,《一夕话》伪托李卓吾编次,书中又取明代通俗小说内容,因而多少会受到《水浒传》遭禁影响。道光十八年《计毁淫书目单》录为淫书,道光二十四年浙江官员开列《应禁各种书目》,同治七年四月丁日昌禁毁书目,《一夕话》都名列其中。

此书存有清刊本,其中《山中一夕话》七卷,《新山中一夕话》七卷,卷前署"卓吾先生编次",又署"笑笑先生增订,哈哈道士校阅",书前有序,卷三署"卓吾先生编次,一衲道人屠隆参阅"。

17.《情史》

《情史》是一部爱情故事类编,也是晚明刊刻的一部重要的文言小说集。《情史》,又名《情史类略》《情天宝鉴》,明刊本首题有"吴人龙子",因此可知此书为明代冯梦龙选录历代笔记小说有关男女之情的故事编纂而成。书中署詹詹外史评辑,人们一向认为《情史》是冯梦龙编述,有人认为詹詹外史是冯梦龙的别号。全书共二十四类,计故事八百七十余篇,选评小说八百多篇,分八百八十二条,《情史》中《情外类》选录了历代的同性爱情故事,记载的人物上自帝王将相,下至歌伶市民,使若干已散佚的作品和故事得以保存,为后来的小说和戏曲提供了创作素材。《情史》的一些情节点评等都与冯梦龙的《三言二拍》有相似之处，据考证，《醒世恒言》刊于天启七年，《情史》应编于《醒世恒言》之后，最早不过崇祯初年。冯梦龙于崇祯三年出贡，因此《情史》成书当在崇祯元年至崇祯三年之间。

《情史》作为小说史的一份汇编资料，对后世有重要的参考价值。编纂者大量辑录《烈火女传》等历代文献、笔记、小说中的有关情爱故事，或改写当时流行的故事，一些篇目之后有编纂者的评语，《序》中写道："我欲立情教，教诲诸众生。"在《情史》中冯梦龙的"情教观"与婚恋观，使他所辑的一些男女情事大都弥漫着对人性张扬和消解的张力。

《情史》一书中汇集了中国封建社会中形形色色的男女之情，封建统治者的荒淫无耻生活，封建道德束缚下牺牲者的悲惨遭遇，以及封建婚姻制度下畸形发展的男女之情，正式婚姻之外的非正常男女关系，还有一部分故事描述荒诞不经的神鬼妖物，以及神和人之间的爱情关系。故而道光二十四年浙江官员开列其入《应禁各种书目》，同治七年四月丁日昌将其归入禁毁书目。

现存版本有明末东溪堂刻本，内容完整，讹误较少，全称《情史类略》，又名《情天宝鉴》，书前署"冯梦龙先生原本"。

又有嘉庆十四年刊本，清初芥子园刊本，清道光二十年上海石印本，清平妖堂刻本，民国上海会文堂书局本等。

18.《姣红传》

《姣红传》即《娇红记》，元代宋远撰，中篇文言传奇小说，二卷。此书是中国较早的言情小说，对明代以后的才子佳人、艳情小说等创作均有深远的影响。书中涉及男女私定终身、巫妖鬼魅、修道成仙等情节，因而遭禁。道光十八年《计毁淫书目单》录为淫书，道光二十四年浙江官员开列《应禁各种书目》，同治七年四月丁日昌禁毁书目均将其列入。

《百川书志》外史类著录《娇红记》二卷，题"元儒邵庵虞伯生编辑，闽南三山明人赵元晖集览"。

现存单行本有明代建安郑云竹刻本，书名"申琪遘拥炉娇红记"，题"元邵庵虞伯生编辑,闽武夷彭海东评释"。

明代《剪灯丛话》《绿窗女史》收录《娇红记》,伪题李翊撰。

又有明人小说总集,如《艳异编》《国色天香》《绣谷春容》《燕居笔记》《花阵绮言》《风流十传》等,均收录此书,题名作《娇红传》或《娇红双美》等。

清刊本《娇红双美全传》,二十则。

八、禁毁小说存目

禁毁小说的律令自道光年间始频繁迭出,禁毁政令极为密集,江南各省地方政府及商会乡绅集中精力禁毁淫词违碍小说。如道光十四年二月谕内阁:"御史俞焜奏请申明例禁以培风俗一折。自来民俗之淳漓,由于平时之渐染,国家型方训俗,必将孝悌忠信礼义廉耻大为之防,方可正人心而维风俗。如该御史所奏,近来传奇演义等书,踵事翻新,词多俚鄙,其始不过市井之徒乐于观览,甚至儿童妇女莫不饫闻而习见之,以荡佚为风流,以强梁为雄杰,以佻薄为能事,以秽亵为常谈;复有假托诬妄,创为符咒禳厌之术,蠢愚无识,易为簧鼓,刑讼之日繁,奸盗之日炽,未必不由于此。嗣后各直省督抚及府尹等,严饬地方官实力稽查,如有坊肆刊刻,及租赁各铺一切淫书小说,务须搜取板书,尽行销毁。庶几经正民兴,奇邪胥靖,朕实有厚望焉。将此通谕知之。"[1]

道光十七年十月,苏州六十五家书坊订立《公禁淫书议单条约》;道光十八年五月,江苏按察使司裕谦颁布告示《严行禁毁淫书淫画以正风俗》;浙江士绅仿效江苏设局收毁小说之举措,于道光二十四年九月呈请浙江学政照办;道光二十四年九月,钦命礼部右侍郎提督浙江全省学政吴为严禁淫书以端风俗事;道光二十四年浙江巡抚禁淫词小说;道光二十四年九月浙江杭州知府禁淫词小说;

---

[1]《大清宣宗成皇帝实录》卷二四九。转引自王利器:《元明清三代禁毁小说戏曲史料》,上海古籍出版社1981年版,第72页。

道光二十四年九月浙江湖州知府禁淫词小说；道光二十四年九月浙江仁和县知县禁淫书小说；道光二十四年，浙江官员开列《应禁各种书目》，凡一百二十种；道光二十四年，兼署江南按察使司按察使苏松太道周为禀求谕禁事；咸丰元年七月二十一日再申禁《水浒传》；同治三年五月二十七日署上海知县王宗濂发告示严禁私刻私售淫词小说；同治七年二月江苏巡抚丁日昌《设立苏省书局疏》禁淫词小说；同治七年三月初十日谕禁淫词小说；同治七年四月，江苏巡抚丁日昌开列应禁书目，收录淫书一百二十二种；同治七年四月二十一日，丁日昌再次下达禁令，开列续查应禁淫书，凡三十四种；同治十年六月上谕内阁禁售卖淫词小说，查禁坊本小说；光绪十六年五月二十一日，江南苏州等处承宣布政使黄彭年颁布告示，禁止淫词小说，列《应禁淫词小说书目》，凡一百一十二种；光绪十八年御史文郁以小说淫词有伤风化，严禁售卖淫书小说；光绪十二年四月二十九日《申报》刊登官府《禁刊印淫书示》；光绪二十七年七月十三日和七月二十二日刊登英租界内《查获淫书》和《犯禁罚洋》告示。

在晚清禁毁小说运动过程中，并未将所有"淫词违碍小说"销毁殆尽，大多数小说因受到市场利益驱使，书坊主及书商采取易名、改编、删节、拆分等方式继续出版，又有日本、朝鲜等使团、商人购买回国，故而其版本能够流传至今。但有一部分小说因流传不广，版本较少，名气不高，在禁书过程中遭受销毁，因而绝迹。现将绝版的禁毁小说列名如下：

《退虏公案》：乾隆四十三年江宁布政使刊《违碍书籍目录》。

《日月环》：道光十八年《计毁淫书目单》录为淫书，道光二十四年浙江官员列入《应禁各种书目》，同治七年四月丁日昌禁毁书目。

《梦纳姻缘》：道光十八年《计毁淫书目单》录为淫书，道光二十四年浙江官员列入《应禁各种书目》，同治七年四月丁日昌禁毁书目。

《万恶缘》：道光十八年《计毁淫书目单》录为淫书，道光二十四年浙江官员列入《应禁各种书目》，同治七年四月丁日昌禁毁书目。

《云雨缘》：道光十八年《计毁淫书目单》录为淫书，道光二十四年浙江官员列入《应禁各种书目》，同治七年四月丁日昌禁毁书目。

《梦月缘》：道光十八年《计毁淫书目单》录为淫书，道光二十四年浙江官员列入《应禁各种书目》，同治七年四月丁日昌禁毁书目。

《邪观缘》：道光十八年《计毁淫书目单》录为淫书，道光二十四年浙江官员列入《应禁各种书目》，同治七年四月丁日昌禁毁书目。

《雅观缘》：疑为《邪观缘》同一书，道光二十四年浙江官员列入《应禁各种书目》，同治七年四月丁日昌禁毁书目。

《聆痴符》：道光十八年《计毁淫书目单》录为淫书，道光二十四年浙江官员列入《应禁各种书目》，同治七年四月丁日昌禁毁书目。

《一夕缘》：道光十八年《计毁淫书目单》录为淫书，道光二十四年浙江官员列入《应禁各种书目》，同治七年四月丁日昌禁毁书目。

《红楼补梦》：道光十八年《计毁淫书目单》录为淫书，道光二十四年浙江官员列入《应禁各种书目》，同治七年四月丁日昌禁毁书目。

《幻情逸史》：道光十八年《计毁淫书目单》录为淫书，道光二十四年浙江官员列入《应禁各种书目》，同治七年四月丁日昌禁毁书目。

《同枕眠》：道光十八年《计毁淫书目单》录为淫书，道光二十四年浙江官员列入《应禁各种书目》，同治七年四月丁日昌禁毁书目。

《锦上花》（有解元吴文彦者）：道光十八年《计毁淫书目单》录为淫书，道光二十四年浙江官员列入《应禁各种书目》，同治七年四月丁日昌禁毁书目。

《温柔珠玉》：道光十八年《计毁淫书目单》录为淫书，道光二十四年浙江官员列入《应禁各种书目》，同治七年四月丁日昌禁毁书目。

《蒲芦岸》：道光十八年《计毁淫书目单》录为淫书，道光二十四年浙江官员列入《应禁各种书目》，同治七年四月丁日昌禁毁书目。

《七义图》：道光十八年《计毁淫书目单》录为淫书。

《摄生总要》：道光十八年《计毁淫书目单》录为淫书，道光二十四年浙江官员列入《应禁各种书目》，同治七年四月丁日昌禁毁书目。

《凤点头》：道光十八年《计毁淫书目单》录为淫书，道光二十四年浙江官员列入《应禁各种书目》，同治七年四月丁日昌禁毁书目。

《海底捞针》：道光十八年《计毁淫书目单》录为淫书，道光二十四年浙江官员列入《应禁各种书目》，同治七年四月丁日昌禁毁书目。

《无稽谰语》：道光十八年《计毁淫书目单》录为淫书，道光二十四年浙江官员列入《应禁各种书目》，同治七年四月丁日昌禁毁书目。

《脂粉春秋》：道光二十四年浙江官员列入《应禁各种书目》，同治七年四月丁日昌禁毁书目。

《风流野志》：道光二十四年浙江官员列入《应禁各种书目》，同治七年四月丁日昌禁毁书目。

《两交欢》：道光十八年《计毁淫书目单》录为淫书，道光二十四年浙江官员列入《应禁各种书目》，同治七年四月丁日昌禁毁书目。

《寻梦柝》（即《醒世奇书》）：道光十八年《计毁淫书目单》录为淫书，道光二十四年浙江官员列入《应禁各种书目》，同治七年四月丁日昌禁毁书目。

《寻梦托》：疑为《寻梦柝》同一书，道光二十四年浙江官员列入《应禁各种书目》，同治七年四月丁日昌禁毁书目。

《龙凤金钗》：同治七年四月丁日昌禁毁书目。

《百鸟图》：同治七年四月丁日昌禁毁书目。

《刘成美》：同治七年四月丁日昌禁毁书目。

《金桂楼》：同治七年四月丁日昌禁毁书目。

《一箭缘》：同治七年四月丁日昌禁毁书目。

《真金扇》：同治七年四月丁日昌禁毁书目。

《鸾凤双箫》：同治七年四月丁日昌禁毁书目。

《探河源》：同治七年四月丁日昌禁毁书目。

《四香缘》：同治七年四月丁日昌禁毁书目。

《花间笑语》：同治七年四月丁日昌禁毁书目。

《盘龙镯》：同治七年四月丁日昌禁毁书目。

《双玉燕》：同治七年四月丁日昌禁毁书目。

《双剪发》：同治七年四月丁日昌禁毁书目。

《百花台》：同治七年四月丁日昌禁毁书目。

另外，在清代各类禁毁小说书目中，有相当一部分作品不是严格意义上的小说，而是具有部分小说特征的戏曲底本、弹词、评书、民间曲本等，还有一些完全与小说无关的杂录书籍，这些作品如下：

1. 《清风闸》

《清风闸》又名《皮五辣子》，是一部历史久远的扬州评话书目，系清乾隆年间评话艺人浦琳编演，浦琳不满于"各说部皆人熟闻，乃以己所历之境，假名皮五，撰为《清风闸》故事"。作者浦琳，字天玉，扬州江都人。浦琳演说《清风闸》，时人誉为"独步一时""称绝技者"。以后，名家辈出，争说这部书而历久不衰。清咸丰时，龚午亭说这部书最驰名，被誉为"扬州三绝"。清嘉庆时，《清风闸》曾刻印成书，计四卷三十二回，署名"梅溪主人"。也有学者认为此书不是浦琳的独创作品，是根据说书人所说笔录而成。

作品内容与明冯梦龙著《警世通言》卷十三《三现身包龙图断案》

中的故事大致相同，评话本据其衍化而来的痕迹亦很明显，但其中也有作者浦琳的亲身经历。书中塑造了小说史上罕见的市井人物皮五辣子，表现出市井小说的思想深度和审美个性，深得市民阶层的喜爱。道光十八年《计毁淫书目单》录为淫书，道光二十四年浙江官员列入《应禁各种书目》，同治七年四月丁日昌禁毁书目均将其列入。

《清风闸》现存奉孝轩刊本，书前有序署"嘉庆己卯夏五月既望，梅溪主人书于奉孝轩"。序中称原书以抄本行世，至嘉庆二十四年刊行。正文半叶十一行，行二十字。藏国家图书馆。

道光元年华轩斋藏板本，内封题"绣像清风闸全传"，正文半叶九行，行二十字。藏法国巴黎国家图书馆。

道光二十三年刊奉孝轩藏板本，藏北京大学图书馆。

2.《文武香球》

《文武香球》是清中叶至民国初期的昆剧本戏代表剧目之一，清乾隆三十九年抄本《春台班戏目》中有载录，为清代徽班演出昆剧的剧目。在清道光、咸丰年间上演，同治年间曾风靡一时。

书中内容涉及朝廷昏庸、官逼民反、才子佳人、私定终身等情节，故同治七年四月丁日昌禁毁书目将其列入。

3.《岂有此理》

《岂有此理》四卷，此书不是一部严格意义上的小说，而是一部文人杂录，以游戏讽刺的笔调写人世种种现象。编撰者空空主人，生平不详，大致生于清朝乾隆中期。此书文章纵横捭阖，看似疯话连篇，极为荒诞，从帝王将相论及马桶、牙签、痒痒挠。空空主人因感世伤怀，觉得天下已有之理不为理，遂名之曰《岂有此理》。全书分天下、正义、历史、人生、金钱、文人等十二辑。道光十八年《计毁淫书目单》录为淫书，道光二十四年浙江官员列入《应禁各种书目》，同治七年四月丁日昌禁毁书目皆将其列入。

现存道光四年刊本，书前有序署"绛雪草庐"，"嘉庆四年孟夏书"。

4.《更岂有此理》

《更岂有此理》全书四卷,书前有嘉庆五年自序。书中内容有游戏文章和词曲等,语言诙谐讽刺,与《岂有此理》一脉相承。道光十八年《计毁淫书目单》录为淫书,道光二十四年浙江官员列入《应禁各种书目》,同治七年四月丁日昌禁毁书目列入。现存与《岂有此理》合刊的版本。

此外,其他未见版本的戏曲、杂书列名如下:

《白蛇传》:同治七年四月丁日昌禁毁书目。

《换空箱》:同治七年四月丁日昌禁毁书目。

《西厢》(即《六才子》):道光十八年《计毁淫书目单》录为淫书,道光二十四年浙江官员列入《应禁各种书目》,同治七年四月丁日昌禁毁书目。

《奇团圆》:道光十八年《计毁淫书目单》录为淫书,道光二十四年浙江官员列入《应禁各种书目》,同治七年四月丁日昌禁毁书目。

《牡丹亭》:道光二十四年浙江官员列入《应禁各种书目》,同治七年四月丁日昌禁毁书目。

《双珠凤》:道光十八年《计毁淫书目单》录为淫书,道光二十四年浙江官员列入《应禁各种书目》,同治七年四月丁日昌禁毁书目。

《摘锦双珠凤》:道光十八年《计毁淫书目单》录为淫书,道光二十四年浙江官员列入《应禁各种书目》,同治七年四月丁日昌禁毁书目。

《乾坤套》:道光十八年《计毁淫书目单》录为淫书,道光二十四年浙江官员列入《应禁各种书目》,同治七年四月丁日昌禁毁书目。

《丝涤党》:道光十八年《计毁淫书目单》录为淫书。

《三笑姻缘》:道光十八年《计毁淫书目单》录为淫书。

《七美图》:道光十八年《计毁淫书目单》录为淫书,道光二十四年浙江官员列入《应禁各种书目》，同治七年四月丁日昌禁毁书目。

《八美图》（即《百美图》）：道光十八年《计毁淫书目单》录为淫书，道光二十四年浙江官员列入《应禁各种书目》，同治七年四月丁日昌禁毁书目。

《同拜月》：道光十八年《计毁淫书目单》录为淫书，道光二十四年浙江官员列入《应禁各种书目》，同治七年四月丁日昌禁毁书目。

《皮布袋》：道光十八年《计毁淫书目单》录为淫书，道光二十四年浙江官员列入《应禁各种书目》，同治七年四月丁日昌禁毁书目。

《花灯乐》：道光十八年《计毁淫书目单》录为淫书。

《碧玉塔》：道光十八年《计毁淫书目单》录为淫书，道光二十四年浙江官员列入《应禁各种书目》，同治七年四月丁日昌禁毁书目。

《碧玉狮》：道光十八年《计毁淫书目单》录为淫书，道光二十四年浙江官员列入《应禁各种书目》，同治七年四月丁日昌禁毁书目。

《何文秀》（新出改正真本不禁）：道光十八年《计毁淫书目单》录为淫书。

《文武元》：道光十八年《计毁淫书目单》录为淫书，道光二十四年浙江官员列入《应禁各种书目》，同治七年四月丁日昌禁毁书目。

《唱金瓶梅》：道光十八年《计毁淫书目单》录为淫书，道光二十四年浙江官员列入《应禁各种书目》，同治七年四月丁日昌禁毁书目。

《紫金环》：道光十八年《计毁淫书目单》录为淫书，道光二十四年浙江官员列入《应禁各种书目》，同治七年四月丁日昌禁毁书目。

参 考 文 献

[1]（明）胡应麟．少室山房笔丛．上海：上海书店出版社，2001．

[2]（明）毛晋．汲古阁书跋．上海：上海古籍出版社，2005．

[3]（明）赵用贤．赵定宇书目．上海：上海古籍出版社，2006．

[4]（明）周弘祖．古今书刻．上海：上海古籍出版社，2006．

[5]（清）陈其元．庸闲斋笔记．北京：中华书局，1997．

[6]（清）黄宗羲．明夷待访录．北京：中华书局，1981．

[7]（清）纪昀等．四库全书总目．北京：中华书局，1965．

[8]（清）蒋良骐．东华录．北京：中华书局，1980．

[9]（清）勒保．钦定平定教匪纪事．台北：文海出版社，1975．

[10]（清）刘廷玑．在园杂志．北京：中华书局，2005．

[11]（清）钱泳．履园丛话．北京：中华书局，1979．

[12]（清）琴川居士编．皇清奏议．清都城国史馆琴川居士刻．

[13]（清）钦定大清会典事例．上海：商务印书馆，1908．

[14]（清）素尔纳等．钦定学政全书．台北：文海出版社，1966．

[15]（清）孙丹书编．定例成案合钞．康熙年间刻本．

[16]（清）王嵩儒．掌固零拾．修绠堂书店，1936．

[17]（清）王庆云．石渠余纪．北京：北京古籍出版社，1985．

[18]（清）王应奎．柳南随笔续笔．北京：中华书局，1983．

[19]（清）魏晋锡等．学政全书．清乾隆年间礼部刻．

[20]（清）徐珂．清稗类钞．北京：中华书局，1986．

[21]（清）延煦等．台规．清光绪十八年刻．

[22]（清）叶德辉．书林清话．北京：中华书局，1957．

[23]（清）俞正燮．癸巳存稿．光绪十年刻．

[24]（清）余治．得一录．台北：文海出版社，2003．

[25]（清）昭梿．啸亭杂录．北京：中华书局，1980．

[26]（清）赵祖铭．清代文献迈古录．北京：大众文艺出版社，2003．

[27]大清历朝实录．北京：中华书局，1985．

[28]大清律例会通新纂．台北：文海出版社，1964．

[29]大清十朝圣训．台北：文海出版社，1965．

[30]古本小说集成．上海：上海古籍出版社，1990．

[31]江苏省社会科学院清明小说研究中心，江苏省社会科学院文学研究所．中国通俗小说总目提要．北京：中国文联出版公司，1990．

[32]中国古典小说研究资料汇编．台北：天一出版社，1982．

[33]阿英．小说闲谈．上海：上海古籍出版社，1985．

[34]阿英．晚清小说史．上海：上海文艺出版社，1954．

[35]曹之．中国古籍版本学．武汉：武汉大学出版社，1992．

[36]陈登原．古今典籍聚散考．上海：上海书店出版社，1983．

[37]陈庆浩．思无邪汇宝．台北：台湾大英百科股份有限公司，1997．

[38]【日】大冢秀高．增补中国通俗小说书目．日本汲古书院，1987．

[39]戴不凡．小说见闻录．杭州：浙江人民出版社，1980．

[40]丁淑梅．中国古代禁毁戏剧史论．北京：中国社会科学出版社，2008．

[41]丁锡根．中国历代小说序跋集．北京：人民文学出版社，

1996.

[42] 范慕韩．中国印刷近代史．北京：印刷工业出版社，1995.

[43] 范文澜等．中国通史．北京：人民出版社，2009.

[44] 方汉奇．中国近代报刊史．太原：山西人民出版社，1981.

[45] 方正耀．中国古典小说理论史．上海：华东师范大学出版社，2005.

[46] 傅惜华．子弟书总目．上海：上海文艺出版社，1954.

[47] 故宫博物院文献馆．清代文字狱档．上海：上海书店出版社，1986.

[48] 郭成康等．中国历史（元明清卷）．北京：高等教育出版社，2001.

[49] 胡士莹．话本小说概论．北京：中华书局，1980.

[50] 胡士莹．弹词宝卷书目．上海：上海古籍出版社，1984.

[51] 黄爱平．四库全书纂修研究．北京：中国人民大学出版社，2001.

[52] 贾植芳．近代中国经济社会．沈阳：辽宁教育出版社，2003.

[53] 蒋瑞藻．小说考证．上海：上海古籍出版社，1984.

[54] 孔另境．中国小说史料．上海：上海古籍出版社，1982.

[55] 雷梦辰．清代各省禁书汇考．北京：北京图书馆出版社，1997.

[56] 冷学人．江湖隐语行话的神秘世界．石家庄：河北人民出版社，1992.

[57] 黎青．清代秘密结社档案辑印．北京：中国言实出版社，1999.

[58] 李梦生．中国禁毁小说百话．上海：上海古籍出版社，1994.

[59] 梁启超．清代学术概论．上海：上海古籍出版社，2006.

[60] 林辰．神怪小说史．杭州：浙江古籍出版社，1998.

[61] 刘世德．古本小说丛刊．北京：中华书局，1987.

[62] 刘世德．中国古代小说百科全书（修订本）．北京：中国大百科全书出版社，2006.

[63] 刘兆璸．清代科举．台北：东大图书公司，1979.

[64] 刘镇伟，王若，韩俊英．明清小说叙录．大连：大连出版社，1995.

[65] 鲁迅．中国小说史略．上海：上海古籍出版社，1998.

[66] 孟森．清史讲义．北京：中华书局，2006.

[67] 孟森．心史丛刊．沈阳：辽宁教育出版社，1998.

[68]【韩】闵宽东，陈文新．韩国所见中国古代小说史料．武汉：武汉大学出版社，2011.

[69] 欧阳健．晚清小说史．杭州：浙江古籍出版社，1997.

[70] 欧阳健．中国神怪小说通史．南京：江苏教育出版社，1997.

[71] 潘吉星．中国科学技术史（造纸与印刷卷）．北京：科学出版社，1998.

[72] 潘建国．中国古代小说书目研究．上海：上海古籍出版社，2005.

[73] 平山周．中国秘密社会史．北京：商务印书馆，1934.

[74] 戚福康．中国古代书坊研究．北京：商务印书馆，2007.

[75] 商衍鎏．清代科举考试述录及有关著作．天津：百花文艺出版社，2005.

[76] 沈津．书韵悠悠一脉香．桂林：广西师范大学出版社，2006.

[77] 施廷镛．清代禁毁书目题注．北京：北京图书馆出版社，2004.

[78] 石昌渝．中国古代小说总目．太原：山西教育出版社，2004.

[79] 宋莉华．明清时期的小说传播．北京：中国社会科学出版

社，2004.

[80] 宋原放．中国出版史料．武汉：湖北教育出版社，2004.

[81] 孙殿起．琉璃厂小志．北京：北京古籍出版社，1982.

[82] 孙楷第．中国通俗小说书目（外二种）．北京：中华书局，2012.

[83] 孙楷第．日本东京所见小说书目．北京：人民文学出版社，1981.

[84] 孙楷第．戏曲小说书录解题．北京：人民文学出版社，1990.

[85] 谭帆．中国小说评点研究．上海：华东师范大学出版社，2001.

[86] 谭松林．中国秘密社会．福州：福建人民出版社，2003.

[87] 谭正璧，谭寻．古本稀见小说汇考．杭州：浙江文艺出版社，1984.

[88] 陶湘．书目丛刊．沈阳：辽宁教育出版社，2000.

[89] 万晴川．中国古代小说与民间宗教及帮会之关系研究．北京：人民文学出版社，2010.

[90] 王尔敏．明清社会文化生态．桂林：广西师范大学出版社，2009.

[91] 王利器．元明清三代禁毁小说戏曲史料．上海：上海古籍出版社，1981.

[92] 王清原，牟仁隆，韩锡铎编纂．小说书坊录．北京：北京图书馆出版社，2002.

[93] 魏隐儒．中国古籍印刷史．北京：印刷工业出版社，1988.

[94] 文革红．清代前期通俗小说刊刻考论．南昌：江西人民出版社，2008.

[95] 萧一山．清代通史．北京：中华书局，1986.

[96] 薛亮．明清稀见小说汇考．北京：社会科学文献出版社，1999.

[97] 张静庐．中国近现代出版史料．上海：上海书店出版社，2003．

[98] 张秀民．中国印刷史．上海人民出版社1989．

[99] 张运君．晚清书报检查制度研究．北京：社会科学文献出版社，2011．

[100] 郑永华．清代秘密教门治理．福州：福建人民出版社，2003．

[101] 郑振铎．郑振铎美术论文集．北京：人民美术出版社，1985．

[102] 郑振铎．西谛书话．北京：生活·读书·新知三联书店，1998．

[103] 中国第一历史档案馆．乾隆朝军机处随手登记档．桂林：广西师范大学出版社，2000．

[104] 中国第一历史档案馆．纂修四库全书档案．上海：上海古籍出版社，1997．

[105] 中国人民大学清史研究所．清史编年．北京：中国人民大学出版社，1991．

[106] 周振鹤．晚清营业书目．上海：上海书店出版社，2005．

后　记

　　自2011年申请教育部人文社会科学研究青年基金项目《清代禁毁小说坊刻研究》（项目编号：11YJC751083），获得立项之后，广泛搜集各种资料，反复进行深入研究。本书从2011年开始撰写，直到2014年完稿，三年多的时间内经历了数不清的困难和障碍。定稿之后仍觉得不够完美，但这已经是删改修订无数次的成果，也可以算作是我学术研究征程上的一个纪念。

　　完成全部书稿的一刻心中有诸多感慨，2006年从中国社会科学院文学所博士毕业，至今已有八个年头，仍觉得自己的学术生涯刚刚起步。"中国语言文学"是郑州航空工业管理学院的重点学科，作为学术带头人之一，我时常感觉到内心的压力和紧迫：日常教学任务繁重，课程五花八门，时间匆匆而过，很难集中全部精力将个人的学术研究推向更深的层次。

　　《清代禁毁小说坊刻研究》获得教育部立项，给我提供一个专心进行学术研究的契机，即便时间不够充裕，也尽力每天梳理材料、反复推敲、对比研究、深度考察……在寂静的深夜里伴着暗黄的灯光，仿佛又重新回到了刻苦读书的学生时代。

　　本书的完成也有一些前期准备和基础，博士毕业进入工作岗位之后，我先后出版了《乾隆文治与纪晓岚志怪创作》（中州古籍出版社2008年版）、《游戏八股文集成》（合著，武汉大学出版社2009年版）、《明清八股文学与文献研究》（福建省地图出版社2010年版）、《文学现代意识的发生与冲突》（线装书局2012年版）等专著，对明清时期的通俗文学以及社会生态有过关注和思考。本书在撰写过程中，参考了前人学者的研究资料与观点，在此表示衷心的感谢，若未能逐一注释，乞望宽容并致以诚挚的歉意。

　　本书在观点上和思辨上或许有些浅显不成熟，在材料搜集方面也无法做到彻底和完全，因而必然会存在一些缺憾。在此基础上进一步深入研究厘正，这也是我未来学术研究努力的方向之一。

　　本书的完成，离不开来自各方的支持，首先感谢我的博导，中国社科院研究员石昌渝先生，长久以来支持和帮助我的学习和工作，针对本书提出很多观点和建议，我从石先生的启发与教导中受益匪浅。也感谢扬州大学教授黄强先生，为我的学术研究提供了很多帮助和机会。此外，还要感谢每天与我共同学习进步的汉语言文学专业的学生们，他们热情的活力、拼搏进取的精神，无时无刻不激励着我勇敢无惧地前行，尤其感谢黄玉娟、杨子文、刘晓倩、白洁洁、孙亚楠等几位同学，帮忙搜集整理资料，用他们的辛勤汗水和聪明才智协助我完成本书的撰写。感谢河南大学出版社靳开川先生，在他的全力帮助下，本书得以顺利出版。

　　学无止境，感恩不息，任重而道远。

王颖
2014年5月5日